普通高等教育数据科学与大数据技术系列教材

制造业大数据的建模与分析

王宏志　张　桦　丁小欧　戴国骏　著

科学出版社

北　京

内 容 简 介

　　本书针对当前我国制造业大数据分析的需求，归纳出制造业大数据分析的三个科学问题，即完备分析、质量保障和高效实时。本书围绕这三个核心的科学问题系统地介绍了制造业大数据分析模型、制造业大数据清洗技术、制造业大数据分析算法、制造业大数据分析支撑技术，以及面向制造业知识图谱的构建与应用等内容。

　　本书介绍的模型和算法是针对制造业大数据的特点和制造业大数据分析任务的特点而提出的，具备一定的通用性。本书可作为高等院校数据科学与大数据技术专业、智能制造专业本科生教材，也可作为计算机科学与技术等专业的研究生教材，还可作为科研机构在智能制造、大数据分析等方面的培训教材或参考书。

图书在版编目（CIP）数据

制造业大数据的建模与分析 / 王宏志等著. —北京：科学出版社，2023.11

普通高等教育数据科学与大数据技术系列教材

ISBN 978-7-03-076974-9

Ⅰ.①制…　Ⅱ.①王…　Ⅲ.①制造工业–数据管理–高等学校–教材　Ⅳ.①F407.4

中国国家版本馆 CIP 数据核字（2023）第 219596 号

责任编辑：于海云　张丽花 / 责任校对：王　瑞
责任印制：师艳茹 / 封面设计：马晓敏

科 学 出 版 社 出版
北京东黄城根北街 16 号
邮政编码：100717
http://www.sciencep.com

北京凌奇印刷有限责任公司 印刷
科学出版社发行　各地新华书店经销

*

2023 年 11 月第 一 版　　开本：787×1092　1/16
2023 年 11 月第一次印刷　　印张：15 1/4
字数：362 000

定价：79.00 元
（如有印装质量问题，我社负责调换）

前　言

制造业大数据是指在制造领域中所产生的大数据，大数据的产生贯穿产品设计、原料采购、产品生产、产品销售以及售后服务等生产和经营的全过程。制造业中的大数据能够支持制造业大规模定制生产模式，带动制造业企业的创新和变革，推动制造业智能化和经济高速增长。

党的二十大报告指出："实施产业基础再造工程和重大技术装备攻关工程，支持专精特新企业发展，推动制造业高端化、智能化、绿色化发展。巩固优势产业领先地位，在关系安全发展的领域加快补齐短板，提升战略性资源供应保障能力。"作为制造业大国，我国制造业具有鲜明特点：第一，我国有大量制造企业，广泛覆盖各种不同类型的行业，各类行业的大数据及数据分析结果的应用有不同特征；第二，制造业企业的经营和生产包括多个复杂关联的过程，各个过程的输入和输出均不相同，不同过程的实时性也不尽相同；第三，信息化已经得到制造业企业的重视，企业积累了大规模数据，同时这一数据规模还在快速扩大；第四，制造业企业中存在大量自治数据源，数据获取和加工过程都会产生质量问题。

因此，制造业大数据有着鲜明的特点。行业广、数量大的制造业企业中存在多种类型、多样模式的大数据。制造业企业的经营和生产过程复杂，使得多个不同过程的数据之间存在复杂的关联关系。企业积累的丰富数据使得制造业数据规模巨大，且快速增大。由于制造业企业中的数据源不可控，大数据中存在数据质量问题，对数据分析精度产生影响。

要使制造业大数据实现高价值，就要对其进行深入分析。于是制造业对大数据分析提出了新需求：第一，智能制造业全过程需要不同数据的分析，因而要为制造业全过程建立多种分析模型；第二，制造业对分析结果的容错能力低，一次失误可能造成严重后果，高质量的数据才能产生高可用的分析结果；第三，制造业不同过程需要多样实时性的高性能算法，既需要强实时分析算法监控生产过程，也需要弱实时分析算法优化生产流程，还需要对大规模历史数据的非实时分析制定长期决策；第四，大数据分析结果必须应用于制造业的不同阶段，分析结果必须满足制造业不同阶段的形式和内容。

制造业大数据的特点和制造业大数据分析需求对制造业大数据分析提出了四个方面的挑战：第一，制造业大数据模态多样、关联复杂，而制造业大数据分析需要对制造业全过程进行建模，制造业大数据分析在模型方面的挑战是如何面向制造业全过程设计大数据分析模型；第二，制造业大数据质量低下和制造业大数据分析对数据高质量的需求产生了矛盾，制造业大数据分析在数据方面的挑战是如何保障大数据分析输入数据的质量；第三，制造业大数据快速增长，而数据分析需要高性能分析算法，制造业大数据分析在算法方面的挑战是如何针对不同的实时性要求设计快速有效的分析算法；第四，制造业大数据分析在高可用性结果方面的挑战是如何既适应制造业全过程，又保证分析结果的可用性。

根据上述挑战，可以归纳出制造业大数据分析的三个科学问题：第一，完备分析，对制造业全过程的大数据进行分析，分析结果用于支持制造业全过程；第二，质量保障，既保障大数据分析的数据质量，又保障分析结果的可用性；第三，高效实时，实现分析算法的多样实时性，满足多种应用需求。

围绕完备分析、质量保障和高效实时三个核心科学问题，作者系统地研究制造业大数据分析模型、数据清洗技术，以及数据分析算法和分析结果应用技术。本书重点介绍制造业大数据分析模型建立、数据清洗、数据分析算法、大数据分析支撑技术及制造业知识图谱等方面的内容。全书共 6 章。第 1 章论述制造业大数据的概念、国内外研究应用和现状，以及制造业大数据分析的研究思路。第 2 章论述制造业大数据分析自动建模技术和面向具体问题的制造业大数据分析模型的设计。第 3 章介绍制造业大数据清洗技术。第 4 章介绍具有多种实时性的制造业大数据分析算法。第 5 章介绍特征选择、数据源选择、计算平台优化等制造业大数据分析的支撑技术。第 6 章介绍制造业知识图谱的生成与应用。

本书得到了国家自然科学基金(项目号：62232005、U1866602、U1509216)和国家重点研发计划(项目号：2020YFB1006104)的资助。

梁志宇、鲁文博、王煜彤、李蒙蒙、梁晨、唐亚锋、方景瑞、李映泽、邵心玥、穆添愉等参与了本书的文字编辑、图像绘制工作，在此对他们表示感谢。另外，在本书撰写的过程中，参考了大量的国内外文献，在此向文献的作者致以诚挚的谢意。

本书研究的范围很广，近年来制造业大数据分析已经成为研究热点，新的研究成果不断出现。限于作者的精力和水平，书中难免存在不妥之处，请读者不吝赐教。读者如果想对本书相关内容与作者进行探讨，请发邮件至 wangzh@hit.edu.cn。

作　者

2023 年 2 月

目　　录

第1章 绪 论

1.1 制造业大数据的定义与特征

当今时代，信息化和工业化的两化融合已经成为发展趋势，新一代信息技术与制造业深度融合，正在引发影响深远的产业变革，形成新的生产方式、产业形态、商业模式和经济增长点。工业大数据在两化融合过程中起至关重要的作用，2015 年 8 月国务院印发的《促进大数据发展行动纲要》把发展工业大数据列为主要任务之一：推动大数据在工业开发设计、生产制造、经营管理、市场营销、售后服务等产品全生命周期、产业链全流至各环节的应用，分析感知用户需求，提升产品附加价值，打造智能工厂。建立面向不同行业、不同环节的工业大数据资源聚合和分析应用平台。基于工业和制造业的紧密相关，本书重点介绍制造业大数据的分析模型和算法等内容。

1. 制造业大数据的定义

制造业大数据是指在制造业领域中所产生的大数据。随着信息化与工业化的深度融合，信息技术渗透到了制造业企业产业链的各个环节，条形码、二维码、RFID(射频识别)、工业传感器、工业自动控制系统、工业物联网、ERP(企业资源计划)、CAD/CAM/CAE等技术在制造业企业中得到广泛应用。互联网、移动互联网、物联网等新一代信息技术在工业领域的应用使得制造业企业进入新的发展阶段，其所拥有的数据日益丰富。尤其是制造业企业中生产线处于高速运转状态，工业设备产生了大量数据，同时，企业中人和计算机也产生了大规模数据。

例如，GE 能源监测和诊断中心每天从客户端收集 10GB 的数据，四川长虹电子控股集团有限公司等离子显示板生产流程数据超过 10000 个参数，每天产生约 3000 万条记录，约 1GB。在杭州西奥电梯有限公司(简称西奥电梯)的数字化车间监控超过 500 个参数，每天产生约 50 万条记录；浙江雅莹服装有限公司数字化生产线由 15 个子系统组成，每天产生约 80 万条记录。

2. 制造业大数据的特征

我国制造业中小型企业量大面广，在浙江、广东等省产业结构呈块状经济形式，以中低端产业为主。目前，传统产业高技术改造提升加速，产业化步伐加快，正由块状经济向现代化产业集群转型升级，积极促进以信息化带动工业化，用两化融合实现传统产业升级。在信息化过程中，制造业企业积累了大量数据，这些制造业大数据除了具有大数据的 4V(Volume、Velocity、Variety、Veracity，即规模性、速度性、多样性、真实性)特征，还具有如下特征。

(1) 数据来源多样、质量低。由于制造业门类众多，企业的大数据来自产品设计软件、生产装备运行过程、产品质量监测设备、企业管理信息系统、供应链与销售网络等多种数据源。大量自治数据源中存在数据不一致和冲突，加之制造过程复杂、数据量大、数据更新速度快，因而制造业中的数据产生错误的概率更大。

(2) 数据蕴含的信息复杂，耦合性不确定。由于制造业企业信息化水平参差不齐，在生产流程各环节之间可能存在不同程度的耦合，每个环节的数据对应不同的物理含义，各个环节数据之间的关系非常复杂。

(3) 人与机器协同。由于制造业企业自动化程度不一致，大量中小型企业未达到全自动化生产的水平，存在大量人机协同工作的情况，因而在制造业大数据中既有机器产生的数据(如实时感知数据)，也有人工输入的数据(如企业管理数据、供应链数据等)，具体应用需要有效融合这些数据。数据处理结果的使用者可能是人或机器，人和机器对数据处理的实时性和处理结果的使用方式有着不同的需求。

(4) 采样频率和实时性要求高。制造业中工业过程、工业设备状态监测等数据是连续采样的时间序列数据(简称时间序列、时序)，具有时间标签和严格的先后次序。多种工业系统是典型的实时控制和实时信息处理系统，工业设备的运行具有严格的实时性约束，这决定了制造业中较大比例的数据是实时数据。而且，一些应用对数据获取及处理的实时性要求很高，要求在秒级甚至毫秒级完成监控数据的获取及处理。

制造业大数据具有巨大的潜在价值。制造业大数据分析的有效应用将带来制造业企业的创新和变革，推动经济内涵式增长，可支持大规模定制生产模式，并服务于智能生产和智能工厂的构建与实现，帮助我国实现由制造大国向制造强国的转变。

制造业大数据的分析面临如下挑战性问题。

(1) 制造业大数据分析注重数据特征的物理含义及特征之间关联性的机理，可以有效发现数据背后的意义，这意味着分析模型更加复杂。在不同制造业领域，由于生产制造过程中原材料、工艺流程、产品形态不同，数据在类型、格式、规模上存在差异，有不同的内涵和应用价值。因而制造业大数据的应用必须嵌入合适的流程，其分析与具体领域密切相关。如何面向制造业的具体应用设计计算有效的大数据分析模型是第一个挑战性问题。

(2) 制造业大数据可能存在质量问题，直接影响到分析结果质量，而制造业对大数据分析结果的容错能力很低。在工业环境中，一次失误可能造成严重后果，这需要制造业大数据分析结果有质量保障。因而，如何提高大数据质量，进而提高分析结果质量是第二个挑战性问题。

(3) 制造业大数据具有很强的实时性，其分析价值随着时间流逝而迅速衰退，故制造业要求高实时性的大数据分析。如何设计面向制造业快速有效的大数据分析算法是第三个挑战性问题。

(4) 将制造业大数据的分析结果转化为价值，需要对它进行有效应用。如何利用大数据分析结果指导制造业企业决策、生产流程和工艺优化是第四个挑战性问题。

由于当前制造业中小型企业多，多以中低端产业为主的块状经济特点，企业难以独立解决这些挑战性问题，面对两化融合中迫切的大数据分析需求，亟须研究适用于制造业企业的大数据分析理论和关键技术，为其提供可定制的大数据分析云平台，以信息化提高制造业的生产率和利润。

1.2　制造业大数据的应用现状

2008 年金融危机之后，工业发达国家共同认为，信息技术与制造业融合发展可引领智能制造时代的来临。

美国政府提出：以智能制造为核心的"先进制造伙伴"计划，研究以智能机器与高级数据分析为核心的工业互联网成为其重要任务之一。

德国政府将"工业 4.0"纳入《德国高技术战略 2020》中，其核心是数据，工业企业中产生的数据将会渗透到企业运营、价值链乃至产品的整个生命周期，数据是"工业 4.0"和制造革命的基石。

国外在制造、钢铁、制药等行业中都有大数据分析的广泛应用，下面介绍几个典型案例。

(1) 美国通用电气公司推出了制造业大数据分析平台 Proficy Historian，用来处理由大型工业机器所产生的数据，可用于交通运输及制造业、航空、能源等行业，使这些行业的运营模式从被动模式转向预测模式。

(2) 德国萨尔钢铁股份公司能够分析生产过程的当前状态，预测其最优进展，并基于预测结果主动控制生产系统，通过预测结果分析大数据使业务流程具有主动控制的潜力。

(3) 根据美国麦肯锡咨询公司提供的案例，某生物制药公司利用大数据分析技术对生产流程中的变量依赖关系进行了评估并标注出 9 个直接影响疫苗产量的参数，基于此改变生产流程，使疫苗产量年增长 50%。

我国工业和信息化部发布的《信息化和工业化深度融合专项行动计划(2013—2018年)》明确提出要促进工业大数据集成应用。中国工程院提出拟持续推进制造业现代化，目标是基本实现工业化，使我国进入制造强国行列，打造中国制造升级版，形成制造业大数据，并对其进行有效应用。下面是几个国内工业数据分析的典型实例。

(1) 邯郸钢铁集团有限责任公司应用大数据平台，收集、存储并分析生产过程数据，为持续的生产过程优化提供依据，为提高产品质量、缩短制造周期并提高装备制造效率服务。

(2) 西安陕鼓动力股份有限公司建立旋转机械远程在线监测及故障诊断中心，基于监测数据的分析为用户提供故障预警、咨询、诊断，以及设备检修维护和备品备件供应等 5 类 20 余项全生命周期服务。

(3) 四川长虹电子控股集团有限公司通过大数据分析发现提高等离子显示板生产率的关键参数，应用回归分析发现了一些用于优化生产的关联规则和对生产率有重要影响的参数，从而优化生产流程。

尽管当前大数据在工业界得到了一定重视，一些大企业开始利用大数据分析提高效率，然而当前大数据在工业界的应用仍存在两方面局限：①当前制造业大数据的应用仅集中于局部问题，缺少系统的制造业大数据分析理论和技术；②当前的技术均针对某个大型企业，适用于制造业大量中小型企业且具有块状经济特点的大数据分析理论和技术，目前处于空白状态。

1.3 大数据分析的基础研究现状

由于大数据分析的重要性，学术界开展了对大数据分析的基础研究，提出了一系列研究成果，主要包括大数据分析模型、算法和系统三个方面，下面分别介绍其进展。

1. 大数据分析模型研究

大数据分析模型可以分为三个层次，即描述分析、预测分析和规范分析。描述分析是探索历史数据并描述发生了什么，这一层次包括发现数据规律的聚类、相关规则挖掘、模式发现描述数据规律的可视化分析；预测分析用于预测未来产量、资源消耗量或者销量等信息的概率和趋势，如基于逻辑回归的预测、基于分类器的预测等；规范分析是根据期望的结果、特定场景、资源以及对过去和当前事件的了解对未来的决策给出建议，如基于模拟的复杂系统分析和基于给定约束的最优解生成。

2. 大数据分析算法研究

针对大数据规模大、变化快等特点,研究人员从不同角度开展了大数据分析算法研究。

并行是提高大数据分析可扩展性的重要方法。文献(GRAF et al., 2004)提出了将支持向量机并行化，以实现高可扩展数据分析。文献(CHU et al., 2006)提出了应用多核计算机进行 MapReduce 分析的通用框架，支持线性回归、聚类、逻辑回归、朴素贝叶斯等多种分析方法。文献(PENG et al., 2015)提出了利用协调器减小 MapReduce 的次数，从而加速了分组分析。文献(LI et al., 2015)提出了具有时间限制的并行分析方法，依据分析过程中的时间限制自适应调整分析过程中的资源。

还有一类大数据分析加速方法，即缩减数据量。一方面是缩减数据中的元组个数，即抽样。例如，文献(YAN et al., 2014)实现了大规模稀疏数据的快速分析。另一方面是缩减数据的属性个数，即降维。例如，文献(HINTON et al., 2006)通过神经网络将高维数据转换为低维编码；文献(WEINBERGER et al., 2009)针对大尺度数据分析任务，提出了基于 Hash(哈希)的高速维度缩减，将高维特征向量压缩成较低维特征向量，还提出了 LASSO 方法利用有偏估计来针对高维数据选择特征，以达到降维的目的。

考虑到一些场景分析的实时性，在线分析也得到了研究人员的关注。文献(ZENG et al., 2015)扩展了在线聚集以实现大数据的并行在线交互式分析。在线学习通过从数据集中抽取随机样本调整模型参数来实现扫描数据一次的高效数据分析。

3. 大数据分析系统研究

为了有效实施大数据分析，研究人员提出了一系列大数据分析系统。SCALLA 是一种通过扫描一次大数据获取分析结果的并行大数据分析系统。Phoenix++ 对 MapReduce 进行改造以支持高效的内存数据分析。JetScope 是一种云端大数据分析系统,提供类 SQL 的脚本语言以供用户撰写分析任务，并通过优化技术支持高性能数据分析。文献(SHREYA et al., 2015)中的系统结合了 Vertica 系统和分布式 R 系统来提高基于数据库进行大规模预测分析的性能。

　　尽管当前大数据分析研究已经开始，然而当前的理论和技术以通用为主，缺少面向制造业大数据特点的分析模型、算法及应用方面的理论和技术。

1.4　制造业大数据分析技术路线

1.4.1　制造业大数据分析模型研究的技术路线

　　在制造业大数据分析模型研究中，以制造业企业为应用背景，建立分析模型，并提炼出方法论。

　　为了建立制造业大数据分析模型，首先分析制造业企业车间制造管理、供应链管理、品质数据管理、物流仓储管理、物流管理、运输业务管理等系统中的数据模式，以及控制、仓储、零部件自动供给等工业过程中可采集的参数，基于领域的业务知识建立数据模式中属性之间的匹配关系和属性与参数之间的关联，用图模型对其描述；然后，对每一项分析任务采用层次分析法，基于业务知识确定对其可能有影响的参数，根据属性之间的匹配关系和属性与参数之间的关联确定可能有影响的属性或参数集合；接着，利用多元统计中的主成分分析和因子分析确定参数集合(图 1-1 中"参数确定"步骤)；最后，基于分类、聚类、回归、相关分析推断统计等建立分析模型(图 1-1 中"模型建立"步骤)。该部分的流程如图 1-1 所示。

採集参数 ➡ 建立关联 ➡ 层次分析 ➡ 参数确定 ➡ 模型建立

图 1-1　分析模型建立流程图

1.4.2　制造业大数据质量分析与清洗研究的技术路线

　　制造业大数据质量分析与清洗研究的技术路线如图 1-2 所示。

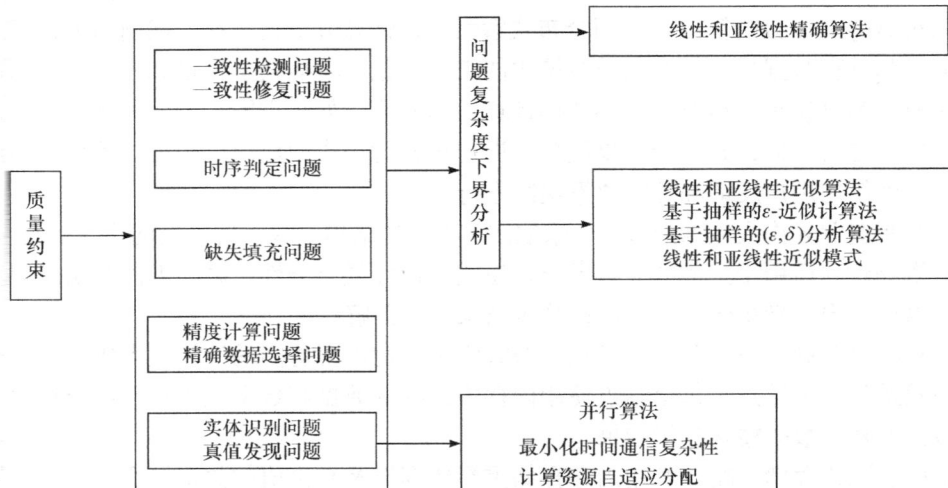

质量约束 → 一致性检测问题 一致性修复问题 / 时序判定问题 / 缺失填充问题 / 精度计算问题 精确数据选择问题 / 实体识别问题 真值发现问题 → 问题复杂度下界分析 → 线性和亚线性精确算法 / 线性和亚线性近似算法 基于抽样的 ε-近似计算法 基于抽样的 (ε,δ) 分析算法 线性和亚线性近似模式

实体识别问题 真值发现问题 → 并行算法 最小化时间通信复杂性 计算资源自适应分配

图 1-2　制造业大数据质量分析与清洗研究的技术路线

　　首先，根据制造业大数据的特点定义制造业数据质量需求，基于数据依赖、时序逻辑等定义描述数据语义的数据质量规则，其用于表达制造业数据的质量约束。

　　然后，基于数据质量约束对制造业大数据质量分析和清洗问题的计算复杂性下界进行分析。若其复杂性下界低于线性，则可精确计算，为之设计线性和亚线性精确算法；否则，设计近似算法。在此过程中，设计基于抽样的 ε-近似算法、(ε,δ)分析算法，并提出线性和亚线性近似模式，使算法的计算复杂性和近似比倒数与数据量呈线性或亚线性关系，针对数据质量分析和清洗任务设计线性近似模型或亚线性近似模型。

　　以最小化时间空间通信复杂性为目的设计并行化数据质量分析与清洗算法，并依据大数据规模、更新速度和任务的关联关系设计并行环境下计算资源自适应分配算法，以最小化算法运行时间为目的分配计算资源。

1.4.3　制造业大数据分析算法研究的技术路线

　　制造业大数据分析算法研究的关键技术点如图 1-3 所示。

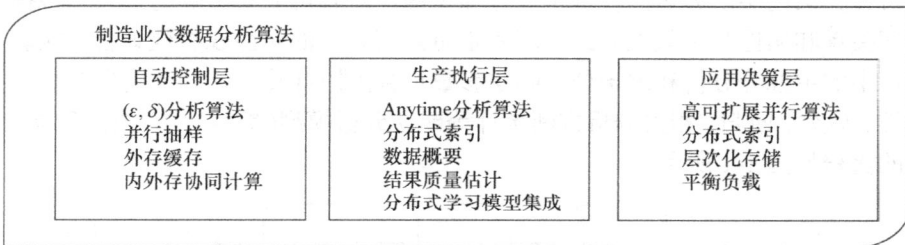

图 1-3　制造业大数据分析算法研究的关键技术点

　　针对(ε,δ)分析算法，在各个计算结点中存储分析任务涉及数据的随机样本，包含分析任务所需的数据集。为了提高计算效率，使用多结点协同保存随机样本，增加样本大小和并行度。采用外存缓存策略，将不常用样本写入外存，减少内存使用。首先使用计算结点内存中的随机样本，样本不足时访问各个计算结点外存中保存的随机样本。

　　针对 Anytime 分析算法，利用分布式索引快速计算分析任务在完成前需要访问的内存数据量和外存数据量，结合当前系统中的工作负载，将剩余工作量和预计完成时间返回给用户。为分析频繁涉及的外存数据计算数据概要，如直方图、随机样本等，以此快速返回中间分析结果，并估计结果质量。进行分析时首先使用内存数据，若用户对结果不满意，则使用用户反馈和外存数据继续进行分析。

　　针对制造业异构大数据的分析，采取图 1-4 中的结构，基于贝叶斯网络、多元函数、神经网络等建立适用于集成的大数据分析模式，设计低复杂性、高精度的分析结果集成算法，以精度损失最小化为目标设计分析结果冲突消解算法。

　　针对高可扩展并行的分析，通过分布式索引确定需要访问的计算结点集合，将分析子任务发送到相关结点。每个结点使用内存中保存的数据和数据概要返回部分结果，并利用最少的外存数据精化分析结果。

　　采用层次化存储策略，利用内存存储重要数据以及有价值的数据概要；采用水平、垂直划分相结合的方式划分数据集。针对大数据分析操作对不同数据的访问模式选择重要的原始数据载入内存。

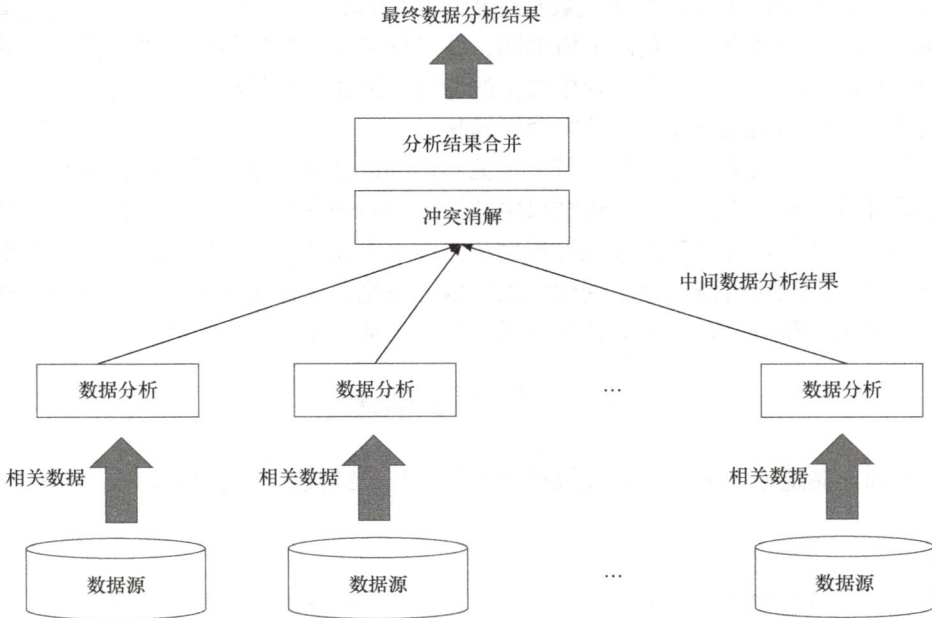

图 1-4　异构大数据分析系统结构

对于不同的数据划分策略，量化结点的存储负载、计算负载以及远程数据访问需求，最终先择存储和计算负载均衡、远程数据访问量小的数据划分策略。

1.4.4　制造业大数据分析结果回馈研究的技术路线

制造业大数据分析结果回馈的关键技术点如图 1-5 所示。

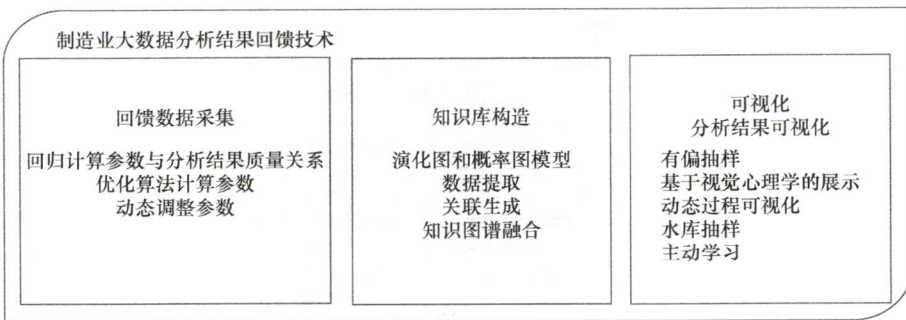

图 1-5　制造业大数据分析结果回馈的关键技术点

在分析结果回馈数据采集的研究中，根据历史数据通过回归计算数据采集参数和分析结果质量间的函数关系，并以数据采集参数为变量、分析结果质量要求为约束、减小数据采集过程中的代价(如设备损耗、能耗等)为目标，设计最优化算法以确定新的数据采集参数，并依据当前的分析结果质量动态调整参数。

在基于分析结果的知识库构造中，首先基于演化图和概率图模型建立面向制造业的知识图谱模型；继而提取制造业企业信息系统中的属性和参数及其关联，生成知识图谱；然后设计转化算法用于将制造业大数据分析得到的属性(或参数)和表征其关联关系的运行结果之间的关联转化为演化图或概率图，并设计基于子图近似匹配的算法将生成的图融合到知识图谱中。针对融合过程中发生的冲突，拟建立分析结果可靠性模型，并基于此模型设计最大化结果可靠性的冲突消解算法。

对于统计分析结果的可视化，基于视觉心理学设计分析结果的显著性函数，并根据此函数设计有偏抽样算法，从分析结果中抽取用户心理视觉显著并有效体现分析结果特征的数据加以展示。针对动态过程可视化，拟以水库抽样算法为框架设计基于样本替换的抽样方法，选取显著体现动态变化的点加以可视化；依据交互分析的需求将人机交互分解为多层次多粒度，并基于主动学习算法设计人机交互可视化策略。

1.5　本书内容概述

本书面向制造业的需求研究大数据分析理论与关键技术，其研究内容的逻辑结构如图 1-6 所示。

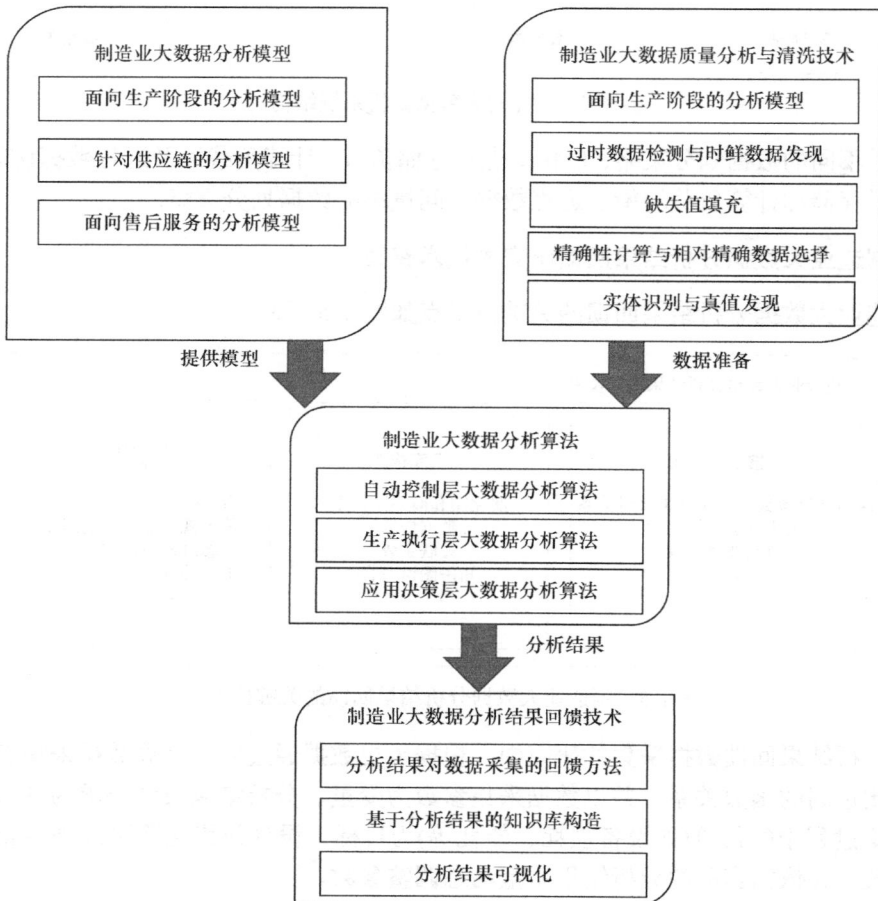

图 1-6　研究内容的逻辑结构

首先建立制造业大数据分析模型来描述分析任务；继而针对制造业大数据中的数据质量问题研究数据质量分析与清洗技术，为大数据分析做好数据准备；然后针对制造业大数据分析中实时性的不同要求，设计制造业大数据分析算法；接着研究制造业大数据分析结果的回馈技术，使其得以有效应用。

1.5.1 四个主要模块

第一，制造业大数据分析模型。由于制造业的广泛信息化，大数据在不同类型制造业企业的多个环节中广泛存在，其中大数据的类型、作用和分析方法不尽相同。因而本书拟针对制造业的多样需求分别建立分析模型作为本书的理论基础，其用于描述制造业中不同大数据分析任务的输入数据和输出分析结果的关系，具体包括如下内容。

(1) 针对制造业设计、生产、采购、销售、售后全过程设计了自动分析系统，实现分析模型自动建立和参数自动选择。

(2) 面向产量预测、功率预测、销量预测等制造业不同阶段的具体应用提出了一系列具有适应性的模型。

第二，制造业大数据质量分析与清洗技术。只有高质量的数据才能保证大数据分析的有效进行。制造业大数据来源多样，加之制造业企业信息化水平参差不齐，其数据可能存在严重的数据质量问题。为了提高分析质量，需要对制造业大数据进行质量分析并进行清洗。

考虑到制造业中存在着大量时序数据，本书重点研究了时序数据的清洗技术。由于制造业企业数据采集、管理等方式的不同，在数据中可能包含着不完整、时间戳错乱、数据异常等多种错误。此外，现有的数据清洗算法大多数复杂性较高，无法满足制造业大数据对算法复杂性的要求。因此本书针对制造业时间序列中常见的不完整、时间戳错乱和数据异常等错误提出了数据清洗技术。

第三，制造业大数据分析算法。制造业量大面广的特点使大数据分析需求存在着不同要求，本书提出了多种算法以适应其要求。针对制造业常见的时间序列数据，本书提出了高效预测算法和并行化预测与分类算法，并研究了基于时间序列上迁移学习的故障预测算法，使得分析模型与算法可以应用到更多场景。

为了保障制造业大数据分析算法的有效运行，本书还提出了制造业大数据分析的支撑技术，对特征选择、数据源选择和计算平台优化进行了研究，提出了适用制造业大数据分析的技术。

第四，制造业大数据分析结果回馈技术。大数据分析得以在制造业中发挥作用需要分析结果对生产过程、企业决策等的有效回馈。针对这一需求，本书提出了制造业知识图谱构建、清洗和查询相应的技术，将分析结果有效地回馈到生产经营过程中。

1.5.2 本书解决问题的意义和价值

1. 本书解决的问题

(1) 针对制造业生产、供应链、售后服务等多个环节的需求建立大数据分析模型。

(2) 适用于制造业大数据的数据质量分析和清洗方法。

(3) 满足制造业应用中不同要求的大数据分析算法的设计与分析方法、大数据分析及其支撑技术。

(4) 适于制造业应用的分析结果回馈技术，包括分析结果对采集过程的回馈、基于分析结果的知识库建立和分析结果可视化技术。

2. 本书的内容的科学意义

(1) 针对复杂的制造业大数据分析任务提出了分析自动建模技术，以实现制造业全流程建模。本书针对生产、供应链和售后阶段的典型场景进行了抽象，建立了高可靠性的大数据分析模型。

(2) 针对制造业大数据存在的数据质量问题，提出了用于时间序列数据的错误检测与修复算法，解决了制造业大数据质量保障的难题。

(3) 针对制造业大数据分析对实时性的不同层次需求，提出了多种大数据分析算法以及相应的支撑技术；针对制造业大数据分析的需求，提出了特征选择、数据源选择、计算平台优化等支撑技术，以进行面向制造业大数据多种需求的高效实时分析。

(4) 针对制造业大数据分析结果回馈问题，围绕知识图谱构建与应用，提出了多种策略和方法，以确保分析结果的高可用性。

(5) 基于本书的内容，作者研制了面向制造业大数据的错误检测与修复系统、面向中小型制造业企业的通用数据分析系统、面向柔性生产线的加工参数在线优化系统及生产线高级计划排程系统，并且进行了示范应用，原型系统及其示范应用如图1-7所示。

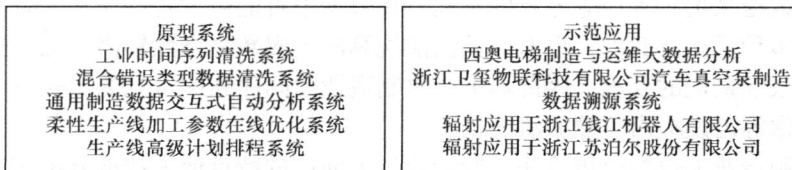

原型系统	示范应用
工业时间序列清洗系统 混合错误类型数据清洗系统 通用制造数据交互式自动分析系统 柔性生产线加工参数在线优化系统 生产线高级计划排程系统	西奥电梯制造与运维大数据分析 浙江卫玺物联科技有限公司汽车真空泵制造数据溯源系统 辐射应用于浙江钱江机器人有限公司 辐射应用于浙江苏泊尔股份有限公司

图1-7　原型系统及其示范应用

本书对众多中小型制造业企业实施大数据分析、引领制造业产业升级具有指导和借鉴作用，应用前景主要如下。

(1) 制造流程监控和优化。本书研究的制造业大数据实时分析方法和动态可视化方法能够为制造业企业实时监控车间生产状态和库存状态，优化产线、物料和人员状态，以及实现透明化生产提供技术保障。

(2) 制造流程和产品故障诊断和检测。本书研究的制造业大数据异常值检测和分类方法能够及时、准确对生产设备、运行流程中的故障进行诊断和检测，提高企业运行效率，减少不必要的损失。

(3) 制造业全流程辅助决策。本书研究了套用于制造业大数据分析全流程的方法和工具，可以帮助制造业企业在海量劣质数据中提取和设计生产、供应链及售后相关的经验和知识，帮助企业管理者深入挖掘制造流程中存在的缺陷，为管理者制定科学决策和提高生产水平提供宝贵的经验。

第2章 制造业大数据分析模型

大数据在不同类型制造业企业的多个环节中广泛存在，其中大数据的类型、作用和分析方法不尽相同，因而本章针对制造业的多样需求分别建立分析模型作为大数据分析理论基础，用于描述制造业中不同大数据分析任务的输入数据和输出分析结果的关系。

针对制造业大数据分析场景复杂多变、对模型需求多样化的特点，本章研究了制造业大数据分析自动建模方法，具体如下。

(1) 对制造业大数据分析场景和分析模型需求进行了全面的调研。

(2) 设计并开发了面向制造业大数据分析的自动建模语言和工具。

(3) 提出了面向制造业大数据分析的算法自动选择和参数自动优化方法。

针对制造业生产、供应链和售后阶段的典型场景和主要需求，本章研究了面向应用的大数据分析模型，具体如下。

(1) 提出多变量调优的 LSTM 时间序列预测模型。

(2) 提出基于迁移学习的风功率预测模型。

(3) 提出基于迁移学习的功率预测多模型集成方法。

(4) 提出基于神经网络的销量预测模型。

2.1 制造业大数据分析场景和分析模型需求

首先针对制造业大数据分析多种场景的不同任务特点，结合产业实际情况和文献调研，对制造业大数据分析模型的需求进行全面总结。从制造业流程的角度出发，将制造业划分为设计、生产、采购、销售和售后五个阶段。设计阶段的主要任务包括工艺优化、流程优化和能耗优化；生产阶段的主要任务包括质量监控、效率监控、生产监控、能效监控和故障预测等；采购阶段的主要任务包括库存优化和成本优化；销售阶段的主要任务包括需求发现、产量预测和配送优化；售后阶段的主要任务包括服务类型识别、故障管理及预警、备品供应和产品运行状态监控等。这些任务对于大数据分析模型的需求主要分为六类，包括回归、关联规则、聚类分析、分类、预测和优化。各项任务的具体描述及其对应的分析模型需求如图 2-1 所示。

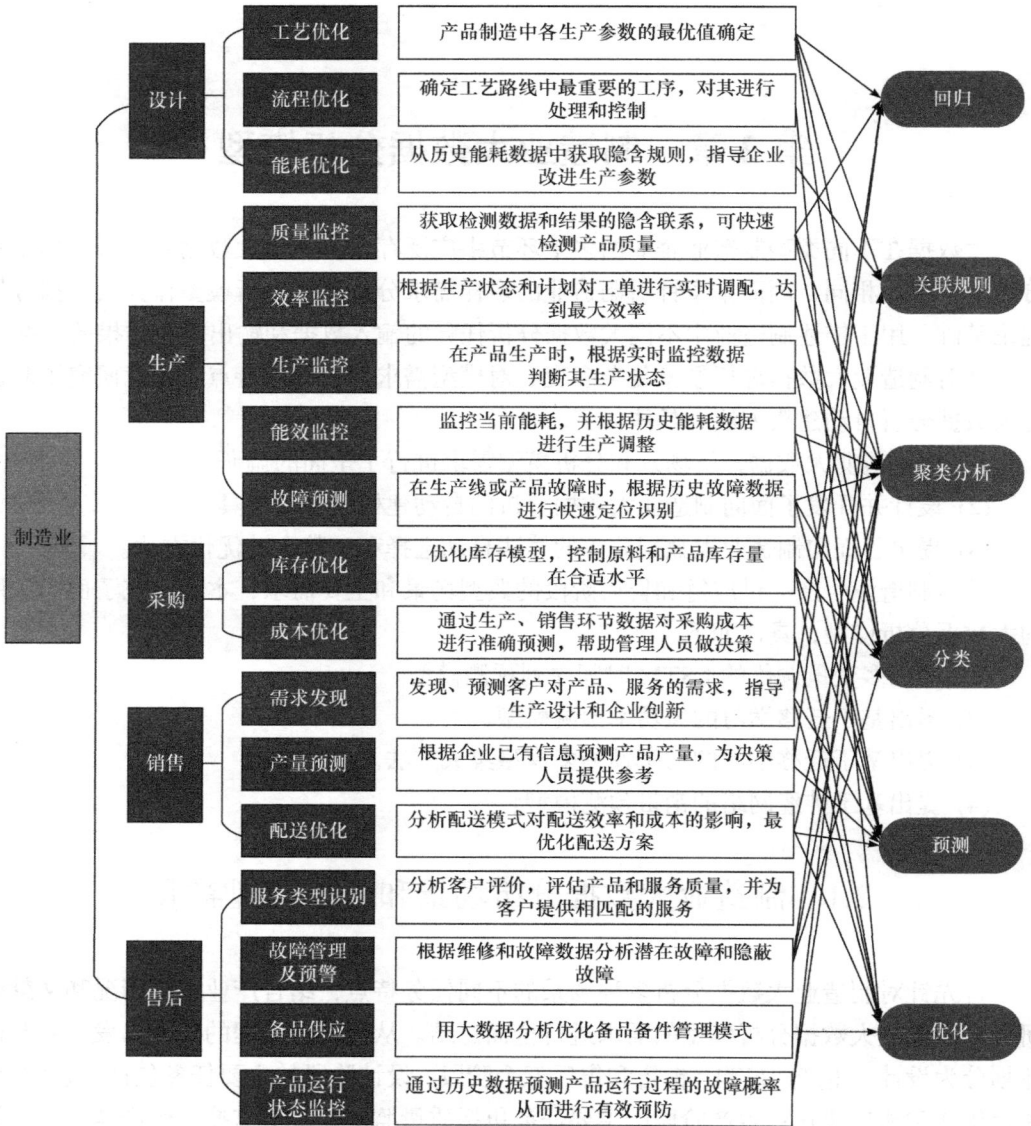

图 2-1 制造业大数据分析问题与模型对应关系

2.2 制造业大数据自动分析系统

本节的研究内容主要有以下几个方面。

(1) 提出制造业大数据自动分析系统,该系统能够对大数据分析任务进行自动建模。

(2) 定义一个声明式数据分析语言,该数据分析语言简洁易懂,且能够抽象描述制造业生产阶段常用的数据分析任务,以实现该模型的通用性。

(3) 选择分析任务使用的算法,实现各算法从分析到输出的整个流程,并对各算法进行处理和优化。

(4) 实现模型的高度自主，用户能够监督模型的数据处理、算法选择、参数确定和执行阶段，但不需要完全对各阶段进行控制。

2.2.1　制造业大数据自动分析系统的设计

一、系统设计目标

(1) 本系统主要面向制造业大数据分析，而制造业大数据分析任务五花八门，本系统需要具有足够好的普适性，覆盖足够多的制造业生产阶段的数据分析案例。

(2) 本系统主要作为数据分析任务和具体数据分析动作的中间层，该中间层具有高度自主的数据分析能力。用户通过建模语言描述分析任务后即可得到分析结果。而数据分析的具体流程包括数据处理、算法选择、参数确定等，这些都可视为黑箱，用户无须对过程进行控制，因此没有任何数据分析经验的用户也能够使用该系统。

(3) 本系统的用户主要是没有任何数据分析经验的用户，因此在交互上要对用户足够友好，模型应容易上手。

二、系统设计要点

由于本系统具有高度自主的数据分析能力，因此主要需要围绕其自主化进行设计。其设计要点主要有描述分析任务的语言的定义、算法的选择、调整和优化、交互设计。

1) 语言的定义

要保证系统的普适性，语言就应该具有普适性。制造业大数据分析情况复杂繁多，要定义能够描述分析任务的语言则需要将众多的数据分析案例归纳总结。而语言的目标是能够描述绝大部分类型的分析任务。考虑到受众都是普通用户，语言的形式应该简洁明了。系统可能有多个阶段需要用户命令的输入，各个阶段的命令形式应该统一，使用户上手更加容易。

2) 算法的选择

本系统主要面向生产阶段的制造业大数据，该数据的特点是体积巨大、冗余信息多、数据间关系错综复杂、异常值和缺失值的情况较一般数据多。系统需要根据这些数据特点进行算法的选择和调整，而数据需要根据各算法的要求进行处理。

算法的选择主要关注两点：一是分析任务的需要，例如，关联分析需要 Apriori 算法，聚类需要 C-means 算法，这种任务的分析结果没有统一的评估标准，但需要用户的确认；又如，时序数据的预测，这类任务往往可以选择多种可用的预测算法，如 ARIMA 等；再如，若需要选择的算法在对数据进行归纳的同时，还要刻画归纳所依据的规则，则要选择决策树类的算法。二是数据的特征，例如，由于数据间关系错综复杂而选择套索算法，套索算法能够从大量属性中选出核心属性；由于数据间非线性关系多而选择多层感知机(MLP)、随机森林；同时随机森林能够处理高维的数据，允许数据缺失，也能和套索算法一样得到各变量的重要性，只是该特性在模型中并没有体现。

3) 调整和优化

许多算法(如决策树、ARIMA 模型、MLP 等)都有一些对模型影响较大的参数，一般情况下，为了模型的效果，这些参数需要专业人员根据待分析数据的情况以及自身经验来确定。由于本系统有高度的自主性，因此需要解决好每个函数寻找最优参数的问题，而不能让没有任何数据分析经验的用户设置这些参数。

对于一般的分析任务，选择一个较好的算法就能适用绝大多数的情况，但对于一般的预测任务，可能出现的数据特征太多，各个预测算法都有其特定的适用场合，因此有些预测算法可能在一类数据上效果很好，而在另一类数据上效果很差。为了解决这个问题，系统选择多个适合不同数据的算法，这些算法适合的特征应该尽量不重复，并且尽量覆盖所有的数据特征。这些算法作为一般预测任务的候选算法，依次在多个训练集上运行，并得到每个训练集的最适合算法，提取该训练集的特征和其最优的算法以建立初始知识库。当用户对待预测数据进行预测时，对待预测数据进行特征提取，根据最近邻算法在知识库中找到与其特征最相似的若干条记录，对这些记录所选择的最优算法进行投票，选出可能的待预测数据的最优算法。

4) 交互设计

由于本系统的用户主要是对数据分析并不了解的用户，因此本系统从一开始的数据预处理到最后的数据分析都需要做到足够的自动化。同时，也需要留给用户足够的操作空间。例如，用户可以对数据进行预处理，根据分析的结果对算法参数进行手动调整等。因此，在用户可操作的阶段，分析模型需要与用户进行交互，用户希望手动操作来调整数据分析细节，向控制台输入命令进行操作；若用户希望采用默认的自动数据分析方法，则可以直接按回车键跳过用户调整的阶段。这种模式可平衡模型的自主性和可操作性，对用户足够友好。

根据上述系统设计观点的描述，可以总结出一般分析模型设计流程，具体流程图如图 2-2 所示。

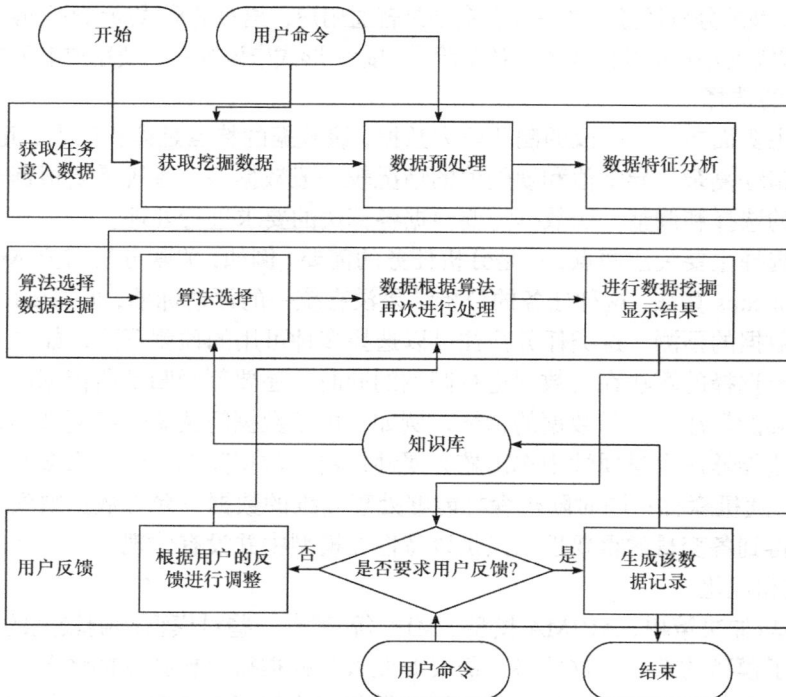

图 2-2　分析模型的设计流程

2.2.2 制造业大数据分析模型的实现

1. 模型各模块实现

模型的框架、流程主要采用 Java 语言编写，算法的执行和数据分析等阶段通过 Java 调用 R 语言来实现。

由模型的设计图可知，模型首先读取用户输入的分析任务，根据任务指定的文件地址读入待分析的数据，并进行第一次数据的处理，而第二次数据的处理是在算法选择后根据算法要求对数据进行格式的处理。读入数据后，根据任务和数据的特征确定适合的算法，然后对数据进行分析，将结果展示给用户，等待用户的反馈。用户可以确认分析结果以表示自己对分析的结果比较满意，也可以输入命令来更换算法或更改算法的参数以对分析的算法或模型进行调整，直到分析的结果满足用户的要求。

模型的具体实现大致按照模型的流程进行介绍：①介绍描述分析任务的语言的定义；②介绍模型中数据处理部分的实现；③介绍模型中的算法选择、算法超参数调优；④介绍一般预测中，根据数据的特征来确定最适合待预测数据的算法。

2) 描述分析任务的语言的定义

模型需要用户根据定义的语言来描述其想执行的数据分析任务，因此该语言应该能够描述大部分的制造业生产数据的分析任务。为了达到这一效果，首要任务就是将众多的案例归纳总结，剔除特殊的案例，选出最常见的分析任务。下面介绍模型中分析任务类型的选择和语言的定义。

(1) 分析任务类型的选择。

模型将制造业生产数据的分析任务概括为三大类：聚类、关联分析、预测；预测又分为决策树预测、一般预测、时间序列数据预测三类，决策树由于可以得到用户可理解的规则而单独分为一类，一般预测则不需要生成可视化规则，只需要对目标属性进行预测。

这并不是随意分类的，每个分析任务类型都有案例支持。

文献(王义康等，2012)采用基于模糊 C 均值的多支持向量机模型，将数据根据炉温分为三类，并对每个聚类分别建立子模型 SVM。其中需要用到聚类。

文献(LIU et al., 2009)采用基于粗糙集的 Apriori 算法，提取出数据中潜在的关联规则，以获得最优参数值，进而获得质量更高的钢铁成品。采用关联规则得到所有包含决策目标数据项的频繁集及强关联规则，从而分析出生产数据中的隐藏信息，并用其来指导企业优化生物化工产品的生产环境。这说明关联分析在制造业生产数据分析中必不可少。

文献(AYE et al., 2015)针对伸缩探针的老化问题，使用时序预测方法预测探针的后续趋势，并判断其老化情况。

文献(宋旭东等，2008)采用基于抽样的 C4.5 决策树选出工业路线中最关键的工序，并加强对这些关键工序的分析和控制，以控制企业的生产成本。文献(ÇIFLIKLI et al., 2010)针对故障检测的问题，采用基于 C4.5 决策树的数据分析方案来快速识别定位毛毯制造流程中出现的故障，使故障定位和处理的时间大大缩短，提高了毛毯的生产效率。这说明在产品制造中，得到数据中隐藏的规则对产品的制造有很大的裨益，这需要能够生成规则的分析算法，如决策树。

文献(LI et al.，2003)采用了神经网络和决策树两种模型分别对镀膜玻璃制造中产生的数据进行数据分析以快速找到各参数的最优值。在产品制造中，一般预测的情况过于普遍，这类分析任务的需求主要体现在预测产品质量、寻找最优参数配置等。

因此，模型中所描述的分析任务都是制造业大数据分析中常见的分析任务，但这并不意味着模型覆盖了所有制造业大数据分析的情况，有许多数据分析的案例过于特殊，并不能将其归纳。考虑到模型普适的可行性，模型执行的分析任务能够覆盖到绝大部分的案例即可。

(2) 语言的定义。

描述分析任务和命令的语言的形式应该尽量简洁明了且统一。因此语言采用属性 =
"值"的形式(值需要加双引号)对各选项进行设置。语言中的属性分为三类。

必需：分析目标；与分析目标相关的目标属性；待分析数据集文件地址。

可选：条件属性集；预测数据地址；输出文件(TXT)地址；输出图像(PDF)地址；得到决策规则与否选项；数据是否为时间序列型数据；数据分析文本中；训练集占总体的比例；训练数据的读入选项，包括首行数据是否为各列名称、缺失值如何表示、分隔符是什么。其中，参与分析的条件属性如果不赋值，则默认是除了目标属性的所有属性。

附加：各算法的可变参数，若无则程序自动选择最优参数。

具体的命令语言的各属性设置如表 2-1 所示。

表 2-1　命令语言的各属性设置

命令语言属性	参数选择	是否必需	默认值
object：分析目标	Predict associate cluster	是	NULL
trainFile：待分析的数据集文件地址		是	NULL
testFile：如果为 predict，则表示需要预测的文本地址		否	NULL
outputPDF：如果有输出，指明输出的 PDF 文件地址		否	NULL
outputTXT：如果有输出，指明输出的 TXT 文件地址		否	NULL
target：目标属性		是	NULL
values：条件属性		否	^Target
header：读入数据时，该数据第一行是否为列名	T F	否	T
sep：数据用什么符号进行分隔		否	,
na.strings：输入文档中，什么表示 NULL		否	NULL
sequential：是否为时间序列	T F	否	F
ratio：数据分析文本中，训练集占总体的比例	小数(0，1)	否	0.7
rules：是否得到决策所需的规则	T F	否	F

下面以具体案例来说明这种语言。

不锈钢生产中有许多加工参数，运用关联规则从生产数据中找到对产品质量有影响的数据属性的任务用分析语言描述为

```
trainFile="train.csv", object="associate", header="T", outputTXT="rules.txt"
```

且识别定位并处理掉制造流水线中出现的故障能够显著提高制造业企业的生产效率。通过决策树算法快速识别定位毛毯制造过程中出现的故障可描述为

```
trainFile="train.csv", object="predict", rules="T",target="targetAttr",
outputPDF="decisionTree.pdf", testFile="currentCondition.csv"
```

2) 数据处理

由于其普适性的要求，系统在数据处理阶段需要考虑各种有可能的数据特征而不能只针对特定的数据集。根据制造业生产数据的特点，模型中对数据的处理包括对连续型数据的离散化处理、对离散型数据的连续化处理、数据类型间的转化、缺失值的处理等。此外，还有根据各算法的个别要求而进行的数据处理。

数据处理的操作在一次完整的分析流程中会出现两次。第一次为模型刚读入数据时，模型自动确定数据各属性类型并将其展示给用户，用户能够根据自身的特定要求对数据进行调整，也可以不进行操作，确认模型自动确定的结果。第二次为模型选定算法后，根据算法的个别要求对数据自动进行的处理。例如，多层感知机不允许有缺失值，这时需要对缺失值进行处理；随机森林允许有缺失值，则不需要对缺失值进行处理；多层感知机不能接受离散值的输入，所以需要将离散值连续化；关联规则不能接受连续值的输入，所以需要将连续值离散化。因此数据的处理并不统一，不同的算法会有不同的数据处理步骤。

3) 模型所用算法

下面根据制造业生产数据的特点及常用的分析任务选择了若干算法，具体如表 2-2 所示。

表 2-2　模型各算法选择

分析任务		算法
关联		Apriori 算法
聚类		C-means 算法
预测	得到规则的预测	决策树算法
	时序数据预测	ARIMA 模型
	一般预测	套索算法
		随机森林算法
		多层感知机算法

由表 2-2 可知，除了一般预测，其余的任务都有唯一的算法。对于一般预测这个最

常见的分析任务，这里介绍的模型采用数据分析的方式从三个候选算法中自动选择最优算法的方法，使得单个最优算法的模型一般预测的效果有进一步的提升。

另外，模型中所有的算法都是通过调用 R 语言中的函数来实现，而模型需要根据其函数要求进行数据的第二次处理，并确定其最优参数。需要确定最优参数的算法有决策树算法、ARIMA 模型、套索算法、随机森林算法、多层感知机算法。Apriori 和 C-means 算法由于没有特定的性能评估方法且各用户对结果的要求不同，因此这两个函数的参数可以由用户手动调整至符合要求。

每个算法都是根据分析任务的需要和数据特征来选择的，且在实现时通常都需要根据模型对自身和数据做一定的调整，调整和优化最大的算法有决策树、多层感知机、套索算法和 ARIMA 模型，其他算法的调整和优化在这四个算法都有体现。接下来依次说明这四个算法的选择原因、数据根据算法做出的调整、最优参数的确定等实现细节。

(1) 决策树。

决策树由于其能够容忍缺失值、属性可离散可连续、能够得到决策树、可以生成规则等特性而被选择。其通过 R 语言 rpart 包中的 rpart 函数实现。

rpart 函数主要需要确定三个参数：cp、minsplit、minbucket。由于判断决策树好坏的方法为其预测准确数/总预测数，因此其精度并不连续，当测试集小时，其离散性更明显。仿照神经网络采用反馈函数或者带动量因子等学习方法所得到的效果并不理想。因此，采用分块查找的办法确定参数最优值。

分块查找确定最优参数值的方法如下：首先确定参数范围，然后将其均分为 N 块，在每块内随机取值代表各范围测试精准度，保留精准度最高的一块或多块，分别再次均分取值，直到无法再均分为 N 块(整数值参数范围在上下限距离小于 N 时无法继续均分，带小数的参数范围需要明确精度小数点后有几位，然后得到无法均分的条件)，遍历该范围内的所有取值，显然此时所有取值的数目应该小于 N。因为精度的离散化，每个参数都可能会有若干个最优值，根据决策树性质，取最优值中最大的值，以使决策树尽可能简洁。

实验表明，该方法能有效找到较好的参数，但有时会陷入局部最优，重复一次分块查找基本可避免。单个决策树生成的时间复杂度为 $O(M\log_N M)$，其中 N 为每次的分块数，M 为参数范围大小。

(2) 多层感知机。

多层感知机是一种前向结构的人工神经网络，其可以拟合自变量与因变量间的非线性关系。工业数据中属性间的关联错综复杂，同时存在许多非线性关系，多层感知机能够很好地处理这种情况。其通过 RSSNS 包中的 mlp 函数实现。

mlp 函数并不容忍缺失值，因此需要去除所有包含缺失值的项，缺失值出现的原因有很多，在不知情的情况下，最好是不擅自进行缺失值的估计填补。同时，多层感知机不能接受离散的输入，因此需要采用 RSNNS 包中的 decodeClassLabels 函数将其转换为多维二值的向量。

mlp 函数中的可控参数有 size(隐藏层神经元数)。目前有许多关于多层感知机的隐藏层神经元数确定的经验公式，其中之一为：当输入结点数为 m，输出为 n 时，隐藏层神经元数最好在 sqrt($m+n$)到 sqrt($m+n$)+10 之间。多层感知机采用同决策树一样的分块查找思想，size 的取值范围由经验公式确定。这样确定最优参数取值所用的时间会长点，但效果更好。

（3）套索算法。

套索算法通过给每个变量进行参数加权来实现变量的选择，可以较好地解决回归分析中的多重共线性问题，同时起到变量选择的作用。工业数据中有许多无用的数据，也有许多属性间存在很强的相关性，套索算法能够很好地解决该问题。OpenCV 包中的 cv.glmnet 函数，实现了套索算法。

cv.glmnet 函数同样不容忍缺失值，需要去除所有包含缺失值的项。属性可离散或连续，所以采用该算法不需要对数据进行多余的处理。cv. glmnet 函数中 alpha(α)默认为 1，套索算法中比较重要的参数为 lambda(λ)，λ 可由 cv.glmnet 函数自动选择。cv.glmnet 函数会自动生成 λ 取值序列，通过参数搜索得到 lambda.min，表示达到最小平均验证误差时的 λ 值，因此直接采用该值即可对数据进行最优的拟合。

（4）ARIMA 模型。

ARIMA 模型又称为差分自回归移动平均模型，是时间序列预测中一种常用而有效的方法。时序数据在制造业的产品制造过程中并不少见，ARIMA 模型能够对该类数据进行拟合并预测。它通过 ts 包中的 arima 函数实现。

arima 函数需要确定参数为 p、d、q。ARIMA 模型主要分为三部分，AR 表示自回归，p 为自回归项；I 表示差分，d 表示差分次数；MA 表示移动平均，q 为移动平均项数。其实 forecast 包有 auto.arima 函数，其目标在于自动确定最优的 p、d、q 三参数，但在实际使用时，该函数的效果很差。由于 ARIMA 的差分阶段目标就是使数据平稳，因此首先重复使用 diff 函数将数据差分，直到 tseries 包中的 adf.test 函数确认数据平稳，以差分的次数来确定 d 值；然后根据扩展的自相关函数来确定最佳的 p、q，该步骤由 TSA 包中的 eacf 实现。通过该方法确定最优参数而建立的 ARIMA 模型有着较好的预测效果。

4）算法选择

数据中某些数据特征会显著地影响某种算法的性能，而考虑到该模型的普适性，待分析数据中会有各种各样类型的特征，因此有些预测算法可能对这类数据效果很好，而在另一类数据上效果很差。为解决这个问题，模型在一般预测这个分析任务上，选择若干适合不同数据特征的算法作为候选算法。在算法选择时，模型提取待分析数据的特征，并找出最适合该特征的算法。通过该方法选出来的算法为若干算法中最适合该数据特征的算法，明显会优于随机选择一个预测算法的情况。

文献(梁竹，2011)研究的是根据数据特征自动选择算法，其提取了样本数、数据中心趋势、属性的离散比例、缺失值比例、平均联合熵、平均互信息量，作为描述数据的特征集。首先确定若干数据集以生成知识库，选定五个算法分别在每个数据集上运行，并记录数据集的特征，各算法的执行时间、准确率、精确度等指标作为知识库。当要确定新数据集的最优算法时，分析该数据集的数据特征，采用 K 最近邻算法选出与其最相似的两个数据集，各算法对两个数据集对应的指标作平均，得到每个算法在新数据集中可能的运行效果，选出指标最优的为新数据集的最优算法。

在实现根据数据特征的自动选择算法的功能时，模型主要参考了文献(梁竹，2011)的方法并对其进行改进，即数据特征的选择、知识库的建立和最优算法的选择。

(1) 数据特征的选择。

数据特征的选择直接影响算法选择的效果，一个好的数据特征集应该简洁，同时还能完整准确地描述出各数据的特征。

数据特征集包括离散型属性比例、属性总数、目标属性类型、目标属性不同的值的数量、样本数、缺失值比例、信息熵、联合信息熵、互信息量，总共九个数据特征。

(2) 知识库的建立。

由于模型每次都随机划分训练集和测试集，加之最优参数选择过程也可能会有不同的结果，因此各算法每次运行的结果都有波动，文献(梁竹，2011)中通过记录各算法在各数据上的指标来进行算法的选择的方法并不适用于本节建立的模型。虽然各算法每次运行的结果有波动，但各算法的波动范围不同，明显适合该数据的算法的效果会一直优于其他算法，因此本模型只记录每个数据最适合的算法。其确定方法是：在每个数据上重复运行所有候选算法，直到人为确定其最适合的算法，并将数据及其最适合的算法记录到知识库中；当出现某数据集，候选算法在其上运行的结果相差不多，无法确定最适合的算法时，表明该数据集的特征并不能区分这些算法，这种数据集不应该放到知识库中。

经过反复的实验，模型的初始知识库包含 UCI 机器学习库中的 Abalone、Car Evaluation、Chess、Ecoli 等共 22 个数据集的记录。

(3) 最优算法的选择。

模型采用 K 最近邻的思想来选择知识库中与待分析数据最相似的记录。但与其选择两条项记录不同，经过多次实验，模型选择与其最相似的 3 条记录，这 3 条记录投票表决待分析数据的最优算法。

考虑到模型的用户友好性，在选择最优算法并运行之后，模型将分析结果展示给用户，等待用户的反馈。此时，用户可以确认分析结果，并可以将本次算法的选择记录到知识库中；若发现分析结果不符合要求，也可以查看其他算法的运行情况，并确认其他算法才是最优的算法，将其记录到知识库中。这个阶段同样不需要用户有任何的数据分析经验。

2. 模型总体流程实现

图 2-3 展示模型的实际流程，下面根据图示详细描述模型的总体流程。

模型主要分为 5 个阶段，分别是命令获取及数据读入阶段、算法选择阶段、算法执行阶段、用户调整确认阶段、结果输出阶段。

1) 命令获取及数据读入阶段

模型读入用户输入的命令，并根据语言的定义来获取用户描述的分析任务。读入的命令包括分析目标(object)、待分析数据的文件地址(trainFile)、目标属性(target)、输出结果的存储地址(outputTXT，outputPDF)等属性。同时模型根据用户给出的数据文件地址读入文件，自动确定各属性的类型，用户可以在该阶段对数据的属性类型等进行修改。

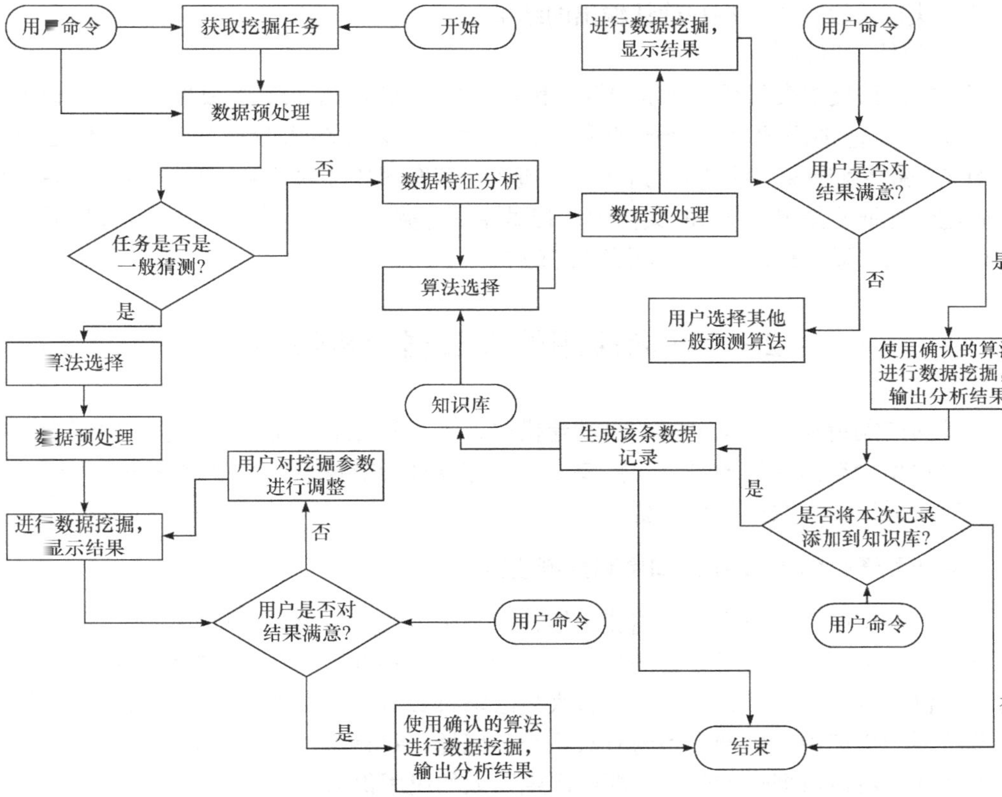

图 2-3　分析模型的实际流程

2) 算法选择阶段

选择哪一个算法主要由两点决定，即分析任务的要求和数据特征的要求。当分析任务为关联分析、聚类、时序数据预测、生产规则的预测时，这些分析任务都有唯一对应的算法，因此可以根据分析的任务选择算法而不需要考察待分析数据的特征。当分析任务为一般预测时，候选算法有三个，这时应该结合待分析数据的特征和知识库来确定其可能最适合的算法。

3) 算法执行阶段

选定执行的算法后，首先需要根据该算法的要求进行一定的处理。例如，对于多层感知机，数据中的离散型属性需要连续化；对于关联分析算法，数据中的连续型属性需要进行离散处理。然后按模型中设定的训练比例将数据集拆分为训练集和测试集。对于需要自动确定最优参数的算法，还需要根据不同算法使用不同的方法来确定其最优参数。

4) 用户调整确认阶段

确定算法并执行数据分析后，其结果将显示给用户。用户能够在该阶段给出关于结果的反馈。其反馈可以是对结果的确认，表明用户对结果满意，模型可以继续运行，进入结果输出阶段；也可以是对模型参数的调整(针对除一般预测的分析任务)或运行其他算法并查看其分析结果(针对一般预测的分析任务)，模型根据用户的命令进行调整，并重复算法执行阶段，直到用户确认输出的结果。

5) 结果输出阶段

用户的确认反馈表明系统确定的算法和对其的优化达到了较好的效果，结果的输出与否及其输出地址都需要在一开始的命令获取数据，以及输入阶段的设置。命令中的 outputTXT 属性确定文字性结果的输出文件地址；若有图片性的结果，则输出到 outputPDF 属性确定的地址所指定的 PDF 文档中；若属性没有被设置，则说明用户不需要结果输出到文件，结果只显示在窗口，不会保存到文件。

2.3   面向应用的大数据分析模型

尽管面向制造业大数据分析的自动建模语言和工具能够满足很多要求，但制造业中的一些大数据分析需求比较复杂，需要专门为它设计分析模型，本节讨论一系列面向具体制造应用提出的大数据分析模型。

2.3.1   多变量调优的 LSTM 时间序列预测模型

工业大数据中，企业生产线高速运转，设备生产线产生大量的数据，且多为非结构化数据。若能利用该数据对设备的产量进行预测，并根据预测结果及时发现设备存在的问题，不仅可以提高产量，还可以节省大量故障排查所需的人力、物力。例如，在化工材料苯乙烯的生产中，生产设备内有数千个传感器，每秒都产生大量的数据，呈现出时间序列特性，对该数据进行分析，即可产生巨大的应用价值。

本节从工业时间序列数据的角度出发，进行产量(或流量)预测。与传统的时间序列预测相比，工业时间序列预测具有时间间隔小、数据依赖关系复杂、对工业机理有依赖性等特点。针对以上特点，本节对传统的 LSTM 算法进行改进，使它在提取数据周期的基础上，通过迭代方式进行更新，更好地对产量(或流量)进行预测。本节主要解决的是时间序列数据中的连续型数据预测问题，利用工业中的时间序列数据对流量进行预测。

1. 问题描述

在时间序列预测问题的视角下，对某一工业设备的建模，就是利用设备的相关参数建立产量(或流量，质量)的数学模型，并利用统计学方法对模型进行调优。

在实际问题中，输入数据为工业时间序列数据，可看做由一组样本组成的矩阵 $X = [x_1 \ x_2 \ \cdots \ x_m] \in \mathbb{R}^{d \times m}$，输出为工业时间序列数据中的流量预测模型 M。可把该问题抽象为如下数学问题：已知某一工业设备的时间序列数据 $X = [x_1 \ x_2 \ \cdots \ x_m] \in \mathbb{R}^{d \times m}$，预测值为 $Y = [y_1 \ y_2 \ \cdots \ y_n]^{\mathrm{T}}$，对于某一列向量来说，数据在 $t-1, t, t+1$ 的时间相关性未知，求模型 M，使得存在算法函数集合 F，即

$$M(X, f(\cdot)) = f(X) = Y, \quad f = \arg\min_f \mathrm{dist}(f(X), Y), \quad f \in F \tag{2-1}$$

由于矩阵 X 为时间序列数据，故根据时间序列数据特性进行模型选择。由于预测的

数据为连续型数据，且其机理复杂，存在非线性依赖关系，对预测的准确程度更为敏感，故选择预测精度较高的神经网络算法。

LSTM 是一种特殊的循环神经网络(RNN)，它能够学习序列中的长期依赖关系。其在序列建模上很强大，能够记忆上文信息，还具备拟合复杂非线性函数的能力，其缺点在于训练过程较慢，训练维度较高。因为其长时记忆的特性更适合时间序列数据的预测。

在工业大数据中，真实的产值和流量不仅仅随时间波动，而且与它对应的参数变化有很强的关联性，由于工业大数据的周期性规律较弱，其移动步长很难依据简单的推断获得，故根据其变量的周期性变化关系，在 LSTM 算法的基础上，研究者提出多变量调优的 LSTM 算法。

2. 多变量调优的 LSTM 算法

多变量调优的 LSTM 算法分为三个模块，分别为数据转换模块、LSTM 建模模块和调优模块。数据转换模块将时间序列数据转化为监督学习序列，同时寻找和预测值 Y 回归系数相关性最高的变量集；LSTM 建模模块将 $h_1, h_2, \cdots, h_n$ 个 LSTM 感知机连接起来，形成一个 LSTM 网络；调优模块根据每一轮的 RMSE 进行参数的调整，将调整后的参数传回到数据转换模块进行再次训练。通过不断迭代，找到该算法的近似最优解。算法过程如图 2-4 所示。

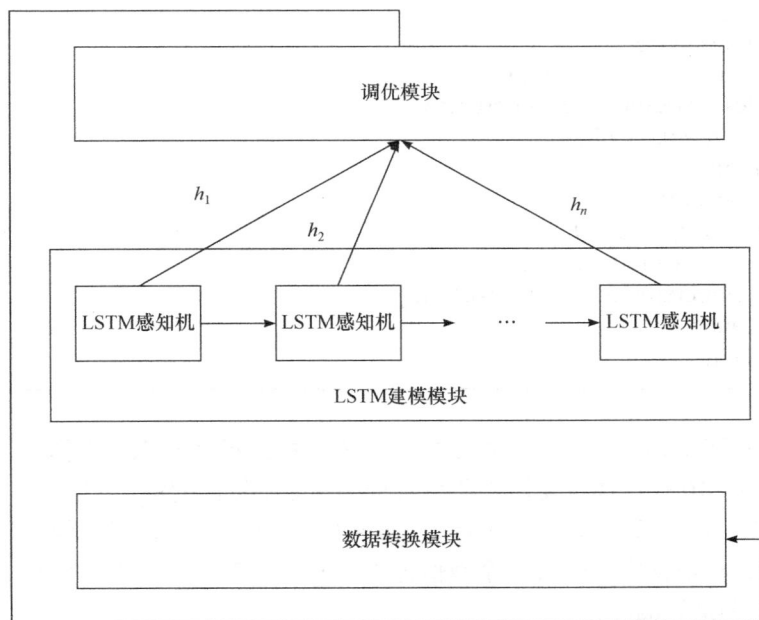

图 2-4　多变量调优的 LSTM 算法过程

1) 数据转换模块

数据转换模块主要负责将时间序列数据转化为监督学习序列，分为数据预处理和数据转换两部分操作。

　　数据预处理操作是通过对数据进行降维处理从而更好地对数据进行建模。输入变量 $\boldsymbol{X}^{\mathrm{T}} = [v_1\ v_2\ \cdots\ v_d] \in \mathbb{R}^{m \times d}$ (其中 d 为原始变量数量，m 为数据样本数量，均为正整数)，及其预处理时随机森林得出的相关系数，并将其按相关系数的大小排列 $c_1 \geqslant c_2 \geqslant c_3 \geqslant \cdots \geqslant c_d$，选取相关系数之和大于等于 95%，即 $\sum_{d'} c_{d'} \geqslant 95\%$ 的变量 $\boldsymbol{X}''^{\mathrm{T}} = [v_1'\ v_2'\ \cdots\ v_d']$，在对数据进行随机森林分析的基础上，对每一个变量的权重进行估计，对数据进行降维。

　　数据转换操作是将时间序列数据根据其周期值转化为监督学习序列，操作的主要目标是利用时间序列数据的周期性进行更好的预测，即给定正整数 n 和已知 $\boldsymbol{X}' = [x_1'\ x_2'\ \cdots\ x_m']$ $\in \mathbb{R}^{d' \times m}$，选取第 $i-n, i-n+1, \cdots, i-1\,(i > n)$ 行的全部数据，以及第 i 行的前 $m-1$ 个数据作为输入数据集的自变量 X 即伪代码中的 $\mathrm{data_D}$，第 i 行的第 m 个数据作为输入数据集的因变量 Y，即预测值。

算法 2-1　　data_transform($\mathrm{data_D}$,n)数据转换模块

输入：数据集 $\mathrm{data_D}$，正整数 n

输出：数据集 $\mathrm{data_T}$

1　　forest ← randomforestregressor($\mathrm{data_D}$)
2　　importances ← importance(forest)
3　　sort(importances)
4　　threshold ← 0
5　　colSet ← NULL
6　　**For** p **In** importances
7　　　colSet ← colSet.add(p.name)
8　　　threshold← threshold+ p.importance
9　　　**If** threshold > 0.95 **Then**
10　　　　**Break**;
11　　$\mathrm{data_D}$ ← $\mathrm{data_D}$[colSet]
12　　row_size← shape($\mathrm{data_D}$)
13　　new_row_size ← int(row_size/n)
14　　$\mathrm{data_T}$ ← $\mathrm{data_D}$.ix[0: new_row_size*n ,:]
15　　reshape($\mathrm{data_T}$)
16　　**Return** $\mathrm{data_T}$

　　算法 2-1 描述了转换过程，其中第 1～3 行对数据进行随机森林操作后，对其重要性进行排序，第 4～10 行选择重要性之和为前 95%的原始特征的集合，第 11～15 行对数据进行转换操作，将 n 行数据转化为 1 行。当 $n = 3$ 时，将每 3 行数据进行合并后生成新的 1 行数据，在该行数据中，最后 1 个数值为预测值 Y，其转换方式如图 2-5 所示。第 16 行返回处理好的数据 $\mathrm{data_T}$。

　　2) LSTM 建模模块

　　LSTM 建模模块将多个 LSTM 单元通过隐藏状态矩阵连接起来，形成一个 LSTM 网络。LSTM 感知机通过遗忘门和输入门来控制输出状态，其中遗忘门决定保留多少上一单元的输出状态，输入门决定保留多少当前的输入，故可保存较早信息的影响。

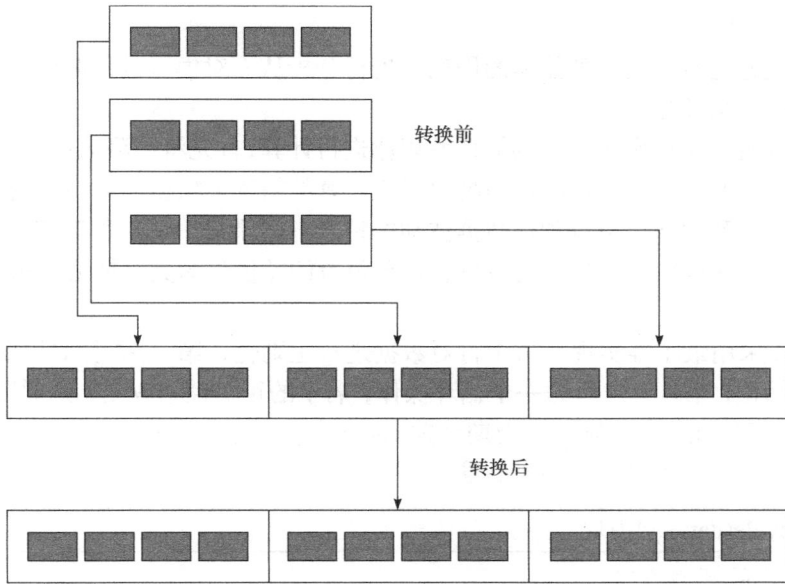

图 2-5 多变量调优 LSTM 算法示意图

鉴于工业时间序列数据预测的实效性，考虑到该模型需要多次迭代寻找最优参数，故采用单层 LSTM 网络结构，在保证其预测效果的情况下，尽可能地减少建模时间。结合模型输入和输出位置的两个全连接层，该模型最终为 3 层神经网络结构，第 1 层为输入层。输入层的神经元个数等于每一个输入的数据维度，第 2 层为 LSTM 隐藏层，隐藏层的个数通过实验结果来确定，第 3 层为输出层，因为所求解的问题为一个单值预测问题，故输出层为单个神经元。

当输入向量为 3 个变量，LSTM 神经元个数为 4 个时，单层 LSTM 网络结构如图 2-6 所示。

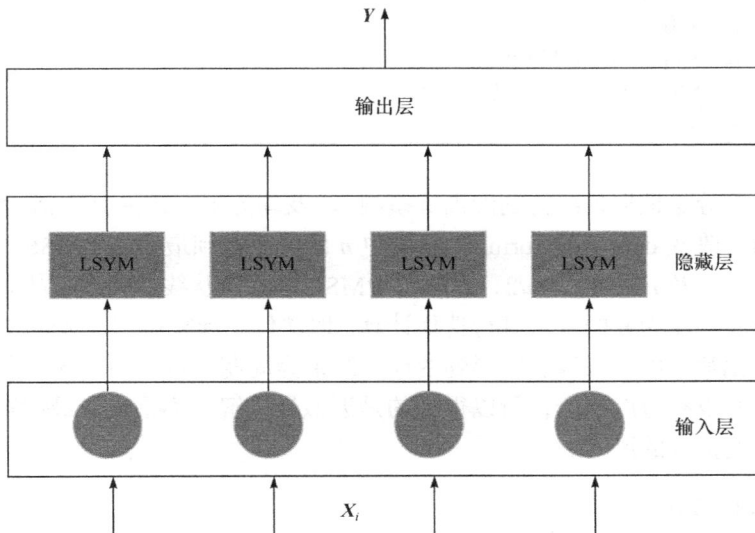

图 2-6 单层 LSTM 网络结构示意图

3) 调优模块

调优模块通过对时间序列数据的周期性进行分析从而对模型进行调优，分为周期性分析和迭代调优两部分。

周期性分析主要对预测值 Y 的周期性规律进行计算，首先将预测值进行归一化处理，将数据转化到(0,1)区间，其目的是提高周期值计算的精度。根据周期性的定义，数据的变化有一定的循环规律，可以利用数据波动的特点，记录每一个正负值变化的点，即经过零点的数据在时间序列数据中的位置，记录位置的差值作为其周期值，选取前 5 个较小的周期值。

算法 2-2 采用最小堆实现。第 1 行对数据进行正则化，第 2～3 行对周期计数 count 和堆进行初始化，第 4～14 行是一个循环操作，若 y 的正负性不改变，则周期计数 count 加 1；若 y 的正负性改变，则将该周期计数 count 存入堆中，设置最小堆的大小为 5，算法最终返回含有前 5 个最小周期值的堆。

算法 2-2　　cycle(data$_D$.y)模块

输入：数据集的预测值列 data$_D$.y

输出：周期值 stepSet

```
1    ySet ← regular(dataD.y)
2    count ← 0
3    stepSet ← heap()
4    For y In ySet
5        If y > 0 Then
6            count ← count + 1
7        Else
8            If count= 0 Then
9                continue
10           Else
11               stepSet ← stepSet.push(count)
12               count ← 0
13               If size(stepSet)> 5 Then
14                   stepSet ← stepSet.pop()
15   Return stepSet
```

迭代调优部分是根据训练得到的训练模型 M 及均方根误差(RMSE)来确定是否继续迭代，直到通过改变 data_transform(data$_D$,n)中 n 的大小找到最小的 RMSE。已知 n 最优解的不确定性，以及 n 必小于 $m/2$，且 n 与 RMSE 并不服从线性关系，故利用周期性分析得到周期值序列作为 n 的输入进行迭代计算，取迭代后计算得到 RMSE 的最小值为该算法的近似优化解。由于该算法所得到的计算结果为周期值较小的前 5 个周期拟合模型的计算结果，并没有过度拟合，所以得到的是近似最优解，不是全局最优解，可在一定程度上消除过度拟合的风险。

3. 算法描述与分析

对上述模块进行整理后，得到算法的计算流程和多变量调优的 LSTM 算法，首先对数据进行处理，处理后求得预测值 y 的周期值，根据周期值进行数据转换，转换后进行 LSTM 算法建模，迭代过程直至前 5 个较小的周期转换数据训练的神经网络完成训练，模型选择性能最高的算法返回最优模型。

根据算法 2-1、算法 2-2 得到多变量调优 LSTM 模型的伪代码，如算法 2-3 所示。其中，第 1 行得到周期序列，第 2 行初始化递归参数，第 3 行进行数据转换操作，第 4～13 行进行 LSTM 模型的训练，迭代之后求得最优的模型 M_f。算法流程如图 2-7 所示。

算法 2-3　optimized LSTM(data$_D$)模块

输入：数据集 data$_D$

输出：最优模型 M_f

```
1   stepSet[] ← cycle(dataD.y)
2   count ← 0
3   dataT ← data_transform(dataD,stepSet[count])
4   m ← ∞
5   If count< 5 Then
6       M ← LSTM(dataT)
7       If m>M.RMSE Then
8           m ← M.RMSE
9           Mf ← M
10          count ← count + 1
11      Else
12          count ← count + 1
13      Else
14  Return Mf
```

对多变量调优的 LSTM 算法进行复杂度分析，主要对其训练过程的时间及空间复杂度进行分析。

1) 多变量调优的 LSTM 算法时间复杂度

多变量调优的 LSTM 算法利用算法的周期性进行多次迭代，设训练数据的数据量为 N，求得算法周期部分采用一次循环完成，其时间复杂度为 $O(N)$。设迭代训练部分采用 L 轮迭代完成，每一轮迭代生成一个 LSTM 神经网络。对于 LSTM 设迭代 C 次，每一次迭代 S 长的序列，输入数据为 W。首先根据每次的输入数据计算隐藏的状态，进行正向传播，时间复杂度为 $S \times W$，然后根据 Adam 算法调整系数，时间复杂度为 $S \times 1$，完成一个 S 序列的时间复杂度为 $S \times (W+1)$。由于迭代 C 次，每轮有 $\left\lceil \dfrac{N}{S} \right\rceil$ 个 S 序列，训练 LSTM 网络的时间复杂度 $O\left(S(W+1) \times \left\lceil \dfrac{N}{S} \right\rceil C \right) = O(CNW)$。由于 L 轮训练过程，所以该算法的时间复杂度为 $O(N) + LO(CNW) = O(N + LCNW)$。

2) 多变量调优的 LSTM 算法空间复杂度

训练中涉及的数据量为 N，输入 I 维数据，隐藏层含有 H 个结点，输出 O 维数据，则从输入层转化为隐藏层的代价为 HI，隐藏层状态转移空间代价为 H^2，隐藏层转化为

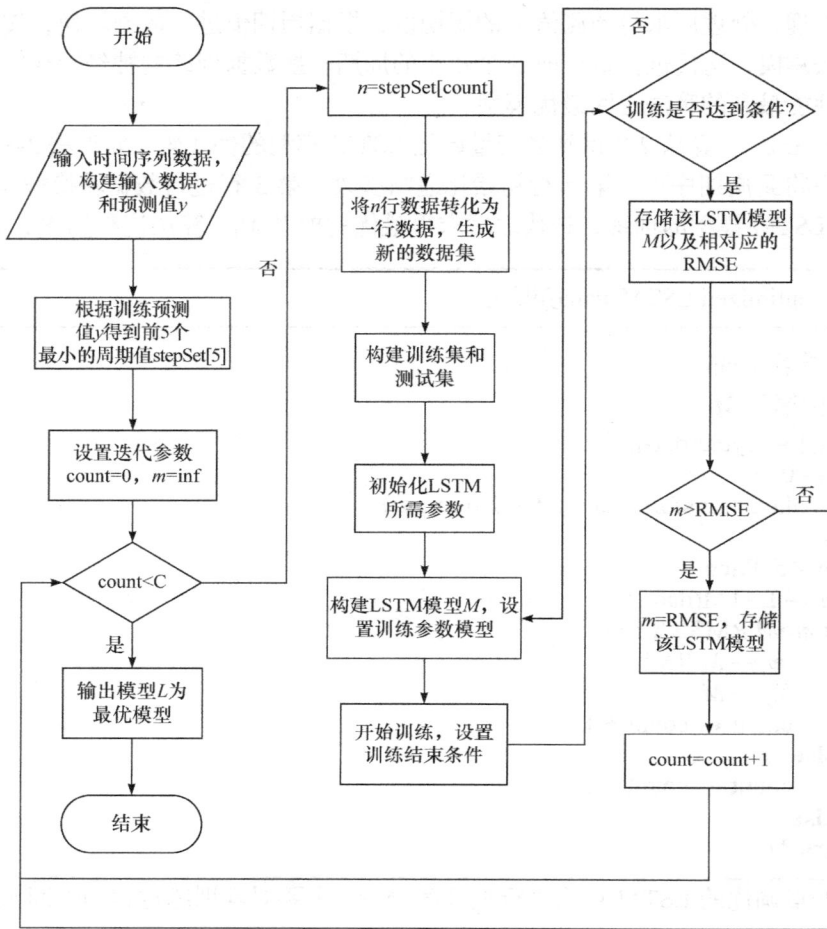

图 2-7 多变量调优的 LSTM 算法流程

输出层的代价为 OH，隐藏层参数代价为 H，输出层参数代价为 O。设每次迭代序列长度为 S，则 S 序列正向传播经过输入层、隐藏层和输出层，它们的空间代价分别是 SI，$SH1$，$SO1$，反向传播，利用 Adam 算法进行调整时，输入层、隐藏层状态转移空间、隐藏层为输出层、隐藏层参数、输出层参数的空间代价分别为 HI、H^2、OH、H、O、得到 LSTM 建模过程的整体时间代价为

$$2HI + 2H^2 + 2OH + 2H + 2O + SI + SH + SO \qquad (2\text{-}2)$$

考虑到需要 L 轮迭代，每一轮迭代生成一个 LSTM 神经网络，且每一轮 LSTM 网络共有 $\left\lceil \dfrac{N}{S} \right\rceil$ 个 S 序列进行训练，整体的空间代价为

$$LN + L\left(2\left\lceil \frac{N}{S} \right\rceil + 1\right)(HI + H^2 + OH + H + O) + L\left\lceil \frac{N}{S} \right\rceil(SI + SH + 2SO) \qquad (2\text{-}3)$$

所以空间复杂度为 $O\left(LN + L\left\lceil \dfrac{N}{S} \right\rceil H^2 \right)$。

4. 实验结果

1) 预测型问题的算法评价方式

首先需要明确指出使用什么样的评价方式来评价 LSTM 算法的效果，对于连续型数据预测问题，可以使用均方根误差(RMSE)和 R 平方(R^2)两种方法来评价预测的结果。其中，RMSE 代表误差平方根的均值，是一种定量的权衡方法。而 R^2 方法将预测值与均值相比，其取值通常为(0,1)。所以根据 RMSE 对算法的效果进行评估：

$$\text{RMSE}[X, f(\cdot)] = \sqrt{\frac{1}{m}\sum_{i=1}^{m}[f(x_i) - y_i]^2} \tag{2-4}$$

RMSE 的计算对于异常值较为敏感，当某一预测值与真实值差距很大时，RMSE 也会增加，故多用于对于测量精度要求较高的场合，符合工业大数据的应用要求。

2) 实验搭建

实验环境及实验所采用的数据集如表 2-3 所示。工业大数据锅炉数据集为某电厂 SIS 生产实时系统的数据，包括时间、流量参数、压力参数及温度参数，数据总维度达 70 维，数据总量达 40 万余条。

表 2-3　实验环境及数据集

实验机器配置	2.7GHz Intel Core i5、8GB 1867MHz DDR3
实验环境	Python 3.6.0、TensorFlow
实验数据集	工业大数据锅炉数据集

实验结果采用多次测量求平均值的方式来降低实验误差。在此采用留出法对算法进行实验验证，即将数据集随机划分为训练集和测试集。本实验采用训练集占数据集 2/3，测试集占数据集 1/3 的比例进行验证。

实验主要采用多变量调优的 LSTM 算法进行参数调优，并将优化后的 LSTM 算法与对比实验算法的结果进行对比，如表 2-4 所示。

表 2-4　实验设计

实验标号	采用算法
I	随机森林
II	BP 神经网络
III	卷积神经网络
IV	LSTM 算法
实验	多变量调优的 LSTM 算法

3) 多变量调优的 LSTM 算法调优

采用 TensorFlow 框架(一个全面的可扩展框架)进行实验。通过神经网络理论分析可以发现，影响预测方法性能的参数主要有迭代次数、学习速率、迭代序列的长度、隐藏层包含的结点数。由于该实验采用了 Adam 算法可以自适应地进行学习速率调节，因此从迭代次数、迭代序列长度、隐藏层的结点数目入手对该算法进行优化。

对迭代序列长度进行测试，分别观察序列长度为 10、50、100、250、500、1000 时模型预测的表现，如表 2-5 所示的几组实验。在实验中，隐藏层结点个数均为 50，预设的迭代次数都为 50。通过实验对比可以看出，序列长度对实验结果有一定的影响，得到一个较好的迭代序列长度为 500。

表 2-5　最优迭代序列长度相关实验基本参数

实验编号	序列长度	隐藏层结点数	迭代次数	均方根误差
1	10	50	50	22.83
2	50	50	50	17.95
3	100	50	50	19.20
4	250	50	50	14.64
5	500	50	50	11.49
6	1000	50	50	13.85

对隐藏层结点数进行测试，分别观察隐藏层结点数为 10、20、50、100 时模型预测的表现，根据最优序列实验的结果设计实验。在实验中每次迭代序列长度均为 500，预设的迭代次数均为 50。从表 2-6 中可以看出隐藏层结点数为 200 时，RMSE 最小，说明对于单层 LSTM 网络来说，隐藏层结点数越多，实验效果越好。但由于隐藏层结点数达到 200 时，实验结果优化速率减慢，所以隐藏层结点数为 100 时，能达到一个较优的实验结果，故隐藏层结点数暂定为 100。

表 2-6　隐藏层结点数相关实验基本参数

实验编号	序列长度	隐藏层结点数	迭代次数	均方根误差
7	500	10	50	79.85
8	500	20	50	18.98
5	500	50	50	11.49
9	500	100	50	9.13
10	500	200	50	8.69

对迭代次数进行优化，分别观察不同迭代次数为 10、50、100、500 时的实验结果，并依据上述实验结果设计实验。在实验中每次迭代序列长度均为 500，隐藏层结点数均为 100。从表 2-7 及图 2-8 中可以看出当迭代次数分别为 50、100 和 500 时，最终实验效果相当，但迭代次数越少，其所耗费的时间越少，故将迭代次数暂定为 50。

表 2-7 迭代次数相关实验基本参数

实验编号	序列长度	隐藏层结点数	迭代次数	均方根误差
11	500	100	10	31.93
9	500	100	50	9.13
12	500	100	100	9.47
13	500	100	500	9.96

在上述实验的基础上，确定了最优结果实验参数。从实验的结果来看，每次迭代序列长度为 500，隐藏层结点数为 100，迭代次数为 50 时，实验效果最优，如表 2-8 所示。由于参数调优的局限性，不排除出现更加优化的实验结果。在最优参数下的预测结果如图 2-9 所示。

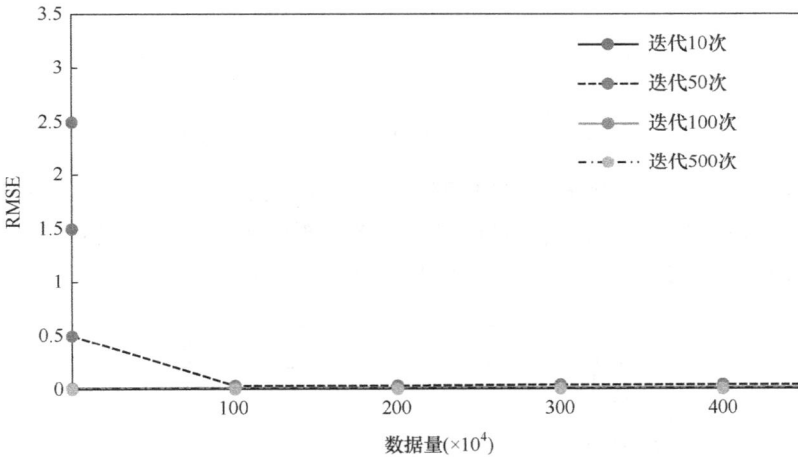

图 2-8 不同迭代次数训练过程

表 2-8 最优参数实验基本参数

实验编号	序列长度	隐藏层结点数	迭代次数	均方根误差
9	500	100	50	9.13

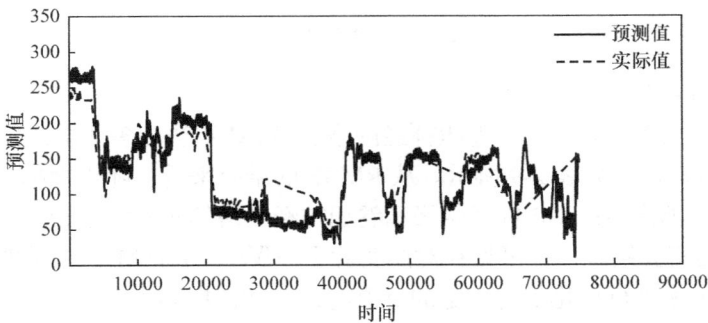

图 2-9 最优参数预测效果对比

当参数最优时对该算法进行分析,多变量调优的 LSTM 算法迭代过程如图 2-10 所示。

选择周期值较小的前 5 个周期进行迭代，可以发现 RMSE 并不会随着 n 的增加而增加，其呈现出非线性的变化趋势。当 $n = 3$ 时，取得局部最小值 9.13，这是目前得到的最好训练效果。

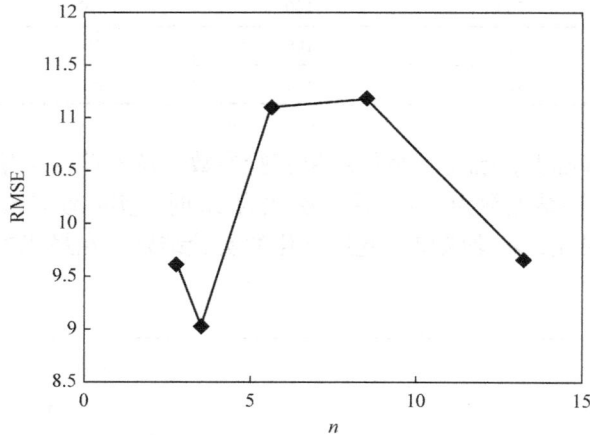

图 2-10　多变量调优的 LSTM 算法迭代过程

当 $n = 3$ 时，多变量调优的 LSTM 算法的损失率曲线如图 2-11 所示。对训练集和测试集进行训练后对比损失率曲线，可以发现两者的损失率在一段时间后趋于一致，且测试集损失率并没有高于训练集损失率，证明该算法未发生过拟合情况。

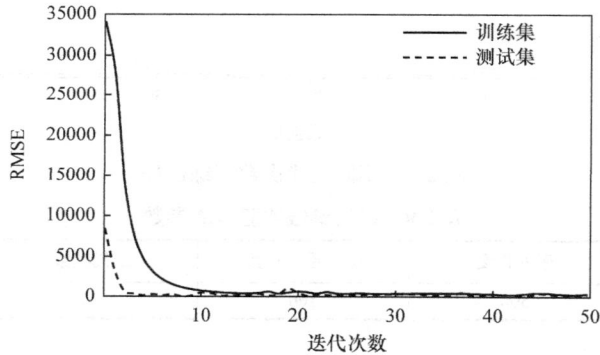

图 2-11　损失率曲线

4) 对比实验结果

将随机森林、BP 神经网络、卷积神经网络、LSTM 算法和多变量调优的 LSTM 算法的实验结果进行对比，如表 2-9 所示。从 RMSE 的结果来看，随机森林的实验结果大于 BP 神经网络的实验结果，BP 神经网络和卷积神经网络的实验结果相当，LSTM 算法比上述三个算法的实验结果好，可见在对照实验Ⅰ～Ⅳ中，LSTM 算法的实验结果最好，选取 LSTM 算法来进行优化是有一定的价值的，实验结果证明 LSTM 算法更适用于时间序列数据的预测。对比随机森林的 RMSE 为 40.21，LSTM 算法的 RMSE 为 19.87，优化程度达 50.58%。

表 2-9 对照实验 I ~ IV 与实验的效果对比

实验标号	采用的算法	均方根误差
I	随机森林	40.21
II	BP 神经网络	20.9
III	卷积神经网络	21.97
IV	LSTM 算法	19.87
实验	多变量调优的 LSTM 算法	9.13

对优化前后的 LSTM 算法进行对比, 多变量调优的 LSTM 算法为实验中预测效果最好的算法, 其 RMSE 达到 9.13, 相较于 LSTM 算法的 RMSE 为 19.87, 优化了 54.05%。其中 LSTM 算法因为其长短期记忆的特性, 可以有效地针对时间序列数据建模, 多变量调优的 LSTM 算法可以使实验效果更加优化。对照实验与实验的效果对比如图 2-12 所示。

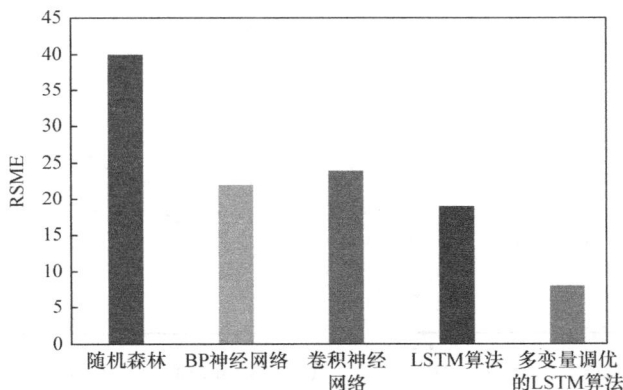

图 2-12 效果对比

2.3.2 基于迁移学习的风功率预测模型

本节首先给出了基于实例的迁移学习算法 TransferAdaboost 的目标和核心思想, 然后将这一算法嵌入到风功率预测系统中(由于经过风功率特性曲线标定, 将风速预测作为风功率预测的主要目标)分析了基于迁移学习的风功率预测效果, 对比分析在不同预测时间尺度和不同数据量大小上, 迁移学习算法与传统机器学习算法的区别和优点。

1. 基于迁移学习的风功率预测算法设计及实现

迁移学习任务中使用的源数据和辅助数据分布不同, 但相关。换句话说, 辅助数据中的一些训练样本适用于学习一个有效的分类模型, 也适用于源域样本测试。

TransferAdaboost 算法的目标是找出哪些实例适合于作为辅助学习的测试数据, 并将源领域上训练过的基础学习器迁移到实例上进行少量标记样本的学习。该算法的核心思想是利用 Boosting 技术对辅助数据中的样本数据进行过滤, 这与源数据中的少量标记样本是不相似, Boosting 实际上是一种自适应的权重调整方法, 它将不重要的辅助数据权重降低，提高重要的辅助数据权重。在 TransferAdaboost 算法中，Adaboost 在源数据中的少量标记样本中使用，以确保源数据中的分类模型的准确性；在源数据中使用优化算法来自动调整源数据的重要度。图 2-13 所示为 TransferAdaboost 算法的思想，x 与 y 是数据样本的两个维度的取值。

在风功率预测中，采用 Adaboost 架构的学习算法，以 ANFIS 作为基础学习单元，特征作为权重优化的目标。首先，从一个源数据集和若干辅助数据集中提取风功率预测所用的特征。然后，针对每一组数据训练对应的 ANFIS 模型，并利用源数据集的数据进行测试，根据测试结果采用 TransferAdaboost 方法调整特征和样本权重，直至达到最优解。

迁移学习的核心思想是外来的辅助数据和源数据来源不同，但相关，这意味着辅助数据中应该有一些训练数据适用训练一个有效的分类模型并能够在源数据测试中表现良好。因此，TransferAdaboost 算法的目标是从辅助数据中获得补充的数据，并将这些数据借鉴到源数据中。

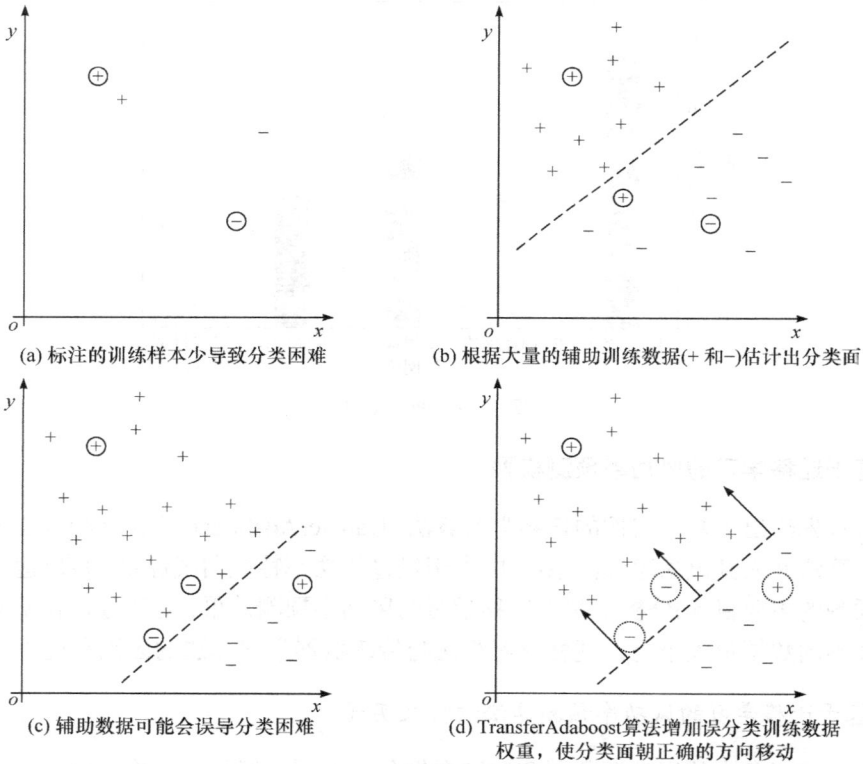

(a) 标注的训练样本少导致分类困难

(b) 根据大量的辅助训练数据(+ 和−)估计出分类面

(c) 辅助数据可能会误导分类困难

(d) TransferAdaboost算法增加误分类训练数据权重，使分类面朝正确的方向移动

图 2-13　TransferAdaboost 迁移学习算法的思想

迁移学习的核心问题是知识如何在两个不同但相似的区域之间转移。在这个问题中，实际上是利用其他风电场领域的知识，在目标风电场领域进行学习。这两个领域共享相同的回归目标。该算法的基本原理如下。

样本空间：X_b 是源样本空间，X_a 是辅助样本空间。

设 $Y \in [0, 1]^m$ 为类空间。在本节中，类空间实际上是对标准化后的风功率预测值的空间。

训练数据 $T \subseteq (X = X_b \bigcup X_a) Y$ 来自源数据和辅助数据。

一个概念 $c: X \rightarrow Y$，将样本 $x \in X$ 映射到其真实值的预测 $c(x) \in Y$ 上。

测试数据：

$$S = \left\{ (x_i^t) \right\}, \quad x_i^t \in X_b \tag{2-5}$$

其中　数据集 S 是未标注的。

训练集：

$$T_a = \left\{ \left(x_i^a, c(x_i^a) \right) \right\}, \quad x_i^a \in X_a$$
$$T_b = \left\{ \left(x_j^b, c(x_i^b) \right) \right\}, \quad x_j^b \in X_b \tag{2-6}$$

其中　$c(x)$ 为 x 的预测结果；T_a 为辅助数据；T_b 为源数据。假设两组数据的样本容量分别为 n 和 m，那么总的训练集 T 中的数据样本 X 可表示为

$$x_i = \begin{cases} x_i^a, & i = 1, 2, \cdots, n \\ x_i^b, & i = n+1, n+2, \cdots, n+m \end{cases} \tag{2-7}$$

根据上述描述，迁移学习问题的具体表述为：给定一个辅助数据集 T_a、源数据集 T_b 和测试集 S，训练一个回归模型，尽可能减小模型在测试集 S 上的回归误差。实现迁移学习的风功率预测算法结构如图 2-14 所示。

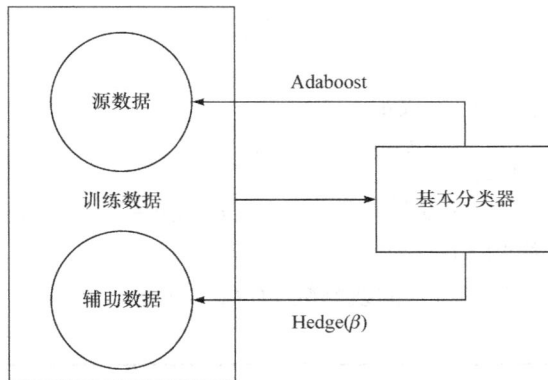

图 2-14　迁移学习的风功率预测算法结构

在进行风功率预测过程中，设计如下算法来实现迁移学习：首先，选择一个基模型，采用二阶 ANFIS 模型作为风功率预测的基模型。然后，在源数据集 T_b 和辅助数据集 T_a 上训练 ANFIS 训练模型，并且计算 ANFIS 模型在测试集 S 上的误差。当每个训练样本进行预测的误差较大时，基于 Hedge(β) 权重调整准则给予样本较小的权重。这样不断迭代样本权重，直到训练的 ANFIS 模型能够较好地预测实时风速(误差最小)。最后，将预测的实时风速输入到风速-风功率特性曲线，该曲线由一阶 ANFIS 模型得到，生成预测的风功率。算法 2-4 给出实现基于迁移学习的风功率预测算法的流程。

算法 2-4　基于迁移学习的风功率预测算法

输入： 辅助数据集 T_a、源数据集 T_b、合并的训练集 T、测试集 S、基模型 ANFIS、风功率特性曲线函数 f 和迭代次数 N

1　# 初始化：

2　# 初始权重向量 $w = (w_1, w_2, \cdots, w_{n+m})$，其中

$$w_i = \begin{cases} \dfrac{1}{n}, & i = 1, 2, \cdots, n \\[2mm] \dfrac{1}{m}, & i = n+1, n+2, \cdots, n+m \end{cases} \tag{2-8}$$

3　# 学习步长 $\beta = 1 \Big/ \left(1 + \sqrt{2\ln\dfrac{n}{N}} \right)$

4　For $t = 1, 2, \cdots, N$

5　# 设置 $p^t = \dfrac{w^t}{\sum\limits_{i=1}^{n+m} w_i^t}$

6　# 调用 ANFIS，根据合并后的训练集 T 及其权重分布 p^t 和测试集 S，得到一个在 S 上 ANFIS 模型 h_t

7　# 计算 h_t 在 T_b 上的误差：

$$\varepsilon_t = \sum_{i=n+1}^{n+m} \frac{w_i^t \left| h_i(x_i) - c(x_i) \right|}{\sum\limits_{i=n+1}^{n+m} w_i^t} \tag{2-9}$$

8　# 设置 $\beta_t = \varepsilon_t / (1 - \varepsilon_t)$

9　# 更新训练集上的样本权重

$$w_i^{t+1} = \begin{cases} w_i^t \beta^{\left| h_i(x_i) - c(x_i) \right|}, & i = 1, 2, \cdots, n \\[2mm] w_i^t \beta_t^{-\left| h_i(x_i) - c(x_i) \right|}, & i = n+1, n+2, \cdots, n+m \end{cases} \tag{2-10}$$

10　得到最优 ANFIS 模型 $h_f(x)$

11　将 $h_f(x)$ 代入风速-风功率特性曲线函数 $f(h(x)) \to P$

12　输出最终预测功率 P

2. 实验数据与对比模型

通过对基于迁移学习的风功率预测算法的设计，下面在给定的数据集上进行验证，选用的数据集基本情况如表 2-10 所示。

表 2-10　实验数据结构

数据集	来源	样本容量/个	特征数目/个
源数据集	东海风电场	116750	18
辅助数据集 1	黑龙江风电场	178967	18

续表

数据集	来源	样本容量/个	特征数目/个
辅助数据集 2	甘肃风电场	128756	18
辅助数据集 3	内蒙古风电场	229723	18

在选取的 4 组数据集中，将 3 组辅助数据集和 90%的源数据集作为训练集，将剩余 10%的源数据集作为测试集，并进行交叉验证。训练集中的源数据和辅助数据的比例大概是 1∶10。将基于 TransferAdaboost 算法和单纯采用 ANFIS、SVM 算法进行对比，构建一组实验，分析在采用同样的特征和源数据的情况下，引入辅助数据的 TransferAdaboost 算法是否比常规算法更具有优越性。

本实验选取的对照模型为支持向量机(SVM)和自适应模糊神经网络(ANFIS)，选取这两个非迁移学习算法的模型作为对照的原因是，首先，SVM 具有对小样本数据较强的刻画能力，而 ANFIS 能够自适应地调整权重以解决不同数据维度下的分类、回归问题，也具有很强的非线性映射能力。其次，ANFIS 是基于 TransferAdaboost 迁移学习风功率预测的基模型，可以用非迁移的 ANFIS 和迁移的 ANFIS 进行对比，让结果更有说服力。下面简单介绍对比模型的思想和结构。

1) 支持向量机

支持向量机(SVM)是基于结构风险最小化原则的一种学习机器。它同时考虑学习时的经验风险和模型置信度，并且优化模型的复杂度和精确度，使得模型的结构风险最小。SVM 算法在分类、回归、概率密度函数估计等方面都有很多的应用，在效率和精度上都超过了传统的学习算法。支持向量机算法的基本特点如下。

(1) 它主要解决小样本情况下的学习问题，利用结构风险最小化思想寻找逼近函数的复杂度和精确度的折中，来保证模型在大量测试数据上的泛化能力。

(2) 支持向量机是一种凸二次规划问题。它能够得到全局最优解，从而解决其他模型在优化中出现的局部极值问题。

(3) 它通过非线性变换，利用核函数将低维空间的数据映射到高维空间，从而解决数据在低维空间线性不可分的问题，利用高维空间的线性可分函数来保证模型的推广能力。

2) 自适应模糊神经网络

ANFIS 是一种模糊推理型的神经网络，它利用神经网络进行模糊控制、模糊推理和模糊化。该模型从输入和输出数据里自适应地提取规则，再通过离线训练和在线测试使系统实现自适应、自组织、自学习的功能。ANFIS 模型的原理如下。

假设 ANFIS 的输入为 x、y，输出为 z。对于一阶 ANFIS 模型，有一条模糊规则：

$$f_2 = p_2 x + q_2 y + r_2 (1) \text{ if } x \text{ is } A_1 \text{ and } y \text{ is } B_1 \text{ then } f_1 = p_1 x + q_1 y + r_1$$

ANFIS 结构如图 2-15 所示，设第 1 层的 i 结点的输出为 $O_{1,i}$。

(1) 模糊化操作。结点输出的隶属度计算。

$$O_{1,i} = \mu_{A_i}(x), \quad i = 1,2$$
$$O_{1,i} = \mu_{B_{i-2}}(x), \quad i = 3,4$$

(2-11)

其中，x 和 y 是结点 i 的输入，它是模糊集 A 的隶属度。隶属度的计算为

$$\mu_A(x) = \frac{1}{1 + \left|\dfrac{x - c_i}{a_i}\right|^{2b_i}} \tag{2-12}$$

其中，$\{a_i, b_i, c_i\}$ 是一个参数集，称为预条件参数。

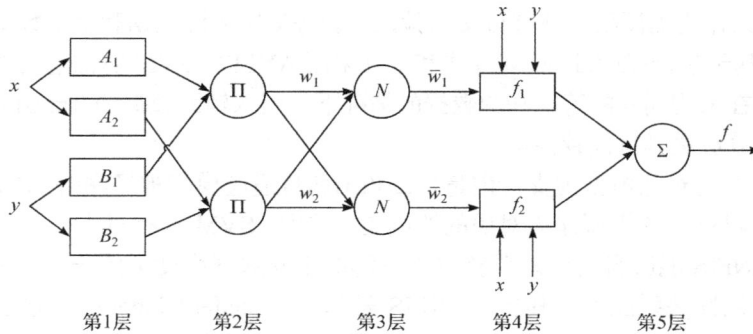

图 2-15　ANFIS 结构

（2）模糊集的运算。该层中的每个结点都是一个固定结点，其输出是所有输入信号的乘积，即

$$O_{2,i} = w_i = \mu_{A_i}(x)\,\mu_{B_i}(y), \quad i = 1, 2$$

（3）将各条规则归一化，其中 E 和 V 分别为期望和方差：

$$O_{3,i} = \bar{w}_i = \frac{w_i - E(w_i)}{\sqrt{V(w_i)}} \tag{2-13}$$

（4）计算每条规则的输出：

$$O_{4,i} = \bar{w}_i f_i = \bar{w}_i(p_i x + q_i y + r_i) \tag{2-14}$$

（5）计算所有信号的总输出：

$$总输出 = O_5 = \sum \bar{w}_i f_i \tag{2-15}$$

3. 评价指标与实验结果

风功率预测系统评价指标符合国家能源局发布的《风电功率预测系统功能规范》NB/T 31046—2022。风电预测超短期预测时间尺度一般为 0～4h，预测分辨率不低于 15min，短期预测时间尺度为第二天 0～72h。预测分辨率为 15min，通常使用滚动预测。超短期风电预测应该能够预测未来 15min 到 4h 的风电输出功率，并且事件分辨率不低于 15min。此外，根据国家能源局发布的《风电场功率预测预报管理暂行办法》，风电的实时预测要求并网风电场按每 15min 的频率汇总报告未来 4h 的风电预测数据和实时风速等气象资料。第二天每天至少报告 96 个风电预测数据，分辨率为 15min。全天预测结果的均方根误差应低于 0.2。单个风电场在不受控制期的短期预测中，月均均方根误差应小于 0.2，同时超短期的 4h 预测均方根误差也应小于短期预测误差，每月的合格率应达到 80%

以上，而超短期预测的月合格率应达到 85%以上。风电预测误差统计准则如下：

均方根误差(RMSE)：

$$RMSE = \sqrt{\frac{1}{n}\sum_{i=1}^{n}\left(\frac{P_{mi}-P_{pi}}{C_i}\right)^2} \tag{2-16}$$

其中，P_{mi} 为 i 时段的实际平均功率；P_{pi} 为 i 时段的预测功率；C_i 为 i 时段的开机总容量；n 为所有样本个数。

合格率：

$$Q = \frac{1}{n}\sum_{i=1}^{n}B_i \times 100\% \tag{2-17}$$

$$B_i = \begin{cases} 1, & \left(1-\dfrac{|P_{mi}-P_{pi}|}{C_i}\right) \geqslant 0.75 \\[3mm] 0, & \left(1-\dfrac{|P_{mi}-P_{pi}|}{C_i}\right) < 0.75 \end{cases} \tag{2-18}$$

根据给定的数据集，通过 10 次交叉验证的方式检验模型的性能。这里选取二阶自适应模糊神经网络(ANFIS)、支持向量机(SVM)和 Adaboost 迁移学习算法(TransferAdaboost)来进行实验。前两个模型是公认的在样本不充分的条件下依然能够有较好性能的学习模型，Adaboost 迁移学习算法用于对风功率进行预测。表 2-11 给出了三个模型在 10 次交叉验证中均方根误差和合格率的评价结果。

表 2-11　不同模型在不同评价指标上的性能

数据集	ANFIS		SVM		TransferAdaboost	
	RSME	Q	RSME	Q	RSME	Q
1	0.162	0.798	0.113	0.887	0.112	0.913
2	0.177	0.734	0.102	0.912	0.109	0.903
3	0.162	0.778	0.113	0.876	0.123	0.897
4	0.141	0.812	0.109	0.893	0.115	0.885
5	0.137	0.832	0.121	0.884	0.097	0.921
6	0.158	0.765	0.119	0.892	0.103	0.924
7	0.176	0.721	0.128	0.863	0.121	0.901
8	0.142	0.832	0.153	0.812	0.115	0.916
9	0.157	0.798	0.147	0.835	0.106	0.905
10	0.145	0.834	0.134	0.878	0.097	0.925
平均	0.1557	0.7904	0.1239	0.8732	0.1098	0.909

可以看出，利用迁移学习进行风功率预测相较于传统模型有明显的优势。均方根误差迁移学习算法相比于 ANFIS 和 SVM 分别低 29.5%和 11.4%，合格率分别高 15%和 4%。

利用迁移学习算法进行风功率预测时，均方根误差较国家标准低 4%(4h 预测)，合格率高 6%，远高于国家标准所给出的要求，能够实现超短期预测的准确预测。迁移学习算法优于传统机器学习算法的原因：一是迁移学习算法利用了辅助数据，其训练集的规模要远远大于传统机器学习算法；二是迁移学习算法通过迭代辅助数据的权重，留下了对源数据预测有用的样本，极大地补充了源数据预测所需的信息，在风功率预测上要比传统算法更有效。

通过对比 3 个模型的效果，可以进一步发现 SVM 在进行超短期风功率预测时要优于 ANFIS，这是因为 SVM 是一个典型的处理小样本的分类/回归算法，对于传统模型，没有用到辅助数据，在源数据大小有限的情况下，SVM 能够更好地体现其泛化能力。相比之下，ANFIS 是一种神经网络，在处理小样本时存在欠学习的问题。

2.3.3　基于迁移学习的风功率预测多模型集成方法

无论对风功率进行短期预测还是进行超短期预测，通过 2.3.2 节分析可知，迁移学习模型和传统模型的预测误差都会随着预测时间尺度的增加而不断增大，这主要原因是随着预测时间尺度的增加，风速的非平稳随机性可能导致风功率的可预测性不断下降，以至于无论用什么单一的预测模型都难以准确预测出较长时间以后的风功率。为了解决这一问题，本节设计一种集成模型策略来让不同预测时间尺度的任务分别建立回归模型，以 TransferAdaboost 模型作为基模型，针对不同预测时间尺度设计加权的多模型融合算法，让每个模型在给定的预测时间尺度下获得最佳效果。

本节首先将 0～72h 的预测时间尺度根据预测需要分解成 10 个大小不同的区间，在每个区间上建立一个回归模型，让每个基模型在给定的区间上训练得到最佳效果。然后根据预测时间尺度，将其所包含的区间通过遗传算法优化权重，其最后集成模型的输出为各个区间上基模型的加权输出，这样可以保证在预测时间尺度上的各个区间都能取得比单一模型更好的预测效果。

1. 基于迁移学习的风功率预测多模型集成算法结构

电网调度要求风功率预测系统分别给出风功率的超短期预测(0～4h)和短期预测(0～72h)。在超短期预测中主要利用 SCADA 的数据，而在短期预测中主要采用数值天气预测的数据。通过对数据中的原始特征选择获取风功率预测的最佳特征子集。预测的实际尺度越大，预测效果越依赖于数值天气预测对于风速的预测。对于传统的风功率预测，一般是超短期预测采用实时运行数据，而短期预测仅采用天气预测数据。

实际上，无论超短期预测还是短期预测，或者介于两者之间，都可以利用上面所提到实时运行数据与天气预测数据进行建模，只是在不同的任务中，数据的侧重不一样，为了解决风功率预测误差随着预测时间尺度增大而增大的情况，考虑设计一种集成模型的策略，即以 TransferAdaboost 模型为基模型，每个基模型解决某一个特定时间尺度的预测，通过改变模型权重来调整不同步长(尺度)下的预测输出，让模型在所有时间尺度上的总误差最小。图 2-16 给出了集成模型的总体框架。

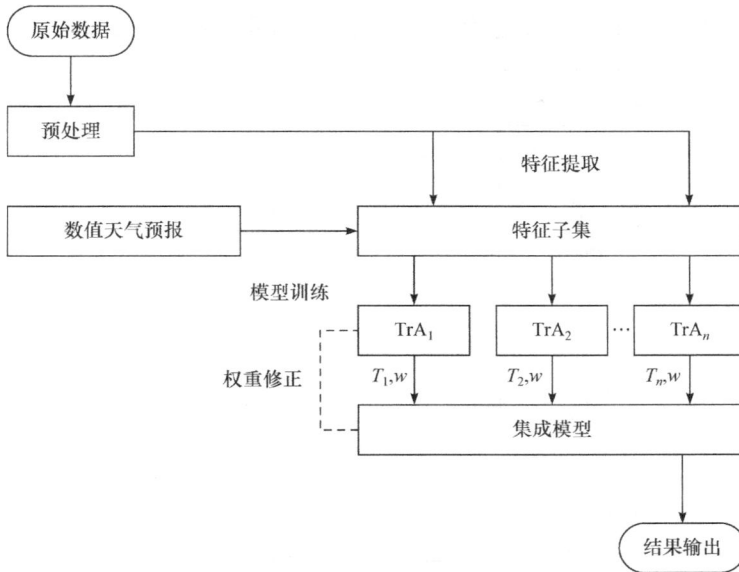

图 2-16 迁移学习集成模型的总体框架

首先，设置基模型为 TransferAdaboost 模型，对每个基模型分别建立对应的时间尺度预测模型，将 0~72h 分为如下时间区间：[0,1]、[1,4]、[4,8]、[8,12]、[12,18]、[18,24]、[24,36]、[36,48]、[48,60]、[60,72] 10 个区间，为每个区间分配一个基模型，如果进行 72h 的风功率预测，则是 10 个基模型的集成模型；如果进行 24h 的风功率预测，则是 6 个模型的集成模型；如果进行 4h 的预测，则是 2 个模型的集成模型。接着，为每个模型分配相同的数据和特征，并赋予初始权重，由遗传算法随机产生初始权重种群，再进行单个模型的训练，得到最优基模型的集合。最后，利用遗传算法对集成模型进行整体优化，得到最优的集成模型。

模型集成的输出一般表示为

$$y = a_1 x_1 + a_2 x_2 + \cdots + a_m x_m \tag{2-19}$$

其中，$a_1, a_2, \cdots, a_m$ 为每个模型分配的权重；$x_1, x_2, \cdots, x_m$ 为每个基模型的输出。训练时采用遗传算法对每个模型的权重进行优化。遗传算法是一种模拟自然界生物进化机制的原理，并进行随机全局搜索和优化的方法。它可以在搜索过程中自动获取并累积有关搜索空间的知识，并自适应地控制搜索过程以获得最佳解决方案。从随机的几个权重参数开始计算综合输出，经过随机选择、遗传和变异操作，产生新的权重组合，这些组合组成了第二个种群。在将综合模型的误差(适应度)与新第二个种群中的参数组合后的模型相比较之后，若新参数组合的模型的误差更小，则更新种群，完成一次迭代，种群所代表的参数总体在搜索空间中演变为更好的区域。通过一代又一代的选择、遗传和变异，最终收敛到一组最适合环境的参数，并获得最佳的权重组合，如图 2-17 所示。

遗传算法优化的核心任务是设置适当的适应度函数，让适应度函数的输出能够体现算法设计之初所要表达的优化目的。基于迁移学习算法的多模型集成的主要目的是让集成模型在所有预测区间长度上都有最佳的预测精度，即各个模型在目标区间上的加权输

出的误差最小。那么初始种群设定为每个基模型的权重随机产生，即

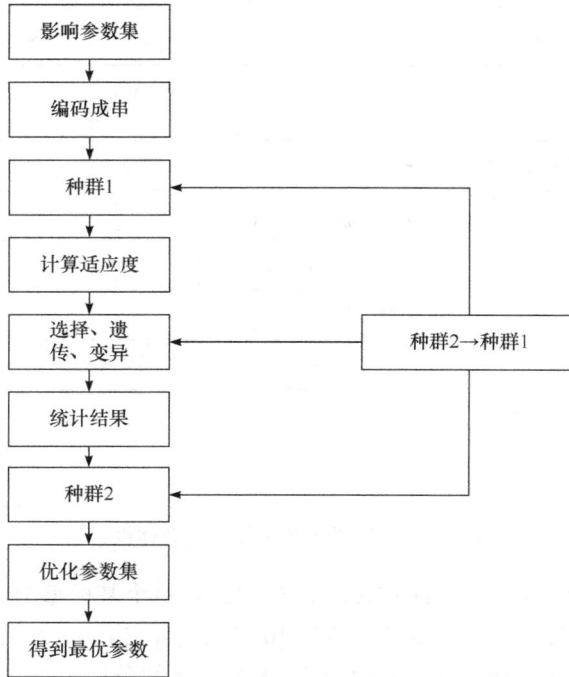

图 2-17　遗传算法流程图

$$\boldsymbol{\omega} = \begin{bmatrix} a_{11}, a_{12}, \cdots, a_{1m} \\ a_{21}, a_{22}, \cdots, a_{2m} \\ \vdots \\ a_{n1}, a_{n2}, \cdots, a_{nm} \end{bmatrix} \tag{2-20}$$

其中，m 为设定的基模型的数量，n 为一组初始种群的个体数目。假设每个单一模型在给定区间 $\xi_i (i=1,2,\cdots,m)$ 上的训练误差分别为 $\varepsilon_1, \varepsilon_2, \cdots, \varepsilon_m$，那么集成模型的总误差在种群的单一个体下可以表示为

$$\Delta\varepsilon = a_1\varepsilon_1 + a_2\varepsilon_2 + \cdots + a_m\varepsilon_m \tag{2-21}$$

因此，适应度函数可以表示为集成模型的总误差 $\Delta\varepsilon$，而优化的目标则是让集成模型在给定区间 $\xi_i (i=1,2,\cdots,m)$ 的输出为

$$\varepsilon_{0i} = \mathrm{argmax}(1/\Delta\varepsilon), \quad i=1,2,\cdots,m \tag{2-22}$$

在确定了初始种群和适应度函数之后，需要考虑选择、遗传和变异策略，用以优化种群并获得最佳性能。这里采用随机通用抽样方法来选择适应度较高的个体，这些个体会以均匀的随机概率进行变异，同时两个匹配的个体会通过旋转轮盘赌方式来进行重组。在随机通用抽样方法中，轮盘赌方式的旋转允许选择所有下一代个体中的个体。这里，指针会均匀地分布在轮盘上，数量与采样数量相等。标准变异是将个体的原始编码基因替换为一定范围内的随机值，从而生成新的遗传密码。两点交叉是指两个匹配的个体及

其编码数据在两个相交点之间相互交换。假设有个体 A 和 B：

$$A:(a_{A1},a_{A2},\cdots,a_{Am}),\quad B:(a_{B1},a_{B2},\cdots,a_{Bm}) \tag{2-23}$$

在个体的所有编码上一共有 $m-1$ 个可以交叉的点，假如两个交叉点分别在 a_2,a_3 与 a_5,a_6 上，那么交叉后的个体变为

$$A':(a_{A1},a_{A2},a_{B3},a_{B4},a_{B5},a_{A6},\cdots,a_{Am}),\quad B':(a_{B1},a_{B2},a_{A3},a_{A4},a_{A5},a_{B6},\cdots,a_{Bm}) \tag{2-24}$$

通过交叉和变异来随机产生新的个体，然后将新的个体代入到适应度函数，将每个个体的适应度函数值按照从小到大的顺序进行排列，采用轮盘赌的方式选择新的个体到下一代，适应度函数值大的个体被选到下一代的概率更大，通过不断迭代来实现适应度函数值最大化。

设计如下算法来实现基于迁移学习的多模型集成算法：首先，根据 2.3.3 节的多模型集成方法构造一组 TransferAdaboost 模型 $\text{TrA}_1,\text{TrA}_2,\cdots,\text{TrA}_m$，在训练集 T_b、T_a，以及合并的训练集 T 上训练 TrA_i，优化的目标由全部区间长度的误差，改为给定区间 $\xi_i(i=1,2,\cdots,m)$ 上的误差。构造初始种群，将优化后的 $\text{TrA}_1,\text{TrA}_2,\cdots,\text{TrA}_m$ 在区间 $\xi_i(i=1,2,\cdots,10)$ 上计算适应度值。进行遗传迭代直到在区间 $\xi_i(i=1,2,\cdots,m)$ 上的总误差(适应度)值 $\Delta\varepsilon$ 最小，得到该区间的各个基模型的最优权重。对每个区间都进行上述遗传优化，最终得到每个区间上的各个基模型的最优权重。算法 2-5 给出了基于迁移学习多模型集成的算法流程。

算法 2-5　迁移学习的多模型集成算法

输入：训练集 T_b，T_a，以及合并的训练集 T，测试集 S，一组基模型 $\text{TrA}_1,\text{TrA}_2,\cdots,\text{TrA}_m$，初始种群 ω，预测区间 $\xi_1,\xi_2,\cdots,\xi_m$、基模型迭代次数 N 和遗传优化迭代次数 M

1　初始化

2　**For** $i=1,2,\cdots,m$

3　　　训练基模型 TrA_i：4　　# 根据式(2-8)初始权重向量 $w=(w_1,w_2,\cdots,w_{n+m})$，其中

4　　　　　　　　　　　　　　　学习步长 $\beta=1/(1+\sqrt{2\ln n/N})$

5　　**For** $t=1,2,\cdots,N$

6　　　　# 设置 $p^t=\dfrac{w^t}{\sum\limits_{i=1}^{n+m}w_i^t}$

7　　　　# 调用 ANFIS，根据合并后的训练集 T 及其权重分布 p^t 和测试集 S，得到一个在 S 上 ANFIS 模型 h_t

8　　　　# 根据式(2-9)计算 h_t 在 T_b 数据集上且仅在 ξ_i 区间上的误差，设置 $\varepsilon_t=\varepsilon_t/(1-\varepsilon_t)$

9　　　　# 根据式(2-10)更新训练集上的样本权重得到最优 ANFIS 模型 $h_f(x)$，最优模型输出到 TrA_i

10　**For** $i=1,2,\cdots,m$：

11   训练集成模型权重，根据式(2-20)设置初始种群

12   **For** $j = 1,2,\cdots, M$

13   # 分别计算基模型 $\mathrm{TrA}_1,\mathrm{TrA}_2,\cdots,\mathrm{TrA}_m$ 在区间 ξ_i 的误差 $\varepsilon_1, \varepsilon_2,\cdots,\varepsilon_m$

14   # 分配种群每个个体的适应度值

$$\Delta \varepsilon = \varepsilon w'$$

15   # 根据适应度值进行交叉，变异，选择，得到新一代种群 w^{II}

            # 得到集成模型在 ξ_i 上的输出 $E_i(x) = a_1 x_1 + a_2 x_2 + \cdots + a_m x_m$

            # 得到所有区间的一组集成输出 $E(x)=\{E_1(x),E_2(x),\cdots,E_m(x)\}$

16   将 $E(x)$ 代入风功率特性曲线函数 $f(E(x)) \to P$

17   输出最终预测功率 P

2. 对比实验设计及结果分析

在本节中，关于风功率预测系统的评价指标遵照国家能源局发布的《风电功率预测系统功能规范》。前文中提到，风功率预测超短期预测时间尺度一般为 0～4h，预测分辨率不小于 15min，短期预测时间尺度为次日 0～72h，预测分辨率为 15min。为了能够更加清晰地对比集成模型和非集成模型在风功率预测精度上的差异，本章进行未来 72h 的短期预测，即预测总区间为[0,72h]。针对基模型对应的子区间，根据预测的精度要求设计为每个基模型分别建立对应时间尺度预测模型，将总的区间分为如下时间区间，即 [0,1]、[1,4]、[4,8]、[8,12]、[12,18]、[18,24]、[24,36]、[36,48]、[48,60]、[60,72] 10 个区间，即 10 个基模型。可以看出，随着时间长度的增加，对应的区间长度也逐渐增大，这主要是考虑越靠近当前时刻的时间，其预测的可靠性越强，因此将开始的时间区间划分得密集，而往后的区间划分得稀疏。适应度函数所采用的评价指标是各集成模型的均方根误差的加权平均。均方根误差统计准则如下：

均方根误差(RMSE)如式(2-16)所示。在特别情况下，如果将集成模型的权重矩阵设置为

$$\boldsymbol{\omega} = \begin{bmatrix} 1 & 0 & 0 & 0 & 0 & 0 & 0 & 0 & 0 & 0 \\ 0 & 1 & 0 & 0 & 0 & 0 & 0 & 0 & 0 & 0 \\ 0 & 0 & 1 & 0 & 0 & 0 & 0 & 0 & 0 & 0 \\ 0 & 0 & 0 & 1 & 0 & 0 & 0 & 0 & 0 & 0 \\ 0 & 0 & 0 & 0 & 1 & 0 & 0 & 0 & 0 & 0 \\ 0 & 0 & 0 & 0 & 0 & 1 & 0 & 0 & 0 & 0 \\ 0 & 0 & 0 & 0 & 0 & 0 & 1 & 0 & 0 & 0 \\ 0 & 0 & 0 & 0 & 0 & 0 & 0 & 1 & 0 & 0 \\ 0 & 0 & 0 & 0 & 0 & 0 & 0 & 0 & 1 & 0 \\ 0 & 0 & 0 & 0 & 0 & 0 & 0 & 0 & 0 & 1 \end{bmatrix}. \tag{2-25}$$

那么意味着 TrA_i 作为区间 $\xi_i(i=1,2,\cdots,10)$ 上的唯一输出，其他模型的权重设置为 0。这种策略相当于对风速进行未来时间尺度上的分段预测，也属于集成模型的一种。为了对比集成和非集成的效果，选取如下三个模型进行对比实验。

(1) 非集成的 TransferAdaboost 模型，对未来 72h 进行风速预测。

(2) 分段式的集成模型，采用式(2-25)所定义的权重，以 TransferAdaboost 作为基模型进行集成。

(3) 优化的集成模型，采用算法 2-5 提出的基于遗传算法的权重优化的集成模型，以 TransferAdaboost 作为基模型进行集成。

1) 集成模型和非集成模型在不同时间区间上预测效果的差异

首先，当采用非集成方法进行风功率预测时，TransferAdaboost 模型在 0～72h 进行全尺度的预测，在 0～72h 的所有误差都作为模型内权重修正的考虑因素。集成的 TransferAdaboost 基模型仅仅考虑给定区间内的误差作为模型内权重修正的评价指标。直观上看，后者能够在给定区间上有更好的误差逼近，而在非给定的区间上的误差会较大。由于最后有集成策略，基模型在不同的时间区间上受到权重的调制，所以可以保证其在给定区间上的预测误差最低。为了验证这一点，下面给出了非集成模型和各个集成模型在 10 个区间上的均方根误差对比，如表 2-12 所示。

表 2-12　非集成模型和集成模型的基模型在不同时间区间的均方根误差

区间	TraA	TraA$_1$	TraA$_2$	TraA$_3$	TraA$_4$	TraA$_5$	TraA$_6$	TraA$_7$	TraA$_8$	TraA$_9$	TraA$_{10}$
[0,1]	0.089	0.078	0.102	0.121	0.117	0.121	0.144	0.156	0.172	0.169	0.212
[1,4]	0.109	0.112	0.092	0.112	0.127	0.131	0.165	0.166	0.163	0.167	0.198
[4,8]	0.132	0.133	0.14	0.121	0.145	0.152	0.147	0.152	0.154	0.152	0.177
[8,12]	0.141	0.147	0.143	0.141	0.133	0.147	0.155	0.147	0.149	0.166	0.176
[12,18]	0.149	0.156	0.151	0.154	0.156	0.139	0.149	0.153	0.149	0.163	0.183
[18,24]	0.162	0.187	0.179	0.177	0.173	0.166	0.154	0.166	0.164	0.177	0.192
[24,36]	0.187	0.223	0.203	0.212	0.234	0.201	0.188	0.172	0.199	0.201	0.221
[36,48]	0.226	0.267	0.244	0.238	0.245	0.245	0.232	0.231	0.203	0.233	0.237
[48,60]	0.273	0.301	0.291	0.298	0.291	0.299	0.277	0.278	0.283	0.236	0.271
[60,72]	0.318	0.355	0.338	0.345	0.377	0.361	0.328	0.339	0.331	0.327	0.267

TraA 表示非集成的 TransferAdaboost 模型，TraA$_1$,TraA$_2$,$\cdots$,TraA$_{10}$ 表示 10 个基模型分别在[0,1]、[1,4]、[4,8]、[8,12]、[12,18]、[18,24]、[24,36]、[36,48]、[48,60]、[60,72] 上进行权重迭代。

通过上述结果可以看出，相比于非集成的 TransferAdaboost 模型在各个区间上的均方根误差，集成的基模型在不同的区间上的表现明显不同。以 TraA$_1$ 基模型为例，该模型利用误差进行迭代的区间是[0,1]，也就是说，其在[0,1]上能够取得最小的误差(0.078)，效果比非集成的模型要好(0.089)，而在非[0,1]上，TraA$_1$ 模型的效果均比非集成模型 TraA

要差。这是因为 TraA$_1$ 模型仅仅利用[0,1]的误差作为迁移学习权重迭代的指标，而不考虑其他区间，所以必然能够在[0,1]上取得最好的效果。同样地，TraA$_2$ 在[1,4]上取得了最佳效果，依次类推。因此，基模型能够在它指定的时间区间内获得比非集成模型更好的效果，而在非指定区间内的效果则不如非集成模型。

2) 集成模型权重优化效果

当训练完 10 个基模型后，需要对基模型进行基于遗传算法的权重优化，虽然从上面的分析可知各个基模型在各自的非指定区间上的预测效果不佳，但并不代表该基模型的对非指定区间的预测没有意义，为了能够综合考虑各个基模型的回归效果，先采用遗传算法对各个基模型的权重进行优化，观察优化后的模型相比于给定权重的模型是否能够得到更好的效果。

该实验设计的参数如下。

种群个体数目：40。

最大迭代次数：50。

交叉策略：两点交叉。

变异率：0.01。

选择策略：按适应度函数随机抽样产生子种群的代数，10。

图 2-18 给出了 10 个区间上各个基模型权重优化的适应度函数值随迭代次数的变化趋势。

由于遗传算法是一种局部最优算法，因此在迭代过程中基本按照单调递减的规律进行优化。可以看出，在每个时间区间上，遗传算法均在第 10 代以后使得错误率达到了较低水平，在 15 代以后使其维持在最低水平。这说明利用遗传算法进行权重的优化分配是可行的。通过上述实验，可以得到各个时间区间下基模型的权重矩阵如下：

$$\boldsymbol{\omega} = \begin{bmatrix} 0.92 & 0.021 & 0.01 & 0.01 & 0.008 & 0.007 & 0.01 & 0.008 & 0.005 & 0.001 \\ 0.011 & 0.91 & 0.006 & 0.011 & 0.008 & 0.013 & 0.01 & 0.005 & 0.008 & 0.008 \\ 0.012 & 0.014 & 0.93 & 0.009 & 0.003 & 0.006 & 0.004 & 0.007 & 0.007 & 0.008 \\ 0.006 & 0.008 & 0.008 & 0.94 & 0.009 & 0.003 & 0.003 & 0.002 & 0.002 & 0.007 \\ 0.008 & 0.021 & 0.012 & 0.035 & 0.88 & 0.007 & 0.009 & 0.007 & 0.006 & 0.005 \\ 0.009 & 0.011 & 0.012 & 0.013 & 0.013 & 0.91 & 0.011 & 0.008 & 0.008 & 0.004 \\ 0.004 & 0.012 & 0.015 & 0.017 & 0.024 & 0.034 & 0.87 & 0.013 & 0.009 & 0.002 \\ 0.001 & 0.004 & 0.009 & 0.006 & 0.006 & 0.003 & 0.011 & 0.95 & 0.005 & 0.005 \\ 0.001 & 0.001 & 0.003 & 0.007 & 0.007 & 0.012 & 0.014 & 0 & 0.93 & 0.025 \\ 0.001 & 0.003 & 0.002 & 0.003 & 0.004 & 0.009 & 0.011 & 0.014 & 0.033 & 0.92 \end{bmatrix} \tag{2-26}$$

可以看出，相比于不采用遗传算法优化的集成模型，经过优化的模型在给定区间进行预测时不完全依靠特定的基模型，而是通过对多个模型的加权平均给出最终的预测，虽然指定的基模型的权重远远大于其他基模型，但是其他模型也参与到预测中。

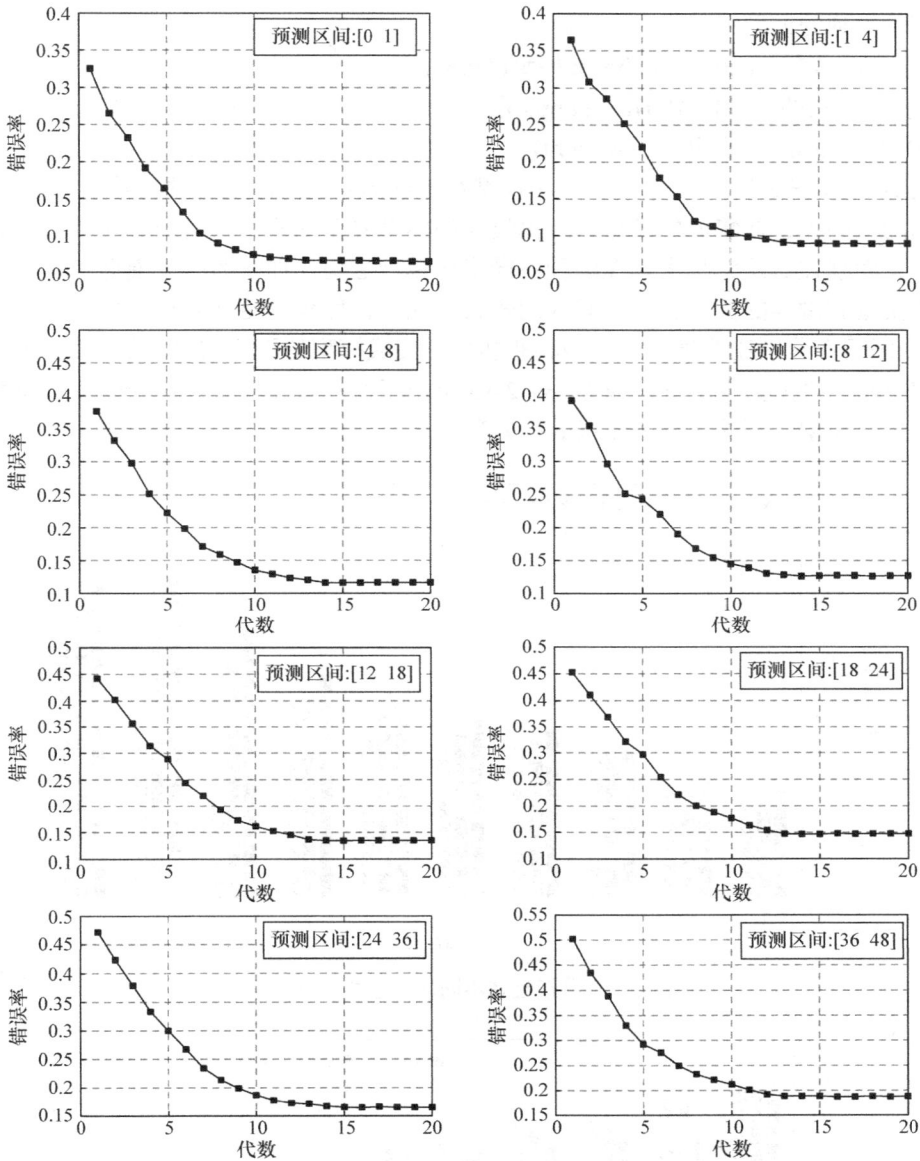

图 2-18　遗传算法对每个预测区间进行权重优化的迭代趋势

3. 基于迁移学习的集成模型的优势分析

前面分析了 2 种不同的集成策略进行风功率预测时的效果和差异。第一种是利用单一基模型作为某一区间的唯一预测模型，即采用分段预测的策略将不同时间区间上的预测结果用不同的基模型输出。第二种是采用多个基模型对某一区间预测进行加权输出，每一个区间都生成一组权重，实验构造了 10 个预测区间，建立了对应的 10 个基模型，于是便产生 10 组权重，组成了 10×10 的权重矩阵。下面通过一组实验来对比不同的集成策略及不采用集成策略的情况下各个模型的预测效果。

实验用到的模型：

(1) 非集成的 TransferAdaboost 模型(TraA)。

(2) 分段式的集成模型(TraA-simple)。

(3) 加权的集成模型(TraA-weight)。

图 2-19 和图 2-20 分别给出了三种模型在不同的时间区间上的预测效果。可以看出，在不同的区间上，非集成的模型效果比集成的模型要差一些，在时间区间较小的时候差距不大，而越往后差距越大。在两种不同集成模型之间，加权的集成模型相比于非加权的集成模型有微弱的优势，在时间区间较大的区域，优势会更加明显。加权的集成模型在 10 个区间上分别比非集成的模型和非加权的集成模型的平均错误率低 15.8%和 5.9%，而平均合格率最大高 3.5%和 1.9%。表 2-13 给出了加权集成模型相对于非集成模型和非加权的集成模型在不同区间下效果的提升程度。

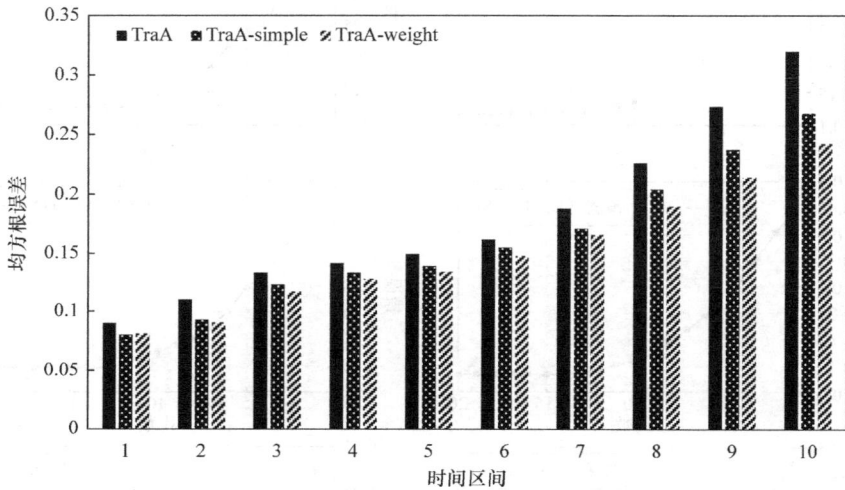

图 2-19　三种模型在不同区间上的均方根误差

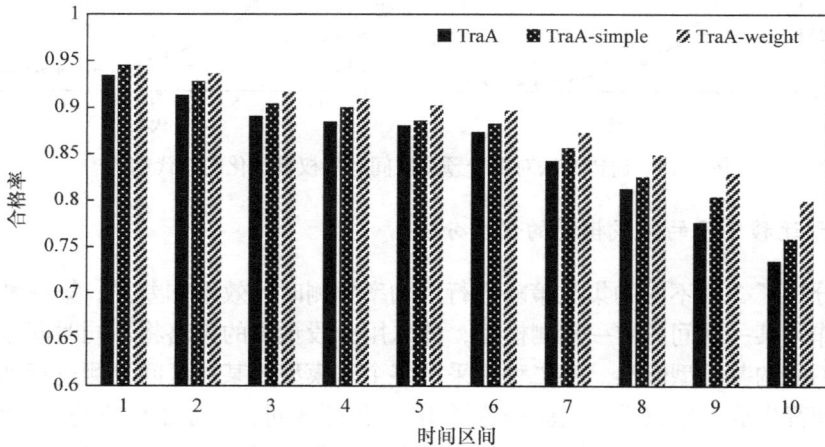

图 2-20　三种模型在不同区间上的合格率

表 2-13　加权集成模型相对于非集成模型和非加权的集成模型在不同区间下效果的提升程度

区间	RMSE/%		Q/%	
	非集成模型	非加权模型	非集成模型	非加权模型
[0,1]	9.88	−3.7	0.53	−0.21
[1,4]	21.11	2.22	1.4	0.43
[4,8]	13.79	4.31	2.09	0.99
[8,12]	11.02	4.72	2.43	0.77
[12,18]	12.03	4.51	2.22	1.67
[18,24]	10.2	4.76	1.8	1.12
[24,36]	13.33	4.24	1.85	1.16
[36,48]	20.21	7.98	3.08	2.25
[48,60]	28.17	10.8	4.63	2.44
[60,72]	31.95	10.79	7.11	4.06

从表 2-13 可以看出，加权集成模型相比于非集成的模型，在均方根误差上要改进 9.88%～31.95%，改善效果明显，而相对于非加权的集成模型，其在超短期预测的范围内改善效果不明显，而在短期预测的范围内改善效果明显。同样地，加权集成模型相比于非集成模型在合格率上改进 0.53%～7.11%，但相比于非加权的集成模型，加权集成模型在超短期预测上的改善效果不明显，在短期预测上的合格率达到 4.06%。

从图 2-19、图 2-20 及表 2-13 中可以发现，加权的集成模型能够在很大程度上改善非集成模型在所有时间区间上的预测效果，这主要是由 2 个因素造成的。

(1) 非集成的模型在对辅助数据进行权重调整时，考虑的是 0～72h 上所有时刻的预测的误差之和，以保证模型在 0～72h 的短期预测中获得最佳效果，所以误差迭代过程中每一部分的误差都会进行叠加，从而影响整体的权重分配。例如，当模型在 0～4h 上误差较小，而在 4～8h 内误差较大，但由于模型的误差是要进行叠加的，所以模型在 0～8h 上的整体误差必然要大于模型在 0～4h 上的误差，当进行辅助数据权重优化时其优化方向偏向于降低 0～8h 上的整体误差，而非 0～4h 上的误差。因此相比于采用一个基模型进行 0～4h 预测，其效果好于将 0～8h 预测的模型应用在 0～4h 上的预测效果。

(2) 预测时间尺度也会大大影响模型的预测效果，随着预测时间尺度的不断增加，模型的预测效果会越来越差，这主要是由于风速的不确定和不可预测性增加，并且这种趋势是无法避免的。显然用一个模型对 0～72h 进行预测的效果会比用一组模型分别对 0～72h 每个子区间进行预测的效果差。在每一个基模型中，其预测尺度均小于 0～72h 的时间尺度，虽然随着时间的推移，0～4h 子模型的预测效果会比 60～72h 的预测效果好，但每个子模型都有比非集成的模型更小的预测区间，因此就会有比非集成模型更好的效果。

通过对表 2-13 中的观察还可以看到，在超短期预测领域上，通过加权进行优化的集成模型不一定比非加权的集成模型更好，这主要是因为在超短期预测上，单个基模型已经能够达到最优的预测效果，因此即使通过加权将其他基模型引入到预测中，效果也不见得更好，反而略次一些。然而对于 24～72h 的短期预测，加权集成模型能够比非加权集成模型有更好的预测效果，这说明单一基模型的优化并不能达到最佳的性能，可以通过加权的方式进一步优化。

2.3.4　基于神经网络的销量预测模型

企业产品销量预测是企业产量优化、原材料进货等过程的依据，因而作者重点研究产品销量的预测技术。然而，当前的预测算法模型复杂且准确率不够高，不适用于制造业大数据。针对这个问题，本节提出了基于神经网络的销量预测模型。

本节选用隐藏层为一层的 BP 神经网络，通过改变输入层个数、隐藏层神经元数量和神经网络学习算法可以设计不同的预测模型，通过对不同模型得到的结果进行比较，可以得出相对较优的模型。

1. 预测模型建立思路

这里采用的误差衡量的方法来衡量预测性能。首先采用平均误差，实际公式为

$$ME = \frac{1}{n}\sum_{t=1}^{n}(A_t - F_t) \tag{2-27}$$

其中，t 为时间段；n 为时间段数；A_t 为时间段 t 的实际销售额；F_t 为时间段 t 的预测值。

然后选用一个最常用作对拟合程度进行精准预测的方法，即平均绝对百分率误差(Mean Absolute Percentage Error，MAPE)，其公式为

$$MAPE = \frac{1}{n}\sum_{t=1}^{n}\frac{|A_t - F_t|}{A_t} \times 100\% \tag{2-28}$$

MAPE 是一种相对指标，有助于对不同方案的预测结果的比较。

作者设计一个模型对历史需求进行拟合(神经网络训练)，然后将模型生成的新的历史需求估算(拟合)值与实际(已知)的需求值进行比较，由此将误差计算与拟合需求和已知需求关联起来。既然可以将实际需求与预测值进行对比，那么对于未来的预测值也可以做同样的处理。值得注意的是，一个好的(低的)拟合模型误差并不一定意味着会得到一个好的(精准的)预测值，它只肯定了模型能够很好地估算的历史需求，如果一个模型能够估计历史需求，那么很有可能以一个类似的误差来预测未来需求。具体思路如下。

(1) 确定时间序列或数据集(产品的需求历史数据)。

(2) 将数据集分成两部分：样本内数据和样本外数据。

(3) 选择定量预测方法(本节用神经网络)。

(4) 使用样本内数据，运行模型得到拟合结果。

(5) 使用预测方法，获得预测结果。

(6) 将预测值与样本外数据集进行对比。

(7) 对结果进行评估。

下面将数据集分为两部分，将 2013 年 6 月 1 日到 2015 年 6 月 1 日的销量数据用于训练，剩下的数据用于对比。

2. 预测模型

考虑到预测需要历史数据的训练，对于店铺的销量来说，时间性也是要考虑的因素，本节数据的来源为淘宝某某女装店铺，时间性更是必不可少的因素，所以拟考虑设计的预测模型可以抽象为

$$L = \text{Sys}(L', t) \tag{2-29}$$

其中　L' 为历史销量数据；t 为时间因子；L 为预测销量。

接下来建立预测模型。预测模型建立过程是通过改变神经网络的结构，建立不同的神经网络去预测结果，然后比较模型，最后获得最合适的预测模型。通过改变神经网络的输入数目，改变输出数据，更改神经网络算法以建立不同的神经网络，达到建立不同模型的目的。

模型 1：预测 10 天销量总和

因为模型 1 的建立思路就是通过销量隐含的周期性去预测销量，所以这个模型的预测结果不容易解释。观察到每个月都可以分为三部分，分别为上旬、中旬和下旬，基于观察到的周期性可以建立一个模型，预测未来的销量，首先需要对输入数据进行处理。因为输入的是时间，所以基于对于月份的划分，可以将月份作为整数部分，那么上旬、中旬和下旬分别为 0.1、0.2 和 0.3。举个例子，3 月上旬为 3.1，3 月中旬为 3.2。那么问题来了，月份的不一致性(每月下旬的天数不一致)对于数据来说会有影响，所以需要对数据进行处理。这里用到了简单的平均值权系数的方法。下面的算法可以将影响程度减小。

If 如果遇到了下旬有 11 天的情况，

Then 将这 11 天的销量数据加和，然后与 10/11 的权重系数相乘，得到的结果作为训练的输出数据进行神经网络的训练；

If 遇到 2 月，

If 该年份为闰年，

Then 将后 9 天的销量数据加和，然后乘以权重系数 10/9，将得到的结果作为训练的输出数据进行神经网络的训练；

Else 将后 8 天的销量数据加和，然后乘以权重系数 10/8，将得到的结果作为训练的输出数据进行神经网络的训练；

模型 1 的输入数据为 10 天的时间。但是训练之前，需要对数据进行归一化处理，使所有数据保留在[0,1]内，以适应神经网络内的函数。若使用 x、y 分别表示转换前和转换

后的数值，归一化方法的计算公式为

$$y=(x-\text{MinValue})(\text{MaxValue}-\text{MinValue}) \tag{2-30}$$

其中，MaxValue、MinValue 分别为样本的最大值和最小值。在此模型中，MaxValue 为 12.3，MinValue 为 1.1，则此模型可以抽象为

$$L=\text{Sys}(L',t) \tag{2-31}$$

其中，L 为 10 天的预测销量；t 为时间因子。

模型 2：根据连续 10 天销量数据预测下一天销量

模型 1 是基于对销量的周期性观察做出的抽象。模型 2 的建立思路是通过对连续销量的分析做出下一步的预测，那么输入就必不可少的两点：销量和时间，从而自然而然就得到了输出：预测销量。在这个模型中，忽略了对销量总和的考虑，转而考虑单个日期的销量。这个模型可能更符合实际人们对于预测的判断。在这个模型中，需要先输入连续 10 天的销量。然后鉴于销量的时间性，还需要输入时间因子。时间的输入格式是月份为整数部分，日期为小数部分，例如，3 月 23 日为 3.23，12 月 29 日为 12.29。这样就可以开始训练了。

首先对数据进行归一化处理，方法和模型 1 一样，但是此时 MaxValue 为样本内最大销量值，MinValue 为样本内最小销量值。此外，这个模型有 11 个输入，前 10 个为连续 10 天的销量数据，第 11 个为需要预测的那一天的日期。此时的模型可以抽象为

$$L=\text{Sys}(L_1,L_2,\cdots,L_{10},t) \tag{2-32}$$

其中，L 为预测一天的销量；t 为时间因子。

模型 3：根据连续 20 天销量数据预测下一天销量

模型 3 实际上是对模型 2 的拓展。考虑需要多少天连续的销量才能使预测变得更加准确。通过对比判断预测天数可以影响结果，但是影响的程度究竟怎样。

首先对数据进行归一化处理，方法和模型 2 一致。输入日期格式也和模型 2 相同，不同的是需要输入连续 20 天的销量数据。此时模型可以抽象为

$$L=\text{Sys}(L_1,L_2,\cdots,L_{20},t) \tag{2-33}$$

3. 预测结果对比和分析

通过预测结果和真实值对比可以计算 ME 和 MAPE。表 2-14 为默认情况下（$\alpha=0.3$，$\eta=0.9$），隐藏层神经元数量为 6 的神经网络在不同模型下结果的对比。

表 2-14　不同模型结果的对比

模型类别	ME	MAPE
模型 1	9896.03	0.39
模型 2	80.60	0.21
模型 3	396.50	0.28

模型 1 为 10 天销量总和，ME 较大比较正常，所以看 MAPE。整体看来模型 2(10 天销量预测下一天模型)的 MAPE 更低，性能比较好。

下面来看相同模型不同神经网络结构对结果的影响。首先看不同隐藏层神经元数量对预测结果的影响，选择模型结果较优的模型 2 和模型 3，首先是模型 2，结果如表 2-15 所示。

表 2-15　模型 2 隐藏层神经元数量对结果的影响

隐藏层神经元数量	ME	MAPE
3	−41.80	0.32
4	−75.85	0.35
5	−48.11	0.32
6	80.60	0.21
7	33.86	0.24
8	3.94	0.27
10	22.39	0.23
12	43.54	0.21
14	−4.60	0.25
16	119.65	0.20
20	334.03	0.38
24	222.15	0.21

从表 2-15 中可以看出的是，当隐藏层神经元数量改变的时候，模型 2 的 ME 指标表现出了较大的波动，然而 MAPE 还是较模型 3 更为稳定，在 0.27 上下波动。

模型 3 的结果如表 2-16 所示。

表 2-16　模型 3 隐藏层神经元数量对结果的影响

隐藏层神经元数量	ME	MAPE
3	315.40	0.29
4	363.72	0.29
5	341.75	0.28
6	396.50	0.28
7	468.80	0.29
8	417.45	0.28
10	442.27	0.27
12	637.17	0.47
14	516.78	0.34

隐藏层神经元数量	ME	MAPE
16	818.74	0.66
20	644.46	0.48
24	608.81	0.44

通过表 2-16 可以发现，隐藏层神经元数量在 10 以内时模型 3 无论在 ME 方面还是 MAPE 方面都表现出了一定的稳定性，说明此模型预测结果在一定条件内不受神经网络结构的影响。

接下来分别分析 η 和 α 值对结果的影响。选取较为稳定的模型 3，隐藏层神经元数量为 6。

$\alpha = 0.3$ 时，不同的 η 值对结果的影响，如表 2-17 所示。

表 2-17　不同的 η 值对结果的影响

η	ME	MAPE
0.9	396.50	0.28
0.8	276.63	0.30
0.7	203.41	0.31

$\eta = 0.9$ 时，不同的 α 值对结果的影响，如表 2-18 所示

表 2-18　不同的 α 值对结果的影响

α	ME	MAPE
0.1	233.62	0.30
0.2	355.69	0.29
0.25	381.75	0.28
0.3	396.50	0.28
0.4	406.98	0.28

从表 2.18 中可以发现，α 值对结果的影响较小，这也说明学习步长对神经网络预测结果的影响更大。

总结发现，模型 1 相较于模型 2 和模型 3 来说性能较差，模型 3 相比于模型 2 来说受神经网络结构的影响较小，而模型 2 在一定范围内性能是最好的。可能是由于模型 2 的神经网络本身的特性，在实际实验过程中，预测值误差的平均值都是较为理想的，但是 MAPE 的波动较大，所以模型 2 的预测模型适合连续的预测，这样误差才能在总体上变得最小。这也是实际的做法，店铺一般都会一次性大批量进货，此预测模型在这方面的表现很好。

4　模型改进

建立好模型后，为了使结果可以更精确些，对其进行一些改进。

1) 简单分类器

考虑到店铺销量的周期性，可以实现一个简单的分类器用于区分淡季与旺季。为什么简单的分类器就可以区分淡季与旺季呢？是因为神经网络本身就有很大程度的适应性，它可以接受一定范围的变化，但是不能接受太大范围的变化。因此在模型内嵌入一个分类器用于区分淡季与旺季，然后分别训练两个神经网络。本着这个思路，进行改进实现。

首先，考虑一个问题：为什么我们能区分淡季与旺季？是因为旺季比淡季的销量明显高，那在算法中描述这个"高"并把它找出来就可以了。用倍率描述这个"高"。在店铺的经验取值下，如果遇到连续的月份总销量后，月份总销量大于前一个月总销量的 1.3 倍的情况突然出现，则认为这个月份就是旺季月份。这只是简单的判断，完整算法如下。

算法 2-6　判定旺季月份

```
1     # 定义 before 为前一个月份，after 为当前月份，plus 为比率 flag 数组初始化为 0
2     While(month doesn't end){
3         If(before*plus <= after){
4             Flag[month] = 1;
5             Save before;
6         }
7         Else{
8             Before = after;
9         }
10        Update after;
11    }
```

最后，标记为 1 的月份为旺季月份。到此，一个简单的分类器已经完成，选择性能比较好的模型 2，并设置隐藏层神经元数量为 6，$\alpha = 0.3$，$\eta = 0.9$ 时有无分类的对比。发现虽然 MAPE 提升了一些(0.02，可以忽略)，但平均值降低很多，还是有所优化的。

2) 一次指数平滑法

本节讨论的是没有对误差进行处理的模型。如果用以预测未来需求，当一个新的需求时期成为现实，并可以观察时，实际销量就可获得，并使我们能够测算预测误差。一次指数平滑法(Single Exponential Smoothing，SES)本质上是对前一期需求进行评估，利用预测得到的误差 Y_t 对前一期的需求加以调整，然后生成下一个时期的预测结果：

$$F_{t+1} = F_t + \alpha(Y_t - F_t) \tag{2-34}$$

其中，α 是一个基于 0~1 的常数。

每一个新的预测结果都只是简单地将前一预测结果加上预测的误差调整值。当 α 接近 1 时，调整值就很大，使得误差的预测对历史需求的上下波动更敏感。当 α 接近 0 时，调整值就很小，使预测对过去需求的波动没那么敏感。因为这种方法是根据一些变化百分比以及对前一期需求观察值的最近误差，对下一期预测进行调整，所以这些预测总能对过去需求的任何趋势或变化进行跟踪。

取 α 为 0.9(区分神经网络的权系数修正常数),选择模型 2,隐藏层神经元数量为 6,$\eta = 0.9$ 时结果如表 2-19 所示。

表 2-19 模型 2 结果

类型	ME	MAPE
正常	43.36	0.23
优化	72.22	0.15

从一次指数平滑法的预测结果可以发现,虽然它可以有效地降低 MAPE,但是平均值升高了,对于每日销量成百上千的店铺来说,30 多件商品的销量平均值的差异还是微不足道的。

3) 回归法抵御突发事件

当然在经营店铺时不免会遇到一些突发的事件,如当遇到突如其来的雾霾时,防雾霾口罩的销量就会升高;再如当地举行演唱会时,如果荧光棒没有准备充分库存可能就会出现脱销的情况;利用回归方法可以较好地解决此类问题。

回归法抵御突发事件的核心思想是:预测 = 模式+非解释性差异。相较于普通事件来说,突发事件将非解释性差异的值变得很大,那么遇到突发事件时,模型就变为:预测 = 模式+突发事件差异。因此通过积累的历史数据,训练出一个有关于某一个特定事件的回归模型,当下一次遇到此类事件时,就可以很好地应对了。但是此方法要求的数据很详细,例如,需要知道具体的事件类别、具体的发生时间等,这在简单的销量数据中是无法体现的,所以在这里只是讨论一种思想。

5. 商品营销手段分析

1) 简单回归分析概述

简单回归指的是单一变量 Y(或因变量)依赖单一变量 X(或自变量)的回归。假设 Y 和 X 之间存在较强的线性相关关系,则有

$$\hat{Y} = a + bX \tag{2-35}$$

其中,a 为截距;b 为直线的斜率,$\hat{Y}$ 为当对一个数据集在线性回归下的预测值使得 $\left\| \hat{Y} - Y \right\|_2$ 最小。这个等式的目的在于建立一条直线,使每个实际数据点与直线上对应估算点之间的距离最小。根据误差平方和的值最小化来选定拟合最好的直线,即普通最小二乘法(Ordinary Least Squares,OLS)估计。其中 b(斜率)和 a(截距)的计算等式分别为

$$b = \frac{\sum_{i=1}^{n} \left(X_i - \bar{X} \right) \left(Y_i - \bar{Y} \right)}{\sum_{i=1}^{n} \left(X_i - \bar{X} \right)^2} \tag{2-36}$$

$$a = \hat{Y} - bX \tag{2-37}$$

其中，i 为随时间变化的观察值个数。

通过计算两个变量之间的相关性，可以判断因变量 Y 和自变量 X 之间的关系。相关系数 r 是用于判定两个变量之间线性相关性的相对指标；相关系数 r 起自 0(表示没关系)，在±1(表示完全相关)之间变化。当相关系数大于 0 时，两个变量正相关；当相关系数小于 0 时，则是负相关。

变量 X 和变量 Y 的相关系数可以表示为

$$r_{XY} = \frac{\text{Cov}_{XY}}{S_X S_Y} \tag{2-38}$$

其中，S_X, S_Y 为标准差，和 n 对数据点(被观察点)互相相关。

相关系数可以解释以下两个关键问题。

(1) 相关系数的符号表示两个变量之间的关系方向。

(2) 相关系数越大(r 值越接近±1)，两个变量之间的相关性越强。换言之，相关系数绝对值越远离 0，两个变量之间的相关性越强。

经验法则认为，当|r|值为 0.7 或更大时，说明两个变量之间存在高度相关性；当 r 值在–0.7～–0.5 或 0.5～0.7 时，说明两个变量之间存在中度相关性；当 r 值在±0.3～±0.5 时，说明两个变量之间存在弱相关性；最后，当|r|值低于 0.3 时，说明两个变量之间几乎不存在相关性。

2) 数据获取与简单处理

关于商品推广分析的数据，是在×××竞赛中获得的数据集。每个商品的标签属性很多　然而只对需要的字属性进行分析观察，过滤后留下字段和信息如表 2-20 所示。

表 2-20　数据集信息

字段	信息	字段	信息
qty_alipay	成交件数	ztc_pv_uv	直通车引导浏览人次
ztc_pv_ipv	直通车引导浏览次数	tbk_pv_uv	淘宝客引导浏览人次
tbk_pv_ipv	淘宝客引导浏览次数	ss_pv_uv	搜索引导浏览人次
ss_pv_ipv	搜索引导浏览次数	jhs_pv_uv	聚划算引导浏览人次
jhs_pv_ipv	聚划算引导浏览次数		

这样，就可以分别判断直通车引导浏览、淘宝客引导浏览、搜索引导浏览、聚划算引导浏览与销量之间的相关性，以及四种不同手段的引导浏览与实际吸引人数之间的相关性，从而分析出哪种营销手段更为有效。

3) 获得结果与分析

分析 8 种情况，探究 4 种营销推广手段和销量之间的相关性，下面探究这 4 种营销手段。

第一部分，选用引导浏览作为 X，成交件数作为 Y(其实通过公式可以看出，无论哪个作为 X 或者 Y 都是一样的)。数据选择的数量是得到结果的关键。从 1000 条数据开始，每次增加 1000 条，逐渐增加。发现相关系数 r 不断变化，可以肯定 r 是逐渐稳定的。可以定

义一个误差 e，当数据量逐渐增大时，r 的变化小于这个数值，则认为 r 变得稳定了。取 e 为 0.001。当数据量达到万级 r 就趋于稳定了。这样就可以避免过多的计算量，节省了时间，提升了效率。最终数据量为 100 万条。4 种营销手段和销量的相关性如表 2-21 所示。

表 2-21　营销手段与销量的相关性

类型	相关系数	类型	相关系数
销量与直通车引导	0.2252	销量与搜索引导	0.4595
销量与淘宝客引导	0.2580	销量与聚划算引导	0.1656

通过观察引导浏览究竟与实际带来多少人次的浏览之间的关系，可以分析得到营销手段的效率，结果如表 2-22 所示。

表 2-22　营销手段与浏览人次之间的关联

类型	相关系数	类型	相关系数
直通车引导与人次	0.9901	搜索引导与人次	0.9646
淘宝客引导与人次	0.9461	聚划算引导与人次	0.9984

通过观察表 2-22，首先可以发现是 4 种营销手段的效率都非常高，相关系数都接近 1，就可以简单地判断这 4 种营销手段吸引人次的效果是一样的，所以可以直接看第一个结果，这个结果就说明了问题。

通过直观的表现看，与销量相关性最大的是搜索引导。其他的手段对应的相关系数都小于 0.3，它们几乎与销量没有什么相关性了。其实结果也反映了人们日常逛淘宝的习惯。首先需要介绍什么是直通车引导。

直通车是为卖家量身定制的，单击付费的营销推广工具，卖家可以自由调控花销，合理掌控成本，进行商品推广和店铺推广。运用直通车推广，在给商品带来曝光量的同时，精准的搜索匹配也给商品带来了精准的潜在买家。搜索的页面展示如图 2-21 和图 2-22 所示。

图 2-21　搜索页面的 8 个展示位

图 2-22　搜索页面下方的 5 个展示位

　　可能大多数的顾客都被搜索结果所吸引了,在搜索结果中没有想要的商品的情况下,他们才会看到位于搜索页面下方的推荐。而搜索引导的效果更好,更能反映出我们实际逛淘宝的习惯,它们更倾向于选择搜索出来的结果。

第3章　制造业大数据清洗技术

针对制造业大数据分析依赖高质量数据,然而制造业中产生的原始数据的质量较低。针对这一矛盾,本章研究制造业大数据质量分析与清洗技术,重点研究时间序列数据质量分析与清洗,提出基于对抗神经网络的复杂时间序列修复、时间序列缺失值填充算法、时间序列异常值检测与修复算法和时间序列时间戳错乱问题修复算法。

制造业时间序列数据主要来自生产现场的传感器和自动化设备。其错误类型主要包括数据缺失、异常和时间戳错乱。这些错误产生的原因举例说明如下。

(1) 接触不良、单点存储传输过程产生突变:短时间的接触不良或存储、传输故障会导致单点的数据缺失或达到测量极值。

(2) 不合理的接地、零点漂移:当接地方法不合理或测量中人为规定的零点因故障而漂移时,会导致某一时段的数值偏移一定的常量。

(3) 传感器接触部分失灵:因元件故障而造成的接触部分失灵可能导致传感器对外界变化的过分敏感或迟缓,进一步导致采集的某一时间段的数值产生不定量的变化。

(4) 元件功率变化:当供电系统或电源出现故障时,元件的功率突然提升或突然下降会导致采集频率突然提高或者突然下降,造成曲线的周期发生短暂变化。

(5) 传感器有多种模式,采集模式被错误地置换或被电磁干扰:传感器内可能有自动设置采集模式的机制,当采集模式被错误切换或被电磁干扰时,可能产生异常或数据实体错乱。

针对制造业时序数据中存在的数据缺失、异常和时间戳错乱等问题,本节提出了检测与修复算法。

3.1　基于对抗神经网络的复杂时间序列修复

研究表明针对时间序列修复,用预测值进行填补仍然是一种比较切实可行的方法。如果算法或模型可以从带缺失的复杂时间序列数据中直接生成修复好的复杂时间序列,那么它在现实应用中就更加实用。不同于简单时间序列修复问题,在复杂时间序列修复中,相应时刻的不完整数据是可以被获得的,但是基于预测的方法往往难以利用这一部分数据。这也是本节主要研究的问题。

本节主要分为两部分:第一部分是针对生成对抗网络前沿成果的分析,选取与修复问题相近的超分辨问题,在针对 SRGAN 的实验与改进的过程中理解生成对抗网络的机制;第二部分是本节核心,主要介绍一种新的网络结构,直接利用含有缺失数据的复杂时间序列数据生成完整数据,并尝试利用生成对抗网络的方式对这种网络进行训练。第一部分的研究与生成对抗网络最初的应用比较接近,为第二部分的研究提供了经验。

下面先给出生成对抗网络、超分辨问题与 SRGAN 模型的简单介绍，然后描述改进 SRGAN 模型后得到的最近邻-SRGAN 模型与实验结果的总结；最后描述利用文献 (LEDIG et al., 2017) 中所提出的 GRU-D 单元来构建的复杂时间序列修复模型与复杂时间序列修复的生成对抗网络。

文献 (GOODFELLOW et al., 2014) 中的生成对抗网络主要包括两个网络，即生成网络 G 和判别网络 D，在训练时，生成网络试图混淆判别网络，而判别网络则试图区分数据是由生成网络生成的数据还是真实数据。假设生成网络的输入采自随机噪声分布，真实数据服从潜在分布，那么生成对抗网络的训练过程可以视为生成网络和判别网络的博弈，可以形式化表示为

$$\min_G \max_D V(D,G) = E_{x \sim p_x(x)}[\log D(x)] + E_{z \sim p_z(z)}\left[\log\left(1 - D(G(z))\right)\right] \tag{3-1}$$

超分辨或称为超分辨重建，是指一类利用一幅(或者多幅图像构成的序列)低分辨率的图像来重建一幅(或者多幅)拥有高分辨率图像的技术。NASROLLAHI 等总结了近年来关于这个方向的成果。

针对超分辨问题，式(3-1)可以写成式(3-2)的形式：

$$\min_G \max_D E_{I^{HR} \sim P_{train}(I^{HR})}\left[\log D\left(I^{HR}\right)\right] + E_{I^{HR} \sim P_G(I^{HR})}\left[\log\left(1 - D(G(z))\right)\right] \tag{3-2}$$

其中，HR 表示模型输入的高分辨率图像。这时，生成网络的输入是低分辨率图像，它试图以输出"愚弄"判别网络，使其无法区别是高分辨率图像与生成网络的输出。与此同时，判别网络则努力辨别，不让生成网络达到其目的。

1. 基于生成对抗网络的超分辨算法

1) 单幅图像超分辨问题与 SRGAN

在单幅图像超分辨问题中，以 I^{SR} 表示生成模型(或其他超分辨算法)所得到的结果，用 I^{LR} 表示作为模型输入的低分辨率图像，用 I^{HR} 表示与 I^{LR} 对应的高分辨率图像，仅在训练时可以获得这种图像指导训练。在训练中，I^{LR} 可以通过 I^{HR} 下采样得到，这个下采样过程可以用高斯滤波器、最近邻插值、双线性插值等方法实现，根据选取方法的不同，下采样的时间和超分辨的难度(图像信息的损失)也不同。假设下采样因子为 I^{LR}，对于一幅有多个色彩信道的图像，I^{LR} 可以利用 $W \times H \times C$ 的张量表示，而 I^{HR} 和 I^{SR} 则可以用一个大小为 $rW \times rH \times rC$ 的张量表示。单幅图像的超分辨的最终目的是训练一个生成函数 G 使得对于输入的低分辨图像，得到一个和它对应的高分辨率图像。利用 θ_G 代表生成函数 G 的参数，利用 l^{SR} 代表生成的图像与原始高分辨率图像的误差，那么对于训练图像 $I_n^{HR} (n=1,2,\cdots,N)$，$\theta_G$ 可以由式(3-3)得到

$$\hat{\theta}_G = \mathrm{argmin}_{\theta_G} \frac{1}{N} \sum_{n=1}^{N} l^{SR}\left(G_{\theta_G}\left(I_n^{LR}\right), I_n^{HR}\right) \tag{3-3}$$

在文献 (LEDIG et al., 2017) 所提出的 SRGAN 中，首先利用生成对抗网络来解决超

分辨问题，使用卷积神经网络实现生成网络与判别网络，并针对生成网络设计了独特的损失函数，综合了来自图像的损失与来自判别网络的损失。

2) 最近邻-SRGAN

在实践中发现，当对生成网络增加层数，或者使用密度网络这样更复杂的网络结构时，SRGAN 往往能取得更好的效果，但是层数和网络复杂程度的增加都引入了额外的参数，这使得模型训练和部署的开销都变大。

于是尝试采用插值层的方式优化生成网络，插值层不包含额外可训练参数。

设计生成网络时，在 SRGAN(LEDIG et al.，2017)的基础上引入一个插值层，网络结构见图 3-1。

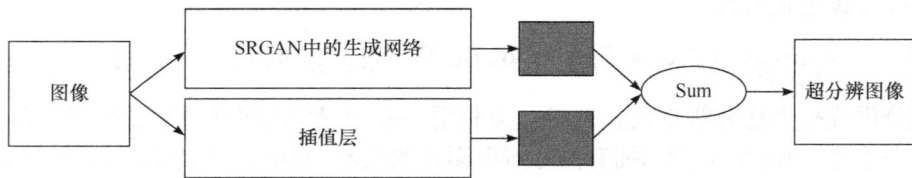

图 3-1 最近邻-SRGAN 结构

文献(LEDIG et al.，2017)中已经采用了文献(HE et al.，2016)中所提出的残差网络的网络结构，以提取出图像的特征。但是发现鉴于超分辨问题本身，可以通过结合各种插值方法使得整个生成网络学习一个残差，从而使得网络的收敛性更强。其中，当插值层使用最近邻插值时，训练效果最好，可能的原因是相较于双线性插值和双立方体插值，最近邻插值给予网络进行调整的空间更大，使得网络可以较快收敛。因此以最近邻-SRGAN 命名这个网络。利用插值这样的传统方法，将原问题变成了一个微调问题。类似的将原问题转化为微调问题的方法在深度学习领域屡见不鲜，并且已经取得了不错的效果，例如，通过文献(UIJLINGS et al.，2013)提出的候选框提取方法(无额外可训练参数)，文献(GIRSHICK et al.，2014)中将目标检测问题转化为针对候选框的分类、缩放和平移问题，使得训练更容易，而文献(REN et al.，2017)、文献(HE et al.，2017)的候选框提取方法都遵循这种针对性微调的流程。

3) 实验结果

以峰值信噪比(PSNR)与结构相似度(SSIM)衡量标准，对比了原始的 SRGAN、基于更深层网络的 SRGAN 以及最近邻-SRGAN。

信噪比的计算公式为

$$PSNR = 10 \times \lg \frac{(2^n - 1)^2}{MSE} \tag{3-4}$$

以著名的数据集 Set5、Set14、Urban100、BSD100 为测试集，以 ImageNet 数据集为训练集，针对 3 种生成网络，使用文献(LEDIG et al.，2017)中的对抗网络(adversarial network)作为判别网络，并且使用文献(LEDIG et al.，2017)提出的交替训练生成网络和对抗网络的训练模式，对 SRGAN 模型的参数(LEDIG et al.，2017)进行了训练。将各个网络的效果进行比对，在不同数据上的结果如表 3-1 与表 3-2 所示。

表 3-1　不同网络信噪比对比

模型	信噪比			
	Set5	Set14	Urban100	BSD100
VGG16-SRGAN	28.69	25.5	23.5	25.64
最近邻-SRGAN	28.73	25.68	23.60	25.72
VGG19-SRGAN	28.98	25.72	23.73	25.80

表 3-2　不同网络结构相似度对比

模型	结构相似度			
	Set5	Set14	Urban100	BSD100
VGG16-SRGAN	0.834	0.729	0.718	0.696
最近邻-SRGAN	0.838	0.733	0.721	0.700
VGG19-SRGAN	0.838	0.737	0.729	0.700

可以从表 3-1 和表 3-2 中发现，最近邻-SRGAN 相较于 VGG16-SRGAN，效果有明显提升，并且其优化效果与 VGG19-SRGAN 相近，但是结果比 VGG19-SRGAN 稍差，不过相较于这个网络，最近邻-SRGAN 的参数更少、计算更快。

插值层的加入虽然并未引入新的参数，但是网络的训练效果仍然有了一定提升，这可能是因为它利用了图像本身的特点，即简单利用像素点的位置信息生成放大后的图像，从而使神经网络在训练中得到指导，而不是从完全"混乱"的状态开始训练。同时，由于插值层的存在，一开始图像超分辨就有一个基准的效果，这对判别网络提出了更高的要求，从而使生成网络更能从生成对抗网络的训练模式中受益。

从训练过程中可以发现，无论针对哪一种生成网络，判别网络都能较快地收敛到一个比较高的准确率，然后伴随生成网络的训练，判别网络准确性上下浮动，最终的情况都是判别网络压倒生成网络。

综上，实验结果给予后续研究的指导可以总结如下。

1) 层数更深或者结构更复杂的生成网络可以取得更好的效果。

2) 将原问题转化为微调问题是优化网络结构的一个思路。

3) 当判别网络压倒生成网络时，往往能使生成网络从生成对抗网络的训练模式中受益。

2. 基于生成对抗网络的复杂时间序列修复

下面介绍基于生成对抗网络的复杂时间序列修复，包括三个方面的内容：首先，生成网络的设计，以何种方式使生成网络可以以缺失数据为输入；然后，生成对抗网络的设计，探究如何使用文献(GOODFELLOW et al.，2014)与文献(LEDIG et al.，2017)中的训练方法对复杂时间序列数据做类似的训练；最后，实验部分，以在工业时间序列数据上的实验验证算法的有效性。

1) 容忍数据缺失的生成网络

针对时间序列类似 LSTM，GRU 网络结构可以解决时间序列的预测与分类问题，但是如何设计容忍数据缺失的网络结构以进行数据修复是一个比预测和分类更加棘手的问题。

文献(CHE et al.，2018)中提出的利用测量间隔和均值作为新变量参与训练的方法为这个问题的解决带来了曙光，生成网络也是以此为基础的。计算公式为

有

$$\delta_t^d = \begin{cases} s_t - s_{t-1} + \delta_{t-1}^d \ t > 1, & m_{t-1}^d = 0 \\ s_t - s_{t-1} \ t > 1, & m_{t-1} = 1 \\ 0, & t = 1 \end{cases} \tag{3-5}$$

其中，s 表示多维度的复杂时间序列；s_t 为 t 时刻的观察值；d 表示该观察值的第 d 维数据；t 表示 t 时刻的测量时间；m_{t-1}^d 向量表示数据缺失($m_{t-1}^d = 1$ 意味着并未缺失，$m_{t-1}^d = 0$ 意味着对应的缺失)。对于每一个维度 d，有间隔 δ_t^d，这个值取决于该维度的观测情况(缺失情况)。

文献(CHE et al.，2018)中提出基于 GRU 的方法，在这种方法中加入了一种新的网络层，以增加间隔、上次测量结果以及与其相对应权重的方式容忍数据缺失。

传统 GRU 单元的结构如图 3-2 所示。

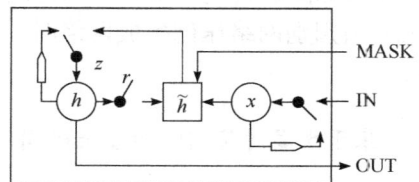

单元中各符号可以用公式描述：

$$z_t = \sigma\left(W_z x_t + U_z h_{t-1} + b_z\right) \tag{3-6}$$

$$r_t = \sigma\left(W_r x_t + U_r h_{t-1} + b_r\right) \tag{3-7}$$

$$\widetilde{h}_t = \tanh\left(W x_t + U\left(r_i \odot h_{t-1} + b\right)\right) \tag{3-8}$$

$$h_t = (1 - z_t) \odot h_{t-1} + z_t \odot \widetilde{h}_t \tag{3-9}$$

可以简单地利用均值或者前一次观察填补缺失数据，但在实践中发现效果并不尽如人意，所以文献(QIU et al.，2012)提出了一种 GRU-D 单元，以应对数据缺失的情况。其结构如图 3-3 所示。

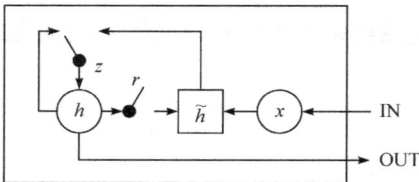

图 3-2　传统 GRU 单元结构　　　　　图 3-3　GRU-D 单元结构

GRU-D 单元主要引入一个由可训练权重的决定衰减系数，在均值与观察值之间进行权衡，达到容忍数据缺失的目的，其中衰减系数的值为

$$\gamma_t = \exp\left(-\max(0, W_\gamma \delta_t + b_\gamma)\right) \tag{3-10}$$

此时，在进入 GRU-D 单元前，数据为

$$x_t^d = m_t^d x_t^d + (1 - m_t^d)\gamma_{x_t}^d x_{t^{last}}^d + (1 - m_t^d)(1 - \gamma_{x_t}^d)\bar{x}^d \tag{3-11}$$

其中，$\bar{x}^d$ 为对应维度的均值；$x_{t^{last}}^d$ 为相应维度最后一个成功的观察值。

同样地，对于单元的隐状态，GRU-D 也进行衰减，有

$$h_{t-1} = \gamma_{h_t} \odot h_{t-1} \tag{3-12}$$

以 GRU-D 单元作为接收有缺失的时间序列的方法，研究者提出了复杂时间序列修复模型，如图 3-4 所示。

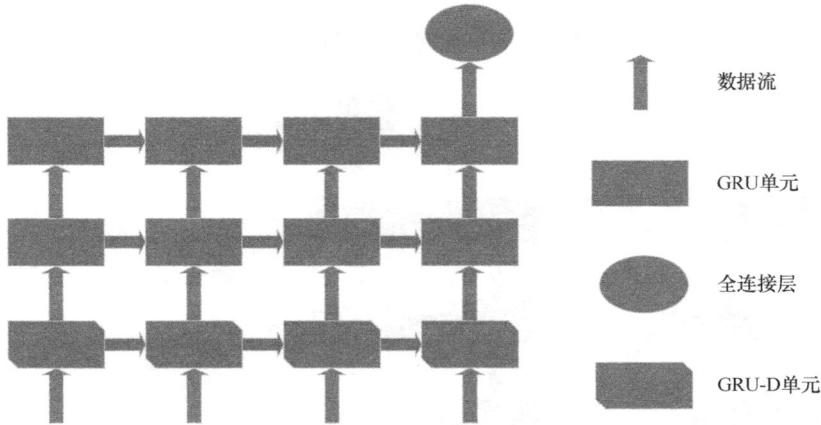

图 3-4　复杂时间序列修复模型

可以看到，复杂时间序列修复模型底层使用了 GRU-D 单元，以容忍数据缺失，经过全连接层，模型有一个 d 维的输出，对最后一时刻的序列进行修复。在实际实现中dropout 层和 batch norm 层可以被添加在适当的位置，以防止过拟合与梯度弥散。针对工业时间序列，模型更具体的参数会在本节后面部分详细介绍。

2) 判别网络设计

相对生成网络，判别网络的设计比较简单，可以简单针对待修复时刻的序列使用若干层的全连接神经网络进行判别，也可以与生成网络类似，利用堆叠的循环神经网络提取时间序列特征，然后利用若干个全连接神经网络进行判别。网络结构如图 3-5 所示。

为了使得判别网络更加准确，用网络第一层的前若干个循环神经网络单元接收对应时刻完整的时间序列，仅仅用最后一个单元接收修复后的时间序列或原始完整复杂时间序列，最终网络对最后一个单元进行判断。

对于判别网络中循环神经网络的最后一层，也可以仅仅从最后一个 RNN 单元提取特征，这时网络结构如图 3-6 所示，不同之处在于全连接层的最后一层输出为 2，以对最后一个时刻的数据是否为修复数据进行判别。

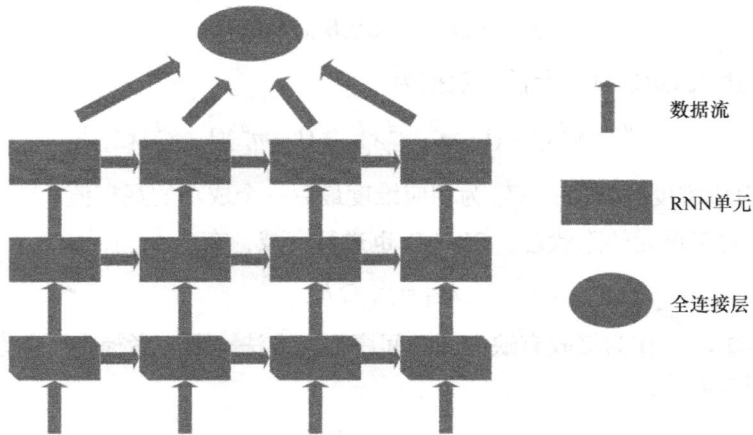

图 3-5　复杂时间序列判别网络(一)

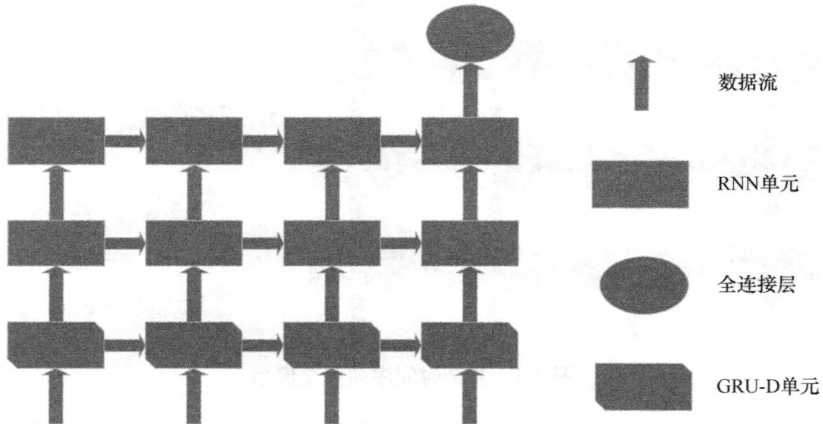

图 3-6　复杂时间序列判别网络(二)

3) 训练过程与实验

(1) 损失函数。

对于生成网络，采取均方差为损失函数，假设生成网络对 t 时刻已经缺失的数据的预测结果为 $\tilde{x}$ ，那么损失为

$$l_G\left(x_t, x_t\right) = \sum_{d=1}^{D}\left(1 - m_t^d\right)\left(x_t^d - \tilde{x}_t^d\right)^2 \tag{3-13}$$

对于判别网络，使用交叉熵作为损失函数，以表示判别网络对生成网络生成结果是原始序列的概率，在使用生成对抗网络进行训练时，生成网络有两部分损失：一部分是式(3-13)中的损失，另一部分损失表示为

$$l_{\text{gan}} = -\log D(G(x)) \tag{3-14}$$

文献(LEDIG et al., 2017)中利用生成对抗网络进行训练时，生成网络最终的损失函数为

$$l = 0.001l_{\text{gan}} + l_G \tag{3-15}$$

在实际训练时，采取小批量训练的方式，对小批量内样本的损失取均值，然后计算梯度。

(2) 基模型。

使用复杂时间序列预测模型作为基准模型，但是由于其并没有处理缺失数据的能力，所以其输入与复杂时间序列修复模型有所不同，若需要修复 t 时刻的观察序列 x_t，则复杂时间序列预测模型的输入是完整的 $x_{t-p},\cdots,x_{t-1}$ 的时间序列数据，以 x_t 中数据缺失维度的预测值对 x_t 对应的预测值进行修复。复杂时间序列修复接收的是带缺失值的 $x_{t-p+1},\cdots,x_t$ 时间序列。

(3) 不同训练方法。

对网络进行训练的方法有 3 种，第一种是仅仅训练生成网络(或预测网络)；第二种是利用生成对抗网络的方法训练网络，即训练中训练若干次判别网络后，再训练若干次生成网络，依次往复；第三种是先对生成网络进行预训练，在预训练后利用第二种训练方法进行训练。

(4) 实验结果。

利用 TensorFlow 实现了生成对抗网络模型。在两组工业时间序列数据(风机组数据与锅炉组数据)上进行实验，并在网络适当的位置加入 dropout 层以防止过拟合。利用时间序列数据的前 80%作为训练集，后 20%作为测试集，针对复杂时间序列修复模型，使用 20%的概率使训练集数据变为带缺失的复杂时间序列数据，而针对基准模型和复杂时间序列修复模型，使用 20%的概率使得待预测的那个时刻的数据带缺失。

利用 Adam 作为优化算法，并使用梯度截断方式减少不收敛情况的出现。

对于生成对抗网络，采取文献(LEDIG et al.，2017)中的训练策略，轮流对判别网络和生成网络计算梯度，更新参数。

在网络大致收敛后，将预测结果与真实值的均方误差作为衡量指标，实验结果见表 3-3。

表 3-3　数据修复实验均方误差

时间序列 数据集	GRU 均方差	GRU-GAN 均方差	GRU-D 均方差	GRU-D-GAN 均方差	GRU-D-GAN* 均方差
锅炉组	9.469e-4	9.132e-4	7.987e-4	7.391e-4	7.974e-4
风机组	9.485e-4	9.005e-4	8.125e-4	7.532e-4	7.542e-4

表 3-3 中第一行指示各种模型，GRU 表示基准模型，GRU-GAN 表示利用生成对抗网络的机制训练的基准模型，GRU-D 表示复杂时间序列修复模型，*表示利用生成对抗网络的训练模式进行训练前先利用传统方法对生成网络进行预训练。实验中，采取图 3-6 中所示的判别网络。

可以看出，相较使用部分完整数据的基准模型，复杂时间序列修复模型在仅能获得带缺失的劣质数据的情况下仍然取得了更好的效果。原因是其容忍数据缺失的机制使它可以利用待修复的那个时刻部分数据，从而利用复杂时间序列维度间的关系。

从实验过程中可以发现，虽然 GRU-D 层引入了额外的参数，使得网络训练较慢 (即每一次迭代变慢)，但是由于它可以利用当前待修复时刻的不完整信息，在同等学习率的情况下，复杂时间序列修复模型可以更快收敛(即利用更少的迭代达到较好的效果)。

利用生成对抗网络的训练模式后，基准模型与复杂时间序列修复模型的效果都有一定程度的提升，但是提升相对较少。其中，经过预训练得到的生成对抗网络效果较差，判别网络的准确性不高，可以推断这可能是因为判别网络难以有效区分真实序列与修复后的序列，使得生成网络难以从生成对抗网络的训练模式中受益。此外，由于需要同时训练生成网络与判别网络，训练过程中的时间和内存的开销也大幅提高。

为了使实验结果有更直观的体现，将各个模型相较基准模型均方差提升百分比总结在图 3-7 中。

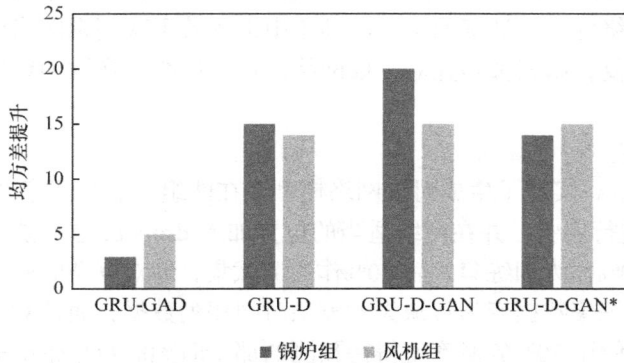

图 3-7　各个方法相较基准模型的均方差提升百分比

3.2　时间序列缺失值填充算法

本节根据自回归(AR)模型设计了缺失值估计和自更新系数的缺失值填充算法。和目前的一些缺失值填充算法不同的是，该算法并不是仅执行一次缺失值预测就进行填充，而是使用迭代的思想，实现了预测模型的自更新技术。

AR 模型是现有的进行时间序列预测方法中广泛使用的方法，这种模型是以线性回归模型为基础进行引申而发展起来的，是最基本的，实际应用也最为广泛。AR 模型具有随机差分方程的形式，可表示一系列动态数据存在的结构和规律，通常用它来进行数据预测，因为它可以表现观测数据之间的线性相关性。

AR 模型具有结构简单、构造方便、效率高的特点。因此，为了提高计算效率，在时间序列预测中采用 AR 模型和 ARX 模型。

3.2.1　问题定义

本节首先介绍时间序列缺失值填充问题，然后调整现有的时间序列预测模型进行缺失值填充，即不考虑标记数据的 AR 模型和考虑标记数据的 ARX 模型。

1. 时间序列缺失值填充问题定义

考虑一个含有 n 个数据点的时间序列，$x = \{x[1], x[2], \cdots, x[n]\}$，$x[i]$ 代表第 i 个数据点，通常把其记为 x_i。

令 y 表示标记过"可靠"数据点的序列。任意 y_i 或者是原始数据，或者是填充的数据。

给出一个时间序列 x 和标记过"可靠"数据点的序列 y，缺失值填充问题就是确定 y 中的缺失值 y_i，对应了数据点 y_i 的预测值。本算法在执行过程中，除了将缺失值进行预测外，还将没有被标记为"可靠"的数据点进行修复和优化，以保证迭代过程中的缺失值预测更加准确。

例 3-1(观测值、标记值和修复值)　考虑 12 个数据点的序列 $x = \{6, 10, 9.6, NA, NA, 5.4, 5.6, 5.9, 6.3, 6.8, 7.5, 8.5\}$，其中数据点 x_4 和 x_5 的值缺失，x_1、x_2、x_3、x_6、x_{12} 已经被标记为"可靠"的：$x_1=6$，$x_2=5.6$，$x_3=5.4$，$x_6=5.4$，$x_{12}=8.5$，也就是说序列 y 被部分标记了。通过缺失值填充和未标记值优化可以得到修复序列 $y = \{6, 5.6, 5.4, 5.2, 5.4, 5.4, 5.6, 5.9, 6.3, 6.8, 7.5, 8.5\}$。其中 x_4 和 x_5 分别被填充为 5.2 和 5.4，被标记的 x_2 和 x_3 用标记值替换且后续迭代不会修改该值。

2. AR 模型

考虑 AR 模型：

$$x_t' = c + \sum_{i=1}^{p} \varphi_i x_{t-i} + \varepsilon_t \tag{3-16}$$

其中　x_t' 为 x_t 的预测值；p 为阶数；φ_i 为模型参数；$c = \mu\left(1 - \sum_{i=1}^{p} \varphi_i\right)$ 为常量，μ 为均值（μ 通常为零，所以 c 通常为零）；ε_t 是白噪点。

如果 x_t 已被标记为缺失值，那么用 x_t' 填充，基于 AR 模型的缺失值填充的过程：①如果 x_t 不是缺失值，用 y_t 替换 x_t；②通过 x 学习 AR(p)模型的参数 φ；③通过 AR(p)模型填充所有缺失值，有

$$y_t = \begin{cases} x_t', & y_t \text{为缺失值} \\ x_t, & \text{其他} \end{cases} \tag{3-17}$$

例 3-2(时间序列缺失值填充)　仍然考虑序列 $x = \{6, 10, 9.6, NA, NA, 5.4, 5.6, 5.9, 6.3, 6.8, 7.5, 8.5\}$。为了简便，这里令 $p = 1$，$c = 0$，也就是 AR(1)模型，得出 $x_t' = \varphi_1 x_{t-1}$，利用最小二乘法，通过 x 估计出参数 φ_1，有 $\varphi_1 = 1.022$。$x_4' = \varphi_1 x_3 = 1.022 \times 5.4 = 5.52$，$x_5' = \varphi_1 x_4 = 1.022 \times 5.52 = 5.64$。得到填充后的修复序列 $y = \{6, 5.6, 5.4, 5.52, 5.64, 5.4, 5.6, 5.9, 6.3, 6.8, 7.5, 8.5\}$。

3. ARX 模型

由于本算法打算采用迭代的方式确定填充值，第一次迭代时已经将缺失值填充，利用后续迭代不断优化填充的缺失值，在除第一次迭代的情况下，需要将原始值中没有缺

失的值标记出来以便知道需要优化哪些值(那些没有被标记的值)，这里假设原始值中没有缺失的值都是可靠的。

因此考虑 ARX 模型：

$$y'_t = x_t + \sum_{i=1}^{p} \varphi_i (y_{t-i} - x_{t-i}) + \varepsilon_t \tag{3-18}$$

其中，y'_t 是 x_t 可能的优化值，其余参数同 AR 模型。就像式(3-18)中的那样，不只有 x_{t-i} 会影响 y_t，y_{t-i} 也会影响 y_t。

基于 ARX 模型的缺失值优化过程：①通过序列 x 学习 ARX(p)模型的参数 φ；②利用 ARX(p)模型如式(3-17)一样填充所有的未被标记的 y_t。

例 3-3(续例 3-2)   继续考虑初步填充后的序列 $x=\{6, 10, 9.6, 8.3, 7.7, 5.4, 5.6, 5.9, 6.3, 6.8, 7.5, 8.5\}$，其中数据点 x_4 和 x_5 的值原本缺失，在第一次迭代中已经将缺失值初步填充为 8.3 和 7.7，x_1、x_2、x_3、x_6、x_{12} 已经被标记为"可靠"的：$x_1=6$，$x_2=5.6$，$x_3=5.4$，$x_6=5.4$，$x_{12}=8.5$，也就是说序列被部分标记。同样为了简化，令 $p=1$，利用 ARX(1)模型，也就是 $y'_t = x_t + \varphi_1(y_{t-1} - x_{t-i})$。和例 3-2 中的 AR 模型一样，首先利用最小二乘法估计参数 φ_1，有 $\varphi_1=0.5$。被标记的数据直接用标记值替换，$y'_4 = 8.3+0.5\times(5.4-9.6) = 6.2$，$y'_5 = 7.7+0.5\times(6.2-8.3) = 6.65$。得到最后的修复序列 $y=\{6, 5.6, 5.4, 6.2, 6.65, 5.4, 5.6, 5.9, 6.3, 6.8, 7.5, 8.5\}$。

3.2.2　时间序列缺失值填充算法描述

本节研究时间序列的缺失值填充算法与现有的缺失值填充算法不同，该算法可以通过单次迭代预测缺失值，然后利用迭代的思想逐步修复其他原始序列中的数据点，以便使用前一次迭代中的高置信度的修复帮助后一次迭代的优化。

令 $y^{(k)}$ 表示第 k 次迭代的序列 y，那么 $y^{(0)}$ 则表示部分标记的原始序列。由于原始序列 x_0 是不完整的，所以需要一次预处理，利用 AR(p)模型对缺失值进行估计，得到初步(称为初步是因为该值会在后续的迭代中不断优化)填充了缺失值的序列 x。被标记的数据将不会被修改，如果 $y_t^{(0)}$ 被标记了，则 $y_t^{(k)} = y_t^{(0)}$。

算法 3-1 给出了针对时间序列的缺失值填充算法，输入是原始序列 x_0 和被部分标记了的序列 $y^{(0)}$。输出 $y^{(k)}$，没有标记的 $y_t^{(0)}$ 被填充或优化，而被标记的 $y_t^{(0)}$ 没有改变。

算法 3-1　适用于时间序列的缺失值填充算法

输入：具有缺失值的时间序列 x_0，被部分标记的序列 $y^{(0)}$

输出：填充了缺失值的 $y^{(k)}$

1　　//使用 AR(p)模型填充缺失值得到 x
2　　**for** $k \leftarrow$ 0 **to** max-num-iterations **do**
3　　　　$\varphi^{(k)} \leftarrow$ Estimate $(x, y^{(k)})$;
4　　　　$\hat{y}^{(k)} \leftarrow$ Candidate $(x, y^{(k)}, \varphi^{(k)})$;

5　　　　$y^{(k+1)} \leftarrow$ Evaluate $(x, y^{(k)}, \hat{y}^{(k)})$;

6　　　**if** Converge$(y^{(k)}, y^{(k+1)})$ **then**

7　　　　**break**;

8　　　$k \leftarrow k + 1$;

9　　**return** $y^{(k)}$

缺失值填充算法的预处理阶段首先根据 AR(p)模型将缺失值初步填充，接下来通过第一行的迭代过程修复和优化序列，主要分为三个步骤。

(1) 参数估计第 1 行表示在第 k 次迭代中，通过原始序列 x 和当前 $y^{(k)}$ 得出 AR(p)或 ARX(v)的参数 $\varphi^{(k)}$。

(2) 候选项生成第 3 行表示根据第(1)步确定的参数计算可能的修复 $\hat{y}^k$。这里需要注意的是，如果是第一次迭代，使用 AR(p)模型预测缺失值；如果不是第一次迭代，使用 ARX(p)模型修复和优化未标记值。

(3) 填充值估计第 4 行将根据最小修复原则确定一个修复值。

第 5～8 行表示程序循环，直到修复收敛满足下式：

$$| y_j^{(k)} - y_j^{(k+1)} | \leqslant \tau, \quad j = 1, 2, \cdots, n$$

其中，τ 是收敛阈值，也是一个允许误差的最大值，当预测值与上一次迭代得到的值相差大于这一阈值时，使用预测值优化当前值。

例 3-4　仍然考虑序列 x={6, 10, 9.6, NA，NA, 5.4, 5.6, 5.9, 6.3, 6.8, 7.5, 8.5}，通过预处理得到 x={6, 10, 9.6, 8.3, 7.7, 5.4, 5.6, 5.9, 6.3, 6.8, 7.5, 8.5}，部分标记序列 $y^{(0)}$ = {6, 5.6, 5.4,－,－, 5.4, 5.6, 5.9, 6.3, 6.8, 7.5, 8.5}。第一次迭代：①参数估计得 p = 1，$\varphi_1^{(0)}$ = 0.5；②候选项生成 $\hat{y}^{(0)}$ ={-，-，-，6.2,7.7，-，5.6, 5.9, 6.3, 6.8, 7.5,－}；③填充值估计得 $y^{(1)}$ = {6, 5.6, 5.4, 6.2, 7.7, 5.4, 5.6, 5.9, 6.3, 6.8, 7.5, 8.5}。程序循环直到收敛，最后可以输出 $y^{(7)}$ = {6, 5.6, 5.4, 6.2, 7.7, 5.4, 5.6, 5.9, 6.3, 6.8, 7.5, 8.5}。

下面将分别介绍这三个步骤。

1. 参数估计

(1) AR(p)模型参数阶数 p 的估计。若 AR(p)模型中阶数 p 未知，首先要对其进行估计，估计的方法有偏相关函数估计法、AIC 准则估计与 BIC 准则估计法等。

① 偏相关函数估计法首先由样本值 $x_1, x_2, \cdots, x_n$ 计算样本自协方差函数 $\gamma_0, \gamma_1, \cdots, \gamma_k$，则 $\{x_t\}$ 的自协方差满足尤尔-沃克方程，即

$$\begin{cases} \varphi_1 \gamma_0 + \varphi_2 \gamma_1 + \cdots + \varphi_k \gamma_{k-1} = \gamma_1 \\ \varphi_1 \gamma_1 + \varphi_2 \gamma_0 + \cdots + \varphi_k \gamma_{k-2} = \gamma_2 \\ \quad\quad\quad\quad\quad \vdots \\ \varphi_1 \gamma_{k-1} + \varphi_2 \gamma_{k-2} + \cdots + \varphi_k \gamma_0 = \gamma_k \end{cases}, \quad k = 1, 2, \cdots \quad (3\text{-}19)$$

将式(3-19)中的方程组表示为矩阵形式，即

$$\boldsymbol{\Gamma}_k \boldsymbol{\varphi}(k) = \boldsymbol{b}_k$$

其中

$$\boldsymbol{\Gamma}_k = \begin{bmatrix} \gamma_0 & \gamma_1 & \cdots & \gamma_{k-1} \\ \gamma_1 & \gamma_0 & \cdots & \gamma_{k-2} \\ \vdots & \vdots & & \vdots \\ \gamma_{k-1} & \gamma_{k-2} & \cdots & \gamma_0 \end{bmatrix}, \quad \boldsymbol{\varphi}(k) = \begin{bmatrix} \varphi_1 \\ \varphi_2 \\ \vdots \\ \varphi_k \end{bmatrix}, \quad \boldsymbol{b}_k = \begin{pmatrix} \gamma_1 \\ \gamma_2 \\ \vdots \\ \gamma_k \end{pmatrix}$$

而 $\boldsymbol{\Gamma}_k$ 是对称可逆矩阵，可以求得 $\boldsymbol{\varphi}(k)$ 和 $\sigma^2(k)$ 的尤尔-沃克估计为

$$\boldsymbol{\varphi}(k) = \boldsymbol{\Gamma}_k^{-1} \boldsymbol{b}_k, \quad k = 1, 2, \cdots$$

$$\sigma^2(k) = \gamma_0 - \boldsymbol{\varphi}' \boldsymbol{b}_k = \gamma_0 - \boldsymbol{b}_k' \boldsymbol{\Gamma}_k^{-1} \boldsymbol{b}_k, \quad k = 1, 2, \cdots$$

其中，$\boldsymbol{\varphi}(k) = \boldsymbol{\Gamma}_k^{-1} \boldsymbol{b}_k (k = 1, 2, \cdots)$ 的第 k 分量 φ_{kk} 为偏相关函数，而 $\{x_t\}$ 是 AR(p) 序列，则其偏相关函数 $\varphi_{kk}(k = 1, 2, \cdots)$ 在 p 处结束，可以利用这一特征性质估计阶数 p，在应用中通常采用以下步骤进行估计。

a. 由样本值 $x_1, x_2, \cdots, x_n$ 计算得出样本自协方差函数 $\gamma_0, \gamma_1, \cdots, \gamma_k$，求出自相关函数 $\rho_k = \dfrac{\gamma_k}{\gamma_0}(k = 1, 2, \cdots)$。

b. 利用迭代方式求得偏相关函数 $\varphi_{k,k}(k = 1, 2, \cdots)$，即

$$\varphi_{1,1} = \rho_1$$

$$\varphi_{k+1,k+1} = \left(\rho_{k+1} - \sum_{j=1}^k \rho_{k+1-j} \varphi_{jk} \right) \left(1 - \sum_{j=1}^k \rho_j \varphi_{jk} \right)^{-1}$$

其中，$\varphi_{j,k+1} = \varphi_{jk} - \varphi_{k+1,k+1} \varphi_{k-j+1,k}(j = 1, 2, \cdots, k)$。

c. 判断 $\{x_t\}$ 的阶数 p，即由所得到的数据 $x_1, x_2, \cdots, x_n$ 迭代得出偏相关函数值 $\varphi_{k,k}(k = 1, 2, \cdots)$，将点 $(k, \varphi_{k,k})$ 绘制在笛卡尔坐标系上，如果从某个 k 后，有 $\varphi_{k,k}$ 充分接近零，则此 k 为 AR(p) 序列阶数 p 最后求得阶数。

② AIC 准则估计与 BIC 准则估计法。日本学者赤池于 1971 年提出来的 AIC 准则是一种适用领域特别广泛的统计模型选择准则，称作赤池信息准则(Akaike Information Criterion)。在模型参数极大似然估计的基础上，可以运用这一准则估计 AR(p) 模型的阶数 p。具体做法是，引入 AIC 准则函数：

$$\mathrm{AIC}(k) = \ln \sigma^2(k) + \frac{2k}{n}, \quad k = 0, 1, \cdots, P$$

其中，$\sigma^2(k)$ 为取 $p-k(1 < k < p)$ 时 σ^2 的估计，而 $p = 0$ 时，$\sigma^2(k) = \gamma_0$；P 为 p 的预估上界，一般 P 的取值可以依靠经验，根据不同实际情况来决定。再取 p'，使其满足：

$$\mathrm{AIC}(p') = \min_{1 < k < p} \mathrm{AIC}(k)$$

则 p' 为所求阶数 p 的 AIC 准则估计。

除此之外，有时也采用 BIC 准则函数，BIC 准则函数是 AIC 准则的修改形式：

$$\text{BIC}(k) = \ln \sigma^2(k) + \frac{k \ln n}{n}, \quad k = 0, 1, \cdots, P$$

确定 p' 使其满足以下公式：

$$\text{BIC}(p') = \min_{1 < k < p} \text{BIC}(k)$$

则 p' 是所求阶数 p 的 BIC 准则估计。

利用 AIC 准则求解步骤如下。

a. 凭借经验确定 p 值的上界 P，有 $0 \leqslant p \leqslant P$。

b. 由样本值 $x_1, x_2, \cdots, x_n$ 迭代求出 $\sigma^2(k)$ 的最小二乘估计或者尤尔-沃克估计：

$$\sigma^2(k) = \gamma_0 - \boldsymbol{\varphi}'(k) b_k = \gamma_0 - b_k \boldsymbol{\Gamma}^{-1} \boldsymbol{b}_k, \quad k = 1, 2, \cdots, P, \quad \sigma^2 = \gamma_0, \quad k = 0$$

c. 将 $\sigma^2_{(k)}$ 代入 $A(k) = \text{AIC}(k) = \ln \sigma^2(k) + \frac{2k}{n}$ 得到 $A(0), A(1), \cdots, A(p)$，如果有 $A(p') = \min A(k), (0 \leqslant k \leqslant P)$，则 p' 为所求得的 AIC 准则估计值。

(2) AR(p) 模型参数 φ 和 σ^2 的估计。设 $x_1, x_2, \cdots, x_n$ 来自中心化 AR(p) 模型：

$$x_t = \varphi_1 x_{t-1} + \varphi_2 x_{t-2} + \cdots + \varphi_p x_{t-p} + \varepsilon_t, \quad t = p+1, \quad p+2, \cdots, n \tag{3-20}$$

其中，ε_t 为独立时间序列，且 $E(\varepsilon_t) = 0$，$E(\varepsilon_t^2) = \sigma^2$，$E(\varepsilon_t^4) < \infty$，$\varepsilon_t$ 与 $\{x_s, s < t\}$ 相互独立，参数 φ 满足平稳条件，则有式(3-20)的矩阵形式：

$$y = X\varphi + \varepsilon \tag{3-21}$$

其中，$y = \begin{bmatrix} x_{p+1} \\ x_{p+2} \\ \vdots \\ x_n \end{bmatrix}$；$X = \begin{pmatrix} x_p & x_{p-1} & \cdots & x_1 \\ x_{p+1} & x_{p+1} & \cdots & x_2 \\ \vdots & \vdots & & \vdots \\ x_{n-1} & x_{n-2} & \cdots & x_{n-p} \end{pmatrix}$ 为随机矩阵，求 φ 和 σ^2 常用以下三种方法。

① 最小二乘估计法

令

$$S(\boldsymbol{\varphi}) = \sum_{t=p+1}^{n} \{x_t - \varphi_1 x_{t-1} - \varphi_2 x_{t-2} - \cdots - \varphi_p x_{t-p}\}^2 = \sum_{t=p+1}^{n} \varepsilon_t^2$$

求 φ'，使 $S(\varphi') = \min\{S(\varphi)\}$，称这样的 φ' 为最小二乘估计，由最小二乘估计的运算方法可得 φ 与 σ^2 的最小二乘估计为

$$\boldsymbol{\varphi}' = (\boldsymbol{\varphi}'\boldsymbol{\varphi})^{-1} \boldsymbol{\varphi}' \sigma^2 \tag{3-22}$$

$$\sigma^2 = \frac{1}{n-p} S(\boldsymbol{\varphi}') = \frac{1}{n-p} \sum_{t=p+1}^{n} \varepsilon_t^2 \tag{3-23}$$

② 尤尔-沃克估计法

由 $x_1, x_2, \cdots, x_n$ 计算样本自协方差函数 $\gamma_0, \gamma_1, \cdots, \gamma_k$，则 $\{x_t\}$ 的协方差满足尤尔-沃克方程，即式(3-19)，将式(3-19)中的方程组表示为矩阵形式，即

$$\boldsymbol{\Gamma}_p \boldsymbol{\varphi} = \boldsymbol{b}_p$$

而 $\boldsymbol{\Gamma}_p$ 是对称可逆矩阵，所以可以求得 $\boldsymbol{\varphi}$ 和 σ^2 的尤尔-沃克估计为

$$\boldsymbol{\varphi} = \boldsymbol{\Gamma}_p^{-1} \boldsymbol{b}_p$$

$$\sigma^2 = \gamma_0 - \boldsymbol{\varphi}' \boldsymbol{b}_p = \gamma_0 - \boldsymbol{b}_p' \boldsymbol{\Gamma}_p^{-1} \boldsymbol{b}_p$$

③ 极大似然估计法

若 $\{\varepsilon_t\}$ 为独立且同正态分布序列，x_t 也是正态 AR(p)序列，则有

$$(x_1, x_2, \cdots, x_n)' \sim N(0, \boldsymbol{\Gamma}_n), \quad \boldsymbol{\Gamma}_n = [\gamma_{ij}]$$

$$\gamma_{ij} = E(x_i x_j), \quad 1 \leqslant i, j \leqslant n$$

由 $x = (x_1, x_2, \cdots, x_n)$ 的联合概率密度公式，即似然函数：

$$L(\boldsymbol{\varphi}, \sigma^2) = f(x_1, x_2, \cdots, x_n, \boldsymbol{\varphi}, \sigma^2) = \frac{1}{(2\pi)^{\frac{n}{2}} |\boldsymbol{\Gamma}_n|^{\frac{1}{2}}} e^{-\frac{1}{2} x' \boldsymbol{\Gamma}_n x}$$

对该式取对数，有

$$\ln L(\boldsymbol{\varphi}, \sigma^2) = \frac{n}{2} \ln 2\pi - \frac{1}{2} \ln |\boldsymbol{\Gamma}_n| - \frac{1}{2} x' T_n^{-1} x$$

再求使上式达到最大值（φ' 和 σ^2），即 $\boldsymbol{\varphi}$ 和 σ^2 的极大似然估计值。由于此方法操作复杂，适合在理论中采用，难以在实际中实现，所以使用前两种方法求 φ 和 σ^2。

例 3-5　设 $x = \{6, 10, 9.6, 8.3, 7.7, 5.4, 5.6, 5.9, 6.3, 6.8, 7.5, 8.5\}$，是预处理后得到的序列，部分标记序列 $y^{(0)} = \{6, 5.6, 5.4, 8.3, 7.7, 5.4, 5.6, 5.9, 6.3, 6.8, 7.5, 8.5\}$。给出阶数 $p = 1$，有 $V^{(0)} = [-4.4, -4.2, 0, 0, 0, 0, 0, 0, 0, 0, 0]$，是一个 11 行 1 列的矩阵，$Z^{(0)} = [0, -4.4, -4.2, 0, 0, 0, 0, 0, 0, 0, 0]$，是一个 11 行 1 列的矩阵，那么根据式(3-22)可得

$$\varphi_1^{(0)} = \frac{(-4.4) \times (-4.2)}{(-4.4)^2 + (-4.2)^2} = 0.5$$

2. 候选项生成

生成填充候选项采用 ARX(p)模型，使用参数估计步骤中得出的参数 $\varphi(k)$，来预测填充值候选项 $\hat{y}^{(k)}$：

$$\hat{y}_t^{(k)} = \sum_{i=1}^{p} \varphi_i^{(k)} (y_{t-i}^{(k)} - x_{t-i}) + x_t, \quad 1 < k < p \tag{3-24}$$

需要注意的是，为了减少迭代过程中的冗余，去掉不必要的候选项，只有满足一定条件的 $\hat{y}^{(k)}$ 才可以作为候选项，并进入下一步的评估过程，这个条件为 $\hat{y}^{(k)} - y^{(k)} > \tau$，$\tau$

为定义好的阈值。

例 3-6 在例 3-5 中参数估计得出 $\varphi_1^{(0)} = 0.5$，令阈值 $\tau = 0.1$。根据式(3-24)可以得到 $\hat{y}_4^{(0)} = 0.5 \times (5.4 - 9.6) + 8.3 = 6.2$。而 $|\hat{y}_4^{(0)} - y_4^{(0)}| = |6.2 - 8.3| = 2.1 > 0.1$。$\hat{y}_5^{(0)} = 0.5 \times (8.3 - 8.3) + 7.7 = 7.7$，而 $|7.7 - 7.7| = 0 < 0.1$。因此 $\hat{y}^{(0)}$ 的候选项为 $\{+, +, +, 6.2, -, +, -, -, -, -, -, +\}$，其中"+"表示框标记的数据点，"–"表示没有候选项。

3 填充值估计

这一步骤在上一步骤得出的候选项中选择一个值作为缺失值的填充，数据的清洗需要满足最小改变原则，即选择与原始数据尽可能相近的候选项作为填充值，据此，采用以下方法，进行候选项的选择：

$$y_t^{(k+1)} = \begin{cases} \hat{y}_t^{(k)}, & t = \arg\min_i |\hat{y}_i^{(k)} - x_i| \\ y_t^{(k)}, & \text{其他} \end{cases} \tag{3-25}$$

根据这种方法生成的候选项集随着迭代次数的增加而变大，需要及时终止迭代，当第 $k+1$ 次迭代的 y 值与第 k 次迭代的 y 值的差小于阈值 τ 时，说明通过迭代求得的 $\hat{y}^{(k)}$ 正在收敛，可以结束迭代。

该算法每一次迭代的第一步参数估计通常选用最小二乘估计法，可以在线性时间复杂度 $O(n)$ 内得出结果，第二步和第三步都最多遍历计算时间序列的每一个数据点，时间复杂度均为 $O(n)$，可见该算法每次迭代的时间复杂度为 $O(n)$。

例 3-7 在例 3-6 中得到只有一个需要修复的候选项，即 $\hat{y}_4^{(0)} = 6.2$，其肯定是具有最小修复差的，第一次迭代得到结果 $y^{(1)} = \{6, 5.6, 5.4, 6.2, 7.7, 5.4, 5.6, 5.9, 6.3, 6.8, 7.5, 8.5\}$。

3.2.3 算法的收敛性证明

本节证明缺失值填充算法的收敛性，这对算法的及时停止是至关重要的。

1. 静态参数

本节通过研究静态参数的特例情况来说明算法提出的迭代方式缺失值填充、修复算法和现有的 ARX(p) 之间的关系。首先分析算法 3-1 的收敛性，然后说明它们在某些情况下的等价性。

在算法 3-1 中第 3 行随着迭代动态更新参数 $\varphi^{(k)}$，一种特殊情况就是令参数动态不变，即每次迭代中都有 $\varphi^{(k)} = \varphi^{(0)}$。

定理 3-1 对于任意 k，令静态参数 $\varphi^{(k)} = \varphi$，则算法 3-1 收敛，即

$$\lim_{k \to \infty} \sum_{i=1}^{n} (y_i^{(k+1)} - y_i^{(k)}) = 0 \tag{3-26}$$

证明 由公式 $y_t' = x_t + \sum_{i=1}^{p} \varphi_i (y_{(t-i)} - x_{(t-i)}) + \varepsilon_t$ 可得

$$y_t^{(k+1)} = x_t^{(k)} + \sum_{i=1}^{p} \varphi_i (y_{t-i}^{(k)} - x_{t-i}^{(k)}) + \varepsilon_t$$

$$y_t^{(k)} = x_t^{(k-1)} + \sum_{i=1}^{p} \varphi_i (y_{t-i}^{(k-1)} - x_{t-i}^{(k-1)}) + \varepsilon_t$$

$$y_i^{(k+1)} - y_i^{(k)} = (x_t^{(k)} - x_t^{(k-1)}) + \sum_{i=1}^{p} \varphi_i [(y_{t-i}^{(k)} - y_{t-i}^{(k-1)}) - (x_{t-i}^{(k)} - x_{t-i}^{(k-1)})]$$

当 $k \to \infty$ 时，$y_i^{(k+1)} - y_i^{(k)} = x_t^{(k)} - x_t^{(k-1)} = y_{t-i}^{(k)} - y_{t-i}^{(k-1)} = x_{t-i}^{(k)} - x_{t-i}^{(k-1)}$，可得到 $y_i^{(k+1)} - y_i^{(k)} = 0$，则 $\lim\limits_{k \to \infty} \sum\limits_{i=1}^{n} (y_i^{(k+1)} - y_i^{(k)}) = 0$ 得证。

对于 $p = 1$，基于 ARX(p) 的算法就满足定理 3-1 的特殊情况。

定理 3-2　对于 $p = 1$ 和静态参数的情况，算法 3-1 等价于基于 ARX(1) 的修复。

证明　对于 $p = 1$，ARX(1) 表示为

$$y_t' = x_t + \varphi(y_{t-1} - x_{t-1}) + \varepsilon_t$$

并且对于静态参数的情况 $\varphi^{(k)} = \varphi^{(0)}$，算法 3-1 的第一步参数估计可以省略，候选项生成和填充值估计都根据 ARX(1) 完成，对于 $p = 1$ 和静态参数的情况，算法 3-1 等价于基于 ARX(1) 的修复。

2. 收敛参数

考虑算法 3-1 中第 3 行每次迭代动态更新参数 $\varphi^{(k)}$，如定理 3-3 所示，如果动态参数收敛，那么算法也收敛。这种参数收敛的情况很有趣，因为在某些情况下，相应的收敛结果可以直接计算而无须迭代计算。

定理 3-3　如果参数收敛 $\lim\limits_{k \to \infty} \varphi^{(k)} = \varphi$，那么算法也收敛：

$$\lim_{k \to \infty} \sum_{i=1}^{n} (y_i^{(k+1)} - y_i^{(k)}) = 0$$

证明　思想同定理 3-1，由公式 $y_t' = x_t + \sum\limits_{i=1}^{p} \varphi(y_{t-i} - x_{t-i}) + \varepsilon_t$ 可得

$$y_t^{(k+1)} = x_t^{(k)} + \sum_{i=1}^{p} \varphi_i^{(k)} (y_{t-i}^{(k)} - x_{t-i}^{(k)}) + \varepsilon_t$$

$$y_t^{(k)} = x_t^{(k-1)} + \sum_{i=1}^{p} \varphi_i^{(k-1)} (y_{t-i}^{(k-1)} - x_{t-i}^{(k-1)}) + \varepsilon_t$$

$$y_i^{(k+1)} - y_i^{(k)} = (x_t^{(k)} - x_t^{(k-1)}) + \sum_{i=1}^{p} \varphi_i^{(k)} (y_{t-i}^{(k)} - x_{t-i}^{(k)}) - \sum_{i}^{p} \varphi_i^{(k-1)} (y_{t-i}^{(k-1)} - x_{t-i}^{(k-1)})$$

由 $\lim\limits_{k \to \infty} \varphi^{(k)} = \varphi$，代入上式得

$$y_i^{(k+1)} - y_i^{(k)} = (x_t^{(k)} - x_t^{(k-1)}) + \sum_{i=1}^{p} \varphi_i \left[(y_{t-i}^{(k)} - y_{t-i}^{(k-1)}) - (x_{t-i}^{(k)} - x_{t-i}^{(k-1)}) \right]$$

那么
$$y_i^{(k+1)} - y_i^{(k)} = x_t^{(k)} - x_t^{(k-1)} = y_{t-i}^{(k)} - y_{t-i}^{(k-1)} = x_{t-i}^{(k)} - x_{t-i}^{(k-1)}$$

则 $\lim\limits_{k \to \infty} \sum\limits_{i=1}^{n} (y_i^{(k+1)} - y_i^{(k)}) = 0$ 得证。

参数 φ 可以写成如下形式：

$$\varphi = \frac{(y_1^{(0)} - x_1)(y_2^{(0)} - x_2) \cdots (y_{l-1}^{(0)} - x_{l-1})(y_l^{(0)} - x_l)}{(y_1^{(0)} - x_1)^2 + \cdots + (y_l^{(0)} - x_l)^2}$$

收敛性显然。

3.2.4　时间序列的缺失值填充算法实验

本实验采用 STOCK 数据集，针对时间序列的缺失值填充算法，实验选取了 2012～2018 年的数据，共 2000 个左右，由于直接获取的数据集是完整的，所以在实验的预处理阶段按照一定比例进行随机的删除和标记，生成测试数据。然后利用时间序列的缺失值填充算法及其他缺失值填充算法修复数据，最后对执行结果与真实值进行比较和分析。

对于缺失值填充算法的性能评价，采用均方根误差(Root Mean Squared Error，RMSE)，可表示为

$$\text{RMSE} = \sqrt{\frac{\sum\limits_{i=1}^{N}(R_i - I_i)^2}{N}} \tag{3-27}$$

其中，R_i 为真实值；I_i 为预测值；N 为缺失值个数。通过式(3-27)计算得到的均方根误差越小，说明算法预测值越准确，反之说明预测值越不准确。

本节实验从不同阶数 p、不同的阈值 τ 和不同的缺失率三个方面，对单纯的 AR(p) 模型、时间序列的缺失值填充算法及 KNN 算法进行测试和比较。

1. 测试算法在阶数 p 变化时的影响

图 3-8 和图 3-9 给出了 AR(p)模型、本节算法及 KNN 算法在阶数 p 变化时的不同结

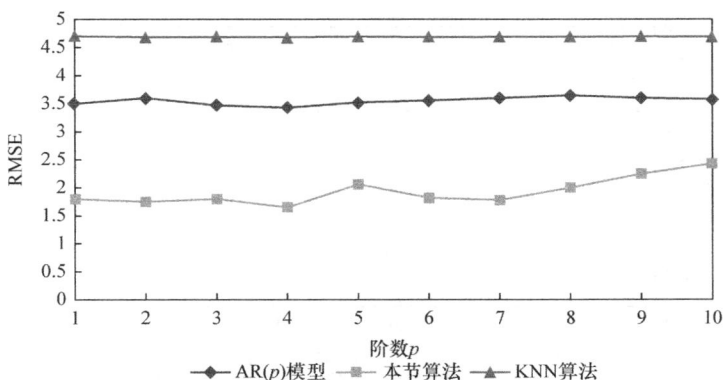

图 3-8　不同阶数对算法均方根误差的影响

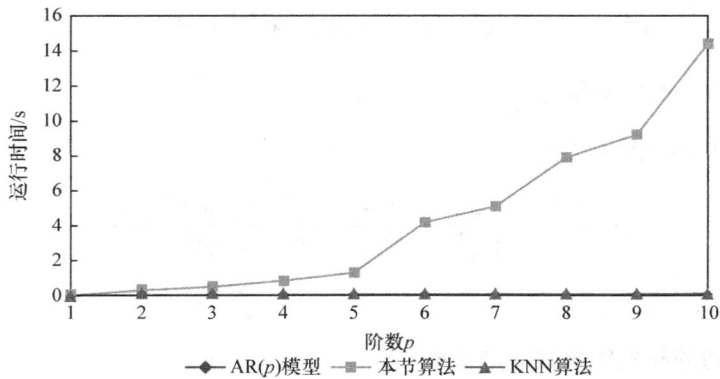

图 3-9　不同阶数对算法运行时间的影响

果，其中选定 $\tau = 0.2$，缺失率为 0.2。首先，如图 3-8 所示，KNN 算法并不会随着阶数 p 变化而变化，且其均方根误差值在几个算法始终最大。而 AR(p) 模型随着阶数 p 的增加而趋向于表现出更好的性能，因为随着 p 的增大，真实值在预测值中的所发挥的作用越大，结果越准确。但是，p 值上升并不会持续增加其准确度，因为这个简单的模型可能无法在大窗口中捕获到复杂的语义。值得注意的是，本节算法在每次迭代中保证修复次数最少，即使在 $p = 1$ 的情况下也能获得较低的均方根误差。

在图 3-9 中，基于迭代的预测和修复算法需要较长的运行时间，而其他算法只执行一次算法就得到修复值，得到这样的结果并不奇怪。针对该算法反映出数据清洗时间成本较高的问题，在今后的研究当中应当设计带有剪枝的迭代算法，或者在估计参数过程中找到更加高效的算法，来减少数据清洗的时间。

总而言之，根据实验可以得出，在 STOCK 数据集中，时间序列的缺失值填充算法在不同的阶数 p 下都有最小的均方根误差，表现出最好的修复效果。其误差会随阶数 p 的增大有所降低，但 p 过大反而会增大误差。此外，该算法会随着阶数 p 的增大显著增加时间成本。

2. 测试算法在阈值 τ 变化时的影响

图 3-10 和图 3-11 给出了 AR(p) 模型、本节算法及 KNN 算法在阈值 τ 变化时的不同

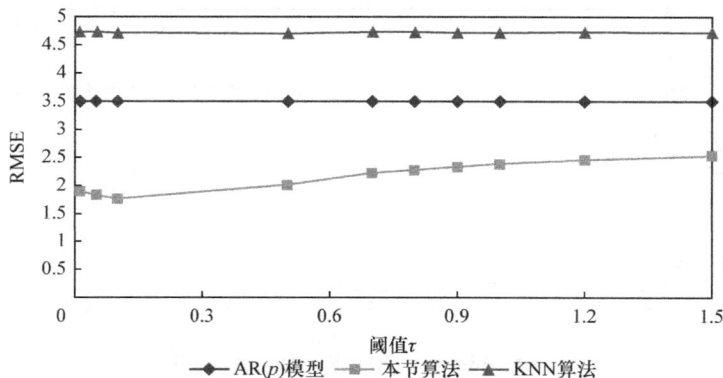

图 3-10　不同阈值对算法均方根误差的影响

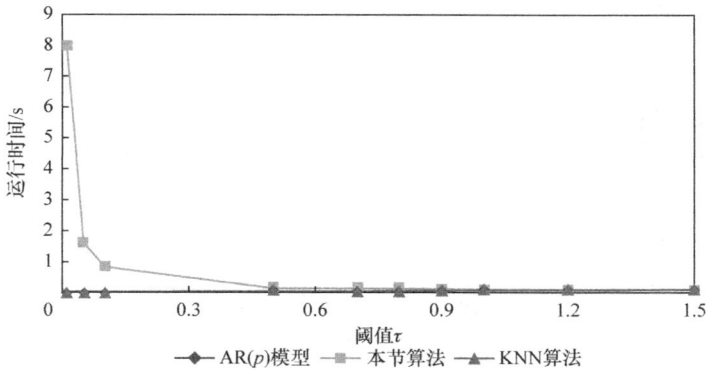

图 3-11　不同阈值对算法运行时间的影响

结果，其中选定 $p = 3$，缺失率为 0.2。首先，如图 3-10 所示，KNN 算法和 AR(p)模型的 RMSE 并不会随着阈值 τ 的增加而变化，且其均方根误差值始终比修复算法要高。基于迭代的修复算法始终保持较好的修复精度，并且其均方根误差随着阈值 τ 的增大呈上升趋势。如果设置一个较小的阈值 τ，则该算法需要更多次迭代以达到收敛，相应地，阈值 τ 越小，需要的运行时间也越长。当阈值 τ 减小到一定程度后，如从 0.1 减小到 0.01，修复的精度并不能随着阈值 τ 的进一步减小而显著增加，反而会增加很多的运行时间。由此可以看出，通过调节阈值 τ 可实现算法的修复精度和时间成本之间的折中。

综上，较小的阈值 τ 确实会带来更好的修复精度，但也会耗费较高的时间成本。

3. 测试算法在缺失率变化时的影响

图 3-12 和图 3-13 给出了 AR(p)模型、本节算法及 KNN 算法在缺失率变化时的不同结果，其中选定 $\tau = 0.2$，$p = 3$。首先，如图 3-12 所示，三个算法的均方根误差均随着缺失率的增加而增加，并且 KNN 算法的均方根误差始终最大，基于迭代的缺失值修复算法的均方根误差始终最小。在图 3-13 中，基于迭代的预测和修复算法需要较高的时间成本，且随着缺失率的增加，时间成本越高。同时这也是其他算法均表现出来的一致行为。

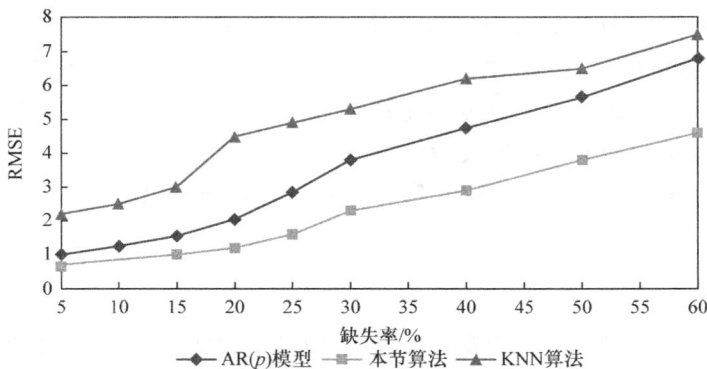

图 3-12　不同缺失率对算法均方根误差的影响

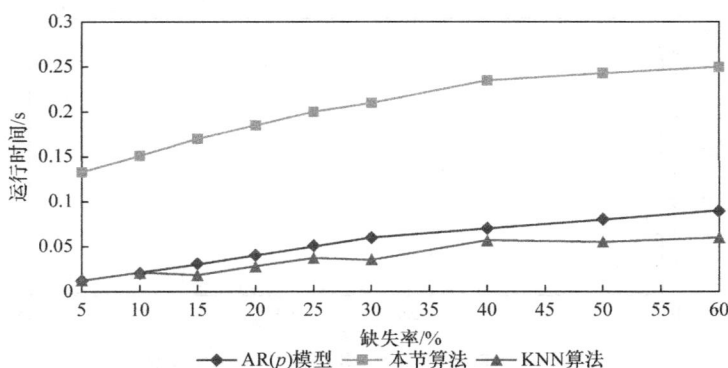

图 3-13　不同缺失率对算法运行时间的影响

根据实验可以得出，在 STOCK 数据集中，基于迭代的缺失值填充算法在不同的缺失率下都有最小的均方根误差，表现出最好的修复效果。其误差会随缺失率的增大有所升高。

3.3　时间序列异常值检测与修复算法

数据清洗应该避免更改那些正确的、可靠的原始数据，把这种思想叫做数据清洗的最小变化原则。为了更好地进行数据清洗，本节考虑对数据变化的速度约束，如在商品市场中，价格只允许上升或下降一定的数量单位；在环境监测中，一周中任何两天的温度偏差不应大于 20℃；起重机的燃料消耗不应为负，不应超过每小时 40 升，通过应用这些对价值变化速度有意义的约束，数据清洗可能更准确。在这些语义约束的引导下，使用基于约束的方法来清洗数据。

这种基于速度约束的异常值检测与修复算法，在处理与原始数据具有明显差距的数据时比较有效，但是针对一些较小的误差清洗效果较弱，据此人们提出了一种基于方差约束的异常值检测与修复算法。将时间序列异常值检测与修复问题格式化，将基于方差约束的时间序列异常值检测与修复问题转化成求解一元二次方程的问题。一元二次方程通常有两个解，如何在一元二次方程的两个解中选取最优解作为候选项集，以及如何处理候选项集来得到修复值是这部分的重难点问题。这里提出一种加权平均值的方式，通过候选项集计算得到最终修复值，通过判断确定某候选项的窗口中"可靠的"数据点的数量来确定在加权平均值计算中的各项权重大小，从而确保修复值的置信度。

3.3.1　问题定义

考虑序列 $x = x[1], x[2], \cdots, x[i]$ 都是序列 x 中第 i 个数据点。每一个数据点对应一个时间戳 $t[i]$。为了简便，通常将 $x[i]$ 记为 x_i，将 $t[i]$ 记为 t_i。

称 x 为原始序列，将 x' 称为修复序列。

为了满足最小改变原则，定义修复差(修复序列与原始序列的差)也就是修复序列 x'

相对于原始序列 x 的变化为其中修复的数据点与原始点差的和，即

$$\Delta(x, x') = \sum_{x_i \in x} |x_i - x_i'| \tag{3-28}$$

例 3-8(修复序列与原始序列的差)　假设序列 $x = \{2, 2, 2, 5, 2\}$，对应的时间戳序列为 $t = \{1, 2, 3, 4, 5\}$。如图 3-14(a)所示。显然离群点 t_4 是一个异常值，根据前后的数据可以轻松地把它修复为 $x_4 = 2$，那么 $x' = \{2, 2, 2, 2, 2\}$，$\Delta(x, x') = \sum_{x_i \in x} |x_i - x_i'| = 0 + 0 + 0 + 3 + 0 = 3$，如图 3-14(b)所示。

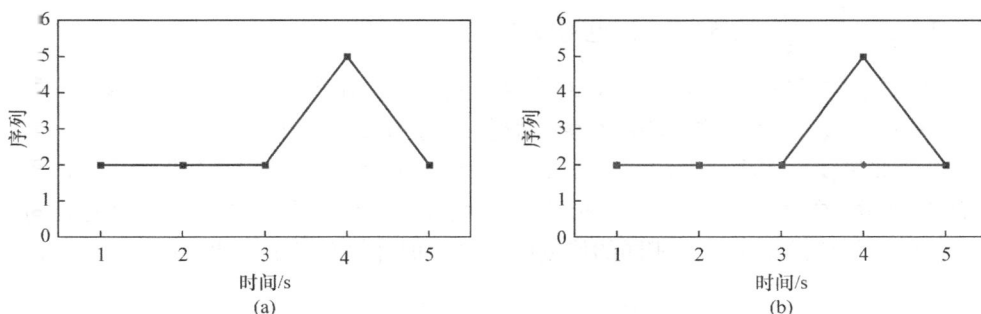

图 3-14　修复序列与原始序列的差

时间序列异常值检测与修复的问题转化成以下的问题：使用某种算法找到时间序列 x 中的所有的异常值 x_i，并将其修复为 x_i'，得到修复序列 x'，使 $\Delta(x, x') = \sum_{x_i \in x} |x_i - x_i'|$ 达到最小值。

以下重点介绍检测与修复时间序列的算法。

3.3.2　基于速度约束解决时间序列异常值检测与修复

1. 速度约束的定义

大小为 w 的窗口中速度约束 $s = (s_{\min}, s_{\max})$ 是一对最大值和最小值，用这对最大值和最小值来约束序列 x。如果序列 x 和约束 s 满足以下条件，则序列 x 满足速度约束 s。通常将序列 x 满足速度约束 s 表示为 $x \models s$：

$$s_{\min} \leqslant \frac{x_j - x_i}{t_j - t_i} \leqslant s_{\max} \tag{3-29}$$

其中，$0 < t_j - t_i < w$。

窗口大小 w 表示一个时间区间大小。比如，考虑某人每小时的最大步行速度(不是在不同年份的两次任意观察之间的速度)是合理的，因为一个人通常不能以他/她的最大速度行走几年且没有休息。换句话讲，比较窗口 w 中的两个数据点 x_i 和 x_j，$w = 24$ 就足够了。相反，考虑一个非常大的时间区间的两个数据点(如不同年份的两个观察点)是没有意义并且不必要的。类似的还有用于限制股价的速度约束，该约束直接取决于最后一个交易日的价格，即窗口大小为 w。

速度约束可以是正数(限制值增加),也可以是负数(限制值减少)。在大多数情况下,速度约束是依赖实际数据领域的,比如,起重机的燃油消耗量不应该是负值,不得超过每小时40升。

例3-9(速度约束、违规和修复) 设序列 $x = \{12,12.5,13,10,15,15.5\}$,对应的时间戳序列为 $t = \{1,2,3,5,7,8\}$。如图3-15(a)所示,设速度约束为 $s_{max} = 0.5$ 和 $s_{min} = -0.5$。

基于这一速度约束,若窗口大小为2,考虑数据点 x_3 和 x_4,时间戳差为5-3=2, x_3 和 x_4 在一个窗口内,但 $\frac{10-13}{5-3} = -1.5 < -0.5$,则 x_3 和 x_4 不满足速度约束,构成违规。同理,对于 x_4 和 x_5 有 $\frac{15-10}{7-5} = 2.5 > 0.5$,也构成违规。

若要修复违规数据,需要执行 x_4 的修复, $x_4' = 14$。如图3-15(b)所示,修复序列既满足约束的最大值,又满足约束的最小值,修复差为 $\Delta(x,x') = |10-14| = 4$。

注意,如果窗口太小(如为1),则 x_3 和 x_4,以及 x_4 和 x_5 之间的违规将无法检测到,因为它们的时间戳差为2>1。另外,如果窗口太大(如为10),那么 x 中的所有数据点对都必须进行比较,尽管结果是得到相同的修复序列 x',但计算开销显然更高(并且不必要)。

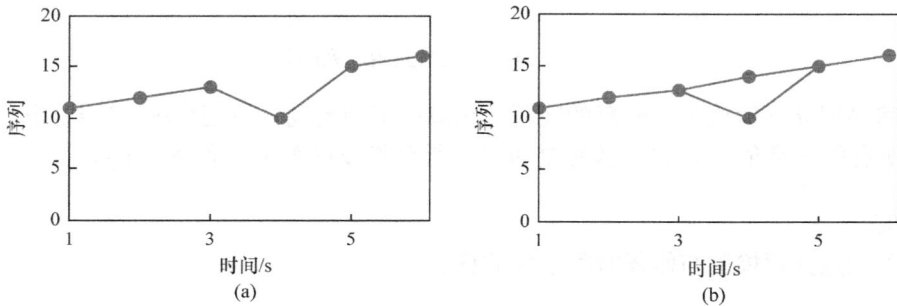

图3-15 速度约束、违规和修复

2. 基于速度约束的全局最优修复问题

时间序列清洗问题就是最终要得到修复序列 x',使其满足速度约束,且与原始序列的差最小,称为全局最优修复。

定义3-1 给定 n 个数据点的有限序列 x 和速度约束 s,全局最优修复问题就是找到一个修复序列 x',使 $x'|= s$ 且 $\Delta(x,x')$ 达到最小。

目前已经有许多修复问题被证明是 NP-难问题,比如,在分类数据的功能依赖下修复数据,或者在支持数字数据的否定约束下修复数据。基于速度约束的数据修复不是 NP-难问题。

将全局最优修复问题表述为以下形式:

$$\min \sum_{i=1}^{n} |x_i - x_i'| \tag{3-30}$$

$$\text{s.t.} \quad \frac{x_j' - x_i'}{t_j - t_i} \leqslant s_{max}, \quad 0 < t_j - t_i < w; 1 \leqslant i \leqslant n; 1 \leqslant j \leqslant n \tag{3-31}$$

$$\frac{x'_j - x'_i}{t_j - t_i} \geqslant s_{\min}, \quad 0 < t_j - t_i < w; 1 \leqslant i \leqslant n; 1 \leqslant j \leqslant n \tag{3-32}$$

其中，x'_i 是变量，$1 \leqslant i \leqslant n$。

式(3-30)是式(3-28)中的修复差最小化。式(3-31)和式(3-32)分别表示令时间序列同一窗口中的数据满足小于等于速度约束最大值和大于等于速度约束最小值。

上述问题最后结果的修复序列 x' 的正确性是显然的，通过考虑从 t_i 开始的窗口中的所有 t，对其中的每一个数据点 x_i 进行式(3-31)和式(3-32)的计算，保证了修复序列最终是满足速度约束的。

通过将问题转化成线性规划(LP)问题，可以直接使用现有线性规划求解算法进行求解。

3 基于速度约束的时间序列清洗算法

通过在序列中滑动窗口，局部最优保证结果满足整个序列中的速度约束，即满足全局最优的式(3-31)和式(3-32)。由于全局最优得到的是满足所有约束的最小距离修复 x'_{global}，通常有 $\Delta(x, x'_{\text{global}}) \geqslant \Delta(x'_{\text{global}}, x)$。考虑到依据最小修复原则，改动更小的修复更有可能是真实的数据，局部最优修复的准确性可能不如全局最优修复。尽管局部最优修复无法得到全局最优修复的修复差最小值，但实际上，局部最优修复与全局最优修复的修复差非常接近。与全局最优修复相比，局部最优修复的时间成本有着显著提高，但不会损失太多的修复精度。

(1) 局部最优修复：如果对于从 x_k 开始至同一个窗口内的 x_i，即 $t_k < t_i \leqslant t_k + w$，都满足 $s_{\min} \leqslant \dfrac{x_i - x_k}{t_i - t_k} \leqslant s_{\max}$，则称数据点 x_k 局部满足速度约束 s，记为 $x_k \models s$。

定义 3-2 给定原始序列 x 中的某个数据点 x_k 和一个速度约束 s，局部最优修复就是找到一个修复序列 x'，使 $x'_k \models s$，且 $\Delta(x, x')$ 达到最小值。

类似全局最优修复问题，可以将局部最优修复问题表现为以下形式：

$$\min \sum_{i=1}^{n} |x_i - x'_i| \tag{3-33}$$

$$\text{s.t.} \quad \frac{x'_k - x'_i}{t_k - t_i} \leqslant s_{\max}, \quad t_k < t_i \leqslant t_k + w; 1 \leqslant i \leqslant n$$

$$\frac{x'_k - x'_i}{t_k - t_i} \geqslant s_{\min}, \quad t_k < t_i \leqslant t_k + w; 1 \leqslant i \leqslant n$$

其中，x'_i 是变量，$1 \leqslant i \leqslant n$。

式(3-33)中的局部最优修复只对从 x_k 开始的窗口中的数据进行修复，也就是说处理的数据点相比全局最优修复少得多，最终得到的修复序列同样满足速度约束。

例 3-10(局部最优) 再次考虑例 3-2 中的序列 $x = \{12, 12.5, 13, 10, 15, 15.5\}$，以及速度约束 $s_{\max} = 0.5$ 和 $s_{\min} = -0.5$，窗口大小为 5。

令 $k = 3$，x_3 为当前处理的数据点。根据式(3-33)可得

$$\frac{x_4' - x_3'}{5 - 3} \leqslant 0.5, \quad \frac{x_5' - x_3'}{7 - 3} \leqslant 0.5, \quad \frac{x_6' - x_3'}{8 - 3} \leqslant 0.5$$

$$\frac{x_4' - x_3'}{5 - 3} \geqslant -0.5, \quad \frac{x_5' - x_3'}{7 - 3} \geqslant -0.5, \quad \frac{x_6' - x_3'}{8 - 3} \geqslant -0.5$$

使修复差最小化的局部最优修复的解决方案为 $x_3' = 13$，$x_4' = 14$，$x_5' = 15$，$x_6' = 15.5$。其中在 $k = 3$ 的数据点为局部最优修复值，$x_3' = x_3 = 13$，不需要改变。

(2) 根据中位数原则求得修复值：直观上，具有最小修复差(即尽可能接近每个点)的解决方案可能位于数据点的中间。建议在中间数据点的范围内有效地搜索局部最优解，即中位数原则(在定理 3-5 中)。遵循这个中位数原则，设计了一个用于计算局部最优修复值的线性时间算法，复杂度优于线性规划算法的 $O(n^{3.5}L)$。

在介绍中位数原则之前，首先证明计算以 x_k 开始的窗口中的局部最优值确实等同于确定最优修复值 x_k'，其中可以自然地导出其他 x_i' 的解。

将式(3-33)中的局部最优修复问题转化为一个只有一个变量 x_k' 的新形式。这样来说明总是存在一个最优修复值 x'，它的 x_i' 可以从 x_k' 中求出。

定理 3-4　令 x^* 是一个关于数据点 x_k 的局部最优修复的值，那么式(3-34)中的 x' 也是一个局部最优修复值，其中 $x_k' = x_k^*$，且

$$x_i' = \begin{cases} x_k' + s_{\max}(t_i - t_k), & \dfrac{x_k' - x_i}{t_k - t_i} > s_{\max} \\[2mm] x_k' + s_{\min}(t_i - t_k), & \dfrac{x_k' - x_i}{t_k - t_i} < s_{\min} \\[2mm] x_i, & \text{其他} \end{cases} \tag{3-34}$$

其中，$t_k < t_i \leqslant t_k + w$，$1 \leqslant i \leqslant n$。

证明： 式(3-34)根据 x_k' 构造了一个最优解 x'，其中 x' 或者不需要变化，或者只需要根据 $x_{\max}$ 和 $x_{\min}$ 改变边界。如果改变边界，即推导出等式 $\dfrac{x_k' - x_i'}{t_k - t_i} = s_{\max}$；$\dfrac{x_k' - x_i'}{t_k - t_i} = s_{\min}$。直观地看，如图 3-16(a)所示，在 $[x_k' + s_{\min}(t_i - t_k), x_k' + s_{\max}(t_i - t_k)]$ 的所有点都是 x_i' 的可能修复值。

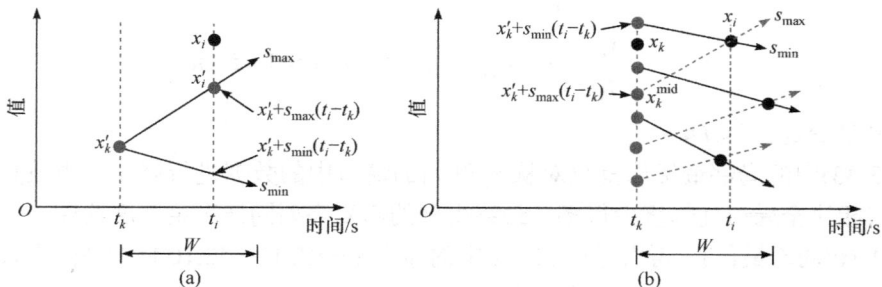

图 3-16　候选项边界和候选项集

根据定理 3-4，局部最优修复问题等价于找到一个可以使式(3-34)最小化的 x_k'。为此，

获得 x_k' 的有限候选项集，在候选项集中总能找到最优解。令

$$X_k^{\min} = \{x_i + s_{\min}(t_k - t_i) \mid t_k < t_i \leqslant t_k + w, 1 \leqslant i \leqslant n\}$$
$$X_k^{\max} = \{x_i + s_{\max}(t_k - t_i) \mid t_k < t_i \leqslant t_k + w, 1 \leqslant i \leqslant n\}$$

在图 3-17(b)中可以直观地看到，由 $X_k^{\max}$ 得出的每个候选项都对应于一个可能的 x_k'，作为 x 的关于 x_k' 的边界修复如图 3-17(a)所示。考虑到修复解应当与实际解距离最小，找到关于 x_k 的一个局部最优修复数据点 x^*，满足 $x_k^* \in X_k^{\min} \bigcup X_k^{\max} \bigcup \{x_k\}$。

令 $m = |\{i \mid t_k < t_i \leqslant t_k + w, 1 \leqslant i \leqslant n\}|$ 表示从 k 开始的窗口中的数据点个数，根据上式可以得到 $2m+1$ 个候选项。

对于任意 x_k' 来说，最优修复数据点 x' 的构建就是通过"收缩"候选边界最后得到最终的修复数据点。直观地说，在所有数据点 x_i 中候选项的中位数更有可能具有较小的修复差距。

令 x_k^{mid} 表示所有候选项的中位数：

$$x_x^{\mathrm{mid}} = \mathrm{median}(X_k^{\min} \bigcup X_k^{\max} \bigcup \{x_k\}) \tag{3-35}$$

下面的结果表明，中位数 x_k^{mid} 恰好是式(3-34)中问题的最优解，可以用定理 3-5 构造问题的局部最优修复值。

定理 3-5(中位数原则) 通过式(3-34)和 $x_3' = x_3^{\mathrm{mid}}$ 得出的 x_i' 构成的 x' 是局部最优修复解。

例 3-11(候选项和局部最优修复值，续例 3-10 考虑数据点 4、5 和 6，它们的时间戳都在 $k = 3$ 开始的窗口 $t_3 + w$ 之内，每一个数据点都可以根据最大速度约束和最小速度约束分别生成两个候选项，为 $X_3^{\max}$ 和 $X_3^{\min}$。比如，$x_4 = 10$，根据 $X_3^{\max}$ 可以生成 $10 - 0.5(5-3) = 9$，根据 $X_3^{\min}$ 可以生成 $10 + 0.5(5-3) = 11$。最后，候选项集为

$$X_3^{\min} = \{11, 17, 18\}, \qquad X_3^{\max} = \{9, 13, 13\}$$

根据式(3-35)，有 $x_3^{\mathrm{mid}} = 13$。

根据定理 3-5，通过式(3-34)和 $x_3' = x_3^{\mathrm{mid}}$，可以构造一个解为 $x_3' = 13$，$x_4' = 14$，$x_5' = 15$，$x_6' = 15.5$。这刚好是例 3-11 中的局部最优修复值。

3) 支持流计算：假设当前执行到数据点 x_k，在之前的步骤中，$x_1', x_2', \cdots, x_{k-1}'$ 都已经处理完毕。x_k 之前的一个窗口内的每一个修复值 x_j'（$t_k - w \leqslant t_j \leqslant t_k$，$1 \leqslant j \leqslant k$），都可以基于速度约束给出一个 x_k' 的候选项的区间，即 $[x_j' + s_{\min}(t_k - t_j), x_j' + s_{\max}(t_k - t_j)]$。

以下定理指出考虑 x_k 之前的一个窗口内的最后一个数据点 x_{k-1}' 足以确定 x_k' 的可能修复范围。理由是对于任何 $1 \leqslant j < i < k$，x_i' 也应该在 x_j' 指定的范围内。换句话说，由 x_i' 确定 x_k' 的候选项区间是由 x_j' 确定区间的子集。

定理 3-6 对任意 $1 \leqslant j < i < k$，$t_k - w \leqslant t_j < t_i < t_k$，有

$$x_j' + s_{\min}(t_k - t_j) \leqslant x_i' + s_{\min}(t_k - t_i) \text{ 且 } x_i' + s_{\max}(t_k - t_i) \leqslant x_j' + s_{\max}(t_k - t_j)$$

证明：如图 3-17 所示，由 x_{k-2}' 确定的候选项区间 x_k' 包含由 x_{k-1}' 确定的候选项区间。

因此可以通过 x'_{k-1} 获得 x'_k 的更精确的一个候选项区间，即[$x^{\min}_k$ ，$x^{\max}_k$]，其中

$$x^{\min}_x = x'_{k-1} + s_{\min}(t_k - t_{t-1}) \tag{3-36}$$

$$x^{\max}_x = x'_{k-1} + s_{\max}(t_k - t_{t-1})$$

这样修复问题就成为找[$x^{\min}_k, x^{\max}_k$]中的局部最优修复值 x'_k 的问题。

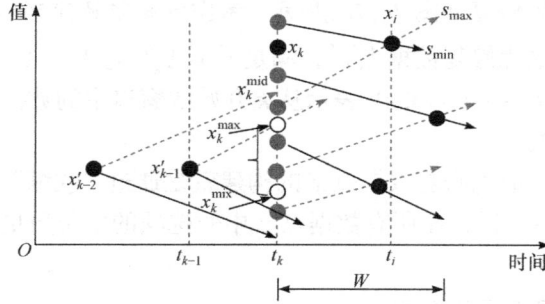

图 3-17　候选项区间

式(3-35)给出由 x_k 后面的数据点 x_i 确定的修复候选项 x^{mid}_k ，而式(3-36)给出由 x_k 前面的数据点 x_{k-1} 确定的候选项区间[$x^{\min}_k$ ，$x^{\max}_k$]。

如果说式(3-35)确定的候选项 x^{mid}_k 刚好在式(3-36)给出的候选项区间[$x^{\min}_k$ ，$x^{\max}_k$]内，那么修复值可以直接确定，即 $x'_k = x^{\mathrm{mid}}_k$ ，否则需要重新根据候选项区间[$x^{\min}_k$ ，$x^{\max}_k$]计算局部最优修复值。

幸运的是，在式(3-7)中的函数具有以下单调性。

定理 3-7　对于任意 $u_1, u_2, v_1, v_2 \in x^{\min}_k \bigcup x^{\max}_k \bigcup \{x_k\}$ ，$u_1 \leqslant u_2 \leqslant x^{\mathrm{mid}}_k \leqslant v_1 \leqslant v_2$ ，有

$$\sum_{i=1}^n g(x_i, u_1) \geqslant \sum_{i=1}^n g(x_i, u_2) \geqslant \sum_{i=1}^n g(x_i, x^{\mathrm{mid}}_k)$$

$$\sum_{i=1}^n g(x_i, x^{\mathrm{mid}}_k) \leqslant \sum_{i=1}^n g(x_i, v_1) \leqslant \sum_{i=1}^n g(x_i, v_2)$$

证明　$g(x_i, x'_k) = |x_i - x'_i|$ ，$\sum_{i=1}^n g(x_i, x'_k) = \sum_{i=1}^n |x_i - x'_i|$ ，由于 $|x_i - x'_i|$ 恒为非负数，所以函数 $\sum_{i=1}^n g(x_i, x'_k)$ 是单调递增的。

也就是说，对于任意候选项 $u < x^{\max}_k < x^{\mathrm{mid}}_k$ ，总是有 $\sum_{i=1}^n g(x_i, u) \geqslant \sum_{i=1}^n g(x_i, x^{\max}_k)$ 。那么 $x^{\max}_k$ 就是候选项区间[$x^{\min}_k$ ，$x^{\max}_k$]中的最优解。对于候选项 $v > x^{\mathrm{mid}}_k > x^{\max}_k$ 同理。

因此，根据定理 3-4，局部最优修复值直接根据以下公式计算：

$$x'_x = \begin{cases} x^{\max}_k, & x^{\max}_k < x^{\mathrm{mid}}_k \\ x^{\min}_k, & x^{\min}_k > x^{\mathrm{mid}}_k \\ x^{\mathrm{mid}}_k, & 其他 \end{cases} \tag{3-37}$$

算法 3-2 给出了序列 x 基于速度约束条件下的局部最优修复值的整体修复算法。对于序列中的每个数据点 $x_k(k=1,2,\cdots,n)$，第 3 行和第 4 行计算式(3-36)中的候选项区间。通过考虑数据点 x_k 后的所有窗口中的数据点 x_i，第 8 行计算式(3-35)中的 x_k^{mid}。最后，根据式(3-37)中的公式计算得到 x_k'。

算法 3-2：基于速度约束的满足局部最优解的整体修复算法

输入：序列 x 和速度约束 s

输出：修复后的 x'

1　**for** $k \leftarrow 1$ **to** n **do**
2　　　$X_k^{\min} = \varphi; X_k^{\max} = \varphi;$
3　　　$x_k^{\min} \leftarrow x_{k-1}' + s_{\min}(t_k - t_{k-1}),\text{or}\ -\infty\ \text{for}\ k=1$
4　　　$x_k^{\max} \leftarrow x_{k-1}' + s_{\max}(t_k - t_{k-1}),\text{or}\ +\infty\ \text{for}\ k=1$
5　　　**for** $i \leftarrow k+1$ **to** $k+w$ **do**
6　　　　　$X_k^{\min} \leftarrow X_k^{\min} \bigcup \{x_i' + s_{\min}(t_k - t_i)\}$
7　　　　　$X_k^{\max} \leftarrow X_k^{\max} \bigcup \{x_i' + s_{\max}(t_k - t_i)\}$
8　　　$x_k^{\text{mid}} \leftarrow \text{median}(X_k^{\min} \bigcup X_k^{\max} \bigcup \{x_k\})$
9　　　**if** $x_k^{\max} < x_k^{\text{mid}}$ **then**
10　　　　$x_k' \leftarrow x_k^{\max}$
11　　　**elseif** $x_k^{\min} > x_k^{\text{mid}}$ **then**
12　　　　$x_k' \leftarrow x_k^{\min}$
13　　　**else**
14　　　　$x_k' \leftarrow x_k^{\text{mid}}$
15　　**return** x'

可以看出，窗口中不同数据点的数量最多为 w。窗口中的中位数可以简单地以时间复杂度 $O(w)$ 计算。考虑序列中的所有 n 个数据点，算法 3-2 以时间复杂度 $O(nw)$ 运行。对于固定的 w，它是一个线性时间、恒定空间的算法。在实践中，为了使变化最小，若数据点 x_k 与其邻居满足速度约束就可以试探性地跳过修复数据点 x_k，即 $x_k^{\min} \leqslant x_k \leqslant x_k^{\max}$ 并且 $x_{k+1}^{\min} \leqslant x_{k+1} \leqslant x_{k+1}^{\max}$。

例 3-12(续例 3-11)　考虑序列{12,12.5,13,10,15,15.5}中下一个数据点 $k=4$，由式(3-36)可以得出根据 $x_3'=13$(这一值已经在例 3-11 中确定过)确定的候选项区间$[x_k^{\min}, x_k^{\max}]$ = [12,14]。

同例 3-11，可以通过数据点 5 和 6 计算出 $x_4^{\min}=\{16,17\}$，$x_4^{\max}=\{14,14\}$，而 $x_4^{\text{mid}}=14$，包含于候选项集[12,14]中，由式(3-37)可以得出 $k=4$ 的修复值为 $x_4'=14$。

$k=4$ 的数据点处理完毕后，处理数据点 $k=5$ 并在到达序列末尾时终止，可以得到最后返回值修复序列{12,12.5,13,14,15,15.5}。

3.3.3 基于方差约束解决时间序列异常值检测与修复

基于速度约束的修复算法在候选项生成过程中，候选项只与它前面一个数据点相关，这会造成在处理连续错误的数据时效果不甚乐观，为了解决这一问题，本节提出基于方差约束的修复算法。方差衡量的是一组(随机)数字与其平均值之间的差距。它在实际数据集的统计学中起着重要作用，并具有实际意义。在大多数情况下，速度约束是依赖实际数据领域的，例如，若干天内温度差别不会太大。

1. 方差约束的定义

窗口大小仍为 w，方差约束 v 是一个阈值，用这个阈值来约束序列 x 的离散程度。如果序列 x 和约束 v 满足以下条件，则序列 x 满足方差约束 v。通常将序列 x 满足方差约束 v 表示为 $x|=v$。

$$D(x_i) = \frac{\sum_{i=1}^{w}(x_i - \mu)^2}{w} \leqslant v \tag{3-38}$$

其中，μ 是窗口中的所有数据点 x_i 的平均数。

例 3-13(方差约束和违规)　设序列 $x = \{3,4,5,4,2,5\}$，对应的时间戳序列为 $t = \{1,2,3,4,5,8\}$。如图 3-18(a)所示，设方差约束为 $v = 0.5$。

基于这一方差约束，若窗口大小为 2，考虑数据点 x_1 和 x_2，时间戳差为 2–1=1，小于窗口大小 2，x_1 和 x_2 在一个窗口内，有 $\dfrac{(3-3.5)^2 + (4-3.5)^2}{2} = 0.25 < 0.5$，则 x_1 和 x_2 满足方差约束。考虑数据点 x_4 和 x_5 同理，时间戳差仍为 1<2，但 $\dfrac{(4-3)^2 + (2-3)^2}{2} = 1 > 0.5$，则说明 x_4 和 x_5 构成违规。虽然 x_5 和 x_6 的值相差很大，但由于其时间戳差为 3，不在一个窗口内，所有两个数据点并没有构成违规。

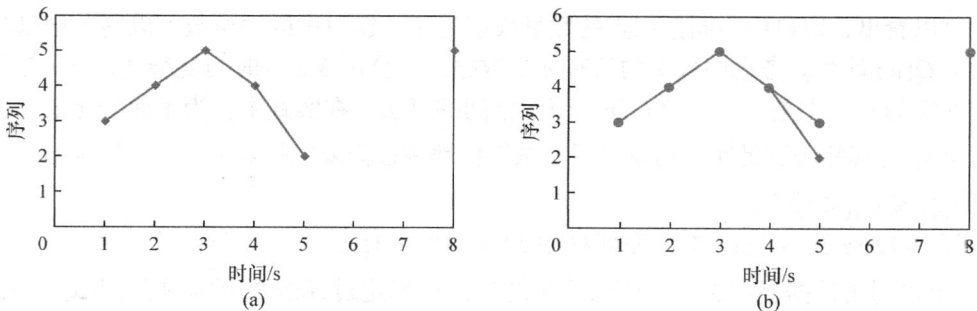

图 3-18　方差约束违规与修复

2. 生成候选项集

考虑找到的异常数据点并对其进行修复，以使窗口满足方差约束。

时间序列清洗问题就是最终要得到修复序列 x'，使其满足方差约束，并且与原始序列的差最小，称为全局最优修复。

定义 3-3　给定 n 个数据点的有限序列 x 和方差约束 v，基于方差约束的全局最优修复问题就是找到一个修复序列 x'，使 $x'|=v$ 且 $\Delta(x,x')$ 达到最小。

将基于方差约束的全局最优修复问题表述为

$$\min \sum_{i=1}^{n} |x_i - x_i'| \tag{3-39}$$

$$\text{s.t.} \quad \frac{\sum_{i=1}^{w}(x_i'-\mu)^2}{w} \leqslant v \tag{3-40}$$

其中，x_i' 为变量。

上述问题最后结果修复序列 x' 的正确性是显然的，式(3-39)刚好将式(3-38)中的修复差最小化。通过考虑大小为 w 的窗口中的所有数据点，对其中的每一个数据点 x_i 进行式(3-40)的计算，保证了修复序列最终是满足方差约束的。

众所周知，二元一次方程通常有两个解，但时间序列清洗问题不应该有两个修复值，可以用以下方法在两个解中选择最优解。为了确保数据清洗结果是原始数据的最小变化，若要求满足式(3-39)和式(3-40)的 x_i'，首先要解二元一次方程 $\dfrac{\sum_{i=1}^{w}(x_i'-\mu)^2}{w}=v$，设二元一次方程的解为 y_1 和 y_2，且 $y_1 \leqslant y_2$，说明当 x_i' 的大小在 y_1 和 y_2 之间(包含)时，x_i' 满足方差约束。也就是说如果原始数据点 x_i 在 y_1 和 y_2 之间(包含)，那么 $x_i'=x_i$，如果原始数据点 $x_i > y_1$，则其违反了方差约束，需要修复为 y_1 和 y_2 之间(包含)的点，根据最小修复原则，y_1 和 y_2 之间的任意点与原始值的差都应该大于 y_1 与原始值的差，所以此时应将原始值修复为 y_1，如果原始数据点 $x_i > y_2$，同理，应将原始值修复为 y_2。

需要注意的是，当 x_i 为变量时，平均数 μ 也是变量，因为平均数 μ 是窗口内所有数据点的平均数，其中任意一个数据点进行修复都会影响到平均数。

将这种思想表示为

$$x_i' = \begin{cases} y_1, & x_i \leqslant y_1 \\ y_2, & x_i \leqslant y_2 \\ x_i, & x_i \text{ 满足约束} v \end{cases} \tag{3-41}$$

例 3-14(候选项生成)　仍然设序列 $x=\{3,4,5,4,2,5\}$，对应的时间戳序列为 $t=\{1,2,3,4,5,8\}$。如图 3-18(a)所示，设方差约束为 $v=0.5$。

基于这一方差约束，若窗口大小为 2，考虑数据点 x_4 和 x_5，时间戳差为 $1<2$，$\dfrac{(4-3)^2+(2-3)^2}{2}=1>0.5$，说明 x_4 和 x_5 构成违规。为了修复违规数据，构造二元一次方程 $\dfrac{\left(4-\dfrac{4+y}{2}\right)^2+\left(x-\dfrac{4+y}{2}\right)^2}{2}=\dfrac{1}{2}$，解出两个解分别为 $y_1=2.6$ 和 $y_2=5.4$。根据式(3-39)的思想，选择 y_1 作为修复值，如图 3-18(b)所示。

对于窗口大小定义为 w 的序列修复问题，x_i 最多同时属于 w 个窗口，对于每一个窗口来说，都可以用式(3-41)得出候选项。这里选择的 x_i' 就是 x_i 的候选项。那么对于 x_i 的修复值，可以得到 w 个候选项。如何通过这一候选项集计算出 x_k 的修复值呢?

3. 基于方差约束的时间序列清洗算法

考虑时间序列 $x = x_1, x_2, \cdots x_k$，且其子序列 x_k 之前的序列 $x' = x_1', x_2', \cdots, x_{k-1}'$ 已经在之前的步骤中处理完毕。每一个包含 x_k 的窗口 $[x_i' \cdots x_k \cdots x_{i+w}](\forall k \leqslant i < k+w)$ 都可以确定一个 x_k 的候选项。那么就会构造一个候选项集，表示为 X_k（x_k 的修复候选项集），其中每一个候选项表示为 $x_k^{(i)}$，代表 x_k 位于窗口中的第 i 个数据点。对于窗口大小定义为 w 来说，候选项集 X_k 最多有 w 个元素，那么如何在候选项集中选择或是计算出 x_k' 呢?

本节提出一种加权平均值的算法，x_k 之前的数据点已经在之前的步骤中处理过，可以理解为这些数据点就是"可靠"的，对于包含"可靠"的数据的窗口来说，包含的"可靠"数据越多，其求出的候选项的置信度越高，在求得最后的修复值时这一候选项所占的权重应该更高。

算法 3-3：基于方差约束的时间序列清洗算法

输入：序列 x 和方差约束 v

输出：修复后的 x'

1　　**for** $k \leftarrow 1$ **to** n **do**

2　　　　$X_k \leftarrow \varphi$

3　　　**for** $i \leftarrow k-w+1$ **to** k **do**

4　　　　　　**if** $x_i, \cdots x_{i+w-1}$ 满足方差约束 v

5　　　　　　　　$X_k \leftarrow X_k \bigcup x_k$ $(x_k^{(i+w-k)} = x_k)$

6　　　　　　**else** 根据方差约束 v 计算 y_1，y_2 $(y_1 < y_2)$

7　　　　　　　　**if** $x_k \leqslant y_1$

8　　　　　　　　　　$X_k \leftarrow X_k \bigcup y_1$ $(x_k^{(i+w-k)} = y_1)$

9　　　　　　　　**else if** $x_k \geqslant y_2$

10　　　　　　　　　　$X_k \leftarrow X_k \bigcup y_2$ $(x_k^{(i+w-k)} = y_2)$

11　　　$x_k' = \dfrac{f_1 x_k^{(1)} + f_2 x_k^{(2)} + \cdots + f_w x_k^{(w)}}{w}, f_1 < f_2 < \cdots < f_w$

12　　**return** x'

用如下公式表示通过 w 个候选项求得 x_k 的修复值 x_k' 为

$$x_k' = \frac{f_1 x_k^{(1)} + f_2 x_k^{(2)} + \cdots + f_w x_k^{(w)}}{w}, f_1 < f_2 < \cdots < f_w \tag{3-42}$$

其中，$x_k^{(1)}$ 为窗口 $x_k, x_{k+1}, \cdots, x_{k+w-1}$ 求得的候选项，$x_k^{(i)}$ 为 x_k 位于第 i 位的窗口 $x_{k-i+1}, \cdots, x_k$，

$\cdots,x_{k\to w}$ 求得的候选项。

根据不同窗口中"可靠"的数据点数量来确定不同候选项的权重 f ，为 $f_1=\dfrac{w}{1+2+3+\cdots+w},f_2=\dfrac{w-1}{1+2+3+\cdots+w},\cdots,f_w=\dfrac{1}{1+2+3+\cdots+w}$ 。

算法 3-3 给出了方差约束下时间序列的异常值修复算法。对于该时间序列中的每个点，第 3～10 行计算包含 x_k 的每个窗口确定的候选项。第 11 行通过加权平均值的方式计算所有候选项得到最终修复值。

很容易看到任何一个窗口中的数据点数量最多有 w 个，因而可以很容易地在时间复杂度 $O(w)$ 下找到 $x_k^{(i)}$ 。考虑序列中的所有 n 个数据点，算法 3-3 的时间复杂度为 $O(nw)$ 。

3.3.4　时间序列的异常值检测与清洗算法实验

本节的实验中选取了 STOCK 数据集，由于 STOCK 数据集中原始数据是完整且正确的，所以需要对其进行预处理，按照不同的错误率随机选取一些数据点，将其替换为该数据集中最大值与最小值中间的随机数。

实验中，除了前面基于速度约束和基于方差约束的修复算法外，还选取了具有代表性的基于平滑的算法以及基于约束的 Holistic 算法，与前面提出的算法进行评估比较。将从以下几个方面对算法进行评估。

1）脏值与真值的距离：

$$\Delta_{\text{fault}}(x_{\text{truth}},x_{\text{dirty}}) \tag{3-43}$$

2）修复差：

$$\Delta_{\text{repair}}(x_{\text{repair}},x_{\text{dirty}}) \tag{3-44}$$

3）均方根误差：

$$\sqrt{\frac{\sum\Delta_{\text{error}}(x_{\text{truth}},x_{\text{repair}})^2}{n}} \tag{3-45}$$

4）修复精度：

$$1-\frac{\Delta_{\text{error}}(x_{\text{truth}},x_{\text{repair}})}{\Delta_{\text{repair}}(x_{\text{repair}},x_{\text{dirty}})+\Delta_{\text{fault}}(x_{\text{truth}},x_{\text{dirty}})} \tag{3-46}$$

1. 异常值检测与修复算法的评估和比较

图 3-19～图 3-22 给出了对于 STOCK 数据集(约有 2KB 个数据)在不同错误率下各个算法的实验结果。

与基于速度约束和基于方差约束的算法相比，基于平滑的 SWAB 算法所表现出来的均方根误差很高，相反地，精确度则很低。前面提出的算法均表现出较好的精确度和较低的均误根方差，并且保证了相对较低的修复差。

很显然，从图 3-19～图 3-22 中得到，随着错误率的增加，数据集中错误的数据点越来越多，几种测试的数据清洗算法均表现出相应的变化：①数据集的错误率越高，修复差越高，基于平滑的算法的修复差随着错误率的增加升高的趋势会小于基于约束的算法，并逐渐趋于平缓。这是因为基于约束的算法为了满足最小修复原则，更加依赖窗口内的其他数据点来确定当前数据点的修复值，所以在错误率增加的过程中同步增加修复差。

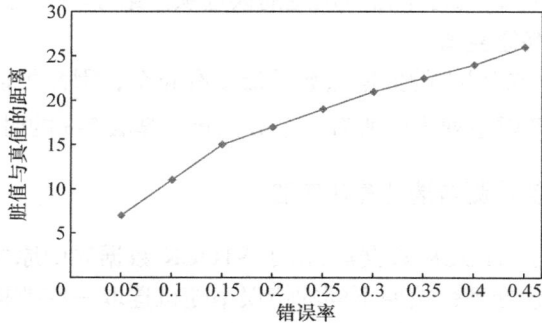

图 3-19　不同错误率下脏值与真值的距离

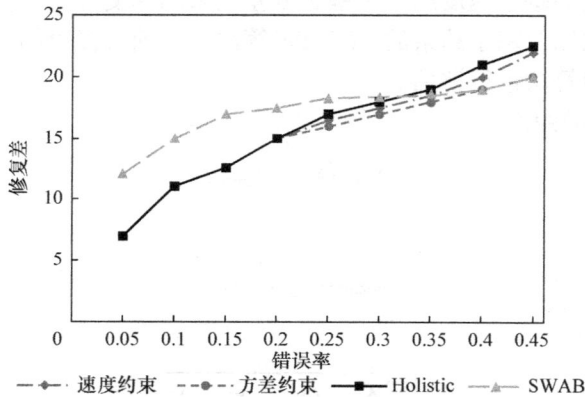

图 3-20　不同错误率对各算法修复差的影响

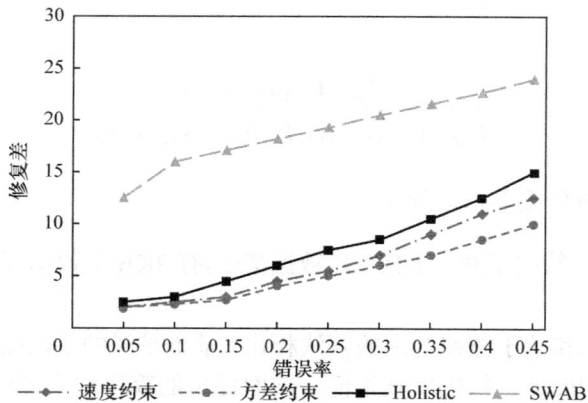

图 3-21　不同错误率对各算法均方根误差的影响

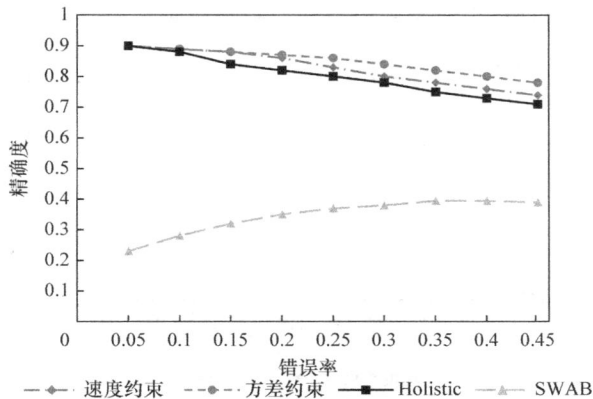

图 3-22 不同错误率对各算法精确度的影响

②数据集的错误率越高，均方根误差越大，并且一直呈现出基于平滑的算法的均方根误差最高，Holistic 算法其次，基于速度约束和基于方差约束的算法趋向最低。可以发现，当错误率很小时，三种基于约束的修复算法表现出差不多的均方根误差，而随着错误率的增加，三种算法的差距最终趋向于增大，Holistic 算法 RMSE 的增加趋势更快。③随着数据集的错误率越高，三种基于约束的修复算法的修复精确度越低，而基于平滑的算法表现出随着数据集的错误率越高，修复的精确度趋向于缓慢增加。

2. 不同窗口大小对修复算法精确度和运行时间的影响

图 3-23 和图 3-24 给出了对于 STOCK 数据集(约有 3000 个数据)在各个算法选取不同窗口大小时(错误率为 0.05)得到的实验结果。

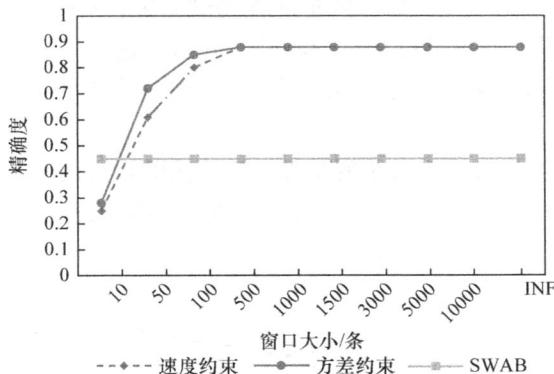

图 3-23 窗口大小对各算法精确度的影响

如图 3-23 所示，首先，由于 SWAB 算法并不是基于窗口实现的，其修复精确度并不会随着窗口大小的变化而变化。而基于速度约束和基于方程约束的算法的精确度则表现出随着窗口大小变化而显著变化的趋势。随着窗口大小的增加，基于速度约束的算法和基于方差约束的算法的精确度均表现出越来越大的趋势，也就是说，窗口大小确定得越大，修复算法的结果越精确。这一点并不奇怪，窗口选取得越大，针对某个数据点的

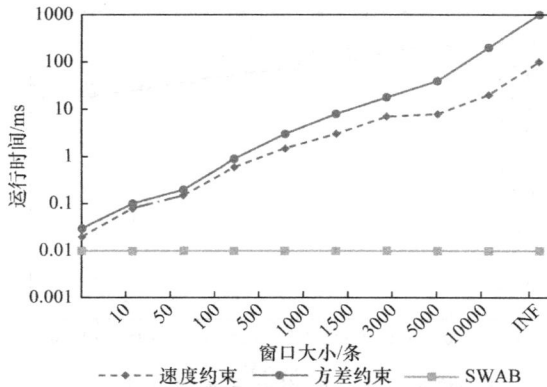

图 3-24　窗口大小对各算法时间代价的影响

候选项需要依赖的其他数据点越多，置信度越高，精确度随之越高。然而其精确度并不会随着窗口大小变大而持续变大，当窗口大小达到一定程度后，如超过 500 之后，修复算法的精确度达到增长的顶峰，且不会继续升高。

如图 3-24 所示，随着窗口的增大，SWAB 算法的时间代价同样不会变化。而基于速度约束的修复算法和基于方差约束的修复算法的运行时间则随着窗口大小的增大而显著变长。可见当窗口增大后，为了得到修复点的候选项，需要计算的数据点变多，运行时间相应变长。说明在增加窗口大小以获得高精确度的同时，不得不损失一些运行时间作为代价。然而，可以选取一个折中的窗口大小，在保证精确度的前提下，尽量减小时间代价，例如，对于本实验中的数据集，可以选取窗口大小为 100～500 个。

3. 算法扩展性测试

图 3-25～图 3-28 给出了几种算法的扩展性测试结果，实验数据依然采用 STOCK 数据集，根据前面的结果，在精确度和运行时间之间折中选取窗口大小为 300，错误率为 0.25，下面分别测试了实验数据集从 1000 到 10000 时各算法的运行时间、修复差、均方根误差和精确度。

如图 3-25 所示，随着数据集大小的增加，各算法的运行时间均有所增加。在时间代价方面表现最好的是 SWAB 算法，基于速度约束的修复算法和基于方差约束的修复算法

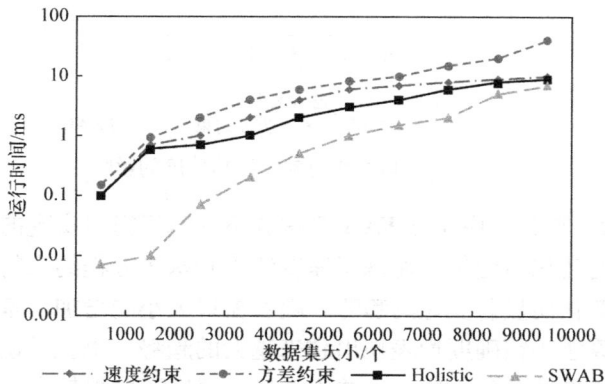

图 3-25　数据集大小对各算法时间代价的影响

时间代价在时间结果中均较大，这是因为基于速度约束和基于方差约束的修复算法在处理窗口中的数据时，消耗了大量的时间。然而，虽然这两个算法比 SWAB 算法和 Holistic 算法的时间代价更大。但是随着数据集的持续增大，其表现出的运行时间增加趋势逐步平缓，其可以扩展到处理较大型的数据集当中。

图 3-26 表示了在数据集大小变化的情况下几个算法修复差的变化情况。初步观察，几个算法在修复差的大小和变化趋势上的差距并不大。各算法修复差均随着数据集的增大逐步减小，并且当数据集大小达到一定程度后，修复差的变化逐渐变缓。

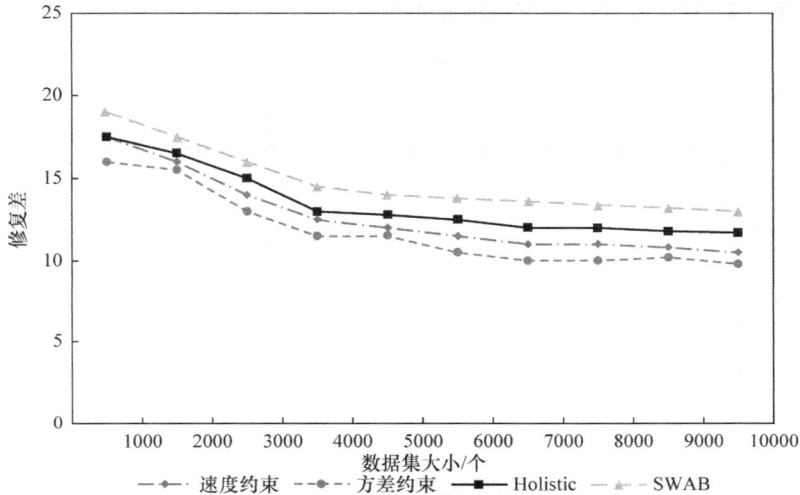

图 3-26　数据集大小对各算法修复差的影响

如图 3-27 所示，在均方根误差方面，变化较大的为 SWAB 算法，随着数据集增大，其均方根误差减小的趋势最为明显。可见，相比于小型数据集，SWAB 算法更适合处理大型数据集。而几个基于约束的算法的 RMSE 的差距并不大，随着数据集的增加，几个

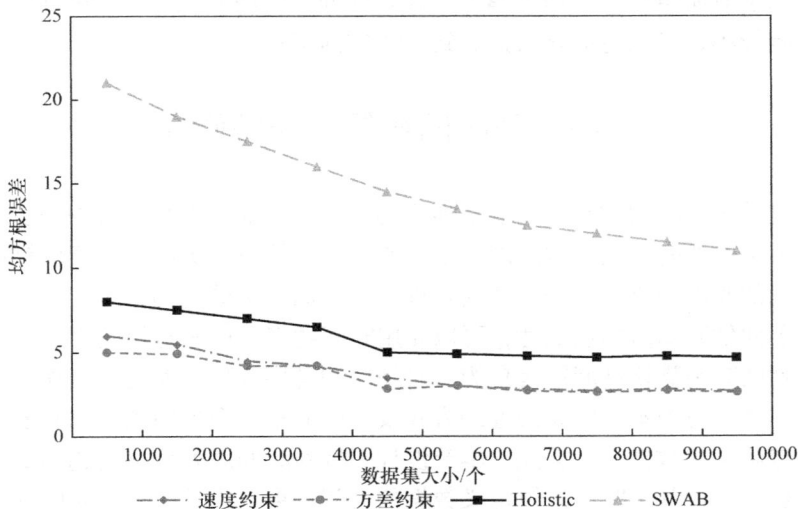

图 3-27　数据集大小对各算法均方根误差的影响

基于约束的算法的均方根误差表现降低幅度均较小，说明数据集的大小并不会显著影响算法的均方根误差。

图 3-28 展现了几个算法在数据集大小变化过程中的精确度变化情况。从图中可以显然得到，几个算法的精确度并不会受到数据集大小变化太大的影响。相比于图 3-28 中 SWAB 算法均方根误差的显著变化，其精确度并没有随数据集大小变化有明显的改变，这是因为均方根误差是真值和修复值之间的关系，表现出修复后的数据与真值的相似度，均方根误差越小，修复值越接近于真值。而精确度表现的是修复值、真实值和错误值三者之间的关系，除了与修复值是与真值距离有关外，还与修复差和错误的程度有关。

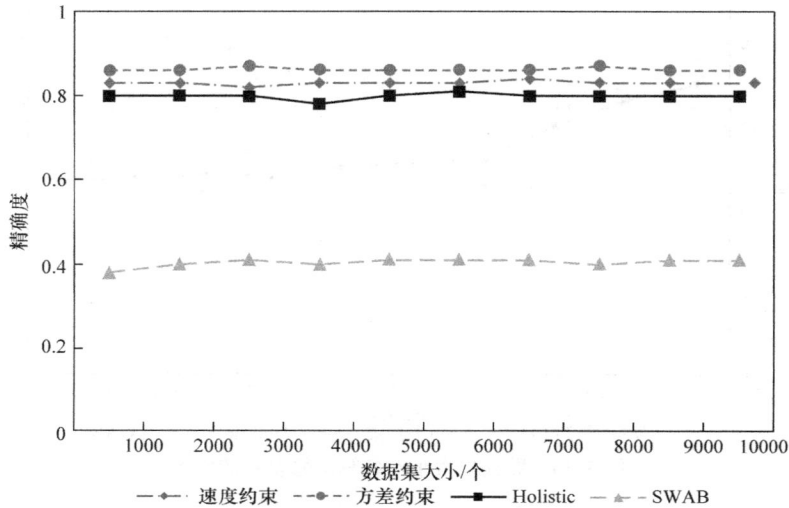

图 3-28　数据集大小对各算法精确度的影响

综上所述，随着数据集的增大，基于速度约束的修复算法和基于方差约束的修复算法的运行时间会有所增加，但增加幅度不大。此外，其均方根误差和精确度均受到数据集大小的影响较小，可以将该算法扩展到大型数据集中。

3.4　时间序列时间戳错乱问题修复算法

在现实世界中，时间戳经常出现不准确的情况。例如，在具有时钟同步问题的分布式系统中，不精确的时钟同步时间戳混乱；或不可靠的 RFID 阅读器读取错误数据。如果不对不精确的时间戳进行数据清洗或处理，与时间相关的应用程序会得到不可靠的分析结果。为了评估时间戳的正确性，可以使用时间约束，声明时间戳之间的距离限制。

时间序列的时间戳错乱问题表现为：时间序列乱序和单纯时间戳错误。首先解决时间序列乱序问题，考虑本地的离线处理方式及时间戳早的数据晚到达，需要更新可能受到乱序数据点影响的数据点。据此，本节设计了针对时间序列乱序问题的更新算法。针对单纯时间戳错误，基于时序逻辑定义数据的时间约束，设计了基于时间约束的时间戳清洗算法。

3.4.1 时间序列乱序问题的更新算法

当一个数据点 x_k 到达时间窗口时，其时间戳小于前一个数据点的时间戳，说明这个数据点是一个延迟数据点。当发现一个延迟数据点时，最直接的方法就是按照时间戳顺序将其插入到时间序列中正确的位置，然后重新计算受到该数据点影响的数据点。重新计算全部数据点将会造成巨大的时间浪费并且也不一定是必要的，但可以通过只更新之前计算过的计算结果以尽可能地减小计算花销。

本节在 3.3 针对时间序列的异常值检测与修复算法的基础上，介绍了在乱序数据的情况下的更新算法，分为基于速度约束修复时间序列的乱序更新算法和基于方差约束修复时间序列的乱序更新算法。

1 基于速度约束修复时间序列的乱序更新算法

假设一个延迟数据点 x_k 到达当前时间窗口，时间戳 $t_k < t_{k-1}$。通过以下方式让乱序的时间序列按时间戳正确地排序，首先移除 x_k，然后插入一个新的数据点 x_l，其中 $x_l = x_k$，$t_{l-1} < t_l < t_{l+1}$，$l < k$。

定理 3-8 对于满足 $t_l - w < t_j < t_l$ 的任意 x_j，如果对于新的数据点 x_l 有 $s_{\min} < \dfrac{x_j^{\mathrm{mid}} - x_l}{t_j - t_l} < s_{\max}$，那么 x_j^{mid} 不会受到影响。

证明： 首先，对于任意满足 $t_l - w < t_j < t_l$ 的 x_j（即在正确顺序的时间序列中 x_j 位于 x_l 之前），需要更新添加的新数据点 x_l 以确定在 $X_j^{\min}$ 和 $X_j^{\max}$ 中的候选项，但是更新 $X_j^{\min}$ 和 $X_j^{\max}$ 并不会对中位数 x_j^{mid} 产生影响。如果一个候选项小于 x_j^{mid}，那么另一个候选项一定大于 x_j^{mid}，所以中位数仍然是 x_j^{mid}。

一旦中位数 x_j^{mid} 受到影响，就需要重新计算中位数。然后又会引起其他数据点的违规，所以需要重新计算受到影响的其他数据。算法 3-4 介绍了当有 x_l 插入时如何更新修复序列 x'。

算法 3-4： 针对时间序列乱序问题的更新算法

输入： x' 和乱序到达后新插入的数据点 x_l
输出： 更新的 x'

1　for $i \leftarrow l-1$ to 1 do
2　　if $t_i < t_{i-w}$ then
3　　break;
4　　if $\dfrac{x_j^{\mathrm{mid}} - x_l}{t_j - t_l} < s_{\min}$ or $\dfrac{x_j^{\mathrm{mid}} - x_l}{t_j - t_l} < s_{\max}$ then
5　　　$x_j^{\min} = x_j^{\min} \bigcup \{x_l + s_{\min}(t_j - t_l)\}$
6　　　$x_j^{\max} = x_j^{\max} \bigcup \{x_l + s_{\max}(t_j - t_l)\}$

7   update x_j^{mid} ;
8 **for** $j \leftarrow i+1$ **to** k **do**
9   update $x_i^{\min}$, $x_i^{\max}$;
10   update x' ;
11   **if** x' unchanged **then**
12   **break**;
13 **return** x' ;

例 3-15 设当前正在处理时间序列 $x = \{5, 4, 5, 5, 5\}$，时间戳序列为 $t = \{1, 2, 4, 5, 6\}$，速度约束为 $s_{\max} = 2$，$s_{\min} = -2$，窗口大小为 $w = 4$。

假设接下来到达的数据点为 $x_6 = 7$，时间戳为 $t_6 = 3 < t_5 = 6$，由此可见，x_6 是一个延迟数据点。首先按照时间戳顺序将 x_6 插入时间序列得到 $x = \{5, 4, 7, 5, 5, 5\}$，时间戳序列为 $t = \{1, 2, 3, 4, 5, 6\}$，那么新数据点的下标为 $l = 3$。由于窗口大小 $w = 4$，所以数据点 x_1 和 x_2 都会受到新数据点的影响。

对于 x_1 来说，新数据点 x_l 到达之前 $x_1^{\mathrm{mid}} = 5$，由定理 3-8 得 $\dfrac{x_1^{\mathrm{mid}} - x_l}{t_1 - t_l} = \dfrac{5-7}{1-3} = 1$，由于 1 在 $[s_{\min}, s_{\max}]$ 内，所以 x_1 不需要改变。对于 x_2 来说，新数据点 x_l 到达之前 $x_2^{\mathrm{mid}} = 4$，而 $\dfrac{x_2^{\mathrm{mid}} - x_l}{t_2 - t_l} = \dfrac{4-7}{2-3} = 3$，由于 $3 > s_{\max}$，所以 x_2 需要更新，利用式(3-35)可以得到更新后的 $x_2^{\mathrm{mid}} = 5$，x_2 更新后 x_3 也需要更新，利用式(3-35)可以得到更新后的 $x_3^{\mathrm{mid}} = 7$。因此当乱序数据点到达时，更新后的修复序列为 $x' = \{5, 5, 7, 5, 5, 5\}$。

虽然能够保证满足局部最优的准确结果具有很高的置信度，但是把乱序数据点周围所有可能受到影响的数据点都尽可能地进行更新，其时间代价是巨大的。如果乱序数据点出现在序列开头，则最坏的可能是几乎整个序列都需要重新计算。

为了避免这种情况，选择那些目前修复无效的情况进行更新。也就是说，在位置 l 上插入新的数据点后，x' 违反了速度约束的情况。x_l' 的可能值不一致，导致这种无效的情况发生。根据式(3-36)，现有的修复值 x_{l-1}' 会确定一个可能的修复值 x_l' 的区间，而现有的修复值 x_{l+1}' 也会确定一个可能的修复值 x_l' 的区间。不同的现有修复值确定的同一个数据点的可能修复值的候选区间可能会发生矛盾(当 x_{l-1}' 与 x_{l+1}' 并不在一个窗口中时)。

以下是由 x_{l-1}' 与 x_{l+1}' 共同确定的 x_l' 候选项的最大值和最小值：

$$x_l^{\min} = \max(x_{l-1}' + s_{\min}(t_l - t_{l-1}), x_{l+1}' + s_{\max}(t_l - t_{l+1}))$$
$$x_l^{\max} = \min(x_{l-1}' + s_{\max}(t_l - t_{l-1}), x_{l+1}' + s_{\min}(t_l - t_{l+1})) \tag{3-47}$$

其中，$t_{l+1} - t_{l-1} < 2w$，这里 $x_l^{\min}$ 是由 $l-1$ 处数据点 x_{l-1}' 和 $l+1$ 处数据点 x_{l-1}' 共同确定的最小边界，同理，$x_l^{\max}$ 是由 $l-1$ 和 $l+1$ 共同确定的最大边界。换句话讲，满足 $[x_l^{\min}, x_l^{\max}]$ 的数据修复值 x_l' 将同时满足 $l-1$ 和 $l+1$ 的速度约束。

显然，如果 $x_l^{\min} > x_l^{\max}$，那么矛盾就产生了，这样就说明算法 3-4 需要被执行以重新修复序列 x'。

另外,如果候选项集有效(即 $x_l^{\min} < x_l^{\max}$),那么只需要在[$x_l^{\min}$, $x_l^{\max}$]内选择修复值 x_l' ,而不更新其他值。对于式(3-47),如果 $x_l^{\min} > x_l^{\max}$,则总是有

$$w < t_{l+1} - t_{l-1} < 2w$$

换句话说,只有在 t_{l-1} 和 t_{l+1} 足够远($>w$)时才需要更新序列。在实际数据中,这种足够远的距离很少出现,特别是在持续的检测中,通过避免更新可以显著降低修复时间成本。

例 3-16 继续考虑时间序列 $x = \{5, 4, 7, 5, 5, 5\}$,时间戳序列为 $t = \{1, 2, 3, 4, 5, 6\}$,新插入的数据点的顺序为 $l = 3$ 。

根据式(3-36),根据速度约束 $s_{\max} = 2$, $s_{\min} = -2$,数据点 x_{l-1}' 确定候选项集[2, 6], $l+1$ 确定候选项集[3,7],两个集合求交集得到一个共同的候选项集为[3,6],由于 $x_l^{\min} < x_l^{\max}$,根据最小修复原则,更新 x_l' 为 6,而不需要改变其他值,最后得到修复序列 $x' = \{5, 4, 6, 5, 5, 5\}$ 。

2 基于方差约束修复时间序列的乱序更新算法

假设一个延迟数据点 x_k 到达,时间戳 $t_k < t_{k-1}$ 。按照前面的方式让乱序的时间序列按时间戳正确地排序,首先移除 x_k ,然后插入一个新的数据点 x_l ,其中 $x_l = x_k$, $t_{l-1} < t_l < t_{l+1}$, $l < k$ 。

当 x_l 插入序列后,直接受到影响的是 x_l 前一个窗口和 x_l 后一个窗口中的数据点,即 $t_l - w$ 到 $t_l + w$ 。对于可能受到影响的数据点,根据算法 3-3 中第 4 行,需要重新计算包含新数据点 x_l 的窗口是否满足方差约束 v ,如果依然满足方差约束 v ,则其确定的候选项不变;如果包含新数据点 x_l 的窗口不再满足方差约束 v ,则需要重新计算候选项,导致需要重新计算修复值。

定理 3-9 对于满足 $t_l - w < t_j < t_l + w$ 的任意 x_j ,如果对于新到达的数据点 x_l 有

$$\frac{\sum_{i=l-w}^{j} (x_i - \mu)^2}{w} < v ,$$ 那么 x_j' 不会受到影响。

证明:同定理 3-8。

一旦候选项受到影响,就需要重新计算候选项。然后又会引起其他数据点的违规,所以需要重新计算受到影响的其他数据。

与前面的方法类似,启发式地选择修复无效的情况进行更新。

3.4.2 基于时间约束的时间戳清洗算法

在实际数据读取过程中,有时会出现单纯的时间戳错误,如不可靠的 RFID 读取器造成的某数据点的时间戳脱离整个时间序列的错误情况。遇到这种情况时,需要对时间序列的时间戳进行清洗。

由于时间戳的时间顺序特性,可以基于时间顺序和间隔约束对时间戳进行清洗,与3.4.1 节基于速度约束的思想类似,需要定义时间间隔约束,对违反约束的时间戳进行修复。

1. 时间约束的定义

窗口 w 中的时间约束 $t_{con} = (t_{\min}, t_{\max})$ 是一对最大值和最小值,通常 $t_{\min} > 0$ 。一般用

这对最大值和最小值来约束序列 x 的时间戳。如果序列 x 的时间戳序列 t 和约束 t_{con} 满足以下条件，则时间戳序列 t 满足时间约束 t_{con}。通常将时间戳 t 满足时间约束 t_{con} 表示为 $t \models t_{con}$：

$$t_{min} \leqslant \frac{t_i - t_j}{i - j} \leqslant t_{max} \tag{3-48}$$

其中，$0 \leqslant j < i \leqslant n$。

时间约束通常是正数，因为时间序列是按照时间顺序排列的一系列数据。在大多数情况下，时间约束是依赖实际数据领域的，比如，温度记录仪器记录两次温度的时间差一般小于24h。

2. 基于时间约束的全局最优修复问题

时间序列的时间戳清洗问题就是最终要得到修复的时间戳 t'，使其满足时间约束，并且其与原始时间戳序列的差最小，称其为全局最优修复。

定义 3-4 给定 n 个数据点的有限时间戳序列 t 和时间约束 t_{con}，全局最优修复问题就是找到一个修复时间戳序列 t'，使 $t' \models t_{con}$ 且 $\Delta(t, t')$ 达到最小。

正如3.4.1节所介绍的那样，目前已经有许多修复问题已经被证明是 NP-难问题，比如，在分类数据的功能依赖下修复数据，或者在支持数字数据的拒绝约束下修复数据。而基于时间约束的数据修复不是 NP-难问题。

将全局最优修复问题表述为以下形式：

$$\min \sum_{i=1}^{n} |t_i - t_i'| \tag{3-49}$$

$$\text{s.t.} \quad \frac{t_j' - t_i'}{j - i} \leqslant t_{max} \quad 0 < t_j - t_i < w; 1 \leqslant i \leqslant n; 1 \leqslant j \leqslant n \tag{3-50}$$

$$\frac{t_j' - t_i'}{j - i} \geqslant t_{min} \quad 0 < t_j - t_i < w; 1 \leqslant i \leqslant n; 1 \leqslant j \leqslant n \tag{3-51}$$

其中，t_i' 为变量，$1 \leqslant i \leqslant n$。

上述问题最后结果修复时间戳序列 t' 的正确性显然，式(3-49)刚好是修复差最小化。通过考虑从 t_i 开始的窗口中所有 t_j，对其中的每一个数据点的时间戳 t_i 进行式(3-50)和式(3-51)的计算，保证了修复时间戳序列最终满足时间约束。

通过将问题转化成线性规划(LP)问题，可以直接使用现有线性规划求解算法进行求解。

3. 基于时间约束的时间戳清洗算法描述

全局最优修复问题是将整个序列视为一个整体，不支持在线的数据清洗，因此在短时间的时间序列流内，仅研究局部最优，只设计局部窗口中的约束。通过在序列中滑动窗口，局部最优保证结果满足整个序列中的时间约束，即满足全局最优的式(3-50)和式(3-51)。由于全局最优得到的是满足所有约束的最小距离修复 t'_{global}，通常有 $\Delta(t, t'_{global}) \geqslant$

$\Delta(t'_{\text{global}}, t)$。和 3.4.1 节的思想类似，可以采用下述方法进行修复。

(1) 局部最优修复：如果对于从 t_k 开始的窗口 t_i，即 $t_k < t_i \le t_k + w$，都满足 $t_{\min} \le \dfrac{t_i - t_k}{i - k}$ $\le t_{\max}$，则称时间戳 t_k 局部满足时间约束 t_{con}，记为 $t_k \models t_{\text{con}}$。

定义 3-5　给定原始时间戳序列 t 中的某个时间戳 t_k 和一个时间约束 t_{con}，局部最优修复就是找到一个修复时间戳序列 t'，使 $t'_k \models t_{\text{con}}$，且 $\Delta(t, t')$ 达到最小值。

类似全局最优修复问题，可以将局部最优修复问题表现为以下形式：

$$\min \sum_{i=1}^{n} |t_i - t'_i| \tag{3-52}$$

$$\text{s.t.} \quad \frac{t'_k - t'_i}{k - i} \le t_{\max}, \qquad t_k < t_i \le t_k + w; 1 \le i \le n$$

$$\frac{t'_k - t'_i}{k - i} \ge s_{\min}, \qquad t_k < t_i \le t_k + w; 1 \le i \le n$$

其中，t'_i 为变量，$1 \le i \le n$。

式(3-52)中的局部最优修复只对从 t_k 开始的窗口中的时间戳进行修复，也就是说处理的时间戳相比全局最优修复少得多，但最终得到的修复时间戳序列同样满足时间约束。

(2) 根据中位数原则求得修复值：直观上，具有最小修复差(即尽可能接近每个点)的解决方案可能位于时间戳的中间。建议在中间时间戳的范围内有效地搜索局部最优解，即中位数原则(在定理 3-5 中)。遵循这个中位数原则，人们设计了一个用于计算局部最优修复值的线性时间算法，复杂度优于线性规划算法的 $O(n^{3.5}L)$。

在介绍中位数原则之前，先证明计算以 t_k 开始的窗口中的局部最优值确实等同于确定最优修复解 t'_k，其中可以自然地导出其他 t'_i 的解。

将式(3-52)中的局部最优修复问题转化为一个只有一个变量 t'_k 的新形式。这样来说明总是存在一个最优修复序列，它的 t'_i 可以从 t'_k 中求出。

定理 3-10　令 t^* 是一个关于时间戳 t_k 的局部最优修复序列，那么式(3-53)中的 t' 也是一个局部最优修复值，其中 $t'_k = t^*_k$，且

$$t'_i = \begin{cases} t'_k + t_{\max}(i - k), & \dfrac{t'_k - t_i}{k - i} > t_{\max} \\ t'_k + t_{\min}(i - k), & \dfrac{t'_k - x_i}{k - i} < t_{\min} \\ t_i, & \text{其他} \end{cases} \tag{3-53}$$

其中，$t_k < t_i \le t_k + w$，$1 \le i \le n$。

证明： 式(3-53)根据 t^*_k 构造了一个最优解 t'，其中，或者不需要变化，或者只需要根据 $t_{\max}$ 和 $t_{\min}$ 改变边界。如果改变边界，则根据等式 $\dfrac{t'_k - t'_i}{k - i} = t_{\max}$ 或 $\dfrac{t'_k - t'_i}{k - i} = t_{\min}$ 可证。

根据定理 3-10，局部最优修复问题等价于找到一个可以使式(3-53)最小化的 t'_k。为此，首先获得 t'_k 的有限候选项集，在候选项集中总能找到最优解。令

$$T_k^{\min} = \{t_i + t_{\min}(k-i) \mid t_k < t_i \leqslant t_k + w, 1 \leqslant i \leqslant n\}$$

$$T_k^{\max} = \{t_i + t_{\max}(k-i) \mid t_k < t_i \leqslant t_k + w, 1 \leqslant i \leqslant n\}$$

直观地说，由 $T_k^{\max}$ 得出的每个候选项都对应于一个可能的 t_k'，作为 t_i 的边界修复。和 3.4.2 节的讨论类似，可以找到关于 t_k 的一个局部最优修复序列 t^*，满足 $t_k^* \in T_k^{\min} \bigcup T_k^{\max} \bigcup \{t_k\}$。

令 $m = |\{i \mid t_k < t_i \leqslant t_k + w, 1 \leqslant i \leqslant n\}|$ 表示从 k 开始的窗口中的时间戳个数，显然根据上式可以得到 $2m+1$ 个候选项。

对于任意 t_k' 来说，最优修复时间戳序列 t' 的构建就是通过"收缩"候选边界最后得到那一个最终的修复时间戳。直观地说，在所有时间戳 t_i 中的候选项，候选项的中位数更有可能具有较小的修复缩小距离。

令 t_k^{mid} 表示所有候选项的中位数：

$$t_x^{\mathrm{mid}} = \mathrm{median}(T_k^{\min} \bigcup T_k^{\max} \bigcup \{t_k\}) \tag{3-54}$$

下面的结果表明，中位数 t_x^{mid} 恰好是式(3-53)中问题的最优解，可以用定理 3-11 构造问题的局部最优修复值。

定理 3-11(中位数原则)　通过式(3-53)和 $t_k' = t_x^{\mathrm{mid}}$ 得出的 t_i' 构成的 t' 是局部最优修复值。

(3) 支持流计算：假设当前执行到时间戳 t_k，在之前的步骤中，$t_1', t_2', \cdots, t_{k-1}'$ 都已经处理完毕。t_k 之前的一个窗口内的每一个修复值 t_j'($t_k - w \leqslant t_j \leqslant t_k$，$1 \leqslant j \leqslant k$)，都可以基于时间约束给出一个 t_k' 的候选项区间，即 $[t_j' + t_{\min}(k-j), t_j' + t_{\max}(k-j)]$。

以下定理指出考虑 t_k 之前的一个窗口的最后一个时间戳 t_{k-1}' 足以确定 t_k' 的可能修复范围。理由是对于任何 $1 \leqslant j < i < k$，t_i' 也应该在 t_j' 指定的范围内。换句话说，由 t_i' 确定的 t_k' 的候选项区间是由 t_j' 确定的区间的子集。

定理 3-12　对任意 $1 \leqslant j < i < k$，$t_k - w \leqslant t_j < t_i < t_k$，有 $t_j' + t_{\min}(k-j) \leqslant t_i' + t_{\min}(k-i)$ 且 $t_i' + t_{\max}(k-i) \leqslant t_j' + t_{\max}(k-j)$。

证明：由 t_{k-2}' 确定的候选项区间 t_k' 包含由 t_{k-1}' 确定的候选项区间。因此，可以通过 t_{k-1}' 获得 t_k' 更精确的一个候选项区间，即 $[t_k^{\min}, t_k^{\max}]$，其中

$$\begin{cases} t_x^{\min} = t_{k-1}' + t_{\min} \\ t_x^{\max} = t_{k-1}' + t_{\max} \end{cases} \tag{3-55}$$

这样修复问题就成为找 $[t_k^{\min}, t_k^{\max}]$ 中的局部最优修复值 t_k' 的问题。

式(3-54)给出由 t_k 后面的时间戳 t_i 确定的修复候选项 t_k^{mid}，而式(3-55)给出由 t_k 前面的时间戳 t_{k-1} 确定的候选项区间 $[t_k^{\min}, t_k^{\max}]$。

如果说式(3-54)确定的候选项 t_k^{mid} 刚好在式(3-55)给出的候选项区间 $[t_k^{\min}, t_k^{\max}]$ 内，那么修复值可以直接确定，即 $t_k' = t_k^{\mathrm{mid}}$，否则需要重新根据候选项区间 $[t_k^{\min}, t_k^{\max}]$ 计算局部最优修复值。

幸运的是，在式(3-53)中的函数具有以下单调性。

定理 3-13 对于任意 $u_1, u_2, v_1, v_2 \in t_k^{\min} \bigcup t_k^{\max} \bigcup \{t_k\}$，$u_1 \leqslant u_2 \leqslant t_k^{\mathrm{mid}} \leqslant v_1 \leqslant v_2$，有

$$\sum_{i=1}^{n} g(t_i, u_1) \geqslant \sum_{i=1}^{n} g(x_i, u_2) \geqslant \sum_{i=1}^{n} g(t_i, t_k^{\mathrm{mid}})$$

$$\sum_{i=1}^{n} g(t_i, t_k^{\mathrm{mid}}) \leqslant \sum_{i=1}^{n} g(t_i, v_1) \leqslant \sum_{i=1}^{n} g(t_i, v_2)$$

证明： $g(t_i, t_k') = |t_i - t_i'|$，$\sum_{i=1}^{n} g(t_i, t_k') = \sum_{i=1}^{n} |t_i - t_i'|$，由于 $|t_i - t_i'|$ 恒为非负数，所以函数 $\sum_{i=1}^{n} g(t, t_k')$ 是单调递增的。

也就是说，对于任意候选项 $u < t_k^{\max} < t_k^{\mathrm{mid}}$，总是有 $\sum_{i=1}^{n} g(t_i, u) \geqslant \sum_{i=1}^{n} g(t_i, x_k^{\max})$。那么 $t_k^{\max}$ 就是候选项区间 $[t_k^{\min}, t_k^{\max}]$ 中的最优解。对于候选项 $v > t_k^{\mathrm{mid}} > t_k^{\max}$ 同理。

因此，根据定理 3-13，局部最优修复值直接根据以下公式计算：

$$t_x' = \begin{cases} t_k^{\max}, & t_k^{\max} < t_k^{\mathrm{mid}} \\ t_k^{\min}, & t_k^{\min} > t_k^{\mathrm{mid}} \\ t_k^{\mathrm{mid}}, & \text{其他} \end{cases} \tag{3-56}$$

算法 3-5： 基于时间约束的时间戳修复算法

输入： 时间戳序列 t 和时间约束 t_{con}

输出： 修复后的 t'

1   **for** $k \leftarrow 1$ **to** n **do**

2      $T_k^{\min} = \varphi; T_k^{\max} = \varphi;$

3      $t_k^{\min} \leftarrow t_{k-1}' + t_{\min}, \mathrm{or} -\infty$ for $k = 1$

4      $t_k^{\max} \leftarrow t_{k-1}' + t_{\max}, \mathrm{or} +\infty$ for $k = 1$

5   **for** $i \leftarrow k+1$ **to** $k+w$ **do**

6          $T_k^{\min} \leftarrow T_k^{\min} \bigcup \{t_i' + t_{\min}(k-i)\}$

7          $T_k^{\max} \leftarrow T_k^{\max} \bigcup \{t_i' + t_{\max}(k-i)\}$

8      $t_k^{\mathrm{mid}} \leftarrow \mathrm{median}(T_k^{\min} \bigcup T_k^{\max} \bigcup \{t_k\})$

9   **if** $t_k^{\max} < t_k^{\mathrm{mid}}$ **then**

10         $t_k' \leftarrow t_k^{\max}$

11   **elseif** $t_k^{\min} > t_k^{\mathrm{mid}}$ **then**

12         $t_k' \leftarrow t_k^{\min}$

13   **else**

14         $t_k' \leftarrow t_k^{\mathrm{mid}}$

15   **return** t'

　　算法 3-5 给出了时间戳序列 t 基于时间约束条件下的局部最优修复值的整体修复算法。对于时间戳序列中的每个时间戳 $k_k(k=1, 2,\cdots, n)$，第 3 行和第 4 行计算式(3-55)中的候选项区间。通过考虑数据点 t_k 后的所有窗口中的所有时间戳 i，第 11 行计算式(3-54)中的 t_k^{mid}。最后，根据式(3-56)中的公式计算得到 t_k'。

　　可以很容易看出，窗口中不同时间戳的数量最多为 w。窗口的中位数可以简单地在复杂度 $O(w)$ 代价内找到。考虑序列中的所有 n 个数据点，算法 3-5 以时间复杂度 $O(nw)$ 运行。对于固定的 w，它是一个线性时间、恒定空间的算法。在实践中，为了使变化最小，可以试探性地跳过修复与其邻居满足速度约束的数据点 t_k，即 $t_k^{\min} \leqslant t_k \leqslant t_k^{\max}$ 并且 $t_{k+1}^{\min} \leqslant t_{k+1} \leqslant t_{k+1}^{\max}$。

3.4.3　时间序列的时间戳修复算法实验

1. 时间序列乱序更新算法的实验验证

　　下面对时间序列乱序更新算法进行实验验证。选取 STOCK 数据集，通过改变延迟率(0.1 表示有 10%的数据点延迟到达)和延迟时间(指真实时间戳和实际到达时间之间的平均距离)来测试乱序更新算法的性能。图 3-29 和图 3-30 的延迟时间设置为 1000ms，图 3-31 和图 3-32 的延迟率设置为 0.05。

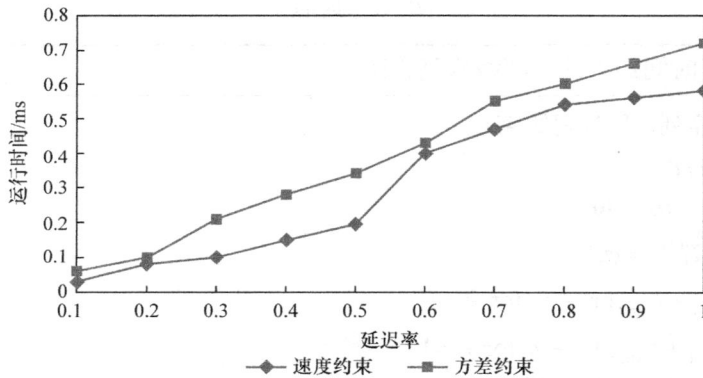

图 3-29　乱序数据延迟率对运行时间的影响

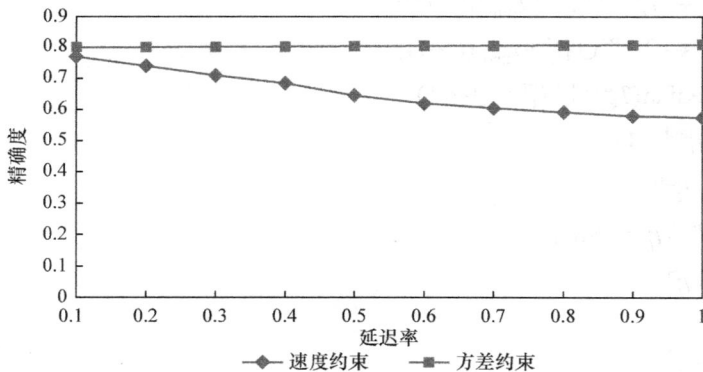

图 3-30　乱序数据延迟率对精确度的影响

如图 3-29 所示，随着延迟率的升高，基于速度约束和基于方差约束的修复算法的运行时间都呈上升趋势，这并不难分析，延迟的数据点越多，需要重新计算的数据点也就越多。基于方差约束的修复算法的更新算法的运行时间随着延迟率的增加而增加趋势更明显，基于速度约束的修复算法的更新算法的运行时间随着延迟率的持续增加，在短暂地快速增加之后，增加趋势变缓，说明从运行时间单方面考虑，基于速度约束的修复算法更适合处理乱序延迟率更高的数据集。

如图 3-30 所示，随着延迟率的升高，基于方差约束的修复算法的更新算法精确度维持在 0.8 上下，没有受到延迟率变化的太大影响，而基于约束的修复算法的更新算法精确度随着延迟率的变大逐渐减小。综合图 3-29 与图 3-30 可以分析出，虽然基于方差约束的修复算法的精确度不会受到乱序数据的延迟率的太大影响，但其运行时间会越来越长；而对于基于速度约束的修复算法精确度会持续地逐渐减小，在延迟率小于 0.3 时，其运行时间增长的速度较慢，在延迟率大于 0.3 时，增长的速度变快，说明其在处理延迟率约为 0.3 的乱序数据时可以达到精确度和时间代价的折中。

图 3-31 表现了延迟时间的逐渐增加对算法运行时间的影响。从图中可以看出，随着延迟时间的增加，基于速度约束的修复算法的更新算法和基于方差约束的修复算法的更新算法的运行时间都会有所升高。当延迟时间增加时，乱序的数据点影响的数据点更多，需要重新计算的数据点也更多，所以相应地增加了运行时间。

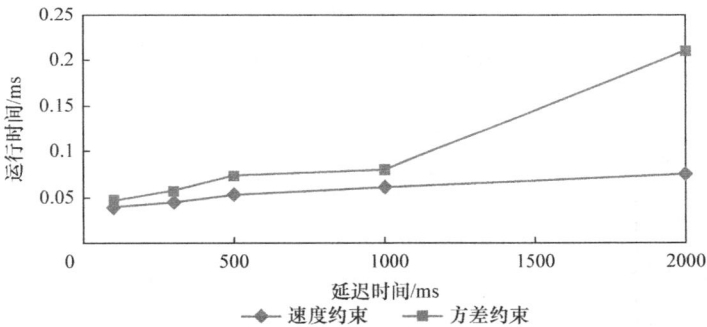

图 3-31　乱序数据延迟时间对运行时间的影响

从图 3-32 可以看出随着延迟时间的增加，两个更新算法均没有受到较大影响，可以说明，基于速度约束的修复算法的更新算法和基于方差约束的修复算法的更新算法都可

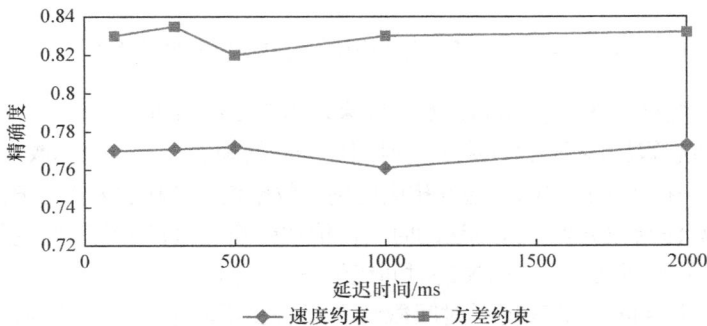

图 3-32　乱序数据延迟时间对精确度的影响

以处理延迟时间较大的乱序数据集，但要以花费更多的运行时间作为代价。

通过更新算法在实际数据集中的实验可以看出，基于速度约束的修复算法和基于方差约束的修复算法都可以用来处理具有高延迟率和长延迟时间的乱序数据集，只是乱序数据越多，延迟时间越长，运行时间越长，但精确度受到的影响很小。

2. 时间序列时间戳清洗算法的实验验证

图 3-33 和图 3-34 所示为时间序列的时间戳出现错误的情况，适用的时间戳清洗算法在不同错误率下的运行时间和精确度变化情况。

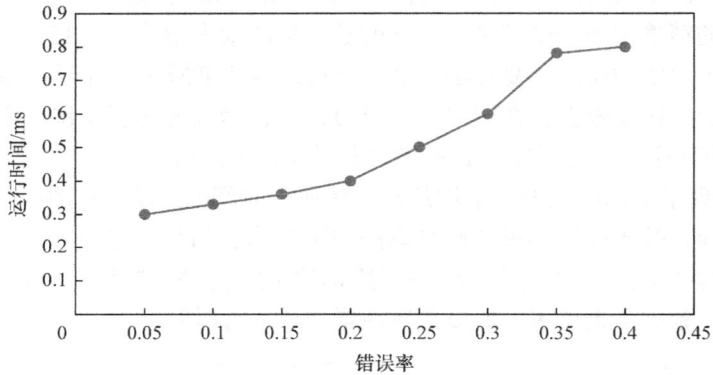

图 3-33　时间戳清洗算法在不同错误率下的运行时间

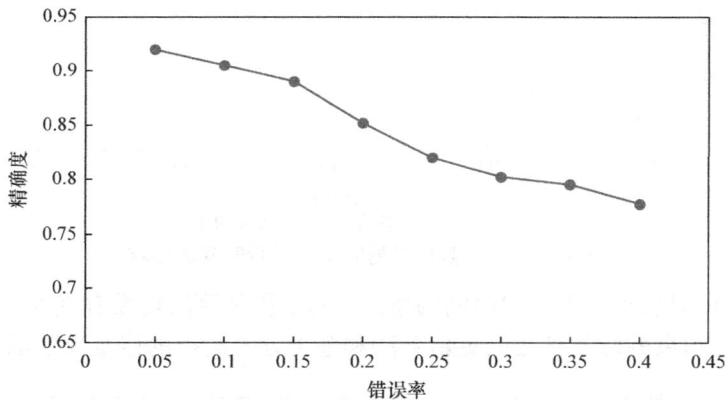

图 3-34　时间戳清洗算法在不同错误率下的精确度

与数据点清洗算法的实验相同，本实验采取 STOCK 数据集。图 3-33 和图 3-34 分别表现了时间戳清洗算法在不同错误率下的时间代价和精确度，本实验选取的数据集为 2000 条，采用随机算法在数据集中随机选取相应比例的数据点，将其改为错误值。从图中可以看出，时间戳清洗算法与数据点清洗算法的时间代价和精确度随着错误率的变化而变化的趋势基本相同。错误的时间戳越多，需要的时间代价越大，精确度越低。

图 3-35 和图 3-36 分别表现了时间戳清洗算法在不同数据集大小时的时间代价和精确度，该实验选取的错误率为 0.25，采用随机算法在数据集中随机选取相应比例的数据

点，将其改为错误值。从图中可以看出，时间戳清洗算法与数据点清洗算法的时间代价随着数据集大小的变化而变化的趋势基本相同，数据集越大，需要的时间代价越大。但时间戳清洗算法的精确度随着数据集大小的变化而变化的幅度并不明显，可见，影响时间戳清洗算法的精确度更多的是错误时间戳的比例而不是数量。

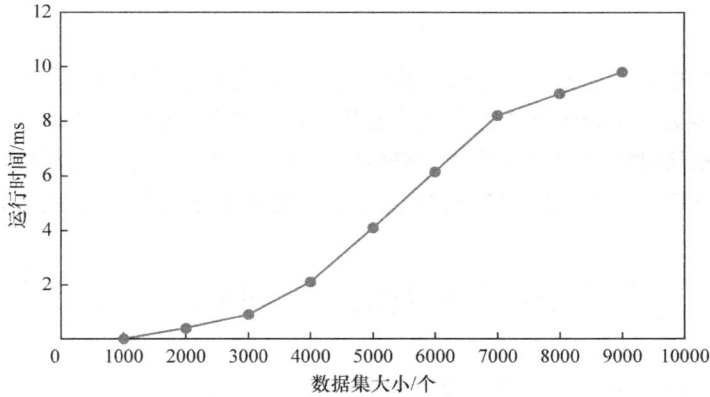

图 3-35　时间戳清洗算法在不同数据集大小时的时间代价

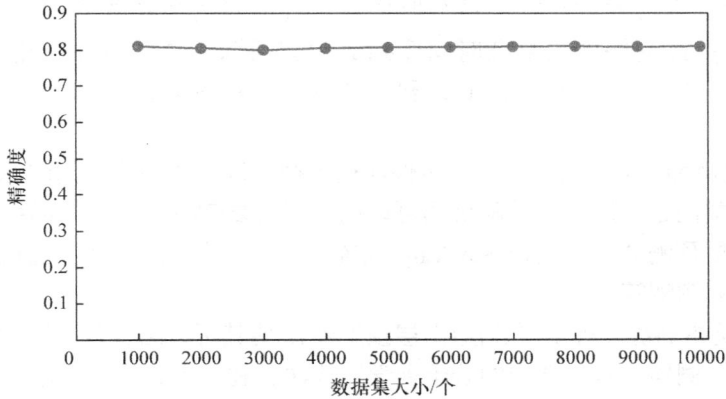

图 3-36　时间戳清洗算法在不同数据集大小时的精确度

第 4 章　制造业大数据分析算法

本章介绍制造业大数据分析对分析算法的需求，研究了满足不同制造场景对分析算法实时性需求的多实时性分析算法和自适应分析算法。在多实时性分析算法方面，提出基于条件随机场的复杂时间序列分析算法、SFSC 并行化算法和基于并行深度学习的工业时序大数据高效分类算法，在自适应分析算法方面提出基于迁移学习的故障预测算法。

4.1　基于条件随机场的复杂时间序列分析算法

对于复杂时间序列，首先研究复杂时间序列的预测问题。

由于复杂时间序列多维度的特点与图像数据的多维度数据有类似之处，而条件随机场结合深度学习的方法在图像分割领域已经有较为成功的应用，所以利用条件随机场与循环神经网络解决复杂时间序列的预测问题，总体研究思路是利用循环神经网络提取复杂时间序列时序特征，利用条件随机场刻画复杂时间序列不同维度之间的特征。

在文献(ZHANG et al.，2014)中，条件随机场被用以解决图像分割问题，图像分割问题的本质是分类问题，所以条件随机场可以用来解决复杂时间序列的趋势问题。将条件随机场作为上层预测器，并结合 Stacking 训练方式，提出了基于条件随机场和 Stacking 的复杂时间序列预测算法。

Stacking 是指训练一种学习算法(上层预测器)，使其可以结合若干种学习算法，这些算法也叫做基预测器。首先选定的若干种学习算法，利用得到的数据进行训练，然后上层预测器以基预测器的预测结果作为输入数据进行预测。选用合适的上层预测器，Stacking 方法可以表示包括 Bagging 方法与 Boosting 方法在内的一系列集成学习算法。

通过 Stacking 进行模型融合能取得不错的效果，Stacking 已经成功应用于有监督的学习任务，如回归与分类，在无监督的学习任务中也有所应用。

4.1.1　基于条件随机场与 Stacking 的复杂时间序列趋势预测

研究复杂时间序列的趋势预测问题时，首先假定有一系列预测器，可以预测出复杂时间序列各个维度的趋势(下一时刻的上升下降情况)，重点研究的问题是如何将现有预测器的预测结果与复杂时间序列各个维度间的关系相结合，从而使得预测更加精确。例如，各个城市的气象中心根据各自的数据对第二天气温的上升或者下降进行预测，需要利用各个城市之间的关系对预测结果进行修正。

本节提出的算法大致遵循以下流程：①获得一部分数据作为验证集；②利用验证集，

将现有分类器及不同维度间的结果进行 Stacking 训练；③在测试数据上验证效果。

1. 算法

利用全相连的条件随机场作为上层预测器，遵循①中的流程，提出基于条件随机场与 Stacking 的复杂时间序列趋势预测算法，作为上层预测器的全连接条件随机场的计算过程如算法 4-1 所示。

算法 4-1：基于条件随机场与 Stacking 的复杂时间序列趋势预测算法

输入 基础回归结果 P，核函数 $\{\boldsymbol{\kappa}^1 \cdots \boldsymbol{\kappa}^M\}$

输出 增强结果 Q

1    $Q_{i,k} \leftarrow P_{i,k}$

2    $U_{i,k} \leftarrow -\log P_{i,k}$

3   While 不收敛

4    $\tilde{Q}_{i,k}^m \leftarrow \sum_{l \neq i} \boldsymbol{\kappa}^m(\boldsymbol{f}_i, \boldsymbol{f}_j) Q_{l,k}$

5    $\check{Q}_{i,k} \leftarrow \sum_m w^m \tilde{Q}_{i,k}^m$

6    $\hat{Q}_{i,k} \leftarrow \sum_{k'=1}^{K} \mu(k',k) \check{Q}_{i,k}$

7    $\bar{Q}_{i,k} \leftarrow U_{i,k} - \hat{Q}_{i,k}$

8    $Q_{i,k} \leftarrow \frac{1}{Z_i} \bar{Q}_{i,k}$

P 是一个二维向量，$P_{i,k}$ 表示已有预测器所预测的第 i 维数据属于第 k 类的概率。U 也是一个二维向量，表示条件随机场稳定之前的初始势能，自然地产生最初预测器的结果。第 3 行之后算法进入平均场迭代，使得条件随机场最终趋于稳定，第 4 行的函数是一个核函数，用于刻画两个不同的维度之间数据的关系，可以设置多个这样的函数，$\boldsymbol{f}_i$ 表示与维度 i 相关的特征，在 Stacking 中包括基预测器的预测结果。第 5 行的 w^m 是与核函数对应的权重，用于调整核函数所刻画关系对最后结果的影响，是需要学习的参数。

第 6 行中，函数 μ 用于刻画类别之间的关系，实践中一种简单有效的选择是

$$\mu(k',k) = \begin{cases} 0, & k' \neq k \\ 1, & k' = k \end{cases} \tag{4-1}$$

即只有同一类别的中间结果才会对最后结果产生影响，在天气数据的实验中，就使用了式(4-1)的方法进行选择。第 8 行对结果利用柔性最大传递函数(Softmax)进行计算，起到正则化的作用，其中

$$Z_i = \sum_k \exp(\bar{Q}_{i,k}) \tag{4-2}$$

2) 实现与实验

首先，使用 CUDA 实现前面所描述的条件随机场，大部分的计算集中从第 3 行开始的循环部分，而第 3~8 的过程是可以并行的。接着，通过观察这一实现的运行情况，发现与文献(ZHENG, et al.,2015)中类似，第 3 行开始循环，经过 5~10 轮的迭代算法收敛，可以使用类似循环神经网络的结构实现条件随机场的迭代，即选用 TensorFlow 来实现。

为了减小计算量，修改算法 4-1 的第 4 行为

$$\tilde{Q}_{i,k}^m \leftarrow \sum_{l \neq i} \boldsymbol{\kappa}^m(\boldsymbol{f}_i, \boldsymbol{f}_j) Q_{l,k} N(i,j) \tag{4-3}$$

其中

$$N(i,j) = \begin{cases} 1, & 维度\ i\ 与维度\ j\ 较近 \\ 0, & 维度\ i\ 与维度\ j\ 较远 \end{cases} \tag{4-4}$$

距离较近较远的判定结果(1 表示较近，0 表示较远)与各个维度之间值的距离都作为超参数，将距离某维度最近的若干个维度定义为较近的维度，其他维度为较远的维度。这样定义的作用类似一个截断的高斯过滤器。

这里用一维的卷积层来实现第 5 行，用神经网络中常用的 Softmax 层来实现第 8 行。训练时，使用交叉熵为损失函数，使用 Adam 等算法进行训练。

可以从天气后报网站上抓取 2011~2018 年的天气数据，如图 4-1 所示，并根据时间将数据按照 3:1:1 的比例划分为训练序列、验证序列与测试序列。选取 Adaboost、随机森林、梯度提升树三种算法在训练集上得到基预测器，根据前 10 天某市的天气数据对后一天该市气温的上升或者下降进行预测。随后，利用本节提出的基于条件随机场与 Stacking 的复杂时间序列趋势预测算法，对这些分类器的结果进行修正。

城市	日期	白天			夜间		
		天气状况	风力方向	最高温度	天气状况	风力方向	最低温度
哈尔滨	2018-05-24	多云	北风3-4级	23℃	晴	北风3-4级	9℃
哈尔滨	2018-05-23	雷阵雨	南风3-4级	19℃	阵雨	西南风<3级	7℃

图 4-1　天气数据实例

根据算法 4-1 描述，设计核函数如下：

$$\boldsymbol{\kappa}^1(\boldsymbol{f}_i, \boldsymbol{f}_j) = \exp\left(-\frac{|\boldsymbol{p}_i - \boldsymbol{p}_j|^2}{2\theta_\alpha^2}\right) = \exp\left(-\frac{\text{distance}_{i,j}^2}{2\theta_\alpha^2}\right) \tag{4-5}$$

$$\boldsymbol{\kappa}^2(\boldsymbol{f}_i, \boldsymbol{f}_j) = \exp\left(-\frac{|\boldsymbol{p}_i - \boldsymbol{p}_j|^2}{2\theta_\beta^2} - \frac{|\boldsymbol{c}_i - \boldsymbol{c}_j|^2}{2\theta_\gamma^2}\right)$$

其中，$\boldsymbol{p}_i$ 表示城市的位置，而 $\boldsymbol{c}_i$ 表示各个基预测器对该城市第二天气温情况的预测，即 Stacking 的体现。

经过 Stacking 训练之后，相比原基预测器的预测结果的简单取平均值，预测的准确率都有 2%左右的提升，考虑到选取的基预测器均为能力比较强的模型，2%左右的提升结果是可观的。

4.1.2　利用条件随机场解决复杂时间序列修复问题

基于预测的复杂时间序列修复首先要解决回归问题，下面介绍解决回归问题的几种方法。

1. 将回归问题转化为分类问题

采用将回归问题转化为分类问题的方法，将回归的结果基于值划分成若干区间，利用基预测器的预测值建立一个截断高斯分布，并以该分布的概率值作为各个值区间的概率值。

假设截断高斯分布表示为 gaussian(a,b,u,σ)，其中 a 为截断高斯分布的起始值(取值下限)，b 为其结束值(取值上限)，由依据数据的范围决定，u 为截断高斯分布的均值，由基预测器的结果(或平均结果)决定，σ 为截断高斯分布的标准差，它的取值与基预测器置信度的成反比，当基预测器的准确性较高时，设定一个较低标准差；反之，当基预测器的准确性较低时，设定较高的标准差。最终计算值区间内的截断高斯分布的概率作为最终的概率，如图 4-2 所示。

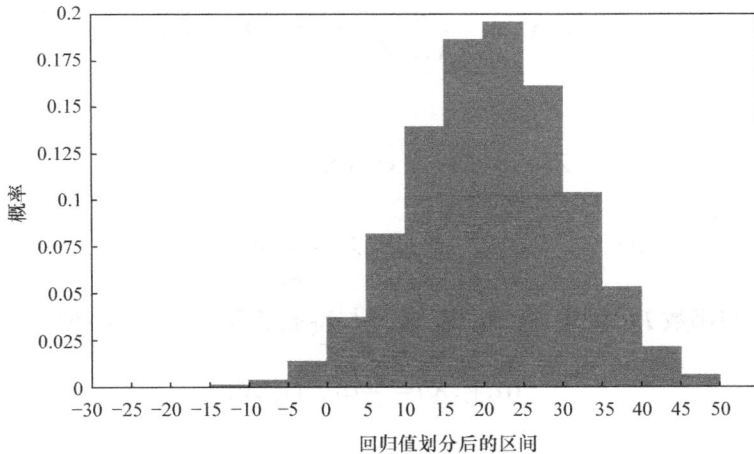

图 4-2　利用截断高斯分布得到的区间概率

2. 针对回归问题的条件随机场

1) 预测算法

算法 4-1 在真实应用中效果不佳，经过条件随机场后预测精度难以出现有意义的提升。原因是将回归问题转化为分类问题的过程中，有精度的损失；在设计截断高斯分布时，需要设定一系列参数，这就增加了调参的难度。

针对算法 4-1 在真实应用中效果不佳的事实，本节研究根据回归问题设计新的条件随机场。结合文献(RISTOVSKI et al.，2013)与论文(RADOSAVLJEVIC et al.，2010)，提出了针对回归问题的基于条件随机场的回归算法，如算法 4-2 所示。

算法 4-2：连续条件随机场迭代过程

输入：basic regressors' results p , kernel matrix $\boldsymbol{\kappa}^1...\boldsymbol{\kappa}^m$

输出：enhanced results q

1　　$q_i \leftarrow p_i$

2　　$u_i \leftarrow p_i$

3　　While not converged

4　　$q_i \leftarrow \dfrac{u_i + 2\sum\limits_{m=1}^{M} w^m \sum\limits_{j\neq i} \kappa^m(\boldsymbol{f}_i,\boldsymbol{f}_j)q_i}{1 + 2\sum\limits_{m=1}^{M} w^m \sum\limits_{i\neq j} \kappa^m(\boldsymbol{f}_i,\boldsymbol{f}_j)}$

由于上层预测器预测的结果是数值，所以相应的输入 p 和输出 q 都是一维向量，平均场迭代由第 3 行开始的循环来实现。

下面简述第 4 行公式的推导。使用连续条件随机场来刻画条件分布 $P(y|X)$ ，其中 $\mathrm{y}\in\mathbb{R}^N$:

$$P(y\,|\,X) = \frac{1}{Z(X,\alpha,\beta)}\exp(\phi(y,X,\alpha,\beta)) \tag{4-6}$$

其中

$$Z(X,\alpha,\beta) = \int_y \exp(\phi(y,X,\alpha,\beta)) \tag{4-7}$$

$$\phi(y,X,\alpha,\beta) = \sum_{i=1}^{N} A(\alpha,y_i,X) + \sum_{i\neq j} I(\beta,y_i,y_j,X) \tag{4-8}$$

将函数 A 与函数 I 分别定义为特征函数 f 与特征函数 g 的线性叠加：

$$A(\alpha,y_i,X) = \sum_{k=1}^{K} \alpha_k f_k(y_i,X) \tag{4-9}$$

$$I(\beta,y_i,y_j,X) = \sum_{l=1}^{L} \beta_l g_l(y_i,y_j,X) \tag{4-10}$$

假设已有一系列模型可以对特征函数 f 和特征函数 g 进行估计，用函数 R 和函数 k 来表示特征函数 f 和 g ，XIN 等(2009)提出将特征函数 f 和特征函数 g 定义为 y 的二次函数，可以使条件随机场高效地计算与推导，于是假设

$$f_k(y_i,X) = -(y_i - R_k(X))^2 \tag{4-11}$$

$$g_l(y_i,y_j,X) = -k_l(p_i,p_j)(y_i - y_j)^2 \tag{4-12}$$

因为需要计算逆矩阵，所以精确的连续条件随机场的推导需要 $O(N^3)$ ，在场均值理

论下提出利用最小化分布 $Q(\boldsymbol{y}\,|\,X) = \prod\limits_{i=1}^{N} Q_i(y_i\,|\,X)$ 与 $P(y\,|\,X)$ 的 KL 散度来近似分布 $P(y\,|\,X)$，可得

$$\log(Q_i(y_i\,|\,X)) = -\sum_{k=1}^{K} \alpha_k(y_i^2 - 2y_i R_k(X)) - 2\sum_{l=1}^{L} \beta_l \sum_{i \neq j} k_l(p_i, p_j)(y_i^2 - 2y_i E[y_j]) + \mathrm{const} \quad (4\text{-}13)$$

所以 $\lg(Q_i(y_i\,|\,X))$ 可以表示为一个正态分布，它的均值为

$$\mu_i = \frac{\displaystyle\sum_{k=1}^{K} \alpha_k R_k(X) + 2\sum_{l=1}^{L} \beta_l \sum_{i \neq j} k_l(p_i, p_j)\mu_j}{\displaystyle\sum_{k=1}^{K} \alpha_k + 2\sum_{l=1}^{L} \beta_l \sum_{i \neq j} k_l(p_i, p_j)} \quad (4\text{-}14)$$

令 $\alpha_k = 1/K$，再将对应符号转换，由此推出算法 4-2 中第 4 行的公式。固定 α_k 的值是借鉴了残差神经网络的思想，利用条件随机场学习残差，使训练变得更容易。

2) 数据修复算法

将算法 4-2 进行简单改进，便可进行复杂时间序列数据的修复，如算法 4-3 所示。其中 t 代表存在数据缺失的数据，用*号代表缺失数据。通过判断相应位置的数据是否缺失，算法决定该位置是否在平均场迭代的计算过程中进行振荡。

算法 4-3：基于条件随机场的数据修复

输入：basic regressors' results $\boldsymbol{p}$, kernel matrix $\boldsymbol{\kappa}^1 \cdots \boldsymbol{\kappa}^m$, data with missing value $\boldsymbol{t}$

输出：fixed data $\boldsymbol{q}$

1　　$c_i \leftarrow \begin{cases} p_i, & t_i = * \\ t_i, & t_i \neq * \end{cases}$

2　　$z_i \leftarrow q_i$

3　　While not conveged

4　　$q_i \leftarrow \begin{cases} \dfrac{u_i + 2\displaystyle\sum_{m=1}^{M} w^m \sum_{j \neq i} \kappa^m(\boldsymbol{f}_i, \boldsymbol{f}_j) q_i}{1 + 2\displaystyle\sum_{m=1}^{M} w^m \sum_{i \neq j} \kappa^m(\boldsymbol{f}_i, \boldsymbol{f}_j)}, & t_i = * \\ \\ t_i, & t_i \neq * \end{cases}$

---

3) 实现

如果将核函数结果视为固定输入，将其写为对称矩阵的形式：

$$K_{i,j}^m = \begin{cases} 0, & i = j \\ k^m(\boldsymbol{f}_i, \boldsymbol{f}_j), & i \neq j \end{cases} \quad (4\text{-}15)$$

算法 4-3 中的第 4 行可以由矩阵相乘的形式实现，从而梯度可以向后传播。

4) 针对天气数据的实验

选用核函数，以条件随机场作为上层预测器的方式进行 Stacking 训练，利用 Adaboost、随机森林和梯度提升树三种方法训练基预测器，根据前 10 天的天气数据对后一天的天气情况进行预测，再将预测结果利用算法 4-3 进行增强，即以基预测器的结果作为输入，在验证集上以均方差为损失，利用 Adam 算法对算法 4-3 所描述的条件随机场进行训练。

利用均方差为衡量标准，相比于简单平均，在测试集上增强后的结果有 9.1%的提升。在实验的基础上，按照一定的概率使得某一天某城市的温度缺失，从而验证算法 4-3 的有效性，以填补数据与原数据的均方差为标准，发现经过算法 4-3 增强之后的结果相比于修复数据的简单平均的结果有 10%的提升。将实验结果记录在表 4-1 中。

表 4-1　天气数据实验结果

问题类型	较简单平均的基准方法提升/%
预测	9.1
修复	10

可以发现，无论应用于预测问题，还是修复问题，经过条件随机场充分抓取待预测(修复)时刻时间序列维度间的特征之后，Stacking 模型融合的过程都能使预测与修复的结果更加准确。

5) 针对工业数据的实验

由于天气数据中包含一些离散型属性，难以直接利用神经网络对其进行处理，故选用如 Adaboost、随机森林和梯度提升树的预测器作为基预测器，为了探究条件随机场算法是否适用于深度学习，在工业风机组数据上进行了实验。

风机组数据都是数值数据，但是各个维度的范围有很大区别，在使用之前，要对其进行规范化处理。

类似针对天气数据的实验，将工业数据按时间以 3∶1∶1 的比例划分为训练集、验证集和测试集。分别以 GRU 和 LSTM 为主要的网络结构，构建基预测器，利用前 10 个时刻的数据，预测下一时刻的数据，基预测器的网络结构如图 4-3 所示。

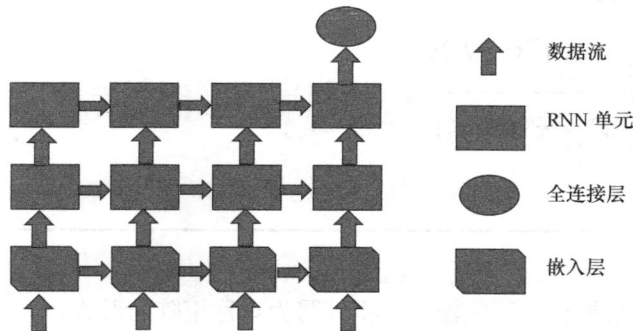

图 4-3　基预测器的网络结构

由于工业数据不像天气数据有如地域位置这样明确的维度间的关系，所以利用 pearson 相关系数作为核函数的距离项，从而设计与式(4-5)类似的核函数。

在训练集上，将均方差作为损失，分别将 GRU 和 LSTM 作为 RNN 单元的两个网络进行训练，在收敛并且不同基预测器性能相近之后，通过两种方式利用算法 4-3 对结果进行增强：采用 Stacking 方式训练，利用基预测器的两个模型在验证集上的结果作为输入，仅训练条件随机场；采用预训练-微调方式，将条件随机场的梯度传导作为基预测器的网络，实现对基预测器网络的微调。以基预测器网络的结果作为基准，实验结果如表 4-2 所示。

表 4-2　风机组数据实验结果

方法	GRU+LSTM/Stacking	GRU/Fine-Tune	LSTM/Fine-Tune
相较基准提升/%	12	4	3

可以发现，无论以 Stacking 方式利用条件随机场进行模型融合，还是以预训练-微调的方式利用条件随机场优化单一模型，都能取得一定的效果，说明了以条件随机场刻画复杂时间序列数据维度间的特征，可以有效地提高模型的效果，使预测更加精确。其中利用 Stacking 方式进行模型融合对预测效果的提升相较优化单一模型更明显，原因是两个模型结果的融合一定程度上缓解了神经网络的过拟合问题，使得相较基准提升较大，而单一模型容易陷入过拟合问题，使得相较基准提升较小。

4.2　近似时间序列匹配并行化算法 SFSC

4.2.1　时间序列的近似化表示

时间序列是具有严格时间顺序的数据点集合，在时间序列的表示方法中，可以将时间序列的时间索引作为 x 轴坐标，将具体的数据作为 y 轴坐标，绘制时间序列的图形化表示。如图 4-4 所示。

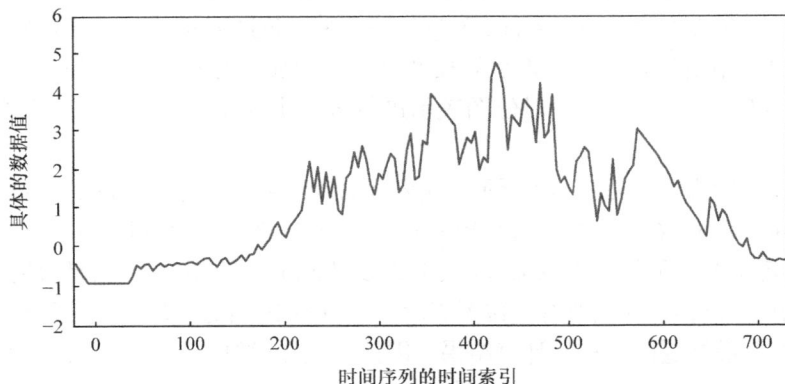

图 4-4　时间序列的图形化表示

从图 4-4 中可以观察到时间序列的具体走势信息及时间序列数据的分布情况。通

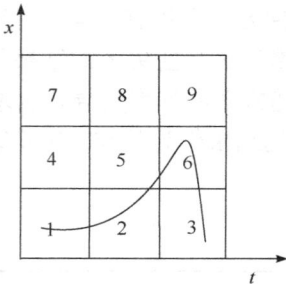

图 4-5　时间序列的近似化表示

过观察数据集中时间序列数据的图形化表示方法，可以发现具有相同类别的时间序列具有相同的走势或者某部分片段具有强烈的相似性。因此，根据时间序列的片段相似性的特点，提出了时间序列的近似化表示方法，图 4-4 可以近似化表示成图 4-5 的形式。在图 4-5 中，将时间序列占据的空间划分为 3×3 的方格，同时赋予每个方格一个对应的 ID，从图中可以观察到，时间序列的轨迹经过区域中的一些方格，相似的时间序列经过的方格也是相似的。因此，使用方格序列来描述时间序列的近似化表示。

图 4-5 中 t 表示的时间序列的时间跨度，起始点为时间的最小值，终止点为时间的最大值，x 表示时间序列数据的取值范围，起始点为数据的最小值，终止点为数据的最大值。在进行区域划分时，对于时间序列数据集 D，需要得出数据集 D 的数据最大值与最小值、时间跨度的最大值与最小值，假设 bound(D)=[(t_{min}, x_{min})，(t_{max}, x_{max})]，根据 bound(D)划分区域范围，该区域可以包含数据中的所有时间序列。

得出划分区域的边界取值后，需要确定划分区域中方格的个数，可以根据实际情况，将时间序列占据的区域划分成 $m×m$ 的方格。M 取值越大，区域中包含的方格数就越多，拥有相同方格表示的时间序列个数将会越少。方格划分结束后，赋予每一个方格一个 ID，ID 的计算公式为

$$ID = (row - 1)columnnumber + column \tag{4-16}$$

其中，row 表示方格的行索引；columnnumber 表示划分区域中包含的列数量；column 表示方格的列索引，如图 4-5 所示，时间序列数据占据的方格索引为 1,2,3,5,6。因此，可以将 S = (1,2,3,5,6)作为时间序列的近似化表示。

为了方便后续程序的计算，本节采用位图表示的方法优化时间序列的近似化表示。假设区域中方格总数为 N，那么使用长度为 N 的位图即可表示区域中所有的时间序列数据。如果时间序列的近似化表示中包含方格 k，那么位图中第 k 位数据设置为 1，否则设置为 0。图 4-5 中方格总数为 9，S = (1,2,3,5,6)，因此采用位图表示的时间序列为 111011000。随着区域划分个数的增加，位图表示的长度会快速增加。当划分个数超过 10 时，位图表示将会超过 100 位，因此，需针对位图表示进行进一步的压缩，使用长度为 64 的符号数组压缩位图表示。

具体的算法伪代码如算法 4-4 所示。输入为时间序列 S，数据集 D 的 bound(D)和划分的区域个数 m。第 1~6 行进行符号数组的赋值。第 7~9 行计算数据与时间的划分间隔。第 10~13 行定义初始值全为 0 的 $m×m$ 大小的数组 array。第 14~19 行计算时间序列的方格表示，使用数组 array 存储所有的位图表示。第 20~29 行每次取位图表示中的 6 位二进制数进行计算并最终返回所有的计算结果，因为 6 位二进制数的取值为 0~63，因此可以使用符号数组的相应索引代替 6 位二进制数。例如，对于位图表示 1111001110011000011，压缩后表示为 YVx1，可见压缩后的表示对于存储及数据传输均具有良好的效果，同时不会丧失原始时间序列的表示信息。

算法 4-4　时间序列位图表示算法

输入： S: time series, D: bound(D), m: area split count
输出： S': bitmap presentation of S

```
1    bitarray ← null
2    bitarray[0 − 9] ←' 0' −' 9'
3    bitarray[10 − 35] ←' a' −' z'
4    bitarray[36 − 61] ←' A' −' Z'
5    bitarray[62] ←' *'
6    bitarray[63] ←'='
7    S' ← Φ
8    ε ← (BD.tmax − BD.tmin) / m
9    σ ← (BD.xmax − BD.xmin) / m
10   array ← null
11   for i = 0 to m * m do
12       array[i] ← 0
13   end for
14   for every point si of S do
15       rowi ← (xi − BD.xmin) / σ +1
16       columni ← (ti − BD.tmin) / ε +1
17       numberi ← (rowi −1) × m + columni
18       array[numberi] ← 1
19   end for
20   binary ← null
21   for i = 0 to m * m do
22       binary ← binary.add(array[i])
23       if i% 6 == 0 then
24           index ← binary.to Decimal()
25           S' ← S'.add(bitarry[index])
26           binary ← null
27       end if
28   end for
29   return S'
```

4.2.2　SFSC_MR 算法的总体设计

在 4.2.1 节中介绍了时间序列的近似化表示方法，采用位图的方法优化时间序列的近似化表示。本节介绍 SFSC 算法的 MapReduce 版本 SFSC_MR 及 SFSC_MR 算法的具体流程设计。

　　SFSC 算法的训练与预测过程中涉及数据均需要保存在内存中,因此 SFSC 算法并不适合处理海量数据。针对分类算法的并行化,目前有两种主流的策略:一种是基于分类器的并行,设计可以并行的分类器,使得多个具有并行能力的分类器可以同时处理海量数据;另一种是基于数据本身的特点,将原始数据进行划分,保证划分后的数据可以通过单机进行处理。本节采用基于时间序列本身的特点进行数据划分。在 4.2.1 节中,提出了时间序列的位图表示方法,同时介绍了时间序列数据集的特点,具有相同类别的时间序列数据的位图表示往往也相近。因此,使用时间序列的位图表示作为划分数据的依据,对于数据集 D 中的每一个时间序列,计算其位图表示,将具有相同位图表示的时间序列划分到一起,从而形成数据的初步划分。通过控制位图表示的长度,可改变其对应的时间序列的数据量,从而使得各个位图表示对应的时间序列数据量尽可能均衡。图 4-6 所示为数据划分流程。

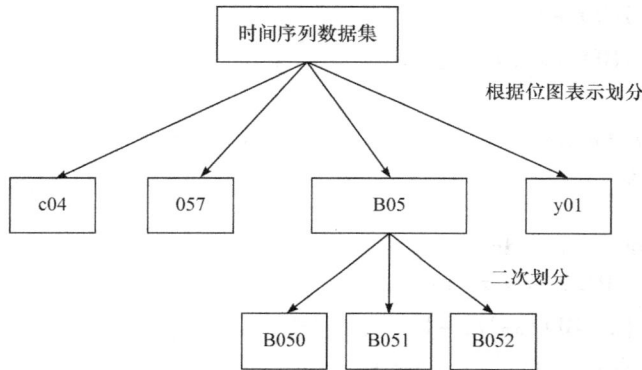

图 4-6　数据划分流程

　　使用位图形式划分具有以下优势,首先可以通过控制位图的长度保证该位图下聚集时间序列的个数,一般而言,位图长度越长,该位图下聚集的数据会变得越少,对于远超平均数量的位图,进行二次划分。假设期望平均数据量为 n,某个位图 b 下聚集的时间序列的数据量为 kn,在二次划分时,将这样的位图进行扩展,使用 b_i 作为新的位图,其中,i 的取值范围为 $0 \sim (k-1)$。然后将原始位图的数据平均分配到新的位图中,保证数据的负载均衡。

　　具有同一位图表示的时间序列数据往往具有相同的类别,但是直接使用位图表示作为划分数据的依据,会造成划分后的数据具有严重的类别倾斜情况,不利于分类器的训练。因为同一位图下,可能存在较少的其他类别的样本,所以,本节提出组合位图的方法解决类别倾斜的问题。图 4-7 描述了位图组合的一个例子,首先,计算具有同一位图表示的时间序列数据中出现次数最多的类别,使用该类别作为该位图的类别表示。然后,将具有同一个类别表示的位图聚集,从不同类别的位图索引中,选择一个进行位图的组合,从类别 1 的位图集合中选择 adf,从类别 2 的位图集合中选择 d74,使用两个位图的组合 adf+d74 作为最终的划分依据,这样可以保证划分后的数据不具有明显的类别倾斜。

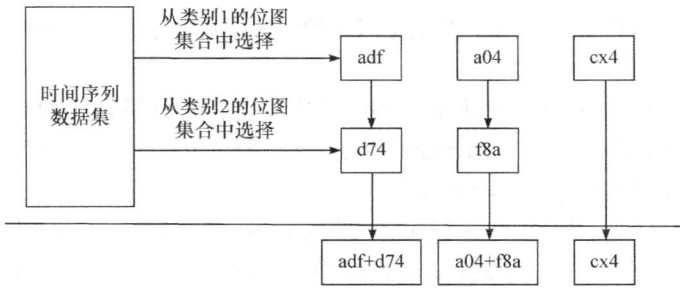

图 4-7　位图组合举例

4.2.3　SFSC_MR 算法的具体设计

SFSC_MR 算法主要包括预处理和查询两个阶段。在预处理阶段，主要完成的工作为计算时间序列的近似化位图表示，计算位图的类别表示，生成组合位图的索引，根据组合位图进行数据的划分，以及分类模型的训练。查询分类阶段，主要完成的工作为计算查询时间序列的近似化位图表示，得到对应的组合位图，根据组合位图寻找对应的训练好的分类模型，进行预测得到分类结果。本节将详细介绍预处理和查询阶段。

1. 预处理阶段

预处理阶段是 SFSC 算法并行化的关键，在时间消耗上，预处理阶段相比于查询阶段消耗的时间更多，但是预处理阶段可以离线完成，训练好的模型可以直接应用到查询阶段。数据预处理的数据流程图如图 4-8 所示。

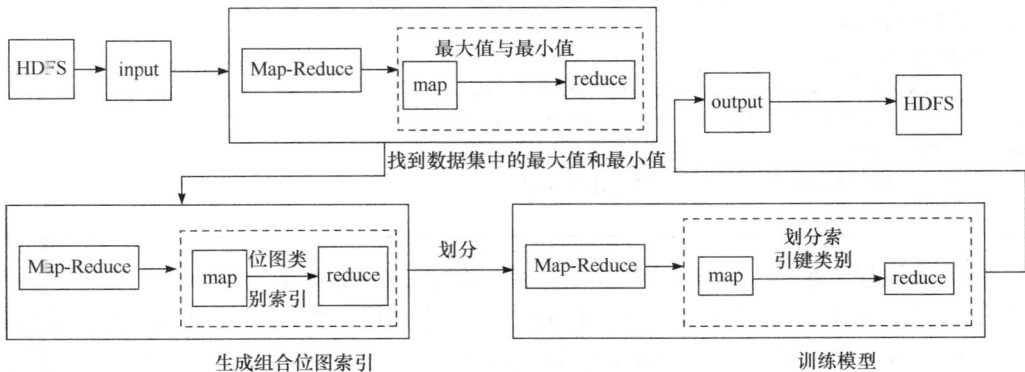

图 4-8　预处理流程图

从数据流程图来看，预处理阶段主要包含三个 job；第一个 job 负责计算海量数据的 bound(D)，将 bound(D) 保存到 HDFS 中。第二个 job 负责计算时间序列的位图表示，并计算每个位图的类别表示，从而生成组合位图的索引。第三个 job 在 map 端计算时间序列 S 的位图表示，并找到对应的组合位图索引 K，map 端输出的 key-value 键值对为 (K,S)，在 reduce 端，具有相同组合位图索引的时间序列聚集在一起，进行分类器的训练，训练结束时，使用组合位图命名模型，保存在 HDFS 中。下面介绍三个 job 的具体算法描述及执行流程。

预处理阶段 job1 如算法 4-5 所示。job1 的主要工作为计算训练数据集的 t_{min}、t_{max}、x_{min} 和 x_{max}。在 map 阶段，第 1 行 map 阶段开始，第 2～5 行进行 t_{min}、t_{max}、x_{min} 和 x_{max} 的初始化赋值。第 6～9 行遍历时间序列 S，更新 t_{min}、t_{max}、x_{min} 和 x_{max}，从而得到当前数据分块的 bound(D)。第 10 行进行 map 端的输出，使用('t_min',tmin)、('t_max',tmax),('x_min',xmin),('x_max',xmax)的 key-value 形式作为 map 端的输出，第 11 行 map 阶段结束。在 reduce 阶段，使用相同 key 下的对应的值作为最终结果，例如，key 为 t_{min} 时，聚集的数据为各个数据结点中的 t_{min}，使用最小的 t_{min} 作为整个数据集的 t_{min}，将结果保存到 HDFS 中。

算法 4-5　预处理阶段 job1

输入： D: time series database

输出： $t_{min}, t_{max}, x_{min}, x_{max}$

1　**function** map
2　　　t_{max} ← 0
3　　　x_{min} ← integer.maxvalue
4　　　x_{max} ← 0
5　　　t_{min} ← integer.maxvalue
6　　　**for** each time series S in D **do**
7　　　　　compareAndSet(t_{min},0), (t_{min},lenth(S)),(x_{min},min(S),(t_{max},max(S))
8　　　**end for**
9　　　map_output('t_min',t_{min}),('t_max',t_{max}), ('x_min',x_{min}),('x_max',x_{max})
10　**end function**
11　**function** reduce
12　　　**for** each element e with same map key **do**
13　　　　　compareAndSet(t_{min},),(t_{max},e),(x_{min},e),(t_{max},e)
14　　　**end for**
15　　　reduce_output(t_{min}),(t_{max}),(x_{min}),(x_{max})
16　**end function**

预处理阶段 job2 如算法 4-6 所示。job2 的输入为训练数据集 D，job1 中计算得到的 bound(D)，时间序列的区域划分个数 m 以及具有相同位图表示的时间序列的期望数据量 avgcount。job2 的输出为 bitmap_class_hashmap 存储位图与其对应类别的键值对。Loadbalance_array_hashmap 负责存储具有超大数据量的位图及其二次划分后的新的位图表示集合。在 setup 阶段，第 1 行 setup 阶段开始，第 2～7 行进行符号数组的赋值，第 8 行 setup 阶段结束。在 map 阶段，第 9 行 map 阶段开始，第 10～13 行对于数据块中的每一个时间序列 S 计算其位图表示 S'，使用(S', S.class)作为 map 阶段的 key-value 输出。在 reduce 阶段，具有相同位图表示的类别序号聚集在一起，第 15 行 reduce 阶段开始，第 16～18 行定义并初始化后续需要使用的变量和数组，第 19～22 行计算具有相同位图索引的时间序列的个数，第 23～30 行中，计算时间序列中出现次数最多的类

别。第31~40行根据位图的数据量是否超过avgcount决定是否对该位图进行二次切分:第 31 行判定数据量是否超过 avgcount，若不是，则无需切分，执行第 38~40 行将出现次数最多的类别作为位图的类别；否则，执行第 32~37 行：第 32 行中计算当前位图的数据量为 avgcount 的倍数(小数向上取整)，第 33~37 行使用倍数对应的符号数组与原始位图的组合作为新的位图表示，添加到 bitmap_class_hashmap 中，同时，将原始位图与其对应的新位图表示添加到 loadbalance_array_hashmap 中，第 41 行 reduce 阶段结束。

算法 4-6　预处理阶段 job2

输入　D: time series database, BD: bound(D), m: split count, avgcount: average count for each bitmap

输出　bitmap_class_hashmap: bitmap and the corresponding class index, loadbalance_array_ hashmap: bitmap and the corresponding load balance array

```
1   function setup
2       bitmap_class_hashmap ← null
3       bitarray ← null
4       bitarray[0-9] ← '0'-'9'
5       bitarray[10-35] ← 'a'-'z'
6       bitarray[36-61] ← 'A'-'Z'
7       bitarray[62] ← '*'
8   end function
9   function map
10      for each time series S in D do
11          S' ←BitmapRepresentation(S,BD,m)
12          map_output(S',S.class)
13      end for
14  end function
15  function reduce
16      number ← 0
17      array ← null
18      array[0-D.classcount]←0
19      for each class index C with same bitmap representation K do
20          number ← number + 1
21          array[C] ← array[C]+1
22      end for
23      maxcount ← 0
24      classindex ← 0
25      for i = 0 to len(array) do
26          if array[i]>maxcount then
27              maxcount ← array[i]
```

```
28          classindex ← i
29      end if
30    end for
31    if number>avgcount then
32    left ← number/avgcount +1
33    for i = 1 to left do
34        newbitmap ← K.concat(bitarray[i])
35        bitmap_class_hashmap[newbitmap]=classindex
36        loadbalance_array_hashmap[K].append(newbitmap)
37    end for
38    else
39        bitmap_class_hashmap[K]=classindex
40    end if
41    end function
```

在 job2 中介绍如何计算位图表示以及每个位图对应的类别信息，同时叙述对具有较大数据量的位图进行负载均衡的过程，以保证具有相同位图表示的时间序列个数大致相等。算法 4-7 描述了索引生成的具体流程。算法的输入为 job2 中生成的 bitmap_class_hashmap，算法的输出为组合位图的链接表。第 1～3 行定义并进行初始化，第 4～7 行计算每个类别下包含的位图集合，第 8～22 行遍历每个类别，分别取出每个类别对应位图集合中的其中一个位图，然后使用取出的位图进行结合，得到组合位图表示。使用"+"连接每个位图，这样方便在进行组合位图查找的过程中进行位图切分。组合位图是划分海量数据的依据，生成组合位图后，将组合位图保存到 HDFS 中。

算法 4-7　生成划分索引

输入： bitmap_class_hashmap: time series bitmap hashmap
输出： split_indexkey_list: the list contains all the split indexkey

```
1   zero_count ← 0
2   split_indexkey_list ← null
3   class_bitmaplist_hashmap ← {}
4   for bitmap in bitmap_class_hashmap do
5       class_index←bitmap_class_hashmap[bitmap]
6       class_bitmaplist_hashmap[class_index].append(bitmap)
7   end for
8   while zero_count ≤len(class_bitmaplist_hashmap) −1 do
9          zero_count ← 0
10         split_indexkey ← null
11     for class_inder inclass_bitmaplist_hashmap do
12         bitmap_list ← class_bitmaplist_hashmap[class_index]
13         if len(bitmap_list) == 0 then
```

```
14                zero_count  ←  zero_count＋1
15         else
16                bitmap ——bitmap_list[0]
17                split_indexkey  ←  split_indexkey.concat(bitmap).concat('+')
18                bitmap_list.remove(0)
19         end if
20     end for
21         split_indexkey_list.append(split_indexkey)
22  end while
```

在介绍预处理 job3 之前，首先介绍如何根据位图表示找到它对应的组合位图，具体的算法如算法 4-8 所示，算法的输入为时间序列的位图表示、位图组合的数组及负责负载均衡的数组。算法的输出为位图对应的组合位图表示。第 1~4 行遍历负载均衡数组，判断该位图是否属于具有较大数据量的位图，如果属于具有较大数据量的位图，则从负载均衡数组中随机取出该位图对应的二次划分的位图，作为当前位图。第 5~17 行遍历所有的组合位图集合，对于每一个组合位图，从开始位置截取位图长度的字符串，与位图进行比较，与位图完全重合时，返回该组合位图，否则，截取位置后移位图长度，重复上述过程，直到找到相应的组合位图。

算法 4-8　查找划分索引

输入：bitmap the time series bitmap, loadbalance_array_hashmap:bitmapand the corresponding
　　　load balance array, split_indexkey_listthe list con-tains all the split index key
输出：split_indexkey: the split index key contains bitmap

```
1   if loadbalance_array_hashmap.contains (bitmap) then
2       loadbalance_array  ←  loadbalance_array_hashmap[bitmap]
3       bitmap  ←  loadbalance_array.random()
4   end if
5   len  ←  len(bitmap)
6   forsplit_indexkey in split_indexkey_list do
7       loc  ←  0
8           for i= 0 to len(splitindexkey) do
9               loc  ←  split_indexkey.indexOf('+',loc)
10              str  ←  split_indexkey.substr(i,loc)
11                  if str.equals(bitmap) then
12                      return split_indexkey
13                  else
14                      i  ←  loc
15                  end if
16          end for
17  end for
```

预处理阶段 job3 如算法 4-9 所示，算法的输入为训练数据集，区域划分个数，以及 job1、job2 中的相应输出，算法的输出为对应的分类模型。在 setup 阶段，第 1 行 setup 阶段开始，第 2、3 行，从 HDFS 中加载之前 job 的输出，第 4 行 setup 阶段结束。在 map 阶段，第 5 行 map 阶段开始，第 6 行进入循环遍历每一个时间序列，第 7 行计算数据块中每一个时间序列对应的位图表示，第 8 行根据位图表示找到对应的组合位图表示，第 9 行使用组合位图表示作为 map 端的 key，时间序列作为 map 端的 value，进行输出。第 10 行循环结束。第 11 行 map 阶段结束。在 reduce 阶段中，第 12 行 reduce 阶段开始，第 13 行初始化训练集合。第 14~16 行中将具有同一个位图表示的时间序列添加到训练集中，第 17 行使用该训练集进行 SFSC 算法的训练，此时，同一个划分索引下的时间序列数量可以被单机 SFSC 算法处理，训练结束以后，第 18 行使用组合位图命名训练好的模型，第 19~20 行保存到 HDFS 中。第 21 行 reduce 阶段结束。

算法 4-9　预处理阶段 job3

输入： D: the training time series dataset，m: split_count，BD: bound(D)

输出： model: the training model

```
1   function setup
2       split_indexkey_list ← HDFS.read()
3       loadbalance_array_hashmap ← HDFS.read()
4   end function
5   function map
6       for each time series S of D do
7           bitmap ← ComputeBitmap(S,D,m)
8           split_indexkey ← FindSplitIndexkey(bitmap, loadbalance_array_hashmap,split_
indexkey_list)
9           map_output(split_indexkey,S)
10      end for
11  end function
12  function reduce
13      training_dataset ← null
14      for each time series S with samesplit_indezkey do
15          raining_dataset.append(S)
16      end for
17      model ← SFSC(training_dataset)
18      model.name(split_indexkey)
19      dir_index ← split_indexkey.hash%100
20      HDFS.save(dir_index,model)
21  end function
```

---

2. 查询阶段

查询阶段主要负责对查询时间序列进行分类。查询阶段流程图如图 4-9 所示。

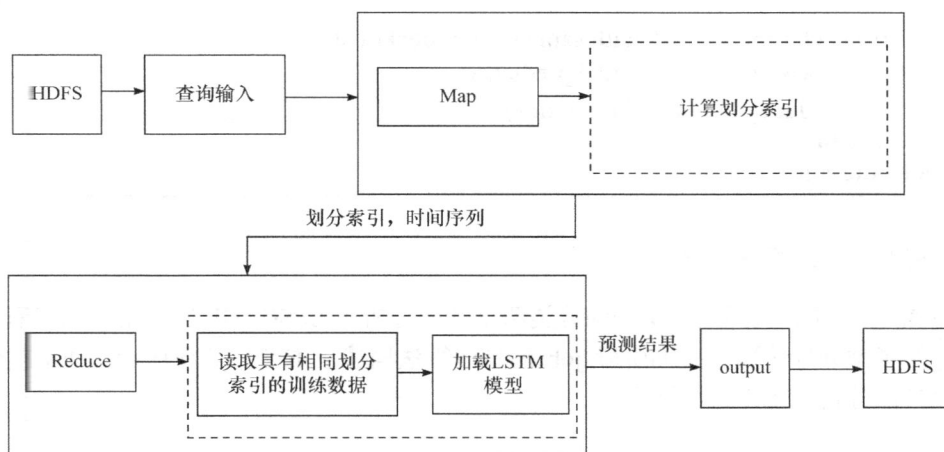

图 4-9 查询阶段流程图

查询阶段由 1 个 job 完成。查询阶段 job1 算法如算法 4-10 所示。算法的输入为查询时间序列数据集、区域划分个数、时序数据库、预处理过程中产生的结果，输出为时间序列及其对应的预测类别。在 map 阶段，第 7 行计算数据块中每一个时间序列的位图表示，第 8 行根据位图表示找到对应的组合位图，第 10 行使用组合位图表示作为 map 端的 key，时间序列作为 map 端的 value，进行输出。在 reduce 阶段中，第 15 行根据组合位图查找训练好的分类模型，第 16~18 行利用模型进行分类，将分类的结果保存到 HDFS 中。

算法 4-10　查询阶段 job1

输入：Q: the testing time series dataset，m: split_count，D: time series database，BD: bound(D)

输出：result: the prediction result

1　**function** setup
2　　split_indexkey_list ← HDFS.read()
3　　loadbalance_array_hashmap ← HDFS.read()
4　**end function**
5　**function** map
6　　**for** each time series S of D **do**
7　　　bitmap ← ComputeBitmap(S)
8　　　split_indexkey ← FindSplitIndexkey(bitmap,
9　　　loadbalance_array_hashmap,split_indexkey_list)
10　　　map_output(split_indexkey,S)
11　　**end for**
12　**end function**
13　**function** reduce
14　dir_index ← split_indexkey.hash%100
15　model ← HDFS.load(dir_index,split_indexkey)

```
16        for each time series S with same split_indexkey do
17            class_index  ←  model.predict(S)
18            reduce_output(S,class_index)
19        end for
20    end function
```

4.2.4 SFSC_MR 算法的分析

在 4.2.3 节中，从预处理及查询分类两个阶段分析了 SFSC_MR 算法的执行流程，并详细介绍了预处理阶段和查询阶段 job 的具体算法描述，本节从负载均衡、通信代价两个方面具体分析 SFSC_MR 算法。

1. 负载均衡

对于海量数据的负载均衡而言，保证每个结点处理的数据量大致相等，会避免数据倾斜的情况。假设期望每个结点进行 SFSC 训练的数据量为 m，那么在数据划分阶段，每个组合位图下聚集的时间序列个数期望值为 m。在组合位图的形成过程中，每个组合位图可能包含 n 个位图，其中 n 的最大值为数据集的类别个数。因此，具有相同位图表示的时间序列个数的期望值为 avg $= m/n$。具有同样位图表示的时间序列个数由该位图的长度决定，一般而言，位图长度越长，该位图索引下的时间序列个数越少。但是，仍然会存在一些位图，其对应的时序数据的个数远超期望值的情况。针对这种情况，通过二次分发实现负载均衡。假设具有位图 S 表示的时间序列的个数为 6avg，远超过了期望数量 avg，负载均衡方法生成 6 个全新的索引，分别为 S_0、S_1、S_2、S_3、S_4、S_5。新索引的生成方式在预处理阶段进行了详细介绍，然后将具有位图 S 表示的时间序列随机分配到 S_0、S_1、S_2、S_3、S_4、S_5 中，这样保证了每个位图的时间序列的个数大体上相等，从而保证了负载均衡。

2. 通信代价

通信代价主要考虑 map 和 reduce 过程中数据的传输量，在有限的带宽情况下，数据传输量越大，通信代价越大，这将导致花费的时间更多。在预处理阶段，在用于计算数据集 t_{min}、t_{max}、x_{min} 和 x_{max} 的 job 中，在 map 阶段的传输过程中，只需要传输每个结点下的 t_{min}、t_{max}、x_{min} 和 x_{max}，该 job 的通信代价可以忽略不计。在计算每个时间序列位图表示时，在 map 阶段，传输的 key 为位图，value 为时间序列位图表示的类别，假设位图长度为 k，时间序列数据集总数量为 n，那么从 map 端到 reduce 端的通信代价为 $(k+1)n$。在模型训练过程中，map 端传输到 reduce 端的 key 为划分索引，value 为对应的时间序列，假设时间序列的长度为 sl，数据集中类别的个数为 c，那么划分索引的最大长度为 ck，通信代价为 $(ck+sl)n$，因此，总的通信代价为 $(k+1+ck+sl)n$。同时可以发现，相比于时间序列长度 sl 而言，位图长度 k 与划分索引的最大长度 ck 相对很小，通信代价约等于时间序列数据集的数据总量。

4.2.5　SFSC_MR 算法的实验结果

本节主要介绍 SFSC_MR 算法在准确率方面和查询速度方面的实验。首先描述实验环境及集群配置，然后对比若干个数据集下 SFSC 算法、SFSC_MR 算法与数据随机划分的准确率，最后对 SFSC_MR 算法的海量数据的处理能力进行验证。

1. 实验环境及集群配置

SFSC_MR 实验中，实验环境为 hadoop 集群，集群的详细配置如下。

集群结点：33 个。

结点配置：2 个 6 核 Intel Xeon 处理、4×8G = 32G DDR4 内存、1×480G SSD、4×2T = 8T SAS 硬盘(RAID5)、2 个千兆网口、2 个万兆网口、1 个光驱、4 个 USB 接口、1 个 AHCI 口。

内存扩展支持：内存插槽 24 最大支持 1536G (已占用 4×8G = 4 个插槽)。

硬盘扩展支持：8 个插槽(已占用 1SSD+4SAS = 5 个插槽)。

本节实验测量组合位图划分方法对于分类错误率的影响，并在海量数据情况下，测量 SFSC_MR 算法的查询速度，即每秒完成的查询数量，包括机器数量、查询数据量、reducer 个数对于查询速度的影响。在测量组合位图划分方法对于分类错误率影响时，实验数据来源于 UCR 公开数据集。在海量数据实验中，由于 UCR 公开数据集的数据量较小，因此以 wafer 数据集为基础数据集，扩充样本数量，具体扩充方法为，随机选择 wafer 数据集中的两条时间序列 S_1 和 S_2 生成新的时间序列 S_3。然后交替使用时间序列 S_1 和 S_2 的特征长度作为时间序列 S_3 的长度。时间序列 S_3 相应维度的值随机选择时间序列 S_1 或者时间序列 S_2 对应维度的值进行填充。重复上述的过程，直到 wafer 数据集的数据量足够大为止。使用这种数据扩充的方法生成了约 500GB 的训练集及约 500GB 的测试集。

2. 准确率实验

在 lighting2、gun_point、yoga、wafer 数据集上进行组合位图数据划分方法的有效性的测试，实验结果如表 4-3 所示。SFSC_MR 算法使用本地化的策略，即将组合位图划分方式应用到 SFSC 中。从实验结果中可以得出采用组合位图划分方式的 SFSC 算法相比于采用全部训练数据的 SFSC 算法来说，虽然在准确率方面有一定的损失，但是损失的精度较小。同时由表 4-3 可知，采用组合位图划分数据的方式均大幅度优于随机划分样本的方式，由此可见，SFSC_MR 算法的数据划分方式是有效的。

表 4-3　SFSC_MR 算法准确率实验结果

数据集	SFSC	组合位图划分	随机选择样本
Lighting2	0.2290	0.278	0.377
gun_point	0.0133	0.040	0.246
yoga	0.1260	0.203	0.280
wafer	0.0035	0.008	0.010

3. 查询速度

本实验测试 SFSC_MR 对于海量数据查询花费的时间，主要测量查询阶段花费的时间。由于预处理阶段可以离线完成，因此本实验不考虑预处理阶段程序花费的时间，主要测量机器数量、查询数据量及 reducer 个数对查询速度的影响。其中，预处理阶段使用的训练集数据量约为 500GB，包含时间序列个数约为 3850 万个。

图 4-10 表示机器数量对查询速度的影响，x 轴表示机器数量，y 轴表示查询速度，即每秒完成的查询数量。从图中可以得出，随着机器数量的增加，查询速度几乎线性增长，因此，扩充机器的数量可以显著地增加查询处理的速度。

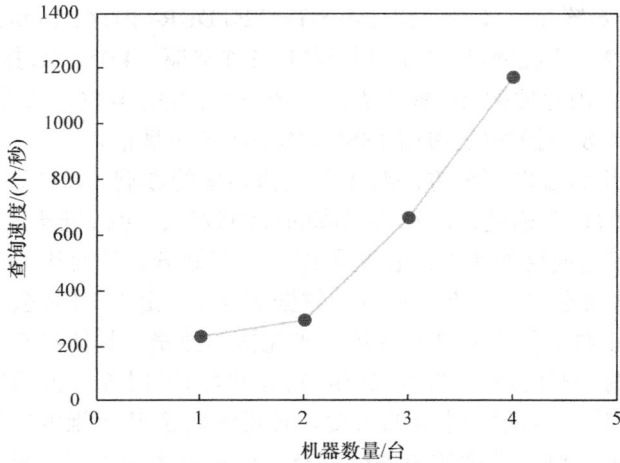

图 4-10　机器数量对查询速度的影响

图 4-11 表示查询数据量对查询速度的影响，x 轴表示查询数据量，y 轴表示查询速度，即每秒完成的查询数量。从图中可以得出，随着查询数量的增加，查询速度呈现缓慢增长的趋势，由此可见，SFSC_MR 算法具有良好的可扩展性，当数据量增加时，仍能保持较高的查询速度。

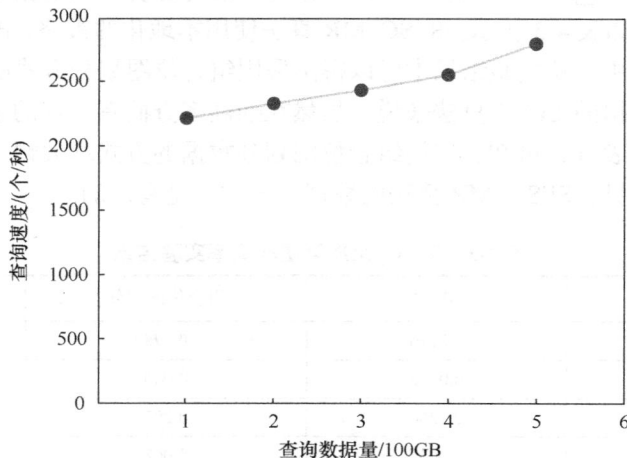

图 4-11　查询数据量对查询速度的影响

图 4-12 表示 reducer 数量对查询速度的影响，x 轴表示 reducer 的数量，y 轴表示每秒完成的查询个数，从图中可以看出，当 reducer 数量从 32 增加到 63 时，查询速度显著增长，当 reducer 数量继续增加时，增长幅度略小，同时可以得出，SFSC_MR 算法在负载均衡方面表现较好。

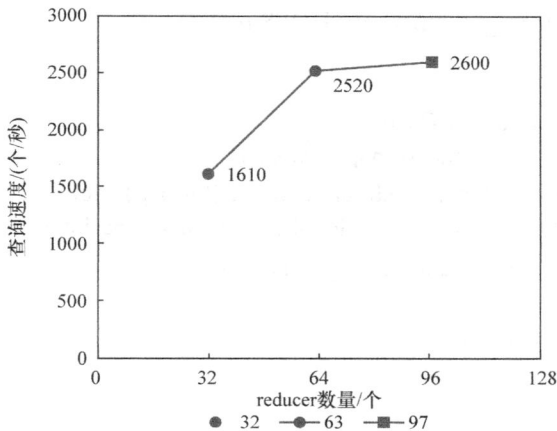

图 4-12　reducer 数量对查询速度的影响

4.2.6　并行化算法的扩展

本节介绍如何将上述提到的数据划分方式应用到相似时间序列搜索中，使得相似时间序列搜索算法 SFSF 同样具备处理海量数据的能力。

与 SFSC 算法类似，相似时间序列搜索同样需要将训练数据读入内存中，以完成对训练数据的遍历，从而搜索与查询时间序列这两个问题所需的训练时间序列具有较高相似度。因此，可以通过对于 SFSC_MR 算法进行一些修改，使得 SFSC_MR 算法的数据划分方式可以应用到相似时间序列搜索。具体的修改方式及相应算法说明主要有以下四点。

1) 预处理阶段 job1 无须进行更改，通过该 job 获取训练数据集的 bound(D)。

2) 预处理阶段 job2 获取时间序列的位图表示，以及得出需要进行负载均衡的位图。在 SFSC_MR 算法中，使用组合位图作为最终划分数据的依据，组合位图的表示可以适当缓解划分数据后的类别倾斜。相比于分类算法，相似时间序列搜索算法无须考虑类别倾斜的情况，因此，可以直接应用位图作为最终划分数据的依据，无须计算组合位图。

3) 预处理阶段 job3 需要进行较大改动。SFSC_MR 算法的预处理阶段 job3 负责进行分类模型的训练。相似时间序列搜索的预处理阶段 job3 无须进行分类器训练，只需要将位图对应的所有训练样本保存到 HDFS 中即可。相似时间序列搜索的预处理阶段 job3 算法伪代码如算法 4-11 所示。在 map 阶段，第 5～10 行计算时间序列对应的位图表示，将位图表示与时间序列作为 map 阶段的输出。在 reduce 阶段，第 15～18 行将具有同一个位图表示的时间序列数据写入同一个文件中，使用位图进行命名，保存到 HDFS 中。

算法 4-11 相似时间序列搜索-预处理阶段 job3

输入： D: the training time series dataset，m: split_count

输出： model: the training model

```
1   function setup
2       loadbalance_array_hashmap ← HDFS.read()
3   end function
4   function map
5       for each time series S of D do
6           bitmap ← ComputeBitmap(S,BD,m)
7           if loadbalance_array_hashmap.contains(bitmap) then
8               loadbalance_array ← loadbalance_array_hashmap[bitmap]
9               bitmap ← loadbalance_array.random()
10          end if
11      map_output(bitmap, S)
12      end for
13  end function
14  function reduce
15  training_dataset ← null
16  for each time series S with same bitmap do
17      training_dataset.append(S)
18  end for
19  HDFS.save(bitmap,training_dataset)
20  end function
```

（4）查询阶段 job1 如算法 4-12 所示。在 map 阶段，第 5～12 行计算时间序列对应的位图表示，将位图表示与时间序列作为 map 阶段的输出。在 reduce 阶段，读取位图命名的文件中所有训练时间序列数据，使用 SFSF 算法得出相应结果。

算法 4-12 相似时间序列搜索-查询阶段 job1

输入： Q: the testing time series dataset，m: split_count

输出： result: the prediction result

```
1   function SETUP
2       loadbalance_array_hashmap ← HDFS.read()
3   end function
4   function map
5       for each time series S of Q do
6           bitmap ← ComputeBitmap(S,BD,m)
7           if loadbalance_array_hashmap.contains(bitmap) then
8               loadbalance_array ← loadbalance_array_hashmap[bitmap]
9               bitmap ← loadbalance_array.random()
10          end if
11      map_output(bitmap, S)
```

```
12      end for
13  end function
14  function reduce
15      test_dataset ← null
16  for each time series S with same bitmap do
17      test_dataset.add(S)
18  end for
19  train_dataset ← HDFS.read(bitmap)
20  result ← SFSF(train_dataset,test_dataset)
21  end function
```

4.3 基于并行深度学习的工业时序大数据高效分类算法

4.3.1 精确分类工业大数据时间序列的深度学习

现代工业生产过程中的各个部分具有高度的密集和紧密联系，这使得一旦某一部分出现故障，将会对整个生产过程造成严重影响。能够及时检测出生产系统的异常，发现生产过程中的问题，在故障发生前进行调整，确保工业生产顺畅进行，可以大幅度地降低工业生产成本。而现代工业生产中，存在大量的传感器无时无刻地采样工业设备信息，产生了大量复杂的数据，这些数据呈现时间序列的特点，若能分析这些数据，预测判定工业设备、流程的状态，将产生巨大效益。

本节从工业大数据时间序列的角度出发，进行时间序列精准分类研究。工业时间序列与一般时间序列的不同在于其维度十分高、依赖关系复杂、规律多变等，因而在工业领域中采用时间序列分类的传统算法往往效果不佳。为解决该问题，本节利用在其他复杂时间序列数据预测的领域中效果良好的深度学习技术，设计了端到端的深度学习神经网络，并提出了根据训练集序列单整阶数选择神经网络层数超参的神经网络结构设计方法，来解决模型结构自适应问题。本节针对工业时序分类准确性挑战，主要解决工业时间序列精准分类的问题，并根据收集的工业时间序列数据判断当前设备、流程的状态。

. 问题描述与解决方案

工业时序分类问题一般是通过工业设备检测到的时间序列数据判定工业设备或流程的状态。可以将其抽象为如下数学问题的形式。

工业生产时刻 i 收集得到的 d_f 个传感器数据组成向量 $x_i = \left[x_{i1}, x_{i2}, \cdots, x_{id_f} \right] \in \mathbb{R}^{1 \times d_f}$，则 t 个连续时刻的数据可以描述为一个矩阵 $X = \left[x_1, x_2, \cdots, x_t \right]^T \in \mathbb{R}^{t \times d_f}$，一个矩阵代表一个工业时间序列样本。假设真实世界共有 m 个样本，组成数据集 S 记为 $\left\{ X^{(1)}, X^{(2)}, \cdots, X^{(m)} \right\}$，共分为 l 个类别，类别集合 C 记为 $\{ c_1, c_2, \cdots, c_l \}$。各个样本 $X^{(j)}$ 有其对立的唯一类别 $y^{(j)} \in C$，记为映射 $r: S \to C$。则工业时间序列分类问题就是寻求一个模型 $M: S \to C$，使得

$$\forall X \in S, \quad r(X) = M(X) \tag{4-17}$$

由于工业时间序列数据具有数据空间维度高、数据量巨大、依赖关系复杂、规律多变的特点，本节决定采用端到端深度学习技术进行分类。LSTM 和 GRU 的端到端神经网络模型在自然语言处理等时间序列处理领域有卓越成效，因而本节选用 LSTM 和 GRU 神经网络单元来实现工业时序精准分类的端到端深度学习模型。

LSTM 和 GRU 的优点在于它通过门机制可以较长地保存较早时间步的信息，解决时序预测的长距离依赖问题。LSTM 神经网络引入输入门、遗忘门、输出门的机制解决了传统 RNN 无法学习时序数据长距离依赖关系的问题；GRU 将 LSTM 的输入门和遗忘门改进合并为更新门，取消输出门，新增重置门，合并了隐藏层输出和细胞状态，进一步简化运算，同时取得和 LSTM 不相上下的效果。

但端到端神经网络模型的训练需要针对具体训练集上的表现调整超参，如层数超参。在工业场景中可能有成千上万个需要进行时序分类的数据流，如果针对每个数据流设计网络、调整超参将会付出极大的代价。后续针对该问题提出新的设计方法。

2. 算法概述

用于时序精准分类的端到端深度学习算法包括三个模块，即数据预处理模块、网络层数自适应模块、网络模型模块。数据预处理模块舍弃数据集中的带有缺失的脏数据，对数据特征进行归一化处理，并从数据流中生成时间序列样本。网络层数自适应模块根据训练集单整阶数确定网络模型的层数超参。网络模型模块即建立端到端神经网络进行模型训练评估的模块。各个模块的关系如图 4-13 所示。

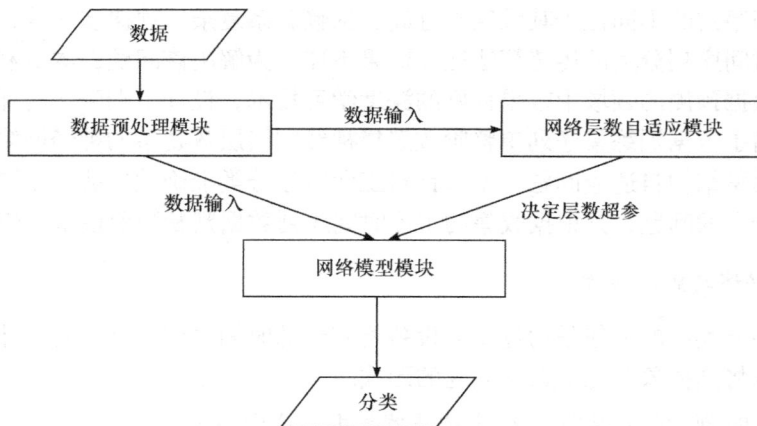

图 4-13　用于时序精准分类的端到端深度学习算法各模块关系

1) 数据预处理模块

工业数据中偶尔产生的一些传感器故障，会造成某些时刻的数据特征缺失。由于工业数据量巨大，时序数据中个别带有缺失特征的样本可以舍弃，并且这种舍弃不会影响数据集的数量级。由于深度学习算法对于数据分布范围比较敏感，差异太大的特征分布范围容易影响训练结果，所以须对数据特征进行征归一化。此外，工业数据是连续采样感知的，原数据只有一系列按时间采样的特征帧，相当于一个超级长的时间序列，在某些帧的位置上有设备状态或流程状态标签，需要从这个超级长的时间序列中切割划分出时间序列样本。

设原数据集为 $D = [x_1, x_2, \cdots, x_T]^T \in \mathbb{R}^{T \times d_f}$，$T$ 是原数据集这个超长时间序列的长度，也就是整个数据集的所有帧数。$x_i \in \mathbb{R}^{1 \times d_f}$ 代表时刻 i 的特征帧，也就是一个特征向量。有的特征帧有标签，有的没有标签。数据预处理模块的算法具体流程如算法 4-13 所示。

算法 4-13　data_preprocess(D, min_length, max_length)

输入　原数据集 $D = [x_1, x_2, \cdots, x_T]^T \in \mathbb{R}^{T \times d_f}$，样本最小长度 min_length，样本最大长度 max_length

输出　预处理后的数据集 S

1　$T \leftarrow$ series length of D
2　$i \leftarrow 1$
3　**maximum_features** $\leftarrow o$(zero vector of length d_f)
4　**minimum_features** $\leftarrow$ inf(infinity vector of length d_f)
5　**while** $i < T$
6　　　**if** x_i has loss feature
7　　　**then**
8　　　Delete x_i from D
9　　　$T \leftarrow T - 1$
10　**else**
11　maximum_features $\leftarrow$ element-wise max between maximum_features and x_i
12　minimum_features $\leftarrow$ element-wise min between minimum_features and x_i
13　$i \leftarrow i + 1$
14　$S \leftarrow \varnothing$
15　**for** I **from** min_length **to** T
16　　　**if** x_i has label y_i
17　　　**then**
18　　　$j \leftarrow$ min_length
19　**while** $j <$ max_length **and** $i - j > 0$ **and** x_{i-1} has no label
20　　　$j \leftarrow j + 1$
21　　　$nx_{i-j+1}, nx_{i-j+2}, \cdots, nx_i \leftarrow$ Element-wise min-max normalize $x_{i-j+1}, x_{i-j+2}, \cdots, x_i$ byminimum_featuresandminimum_features
22　　　$s \leftarrow ([nx_{i-j+1}, nx_{i-j+2}, \cdots, nx_i]^T, y_i)$
23　　　$S \leftarrow S \cup \{s\}$
24　**return** S

算法 4-13 第 1～4 行做算法变量初始化，第 5～13 行做缺失样本处理，并统计各个

特征的最大值和最小值。第 14～24 行从数据流中根据设定样本长度范围和标签位置提取样本，并按特征做 min-max 归一化。

2) 网络层数自适应模块

下面提出模型层数设计方法可以不依靠模型训练时的表现，而是根据各个工业数据流自适应调整。

一个样本 $\boldsymbol{X} = [x_1, x_2, \cdots, x_t]^{\mathrm{T}} \in \mathbb{R}^{t \times d_f}$ 可以按行视为 t 帧的特征向量组成的矩阵，也可以按列视为 d_f 个特征序列组成的矩阵即 $\boldsymbol{X} = \left[f_1, f_2, \cdots, f_{d_f} \right] \in \mathbb{R}^{t \times d_f}$，其中 $\boldsymbol{f}_j = \left[x_{1j}, x_{2j}, \cdots, x_{tj} \right]^{\mathrm{T}} \in \mathbb{R}^{t \times 1}$ 为一个特征序列。

差分序列是一个序列 $\boldsymbol{h} = [h_1, h_2, \ldots, h_n]$，相邻两数两两之差得到的新序列记为 $\Delta \boldsymbol{h} = [h_2 - h_1, h_3 - h_2, \cdots, h_n - h_{n-1}]$。将差分序列再做差分得到二阶差分序列，记为 $\Delta^2 \boldsymbol{h}$，依次类推 d 阶差分序列记为 $\Delta^2 \boldsymbol{h}$。序列的平稳与否判断指标为自相关系数 ACF 和偏相关系数 PACF。序列 $\boldsymbol{h} = [h_1, h_2, \cdots, h_n] \in \mathbb{R}^{1 \times n}$ 的 $\mathrm{ACF}_q(h)$ 计算方式如式(4-20)所示，$\mathrm{PACF}_q(h)$ 计算方式如式(4-22)所示。

$$\overline{h} = \frac{1}{n} \sum_{i=1}^{n} h_i \tag{4-18}$$

$$\gamma_q = \frac{1}{n-q} \sum_{i=1}^{n-q} \left(h_i - \overline{h} \right) \left(h_{i+q} - \overline{h} \right), \quad 1 \leqslant q \leqslant n-1 \tag{4-19}$$

$$\mathrm{ACF}_q(h) = \rho_q = {}^\gamma q / \gamma_0, \quad |q| \leqslant n-1 \tag{4-20}$$

$$\boldsymbol{D} = \begin{vmatrix} 1 & \rho_1 & \cdots & \rho_{q-1} \\ \rho_1 & 1 & \cdots & \rho_{q-2} \\ \vdots & \vdots & \ddots & \vdots \\ \rho_{q-1} & \rho_{q-2} & \cdots & 1 \end{vmatrix}, \quad \boldsymbol{D}_q = \begin{vmatrix} 1 & \rho_1 & \cdots & \rho_1 \\ \rho_1 & 1 & \cdots & \rho_2 \\ \vdots & \vdots & \ddots & \vdots \\ \rho_1 & \rho_2 & \cdots & \rho_q \end{vmatrix} \tag{4-21}$$

$$\mathrm{PACF}_q(h) = \varphi_{qq} = \frac{D_q}{D}, \quad q = 1, 2, \cdots, n-1 \tag{4-22}$$

当序列 $\boldsymbol{h}$ 的 ACF 随着 q 的增大而逐渐减小到靠近 0，PACF 从 $q = 2$ 开始减小到靠近 0，则说明序列 $\boldsymbol{h}$ 平稳。

而针对有 m 个样本的集合 $S = \left\{ X^{(1)}, X^{(2)}, \cdots, X^{(m)} \right\}$，每个样本 $\boldsymbol{X}^{(i)} = \left[f_1^{(i)}, f_2^{(i)}, \cdots, f_{d_f}^{(i)} \right]$ 中有 d_f 个特征序列，本节定义集合 S 的 ACF 为 S 所有样本的所有特征序列的 ACF_q 的均值，定义集合 S 的 PACF 为 S 中所有样本的所有特征序列的 PACF_q 的均值，如式(4-23)、式(4-24)所示，其中 l 为 S 中所有样本的最小时间尺度，即所有样本的 t 中的最小值。

$$\mathrm{ACF}(S) = \frac{1}{m} \sum_{i=1}^{m} \frac{1}{d_f} \sum_{j=1}^{d_f} \frac{1}{l} \sum_{q=1}^{l} \mathrm{ACF}_q \left(\boldsymbol{f}_j^{(i)} \right) \tag{4-23}$$

$$\mathrm{PACF}(S) = \frac{1}{m}\sum_{i=1}^{m}\frac{1}{d_f}\sum_{j=1}^{d_f}\frac{1}{l}\sum_{q=1}^{l}\mathrm{PACF}_q\left(\boldsymbol{f}_j^{(i)}\right) \tag{4-24}$$

当 S 的 ACF 和 PACF 都小于某个数 ε 时，定义集合 S 平稳。

定义集合 S 的 d 阶差分集合为 S 中所有样本的所有特征序列的 d 阶差分序列的集合，即

$$\Delta^d S = \left\{\Delta^d X^{(1)}, \Delta^d X^{(2)}, \cdots, \Delta^d X^{(m)}\right\} \tag{4-25}$$

$$\Delta^d \boldsymbol{X}^{(i)} = \left[\Delta^d f_1^{(i)}, \Delta^d f_2^{(i)}, \cdots, \Delta^d f_{d_f}^{(i)}\right], \quad i=1,2,\cdots,m \tag{4-26}$$

定义集合 S 的单整阶数为使时间序列集合 S 平稳至少差分的次数 d。

在一些传统的机器学习序列分析中，需先将序列做 d 阶差分使序列平稳，降低序列自相关性和偏相关性，易于分析。

基于平稳序列易于分析原理，本节提出一种根据训练集序列单整阶数选择神经网络层数超参的神经网络结构设计方法。令神经网络模型的层数超参 $k = d+2$，d 为训练集序列的单整阶数。这是一种启发性的方式，认为端到端神经网络模型前 d 层可以类似差分平稳器将时间序列转换为易于分析的序列，然后加上两层神经网络从易于分析的序列上提取特征。确定神经网络模型层数 k 的算法如算法 4-14 所示。

算法 4-14　Choose_k_by_d(S, ε)

输入：训练集序列集合 S，阈值 ε

输出：神经网络层数 k

```
1    d ← 0
2    do
3        d ← d+1
4        A ← ACF(Δ^d S)
5        P ← PACF(Δ^d S)
6    while A>ε or P>ε
7    k ← d+2
8    return k
```

算法 4-14 第 1 行进行算法初始化，第 2～6 行计算数据集序列的单整阶数，第 7、8 行计算神经网络层数 k。

3) 网络模型模块

确定了神经网络层数 k，即可开始建端到端深度学习神经网络模型。下面采用学习时间序列长距离依赖的 LSTM 和 GRU 网络单元来分别实现两种端到端的 k 层 RNN 模型。

在 RNN 最后一层的最后一个时间步提取的特征上采用三层全连接网络进行分类。k 由算法 4-14 决定。网络最终的三层全连接是为了实现从提取得到的特征序列类别的非线性映射。在 LSTM/GRU 网络层垂直方向和水平方向之间都加入了 Batch-Normalization 层，用于降低网络层间的耦合性，加快网络收敛速度。为了防止网络过拟合，在 LSTM/

GRU 网络层垂直方向的各个层之间和全连接层(fc-layer)上加入了 Dropout 层，drop 的比例为 0.2。网络结构如图 4-14 所示。

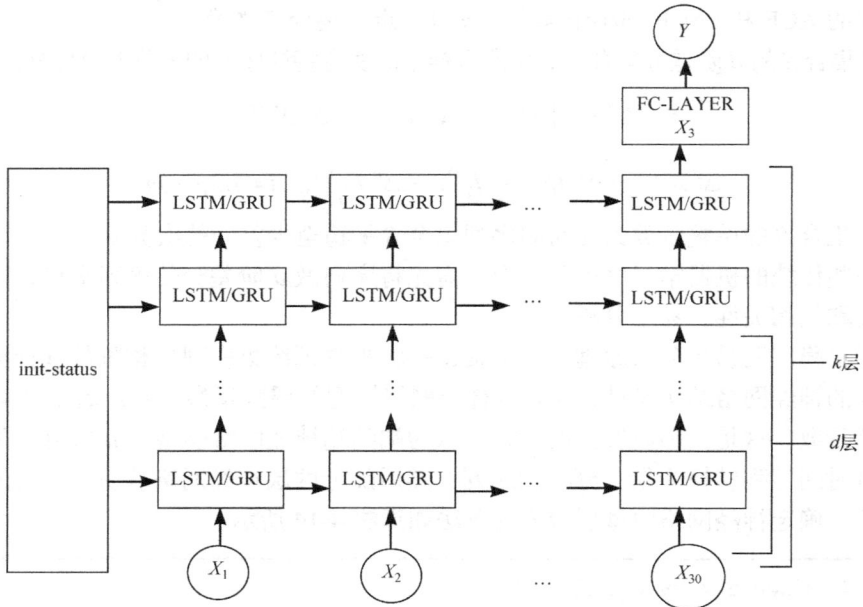

图 4-14　工业时序精准分类端到端的 RNN 模型结构

3. 算法总体描述

将数据预处理、网络层数自适应和深度学习模型三个模块综合起来得到整体算法流程。首先对原数据进行预处理，得到时间序列样本集合 S，按照一定比例随机采样训练集，然后根据训练集时序样本计算它的单整阶数以确定神经网络模型层数超参 k，最后根据 k 构建神经网络模型，在一定的训练周期内使用训练集进行训练、分类，使用 S 中未被加入训练集的时间序列进行分类测试评估。整体流程如算法 4-15 所示。

算法 4-15　get_Model(X, min_length, max_length, train_set_ratio, ε, max_train_epoches)

输入： 原始时序数据集 X，样本最小长度 min_length，样本最大长度 max_length，训练集样本比例 train_set_ratio，小阈值 ε，最大训练周期 max_train_epoches

输出： 分类模型 M

1　$S \leftarrow$ data_preprocess(X, min_length, max_length)

2　$S_t \leftarrow$ randomly pick train_set_ratio of samples from S as training set

3　$k \leftarrow$ Choose_k_by_d(S_t, ε)

4　$M \leftarrow$ build end-to-end deep neural network structure with k and shape of sample in S

5　epoch $\leftarrow$ 0

6　**while** epoch<max_train_epoches

7　　$M \leftarrow$ train M with S_t

8   Evaluate M by dataset $S - S_t$
9   **return** M

算法 4-15 第 1、2 行预处理数据集，并选定训练集，第 3、4 行构建神经网络模型，第 5～9 行进行训练和评估模型效果。

4. 实验

1) 算法准确程度评估指标

衡量准确程度的指标有两个：一是分类准确率 A_c，二是参考二分类 F_β 指标的计算方式设计的多分类指标。

评估数据集为 S，类别集合为 C，模型估计样本标签映射为 $M:S \to C$，真实样本标签映射为 $r:S \to C$。

A_c 的计算方式如式(4-27)所示，即模型分类正确的样本占总样本数量的比值。

$$A_c = \sum_{X \in S} \frac{Eq(M(X) = r(X))}{|S|} \tag{4-27}$$

其中

$$Eq(x) = \begin{cases} 1, & x = \text{true} \\ 0, & x = \text{false} \end{cases}$$

多分类 F_β 指标计算公式为

$$\frac{1}{F_\beta} = \frac{1}{|C|} \sum_{i \in C} \frac{1}{1+\beta^2} \left(\frac{1}{\text{precision}_i} + \frac{\beta^2}{\text{recall}_i} \right) \tag{4-28}$$

其中，precision_i、recall_i 分别代表在类别 i 上计算得到的查准率 precision 和召回率 recall，β 代表 recall 的重要性是 precision 的几倍。precision_i 和 recall_i 的计算公式为

$$\text{precision}_i = \frac{|PS_i \cap TS_i|}{|PS_i|} \tag{4-29}$$

$$\text{recall}_i = \frac{|PS_i \cap TS_i|}{|TS_i|} \tag{4-30}$$

其中，$PS_i = \{X \mid M(X) = i, X \in S\}, i \in C$，$TS_i = \{X \mid r(X) = i, X \in S\}, i \in C$。

准确率 A_c 指标计算简便，可以粗略估计模型的分类准确程度，而 F_β 指标则有侧重点，调和平均了 precision 和 recall；可以根据不同的应用场景调节不同的 β 值来改变评估指标的侧重。由于本实验数据属于检测异常状态的应用场景，故召回率更为重要，本节实验时采用 $\beta = 2$。

实验中对多次模型评估结果取平均值作为最终模型评估结果，以此降低随机误差。

2) 神经网络模型训练方式

下面采用 mini-batch 梯度下降法来训练神经网络模型。batch 大小设为 1024，使用该方法的原因是：①为了加快训练迭代的速度；②使得数据量能够放入显存，利用显卡加速运算；③有一定大小的 batch 使模型参数近似地朝最优方向迭代变化。梯度计算方式

采用 Adam 算法，是一种自适应调整梯度方向和步长，加快参数收敛的方法。

总共训练 5000 轮，每 50 轮计算记录一次验证集上的准确率。验证集准确率用于判断模型是否出现过拟合或欠拟合现象。

Loss 函数的定义采用多分类 cross-entropy 函数，即

$$\text{Loss} = \frac{1}{\text{batch\_size}} \sum_s \left(-\sum_i y_i^{(s)} \log \hat{y}_i^{(s)} \right) \tag{4-31}$$

其中，s 为样本编号；i 为各个类别；$y_i^{(s)}$ 为样本 s 属于类别 i 的真实概率；$\hat{y}_i^{(s)}$ 为通过模型估计的样本 s 属于类别 i 的概率。该 loss 函数的优化相当于对模型做极大似然估计。推导过程如下。

极大似然估计的似然函数为

$$L = \prod_s P\left(\hat{y}^{(s)} = y^{(s)} \mid X^{(s)}, M \right) \tag{4-32}$$

其中，$y^{(s)}$ 为样本 s 的真实类别，$\hat{y}^{(s)}$ 为模型 M 估计的样本 s 类别。极大似然估计的优化目标为

$$\begin{aligned}
\underset{M}{\text{argmax}}\, L &= \underset{M}{\text{argmax}} \prod_s P\left(\hat{y}^{(s)} = y^{(s)} \mid X^{(s)}, M \right) \\
&= \underset{M}{\text{argmax}} \sum_s \log P\left(\hat{y}^{(s)} = y^{(s)} \mid X^{(s)}, M \right)
\end{aligned} \tag{4-33}$$

最小化 loss 则为

$$\begin{aligned}
\underset{M}{\text{argmin}}\, \text{Loss} &= \underset{M}{\text{argmin}} \frac{1}{\text{batch\_size}} \sum_s \left(-\sum_i y_i^{(s)} \log \hat{y}_i^{(s)} \right) \\
&= \underset{M}{\text{argmin}} \sum_s \left(-\sum_i y_i^{(s)} \log \hat{y}_i^{(s)} \right)
\end{aligned} \tag{4-34}$$

由于 $y_i^{(s)} = \begin{cases} 1, & y^{(s)} = i \\ 0, & y^{(s)} \neq i \end{cases}$，所以式(4-34)可简化为

$$\begin{aligned}
\underset{M}{\text{argmin}}\, \text{Loss} &= \underset{M}{\text{argmin}} \sum_s -\log \hat{y}_i^{(s)}, \quad i = y^{(s)} \\
&= \underset{M}{\text{argmin}} \sum_s -\log P\left(\hat{y}^{(s)} = y^{(s)} \mid X^{(s)}, M \right) \\
&= \underset{M}{\text{argmax}} \sum_s \log P\left(\hat{y}^{(s)} = y^{(s)} \mid X^{(s)}, M \right)
\end{aligned} \tag{4-35}$$

这和极大似然估计的优化目标一致。

3) 实验数据和基础设备

本实验数据取自国电泰州发电有限公司 SIS 实时/历史数据库，是泰州 3 号机组引风机(引风机 3A)运行时各个传感器的数据流。数据预处理模块提取出 100 多万条，长度为 16～30 帧的时间序列数据，每帧都有 59 维的传感器数据，数据流样本如表 4-4 所示，

由于维度太高，这里只展示其中几维和代表设备状态的类别标签。样本共有 5 个类别，代表设备的不同状态，各个类别的样本数量相对均衡。实验中随机取 6 万个样本，3 万个作为验证集，3 万个作为测试集，剩余数据作为训练集。

表 4-4　数据流样本示例

时间		引风机 3A 总功率(兆瓦)	引风机 3A 入口烟气压力(千帕)	引风机 3A 出口烟气压力(千帕)	引风机 3A 出口烟气温度(摄氏度)	引风机 3A 电流(安培)	…	设备状态
2017-01-17	02:30:50	5134.12939	−4.11848	3.66739	113.95345	325.81723		
2017-01-17	02:31:00	5137.75879	−4.11835	3.67739	113.9286	327.03732	…	
2017-01-17	02:31:10	5098.77539	−4.10097	3.67739	113.95027	325.91476	…	
2017-01-17	02:31:20	5035.83643	−4.13893	3.67739	113.93368	324.95767	…	
2017-01-17	02:31:30	4974.64258	−4.09346	3.67739	113.95229	321.49506	…	
2017-01-17	02:31:40	5012.02002	−4.09286	3.67739	113.93835	322.05942	…	
2017-01-17	02:31:50	5049.39746	−4.05356	3.67739	113.93128	321.3576	…	
2017-01-17	02:32:00	4981.70898	−4.04881	3.67739	113.94893	321.01004	…	4
2017-01-17	02:32:10	4936.16992	−4.0591	3.67739	113.92727	320.4519	…	
2017-01-17	02:32:20	5004.59619	−4.0275	3.67739	113.91708	320.39908	…	
2017-01-17	02:32:30	4985.14355	−4.03287	3.67739	113.90688	319.78842	…	
2017-01-17	02:32:40	4957.74756	−4.03586	3.67739	113.91015	318.84628	…	
2017-01-17	02:32:50	4931.26221	−4.04776	3.67739	113.92361	318.00806	…	
2017-01-17	02:33:00	4957.47119	−4.03587	3.67739	113.90594	318.83749	…	
2017-01-17	02:33:10	4983.68018	−4.02488	3.67739	113.91555	318.5665	…	
2017-01-17	02:33:20	4951.68115	−4.04093	3.67739	113.91516	319.14029	…	1

实验基础设备及环境如下。

实验基础设备：显卡 NVIDIA GTX980Ti，CPU 3.3GHz Intel Core i7-5820K，内存 32GB 2400MHz DDR4。

实验环境：TensorFlow 1.8.0，Python 3.6.5。

实验中神经网络模型使用 TensorFlow 框架实现，在该框架下实现的模型可以通过显卡 GPU 进行加速运算。

2) 网络层数超参实验

本实验对层数超参 $k = 1 \sim 5$ 的基于 LSTM 和 GRU 的端到端 RNN 模型进行实验，使用准确率 A_c 作为判定标准，验证基于训练集序列单整阶数选择神经网络层数超参的神经网络结构设计方法的有效性。

算法 4-14 计算得到训练集序列单整阶数 $d = 2$，因而 $k = d + 2 = 4$。LSTM 端到端模型和 GRU 端到端模型 k 取值 $k = 1 \sim 5$ 时的实验结果如表 4-5 所示。

表 4-5　端到端 RNN 模型层数超参实验结果

模型	层数 k	测试集准确率(保留 4 位小数)
LSTM	1	0.9497
	2	0.9655
	3	0.9742
	4	0.9821
	5	0.9819

模型	层数 k	测试集准确率(保留 4 位小数)
GRU	1	0.9482
	2	0.9636
	3	0.9739
	4	0.9801
	5	0.9804

从实验数据来看，当端到端 RNN 模型(包括 LSTM 和 GRU)的层数 k 从 1 增长到 4，模型在测试集上的准确率不断提升。模型层数 k 从 4 开始，它们在测试集上的准确率几乎不变。这说明了基于训练集序列单整阶数 d 选择神经网络层数 $k = d + 2 = 4$ 的方法有一定效果。可以用该方法实现网络层数设计自适应。

下面使用 $k = 4$ 的较优模型与其他算法的效果进行比较。

5) 对比实验结果

上面给出了用于时序精准分类的端到端深度学习算法的最优网络层数参数，即层数 $k = 4$。测试层数 $k = 4$ 的端到端深度学习神经网络模型(包括 LSTM 和 GRU)，经过训练集训练，测试其在测试集上的 F_β 分数和分类消耗时间。对比实验选择的是工业上使用的经典 BP 神经网络算法和时间分类理论领域效果较好的集成学习算法——EE(Elastic Ensemble)算法。

端到端 RNN 深度学习模型的 batch loss 变化、batch accuracy 变化和 validation accuracy(验证集的准确率)变化如图 4-15～图 4-17 所示。从 batch loss 上来看，可以看出模型是收敛的，基于 LSTM 的模型的收敛速度略快于基于 GRU 的模型。从 batch accuracy 上来看，大部分 batch 上的准确率随着模型训练逐步提升。从验证集的准确率和 batch accuracy 上来看，模型没有发生拟合现象，有较好的泛化性。

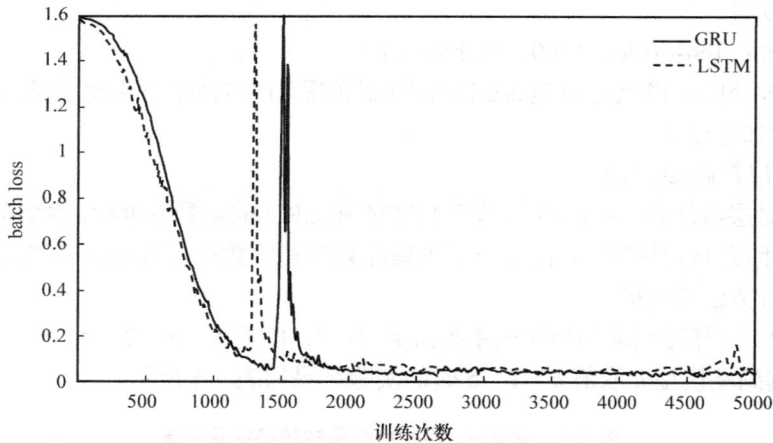

图 4-15　端到端 RNN 深度学习模型 batch loss 变化

各个模型分类结果的归一化混淆矩阵如图 4-18 所示。

各个模型包括对比算法模型在 3 万个样本的测试集上的 F_β 分数和分类消耗时间如表 4-6 所示。

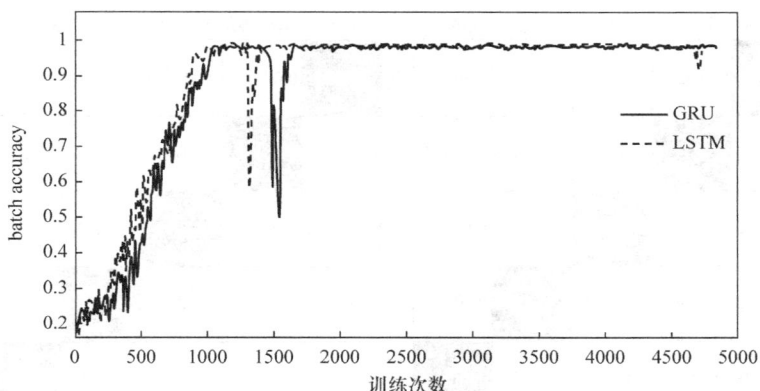

图 4-16　端到端 RNN 深度学习模型 batch accuracy 变化

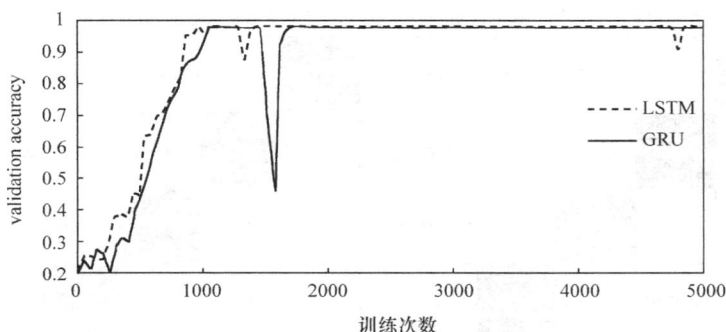

图 4-17　端到端 RNN 深度学习模型 validation accuracy 变化

表 4-6　各模型在测试集上的实验结果

实验编号	模型名称	F_β /%	分类 3 万个测试集样本消耗的时间/s
实验 I	LSTM	98.15	8.975
实验 II	GRU	97.96	8.811
对比实验 I	BPNN	83.93	1.460
对比实验 II	EE	94.24	107.376

从实验结果可以看出，用于工业时序精准分类的端到端深度学习算法在分类工业时序数据的准确性能 F_β 上对比其他算法有较大的提升。其中基于 LSTM 的模型较工业上使用的 BPNN 模型提升了 14.22%，较时间序列分类领域较优的集成学习算法 EE 提升了 3.91%。基于 GRU 的模型较工业上使用的 BPNN 模型提升了 14.03%，较时间序列分类领域较优的集成学习算法 EE 提升了 3.72%。但是在分类消耗时间上，LSTM 和 GRU 相较 EE 算法都有较大的速度提升，但是这两者耗时分别是工业上使用 BPNN 算法的 6.15 倍和 6.03 倍。这两个算法的准确程度适用于工业大数据时序分类，但是运行效率只能适用于非实时的工业应用场景。

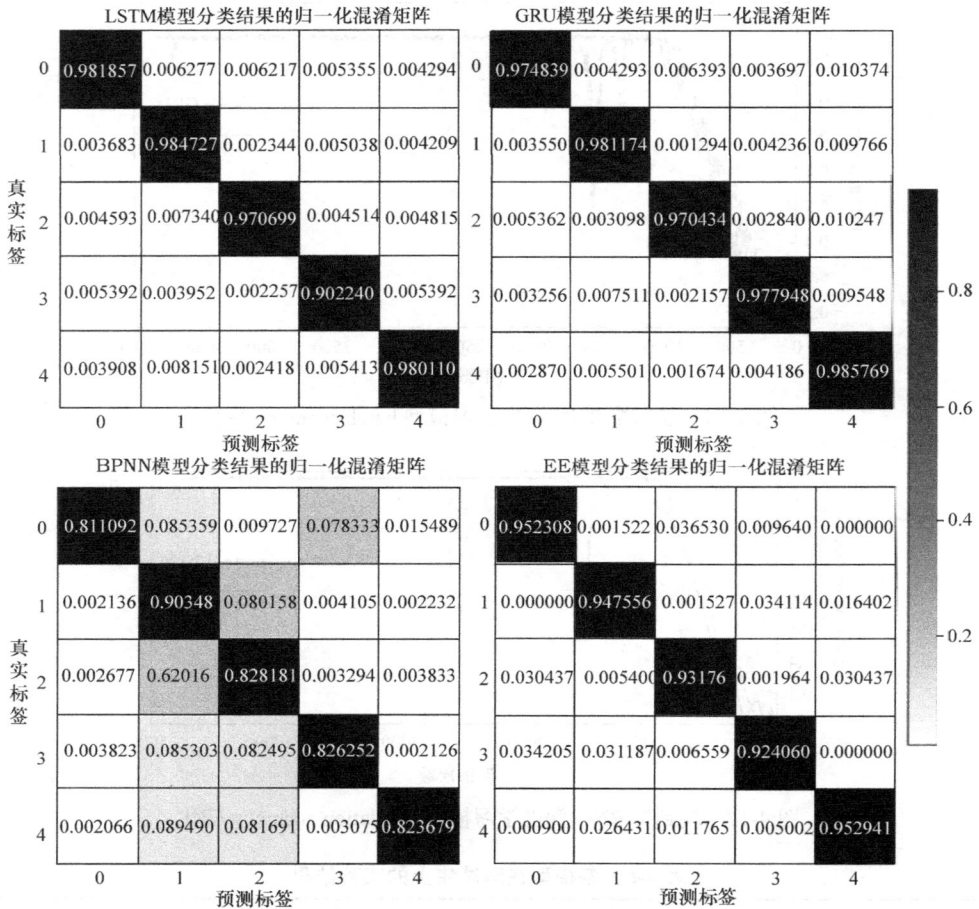

图 4-18　各个模型分类结果的归一化混淆矩阵

4.3.2　适应工业时序大数据实时性的高效深度学习

在工业生产中按照实时性需求可以大致分为非实时、弱实时和实时的工业应用场景。非实时的工业应用场景有工艺优化、流程优化、需求发现等，这些场景对时间要求较低，对准确程度要求较高。弱实时和实时的工业应用场景有质量监控、故障预测、故障咨询和修复等，这些场景对时间要求较高，对准确程度要求相对非实时工业场景较低。

4.3.1 节针对工业时序分类准确性上的挑战，提出了精确分类工业大数据时间序列的深度学习算法，但是该算法在时间性能上难以满足工业生成的弱实时和实时场景。

本节针对工业时序分类效率上的挑战，研究可以适应工业时序大数据实时性的高效端到端深度学习算法。端到端精确分类深度学习算法存在一个导致效率难以提升的瓶颈，就是模型的串行依赖性高，每一时间步的网络运算都完全依赖于上一时间步的网络输出。这样的模型难以通过并行计算加速。本节从提升网络并行性的角度，利用高并行的 SRU 深度学习神经网络和 CNN 卷积神经网络设计适应工业时序大数据实时性的高效率分类算法，并提出注意力机制 Summarizer-Attention 进一步提升 CNN 的分类准确性。本节主要解决工业大数据时间序列分类的效率问题。

1. 问题描述与解决方案

工业大数据时间序列分类问题被抽象成一个数学问题，目的在于寻求模型 M 为真实世界中的每一个样本分类，使得模型的预测结果与真实结果一致。

本节的问题在于模型 M 的运行效率。记所有操作(如用模型 M 分类某个样本 X)的集合为 O_p，定义一个函数 $f_t : O_p \rightarrow R$，表示 O_p 中某个操作所消耗的时间(s)，则本节的问题可以视为优化问题，找到一个模型 M 使得模型 M 正确分类数据集 S 样本消耗的时间最少，即

$$\underset{M}{\operatorname{argmin}} \sum_{X \in S} f_t(M(X)), \quad M(X) = r(X) \tag{4-36}$$

针对算法串行依赖性高的问题，本节按照提高神经网络计算并行性降低预测时间代价的思路，提出两种解决方案：一种是使用在 LSTM 基础上进行改进的 SRU 神经网络。LSTM 的计算速度瓶颈在于门机制计算时帧之间的计算依赖性，这种依赖性导致并行化程度低。而 SRU 门机制计算只依赖于每一帧各自的数据，计算门的部分可通过并行化加速运算。另一种是借鉴机器翻译领域的 ConvS2S 模型，将其由序列到序列映射改成序列到单值映射的 CNN 结构，通过卷积计算的高并行性来提高预测速度。

此外，在卷积神经网络的结构中，连接卷积层和全连接层的部分一般只做了简单的摊平(Flatten)操作，将所有卷积层提取到的特征都输入全连接层中。在时间序列处理上，卷积层提取到的特征有一定冗余性。借鉴 Multi-head Attention 和 Self-Attention 提出了 Summarizer-Attention 机制，以此缩小输入全连接层的特征数量，提升分类效果。

2. 算法概述

适应工业时序大数据实时性的高效深度学习算法包括三个模块，即数据预处理模块、网络层数自适应模块、网络模型模块。各个模块的关系如图 4-19 所示。

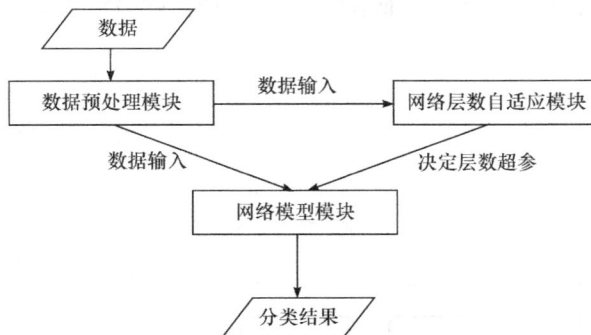

图 4-19 适应工业时序大数据实时性的高效深度学习算法各模块的关系

1) 数据预处理模块

算法内容同 4.3.1 节中数据预处理算法。

2) 网络层数自适应模块

具体算法类似 4.3.1 节中算法根据训练集序列单整阶数 d 选择神经网络层数 k。不同点在于本节设计的 CNN 模型的层数 $k' = d + 1$，即认为端到端卷积神经网络模型前 d 层可以类似差分平稳法将时间序列转换为易于分析的序列，然后再加上一层卷积神经网络从易于

分析的序列上提取特征，k'计算如算法 4-16 所示。RNN 模型的层数依然为 $k=d+2$。

算法 4-16 第 1 行进行算法初始化，第 2～6 行计算数据集序列的单整阶数，第 7、8 行计算卷积神经网络层数 k'。

算法 4-16 Choose_k'_by_d(S, ε)

输入： 训练集序列集合 S, 小阈值 ε

输出： 卷积神经网络层数 k'

1 $d \leftarrow 0$
2 **do**
3      $d \leftarrow d+1$
4      $A \leftarrow \text{ACF}(\Delta^d S)$
5      $P \leftarrow \text{PACF}(\Delta^d S)$
6 **while** $A>\varepsilon$ **or** $P>\varepsilon$
7      $k' \leftarrow d+1$
8 **return** k'

---

3) 网络模型模块

确定了网络层数 k 和 k'，即可建立高并行的端到端深度学习神经网络模型。这里采用在 LSTM 基础上进行改进的 SRU 网络单元实现高并行的端到端的 k 层 RNN 模型；借鉴 ConvS2S(Convolutional Sequence to Sequence Lea-rning)模型实现的 k'层 CNN 模型。

k 层 RNN 模型的设计类似 4.3.1 节中的设计，k 也由算法 4-14 决定。此外，在 SRU 网络层垂直方向和水平方向之间都加入 Batch-Normalization 层，用于降低网络层间耦合性，加快网络收敛速度。为了防止网络过拟合，在 SRU 网络垂直方向的各个层之间和全连接层(FC-LAYER)上加入 Dropout 层， drop 的比例为 0.2。网络结构如图 4-20 所示。

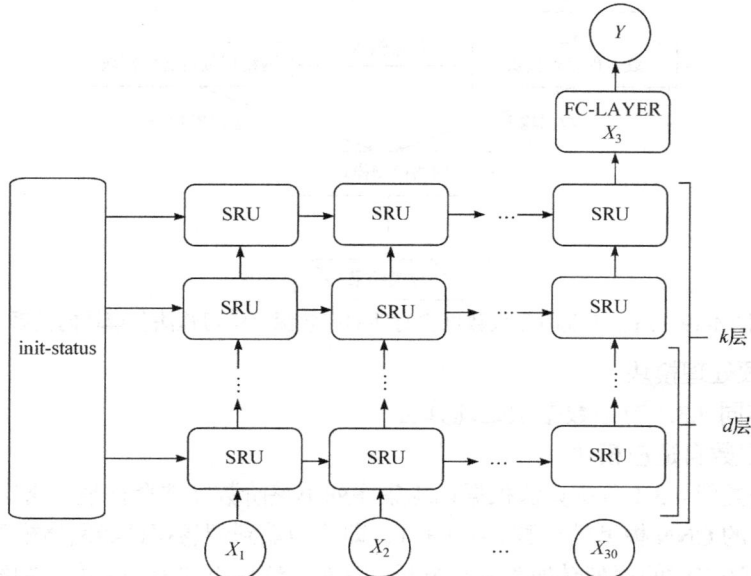

图 4-20　高效分类算法端到端的 RNN 模型结构

本节设计的 CNN 网络的总体结构为 k' 层一维卷积神经网络加 3 层全连接网络。CNN 网络的具体结构借助 $k'=3$ 的 CNN 实例来描述，如图 4-21 所示。

首先是一个 Position-Embedding 层，将原有数据加上代表时间序列位置的 Embedding 信息，这是因为 CNN 的时序性没有 RNN 那么强。

实验得到效果较好的卷积神经网络的卷积核大小、各层输出通道数，stride 大小如图 4-21 中所示。第一层采用 padding 以提取序列首尾信息。卷积层的激活函数采用 GLU 函数，该函数实现了简单的门机制。文献(RUDERMAN et al.,2018)中指出，池化层对于卷积神经网络效果提升意义不大，且造成一定程度的信息缺失，故不使用池化层。卷积层的层之间加入 Batch-Normalization 层，以减小网络层间的耦合性，加速训练时的网络收敛。

中间结构是传统卷积神经网络连接卷积层和全连接层的 flatten 层或者 Summarizer-Attention 机制两者之一。下面详细介绍 Summarizer-Attention 机制。

网络的最后三层是实现从提取得到的特征到序列类别的非线性映射的全连接层，前两层的激活函数采用 relu(Rectified Linear Unit)函数实现非线性变换，最后一层的激活函数为 softmax，用以生成样本分类概率分布。全连接层和全连接层之间加入 Dropout 层，以减小神经网络出现过拟合的可能性，drop 的比例为 0.2。

1) Summarizer-Attention 机制

此处借鉴 Multi-Head Attention 和 Self-Attention 提出 Summarizer-Attention 机制，用于取代一般 CNN 中连接卷积层和全连接层的 flatten 层。不同于 flatten 层直接将卷积层提取所有特征导入全连接层，Summarizer-Attention 可以从卷积层提取众多特征中总结出关键的特征，再将它导入全连接层进行分类，更有目标性地挑选特征信息，缩小全连接层的参数空间，使模型更易于训练，泛化性更强，也更加准确。

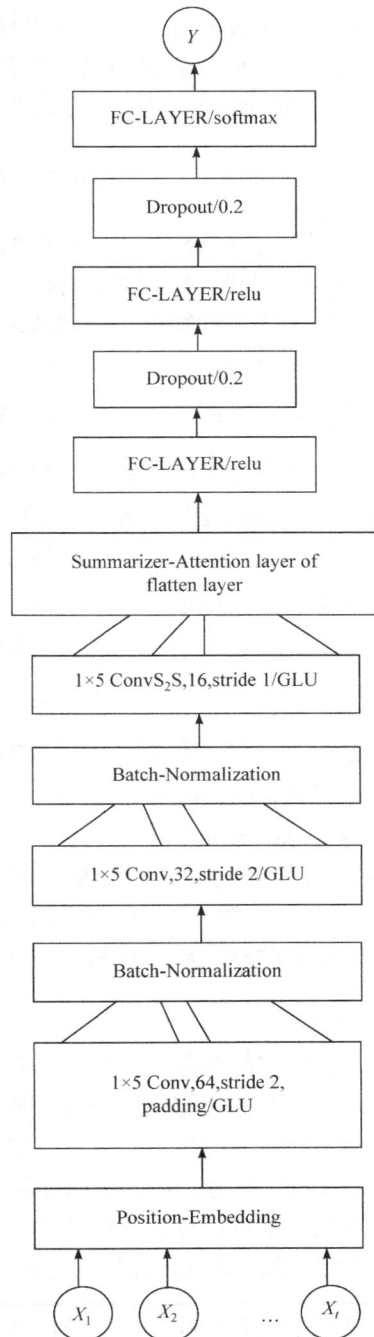

图 4-21　高效分类算法端到端的 CNN 模型结构

首先简述 Attention 机制，可以描述成关于一个三元组(Q,K,V)到输出特征的映射，Q代表查询向量，K代表键向量，V代表值向量。目前最常用的 Attention 方式是 Scaled Dot-Product Attention。其计算方式为

$$\text{Attention}(Q,K,V) = \text{softmax}\left(\frac{QK^T}{\sqrt{d_k}}\right)V \tag{4-37}$$

将卷积神经网络运用到时间序列上，其提取的特征仍然具有时间顺序，即存在多个特征是不同时刻同一种类型的特征，有一定冗余性。希望借助注意力机制将提取的特征总结成和时间无关的特征，以此浓缩提炼输入全连接层的特征数量，提升分类效果，因此设计了 Summarizer-Attention 机制。

假设输入 $X \in \mathbb{R}^{t \times d_f}$，$t$ 为输入 X 的帧数，d_f 代表每一帧的特征数量。随机初始化 $n(n \in N^+, 1 \leqslant n \leqslant t)$ 个向量 $Q_1 Q_2 \cdots Q_n$ 作为查询向量，$Q_i \in \mathbb{R}^{1 \times d_f}(i=1,2,\cdots,n)$。这些查询向量的值是可训练的变量。$K = V = X$ 为各个帧的特征向量。借鉴 Multi-head Attention 结构，为了使 Attention 能够发掘更复杂的特征，将 Q、K、V 分别做 h 个线性变换再综合考量。综上所述，Summarizer-Attention 计算公式为

$$A_i = \text{Attention}\left(QW_i^Q, KW_i^K, VW_i^V\right) \tag{4-38}$$

$$\text{Summarizer} = \text{Concat}\left(A_1, A_2, \cdots, A_h\right)W^O \tag{4-39}$$

其中，$Q \in \mathbb{R}^{n \times d_f}, K = V \in \mathbb{R}^{t \times d_f}, W_i^Q \in \mathbb{R}^{d_f \times d_q}, W_i^K \in \mathbb{R}^{d_f \times d_k}, W_i^V \in \mathbb{R}^{d_f \times d_v}, W_i^O \in \mathbb{R}^{hd_q \times d_f}$。

最终得到 Summarizer $\in \mathbb{R}^{n \times d_f}$，将其展平成一维向量输入全连接层。由于该操作将 t 个帧的特征总结成 n 个特征向量，故取名为 Summarizer-Attention。当 n 取值为 1 时，则不需展平，t 个帧的特征总结为一个特征向量；当 $n = t$ 时，则其类似 flatten 层，特征数量没有减少，只做了一定的变换，也类似谷歌提出的 Self-Attention 机制，区别在于 Self-Attention 的 $Q = X$，而 Summarizer-Attention 的 Q 是随机初始化的可训练变量。

3. 算法描述

将上述模块综合起来得到整体算法流程。首先对原数据进行预处理，得到时间序列样本集合 S，按照一定比例随机采样训练集，然后根据训练集时序样本计算其单整阶数以确定神经网络模型层数超参 k 或 k'，最后根据 k 构建端到端的 RNN 模型或根据 k' 构建端到端的 CNN 模型，在一定训练周期内使用训练集进行训练、分类，使用 S 中未被加入训练集的数据进行分类测试评估。高效分类 RNN 算法整体流程同算法 4-15 所示，高效分类 CNN 算法整体流程如算法 4-17 所示。

算法 4-17　get_Model(X, min_length, max_length, train_set_ratio, ε, max_train_epoches)

输入：原始时序数据集 X，样本最小长度 min_length，样本最大长度 max_length，训练集样本比例 train_set_ratio，小阈值 ε，最大训练周期 max_train_epoches

输出：分类模型 M

1　$S \leftarrow$ data_preprocess(X, min_length, max_length)

2　$St \leftarrow$ randomly pick train_set_ratio of samples from S as training set

```
3    k' ← Choose_k'_by_d(Sₜ, ε)
4    M ← build end-to-end CNN neural network structure with k' and shape of sample in S
5    epoch ← 0
6    while epoch <max_train_epoches
7         M ← train M with Sₜ
8         Evaluate M by dataset S – Sₜ
9    return M
```

算法 4-17 第 1、2 行预处理数据集，并选定训练集，第 3、4 行构建神经网络模型，第 5～9 行进行训练模型和评估模型效果。

4. 实验

1）算法准确程度评估指标

衡量准确程度的指标有两个：分类准确率 A_c、多分类 F_β。具体计算方式同 4.3.1 节中 "4.实验" 的介绍一致。实验中对多次模型评估结果取平均值作为最终模型评估结果，以此降低随机误差。

2）神经网络模型训练方式

此处采用 Mini-batch 梯度下降法来训练神经网络模型。设 batch 大小为 1024，使用该方法的目的是：①加快训练迭代的速度；②使得数据量能够放入显存，利用显卡加速运算；③有一定大小的 batch 使模型参数近似地朝最优方向迭代变化。梯度计算方式采用 Adam 算法，是一种自适应调整梯度方向和步长，加快参数收敛的方法。

总共训练 5000 轮，每 50 轮计算记录一次验证集上的准确率。验证集准确率可以用于判断模型是否出现过拟合或欠拟合现象。

Loss 函数的定义采用多分类 cross-entropy 函数，即

$$\text{Loss} = \frac{1}{\text{batch\_size}} \sum_s \left(-\sum_i y_i^{(s)} \log \hat{y}_i^{(s)} \right) \tag{4-40}$$

其中，s 为样本编号；i 为各个类别；$y_i^{(s)}$ 为样本 s 属于类别 i 的真实概率；$\hat{y}_i^{(s)}$ 是通过模型估计的样本 s 属于类别 i 的概率。该 loss 函数的优化相当于对模型做极大似然估计。证法同 4.1.3 节中所述。

3）实验数据和基础设备

本实验数据取自泰州电厂 SIS 实时/历史数据库，是泰州 3 号机组引风机运行时各个传感器的数据。从数据预处理模块中提取出 100 多万条长度在 16～30 帧的时间序列数据，每帧都有 59 维的传感器数据，数据样本如表 4-4 所示，由于维度太高，只展示其中几维和代表设备状态的类别标签。样本共有 5 个类别，代表设备的不同状态，各个类别的样本数量相对均衡。实验中随机取 6 万个样本，3 万个作为验证集，3 万个作为测试集，剩余数据作为训练集。

实验基础设备以及环境如下。

实验基础设备：显卡 NVIDIA GTX980Ti，CPU 3.3GHz Intel Core i7-5820K，内存 32GB 2400MHz DDR4。

实验环境：TensorFlow 1.8.0，Python 3.6.5。

实验中神经网络模型使用 TensorFlow 框架实现,在该框架下实现的模型可以通过显卡 GPU 进行加速运算。

4) 神经网络层数超参实验

本实验对层数超参 $k=1\sim5$ 的基于 SRU 的端到端高效 RNN 模型和层数 $k'=1\sim5$ 的端到端高效 CNN 模型进行实验,使用准确率 A_c 作为判定标准,验证基于训练集序列单整阶数选择神经网络层数超参的神经网络结构设计方法的有效性。

使用算法 4-14 和算法 4-16 计算得到训练集序列单整阶数 $d=2$,$k=d+2=4$,$k'=d+1=3$。SRU 端到端模型 k 值为 $1\sim5$ 和 CNN 端到端模型 k' 值为 $1\sim5$ 的实验结果如表 4-7 所示。

表 4-7　高效分类端到端深度学习算法层数超参实验结果

模型	层数 k 或 k'	测试集准确率(保留 4 位小数)
SRU	1	0.9454
	2	0.9623
	3	0.9699
	4	0.9763
	5	0.9763
CNN	1	0.9486
	2	0.9625
	3	0.9740
	4	0.9741
	5	0.9737
Summarizer-Attention-CNN	1	0.9498
	2	0.9685
	3	0.9768
	4	0.9764
	5	0.9769

从实验数据来看,当 SRU 模型的层数 k 从 1 增长到 4 时,模型在测试集上的准确率不断提升。SRU 模型层数 k 从 4 开始,它们在测试集上的准确率就几乎不变。而基于 CNN 模型(普通 CNN 和带 Summarizer-Attention 的 CNN)的层数 k' 从 1 增长到 3,模型在测试集上的准确率不断提升。CNN 类模型层数 k' 从 3 开始,它们在测试集上的准确率几乎不变。这说明了基于训练集序列单整阶数 d 选择神经网络层数 $k=d+2=4$,$k'=d+1=3$ 的方法对于 SRU 和 CNN 模型是有效的。利用该方法可以实现高效分类深度学习网络层数设计自适应。

下面使用 $k=4$ 的 SRU 模型和 $k'=3$ 的 CNN 模型与其他算法的效果进行比较。

5) 对比实验结果

本测试层数 $k=4$ 的高效分类 SRU 神经网络模型和层数 $k'=3$ 的高效分类 CNN 模型,包括一般 CNN 和带 Summarizer-Attention 的 CNN(简记为 CNN_a)。经过训练集训练,测试它在测试集上的 F_β 分数和分类消耗时间。对比实验选择的是工业上使用的经典 BP 神经网络算法和在所有精准分类算法中表现最优的 LSTM 端到端深度学习算法。

高效工业时序分类算法训练过程的 batch loss、batch accuracy 和 validation accuracy 变化如图 4-22～图 4-24 所示。从 batch loss 上来看,可以看出模型是收敛的,基于 CNN 的模型的收敛速度快于基于 SRU 的模型。从 batch accuracy 上来看,大部分 batch 上的准确率随着模型训练,也逐步提升。从验证集的准确率和 batch accuracy 上来看模型没有发生过拟合现象,有较好的泛化性。

各个算法模型的分类结果归一化混淆矩阵如图 4-25 所示。

高效分类算法各个模型包括对比算法模型在 3 个万样本的测试集上的 F_β 分数和分类消耗时间如表 4-8 所示。

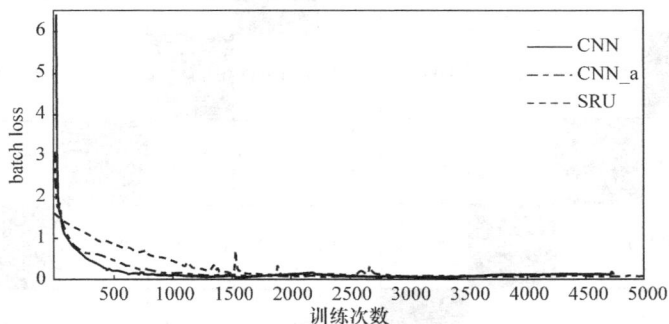

图 4-22 高效工业时序分类算法 batch loss 变化

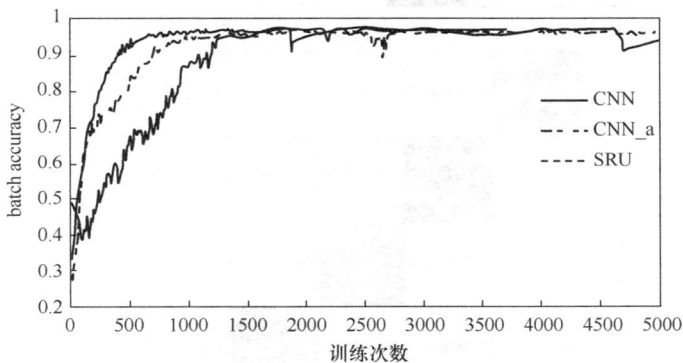

图 4-23 高效工业时序分类算法 batch accuracy 变化

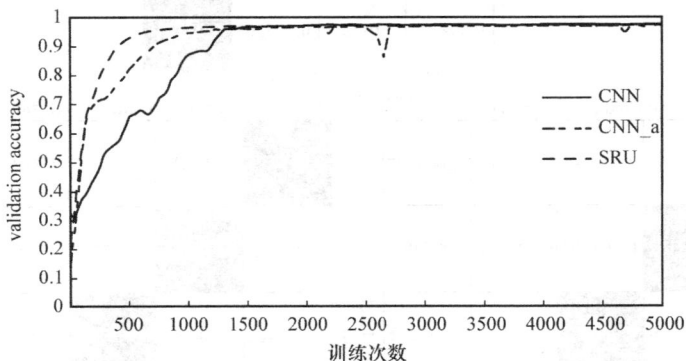

图 4-24 高效工业时序分类算法 validation accuracy 变化

表 4-8 各高效分类算法在测试集上的实验结果

实验编号	模型名称	F_β/%	分类 3 万个测试集样本消耗的时间/s
实验 I	SRU	97.61	6.448
实验 II	CNN	97.36	1.701
实验 III	Summarizer-Attention-CNN	97.67	2.634
对比实验 I	BPNN	83.93	1.460
对比实验 II	LSTM	98.15	8.975

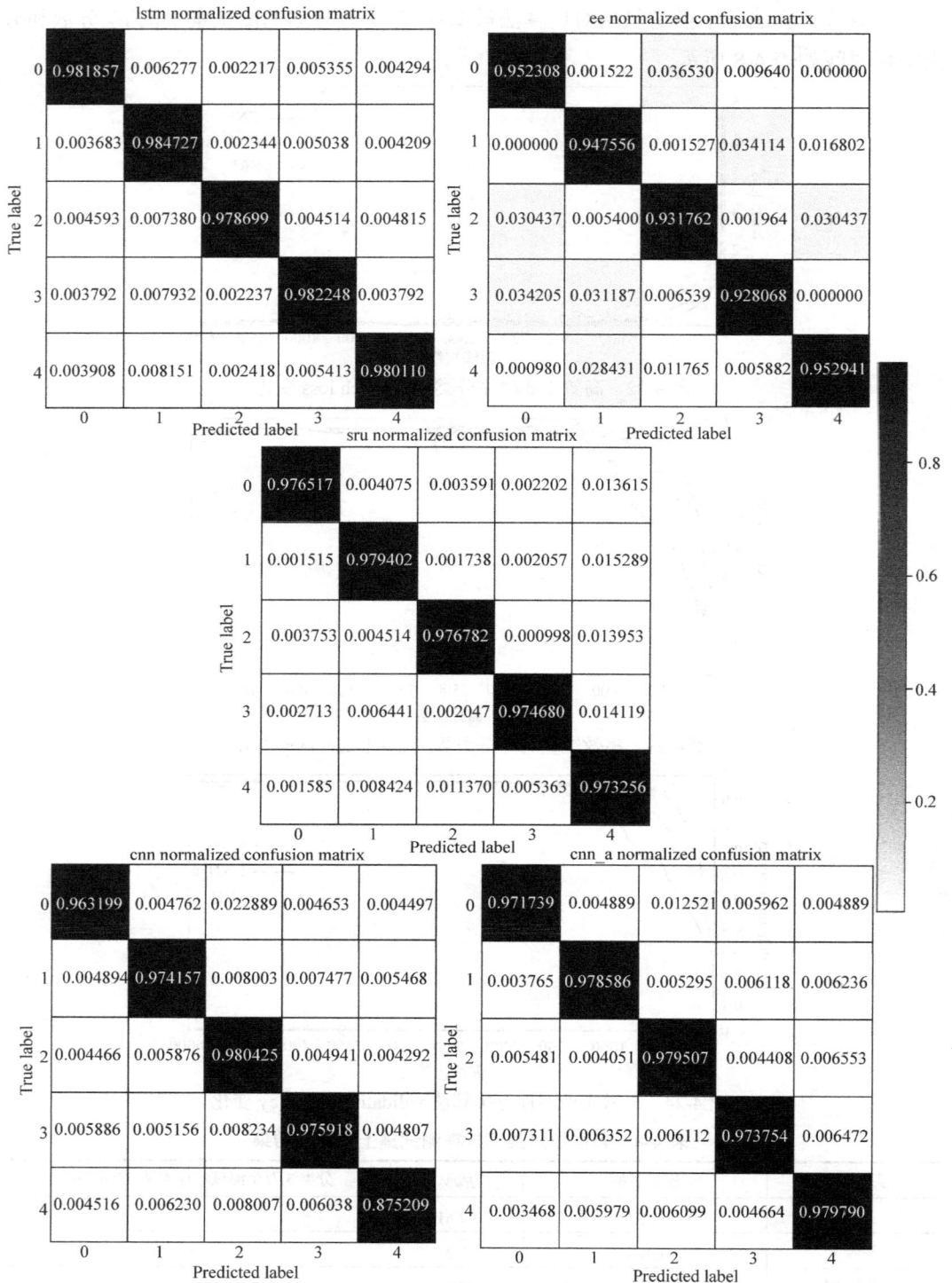

图 4-25　各个算法模型的分类结果归一化混淆矩阵

从实验结果可以看出，适应工业时序大数据实时性的高效深度学习算法在分类工业时序数据的准确性能 F_β 上对比工业上使用的 BPNN 算法有较大的提升，而对比 4.3.1 节实验中效果最优的 LSTM 网络，SRU、CNN、带 Summarizer-Attention 机制的 CNN 三种高并行网络相对于最精准的 LSTM 在牺牲 0.48%～0.79% 的准确度的情况下，分别达到了 1.39、5.28、3.41 的加速比。并且 CNN 模型的分类效率达到了接近 BPNN 的水平，可满足工业时序分类的效率需求。此外，带 Summarizer-Attention 机制的 CNN 相较于一般的 CNN 在 F_β 上提升了 0.31%，由于基础 CNN 的 F_β 已经达到了 97.36%，距离 100% 只差 2.64%，所以相当于准确性能提升了 0.31%/2.64%，即 11.7%。并且带 Summarizer-Attention 机制的 CNN 将 CNN 的水平提升到略微超越 SRU，其分类速度是 SRU 的 2.4 倍。综上，适应工业时序大数据实时性的高效深度学习算法在略微降低准确程度的情况下，满足了工业大数据时序分类的效率要求。

4.4　基于迁移学习和终身学习的故障预测算法

4.4.1　基于迁移学习的预测

工业大数据中，由于工况复杂，不同设备的故障均可导致设备停产，从而造成严重的经济损失，这就需要工业企业可以及时地预测故障的发生，从而在故障发生之前，对设备进行有效检修和排查。但由于工业设备机理模型复杂且设备种类繁多，很难对每一个设备都进行模型搭建，故对某一故障进行建模后，需要它具有一定的迁移能力，从而可以对设备的相似参数进行简要修改，预测多种设备故障。

本节主要从工业时间序列数据的角度出发，进行故障的预测与迁移。与传统的故障预测相比，时间序列数据的故障检测具有时空关系复杂、数据依赖关系复杂等特点，这意味着对于不同设备的不同时间阶段，其数据的相似性均不同。为解决该问题，本节提出了基于时间窗口的迁移学习算法，该算法主要通过对时间序列数据添加时间窗口(即采用时间步长)估测不同设备之间数据的相似度，然后对相似度最高的部分进行迁移学习，从而实现更加精准的设备故障预测。本节主要解决时间序列数据中的故障分类问题，并根据故障之间的相似性对不同的故障进行迁移学习。

1. 问题描述

在实际问题中，故障迁移问题的输入为设备 A 的有标签时间序列数据 $\boldsymbol{X}_S = [x_{S1} \quad x_{S2} \quad \cdots \quad x_{Sm}] \in \mathbb{R}^{d \times m}$ 和设备 B 的无标签时间序列数据 $\boldsymbol{X}_T = [x_{T1} \quad x_{T2} \quad \cdots \quad x_{Tm}] \in \mathbb{R}^{r \times m}$，输出为设备 B 的故障检测模型 M_B，其中设备 B 的无标签数据由于机理的复杂性，无法通过一般的聚类方法进行故障判断。

对设备 A 和设备 B 的故障进行迁移，本质上是不同数据域中的模型迁移问题，该问题可转化为不同数据域之间数据分布的相似性问题。若数据分布相似，则可以采用相同的模型对不同数据域之间相似性问题进行迁移学习。

可以把该数据域相似问题抽象为如下数学问题。已知有标签源数据样本 $\boldsymbol{X}_S = [x_{S1} \quad x_{S2} \quad \cdots \quad x_{Sm}] \in \mathbb{R}^{d \times m}$，目标数据样本 $\boldsymbol{X}_T = [x_{T1} \quad x_{T2} \quad \cdots \quad x_{Tm}] \in \mathbb{R}^{r \times m}$，则要求得矩阵

Y，使得

$$X_S Y X_T^{-1} = I \tag{4-41}$$

$$\min_Y \frac{1}{n-1} \sum_{i=1}^{n} \frac{X_{Si} - \bar{X}_S}{S_{X_S}} \frac{X_{Ti} - \bar{X}_T}{S_{X_T}} \tag{4-42}$$

故求得矩阵 $Y \in \mathbb{R}^{m \times r}$ 是问题的关键，在实际应用中，由于数据量巨大，一般情况下 $m \gg 50$ 且 $d \gg 1000$，此时求解 Y 需要大量的时间和内存，同时很难保证有唯一解，故采用近似算法进行求解。

2. 近似算法

近似算法将矩阵求解问题化简为多对多的映射问题。已知有标签的源数据样本 X_S，无标签的目标数据样本 X_T，存在多对多映射法则 F 使得在 X_S 中的每一个元素 x_{Si}，在 X_T 中有唯一的元素 x_{Ti} 与之对应，即

$$F: X_S \to X_T, \quad x_S \to F(x_T) \tag{4-43}$$

可见，该迁移问题转化为数据相似性问题，即矩阵求解问题，将矩阵求解问题化简为多变量之间的多对多映射问题，其求解过程如图 4-26 所示。

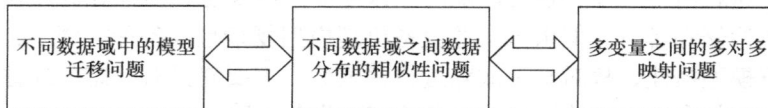

图 4-26　问题近似过程示意图

考虑到多对多映射求解困难的问题，神经网络算法可用于该情景。因为神经网络从实质上来说就是实现一个从输入到输出的映射功能，正符合对于多对多映射问题的定义，三层神经网络可以在理论上逼近任意给定的函数，甚至是内部结构比较复杂的非线性函数，故构建神经网络来对多对多映射问题进行建模。

对于不同的时间序列数据来说，同一工业流程中的设备的传感器采样频率可能不同，为了更好地估计不同采样周期的设备之间的相似度，研究者提出时间窗口方法来对不同采样周期的参数进行相似性度量，基于以上概念，提出基于时间窗口的迁移学习算法。

3. 基于时间窗口的迁移学习算法

基于时间窗口的迁移学习算法主要有三个模块，即时间窗口模块、映射网络模块及模型迁移模块。其中时间窗口模块主要负责对数据进行预处理的同时，进行基于时间窗口的相似度分析。预处理操作主要是对源数据和目的数据进行度量学习，将不同的数据转化为相似的度量长度；基于时间窗口的相似度分析主要利用浮动窗口对时间序列数据模块的相似区域进行寻找。映射网络模块主要利用时间序列数据相似区域步长进行数据的转换，利用转换后的数据进行映射网络构建，主要采用神经网络算法，并对神经网络进行调优；模型迁移模块主要利用映射网络对已经训练好的模型进行迁移，对模型的训练主要采用神经网络算法，从而构建一个深度学习网络。算法模块结构示意图如图 4-27

所示。

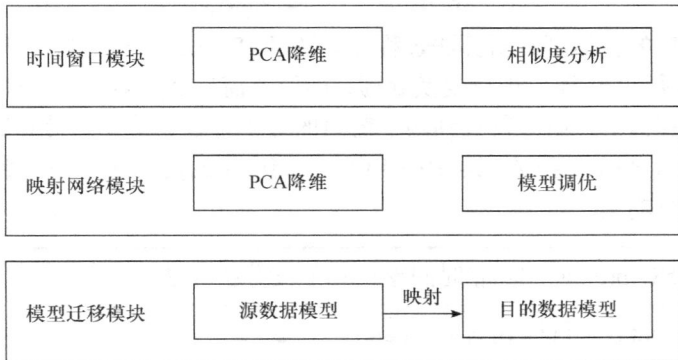

图 4-27 基于时间窗口的迁移学习算法模块结构示意图

1. 时间窗口模块

时间窗口模块主要由 PCA 降维和基于时间窗口的相似度分析两部分组成。

PCA 降维主要是对数据进行主成分分析，其目的是对数据进行预处理操作。在实际问题(如工业大数据)中，不同参数的值域差异很大，这就造成不同的数据域之间的距离空间不同，所以需要寻找一个合适的度量距离对不同的数据域进行度量，降维正是寻找其合理度量的一种方式。所以，将数据进行主成分分析(PCA)，减少变量间的线性相关性的同时对数据进行降维处理。

基于时间窗口的相似度分析主要通过时间窗口的移动对源数据和目标数据的相似性进行比较。降维后，得到了数据 $X_{S'}$ 和 $X_{T'}$，由于源数据与目标数据均为时间序列数据，故采用滑动窗口的方式对源数据与目标数据相似度最高的区域进行匹配，得到相关系数最高的源数据与目的数据的时间序列步长。时间窗口模块内部的算法过程如图 4-28 所示。

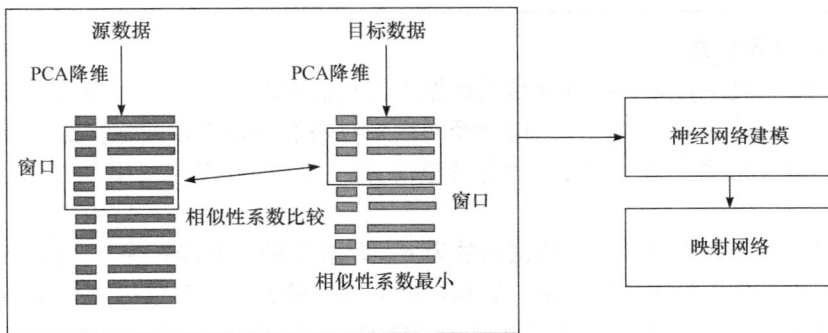

图 4-28 时间窗口模块内部的算法过程示意图

在这里，相似性的度量采用的是皮尔逊相关系数，如式(4-44)，其输出范围为(-1,1)，0 代表无相关性。由于皮尔逊相关系数为正相关时其值为正数，负相关时其值为负数，为保证较好的度量相关性，取其结果的绝对值进行对比。利用皮尔逊相关系数计算可以有效地防止由于工业数据过于离散而导致相似度判断的误差。

$$\rho_{X,Y} = \frac{\text{cov}(X,Y)}{\sigma_X \sigma_Y} = \frac{E[(X - \mu x)(Y - \mu y)]}{\sigma_X \sigma_Y} \tag{4-44}$$

基于时间窗口的相似度分析算法过程如算法 4-18 所示。其中第 1~3 行对数据进行初始化，第 4~5 行对数据 A 进行变换处理，即形成窗口 A，第 6~7 行对数据 B 进行变换处理，即形成窗口 B，第 8 行找到两个窗口的最小行数，第 9 行计算数据 A 和数据 B 在此窗口下的皮尔逊相关系数，第 10~13 行存储最小的皮尔逊相关系数及步长，第 14 行对步长结果进行输出。

算法 4-18　cycleStep(data$_A$, data$_B$)时间窗口相似度分析算法

输入： 源数据集 data$_A$，目标数据集 data$_B$

输出： 源数据集时间步长 a，目标数据集时间步长 b

```
1    train_Ax  ←  data_A[:,1:-1]
2    train_Bx  ←  data_B[:,1:-1]
3    res  ←  [NULL, NULL, NULL]
4    for step_A in range(1, 30)
5        train_Ax  ←  reshape(train_Ax)
6        for step_B in range(1, 30)
7            train_Bx  ←  reshape(train_Bx)
8            min_row  ←  min(train_Ax, train_Bx)
9            pe  ←  pearson(train_Bx[:min_row, :],train_Ax[:min_row, :])        //皮尔逊系数
10          if sim is NULL or sim>pe then
11              sim  ←  pe
12              a  ←  step_A
13              b  ←  step_B
14   Return a, b
```

2) 映射网络模块

映射网络模块主要对源数据和目的数据进行映射网络构建。考虑到数据的时间序列特性及数据映射关系的未知性，采用神经网络来对映射关系进行训练。由于该映射网络模块为迁移学习模型中的一部分，为保证整体算法的效率，考虑采用双层隐藏层的 BP 神经网络。

设数据 A 的时间步长为 a，数据列数为 n，数据 B 的时间步长为 b，数据列数为 m，这里的时间步长是指时间窗口长度。利用该时间窗口的长度，对数据进行变换，变化后数据 A 的列数为 an，数据 B 的列数为 bm。其转换算法如算法 4-19 所示，其中，第 1 行读取了数据的行列值，第 2~4 行根据时间窗口的长度计算新的列数，并根据该列数对数据进行转换，第 5 行返回转换后的数据。

算法 4-19　transform(data$_D$, a)数据转换模块

输入： 数据集 data$_D$，时间窗口长度 a

输出：数据集 data$_T$

1　row_size,col_size ← shape(data$_D$)
2　new_row_size ← int(row_size/a)
3　data$_T$ ← data$_D$.ix[0 : new_row_size*a, :]
4　reshape(data$_T$, col_size*a)
5　**return** data$_T$

采用 BP 神经网络模型做训练，输入层的神经元个数等于转换后的数据 B 的维度 bm，两层隐藏层的神经元个数由优化后的训练结果决定，输出层的神经元等于转换后的数据 A 的列数 an。从而经由该神经网络建立了由 B 到 A 的多对多映射关系，形成了该算法的核心映射网络，其结构如图 4-29 所示。

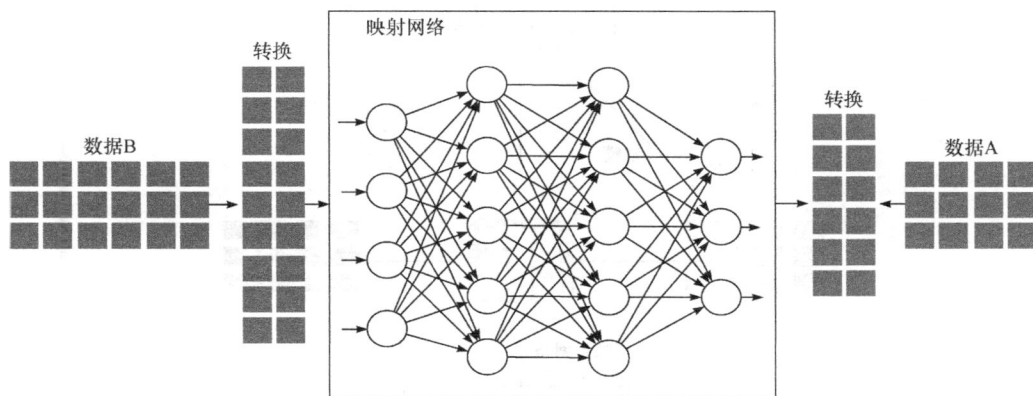

图 4-29　映射网络建立过程示意图

3）模型迁移模块

模型迁移模块利用映射网络模块生成的映射网络对已有的模型进行迁移。对源数据进行故障分类建模，该故障分类模型可以采用多元线性分类模型、决策树分类模型、XGBoost 模型及神经网络模型等，在这里采用神经网络模型。同样，建立一个三层的神经网络模型，输入层神经元个数为源数据 A 的维度 an，隐藏层神经元的个数取决于训练结果，由于该模型为分类模型，所以输出层为单个神经元，其输出的取值为 0 或 1。

利用训练好的映射网络模型训练源数据的故障分类模型，生成一个多层的深度神经网络模型。以产生源数据 A 的设备的故障分类模型为神经网络模型为例，模型迁移模块示意图如图 4-30 所示。

综合上述模块，故障迁移算法的过程示意图如图 4-31 所示。首先将源数据和目标数据进行预处理，利用 PCA 进行降维，降维后利用神经网络对源数据到目的数据的映射进行训练，得到映射网络模型。对源数据进行分类建模，将得到的源数据分类模型利用映射网络模型进行训练，得到训练出的目标数据的分类模型。

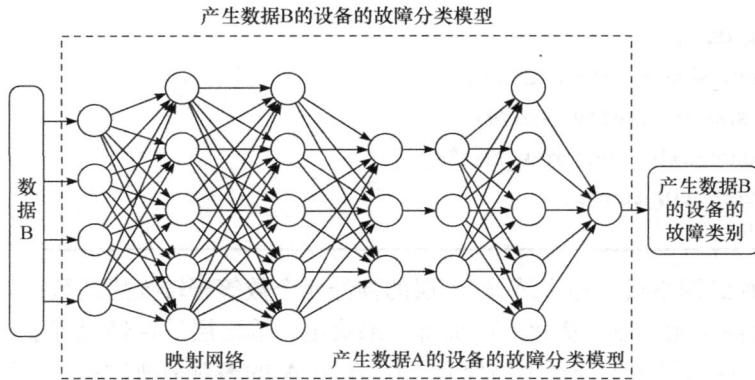

图 4-30　模型迁移模块示意图

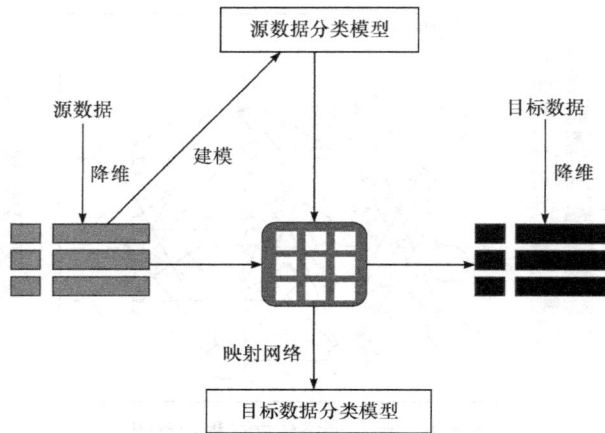

图 4-31　故障迁移算法过程示意图

4. 算法描述与分析

　　根据故障迁移算法的过程示意图得到基于时间窗口的迁移学习算法的算法流程，根据算法 4-18 和算法 4-19，得到基于时间窗口的迁移学习算法的伪代码，如算法 4-20 所示。其中，第 1、2 行对数据进行 PCA 处理，第 3 行获得源数据 A 与目标数据 B 的时间窗口长度，第 4、5 行对数据进行窗口转换，第 6 行对源数据和目标数据进行神经网络训练，第 7 行对源数据进行神经网络建模，第 8、9 行利用映射网络对源数据的故障检测模型进行训练，并输出故障检测模型 $Model_B$。

算法 4-20　tranfer($data_A$, $data_B$)模块

输入： 源数据集 $data_A$，目标数据集 $data_B$
输出： 目标数据集故障检测模型 $Model_B$

1　$data_A$ ← PCA($data_A$)
2　$data_B$ ← PCA($data_B$)
3　$step_A, step_B$ ← cycleStep($data_A$, $data_B$)

4　data$_{As}$ ← transform(data$_A$, step$_A$)

5　data$_{Bs}$ ← transform(data$_B$, step$_B$)

6　net ← MLPRegressor(data$_{Bs}$, data$_{As}$)

7　Model$_A$ ← MLPRegressor(data$_{As}$)

8　Model$_B$ ← net.train(model$_A$)

9　return Model$_B$

基于时间窗口的迁移学习算法的流程图如图 4-32 所示。其中产生源数据 A 的设备的故障分类模型的建模过程和映射网络的构建可以并行进行，大大提高了建模迁移的时间利用率。

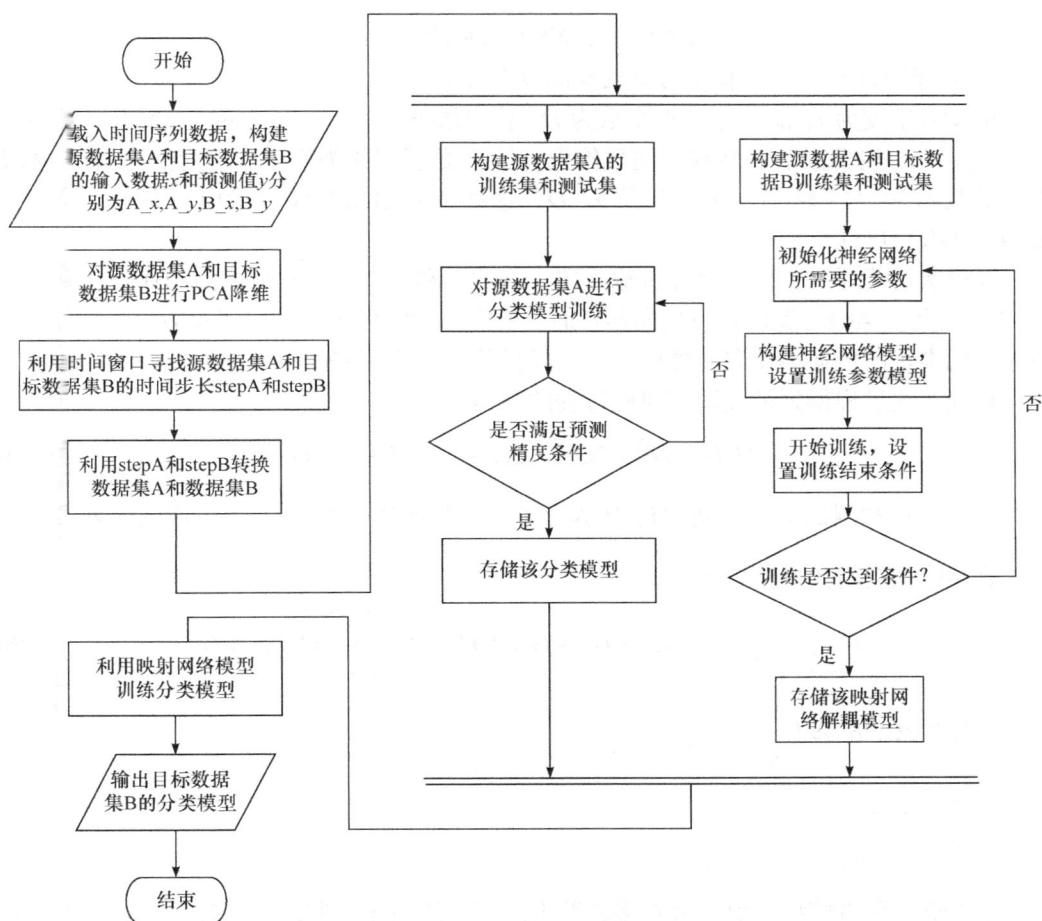

图 4-32　基于时间窗口的迁移学习算法的流程图

对基于时间窗口的迁移学习算法进行复杂度分析，与第 3 章相似，主要对其训练过程的时间及空间复杂性进行分析。

1) 基于时间窗口的迁移学习算法时间复杂度分析

首先，通过基于时间窗口的迁移学习算法对源数据和目标数据求得时间窗口长度，设源数据的数据量为 N，目标数据的数据量为 M，求其时间窗口长度需要两层循环完成，时间复杂度为 $O(NM)$。

对映射网络进行训练，设输入层的神经元个数为 W，训练时首先进行正向传播，正向传播根据每一次输入数据量计算隐藏状态值，其时间复杂度为 W_1，然后根据 Adam 算法调整神经元系数，时间复杂度为 W_1，所以每次进行一轮迭代的时间复杂度为 W_2。考虑到每一轮迭代都会有 $\left\lceil \dfrac{N}{W} \right\rceil$ 个输入，设迭代 C 次，所以训练神经网络的时间复杂度为

$$O\left(W_2 \left\lceil \frac{N}{W} \right\rceil C \right) = O(CN) 。$$

基于时间窗口的迁移学习算法总体的算法时间复杂度为

$$O(CN) + O(NM) = O(N(C + M))$$

2) 基于时间窗口的迁移学习算法空间复杂度分析

记输入维度为 I，隐藏层结点个数为 H，输出层维度为 O，则从输入层转化为隐藏层的代价为 HI，隐藏层状态转移空间代价为 H^2，隐藏层转化为输出层的代价为 OH，隐藏层参数代价为 H，输出层参数代价为 O，这些空间用来存储最优模型参数，合计为 $HI+H^2+OH+H+O$。

设每次迭代通过正向传播经过输入层，隐藏层和输出层，它们的空间代价分别是 I，H，O，则利用 Adam 算法进行反向传播时，所需的空间代价为 $HI+H^2+OH+H+O$，因此，每次迭代中正向传播和反向传播所需的空间代价合计为 $I+H+O+HI+H^2+OH+H+O$。

整理上述过程得到神经网络建模过程的整体代价为

$$2HI + 2H^2 + 2OH + 2H + 2O + I + H + O \tag{4-45}$$

设训练集和测试集的空间代价为 N，考虑到每次迭代都有 $\left\lceil \dfrac{N}{I} \right\rceil$ 个输入序列参与训练，故整体的空间代价整理得

$$N + \left(2\left\lceil \frac{N}{I} \right\rceil + 1 \right)(HI + H^2 + OH + H + O) + \left\lceil \frac{N}{I} \right\rceil (I + H + O) \tag{4-46}$$

所以其空间复杂度为 $O\left(N + \left\lceil \dfrac{N}{I} \right\rceil H^2 \right)$。

5. 实验结果

1) 分类问题的算法评价指标

对于映射网络模型，由于多对多的数据映射网络属于回归问题，故采用连续型数据的衡量指标——均方根误差(RMSE)指标对算法的效果进行评估。

对于分类型预测问题的算法，常见的评价指标有精确率、召回率、F_1 和 ROC 曲线。对于分类问题，在分类过程中主要会出现 4 种情况，即实例为正例且被预测为正例(TP)、实例为正例被预测为负例(FN)、实例为负例被预测为正例(FP)和实例为负例被预测为负例(TN)，其中精确率的计算公式如式(4-47)所示，召回率的计算公式如式(4-48)所示，F_1

为精确率和召回率的调和平均数，如式(4-49)所示。

$$P = \frac{TP}{TP+FP} \tag{4-47}$$

$$R = \frac{TP}{TP+FN} \tag{4-48}$$

$$\frac{2}{F_1} = \frac{1}{P} + \frac{1}{R} \tag{4-49}$$

ROC 曲线就是以 FPR 式(4-50)为横坐标，TPR 式(4-51)为纵坐标所绘制的曲线，通过对式(4-50)和式(4-51)进行分析，可以发现 ROC 曲线越靠近左上角，该算法的性能越好。利用 AUC 对 ROC 曲线进行量化，AUC 表示 ROC 曲线与 x 轴围成的面积，面积越大，分类效果越好。

$$TPR = \frac{TP}{TP+FN} \tag{4-50}$$

$$FPR = \frac{FP}{FP+TN} \tag{4-51}$$

在此采用 ROC 曲线及 AUC 量化指标对实验结果进行综合度量。

2）实验搭建

基于时间窗口的迁移学习算法在 TensorFlow 框架下采用 Python 算法实现。实验环境及实验所采用的数据集如表 4-9 所示。其中工业大数据锅炉数据集、工业大数据发电机数据集均为某电厂 SIS 生产实时系统的数据，锅炉数据集中的主要参数有时间、流量参数、压力参数及温度参数，数据总维度达 70 维，数据总量达 40 万余条，发电机数据集中的主要参数有时间、转速、功率、压力参数及温度参数，数据总维度达 38 维，数据总量共计 8 万余条。

表 4-9　实验环境及数据集

实验机器配置	2.7GHz Intel Core i5、8GB 1867MHz DDR3
实验环境	Python 3.6.0、TensorFlow
实验数据集 1	工业大数据锅炉数据集 模拟工业大数据发电机数据集
实验数据集 2	工业大数据锅炉数据集 模拟工业大数据发电机数据集

实验数据集 1 根据工业大数据锅炉数据集与发电机数据集的相似程度，对同一生产流程中同一时刻的发电机数据集进行模拟，模拟方法主要是在发电机源数据的基础上，替换发电机数据集中与锅炉数据集强相关的数据维度，使两个数据集符合相同的时间序列特性，该数据集主要用于测试同一时刻下的工业设备的迁移情况。实验数据集 2 主要为工业生产中的真实数据集，该数据集为不同时刻下的同一个生产流程中的数据，该数据集主要用于测试不同时间下的工业设备的相似度迁移程度。

对实验结果采用多次测量求平均值的方式以降低实验误差。在迁移网络算法和源数据 A 的建模算法中，均采用留出法对算法进行实验验证，将数据集以 2∶1 的比例划分为训练集和测试集。在评估整体的设备 B 的故障预测模型时，采用 6 折交叉验证方法来对实验结果进行评估。

3) 映射网络优化

通过神经网络理论分析，判断该映射网络的学习速率、隐藏层结点的数目、迭代次数对算法的结果有较大的影响。该实验采用了 Adam 算法自适应调节学习速率，达到迭代次数后即停止计算，故从隐藏层结点的数据入手对映射网络进行调优。

首先对实验数据集 1 进行调优，通过时间窗口相似度算法得到数据 A 的步长为 1，数据 B 的算法步长为 2。对隐藏层结点个数进行调优，设输入层的神经元个数为 m，输出层的神经元个数为 n，以 m 和 n 为基准对隐藏层结点个数进行调优，具体的实验配置和实验结果如表 4-10 及图 4-33(a) 所示。实验结果表明，当隐藏层结点个数分别为 $2(m-1)(n-1)$ 和 $2(m-1)\times2(n-1)$ 时，均方差误差较小，证明其迁移网络的效果越好，考虑到隐藏层结点越多，训练时间越长，在平衡时间与效率的基础上，将隐藏层结点个数设定为 $2(m-1)(n-1)$。

表 4-10　针对实验数据 1 的实验配置和实验结果

实验编号	隐藏层个数	最大迭代次数	均方差误差
1	$(m-1)(n-1)$	100	0.222
2	$(m-1)\times2(n-1)$	100	0.100
3	$2(m-1)(n-1)$	100	0.020
4	$2(m-1)\times2(n-1)$	100	0.021

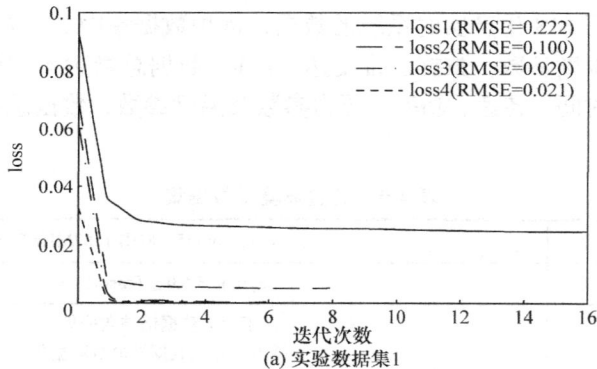

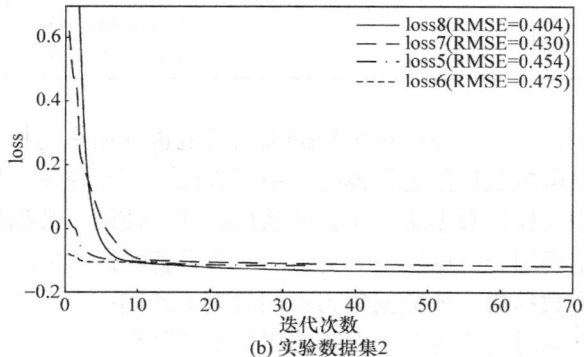

(a) 实验数据集1

(b) 实验数据集2

图 4-33　不同实验数据、不同实验配置下的训练过程示意图

对实验数据集 2 进行调优，通过时间窗口相似度算法得到数据 A 的步长为 1，数据 B 的步长为 2。以相同的方法进行实验，得到实验配置和实验结果如表 4-11 及图 4-33(b) 所示。可以看出该映射网络中，隐藏层结点个数对均方根误差的影响不大，故将 $(m-1)(n-1)$ 暂定为隐藏层结点个数。

表 4-11　针对实验数据集 2 的实验配置和实验结果

实验编号	隐藏层个数	最大迭代次数	均方差误差
5	$(m-1)(n-1)$	100	0.454
6	$(m-1)2(n-1)$	100	0.475
7	$2(m-1)(n-1)$	100	0.430
8	$2(m-1)\times2(n-1)$	100	0.404

根据上述实验，确定实验 1 和实验 2 的最优实验参数，如表 4-12 所示。

表 4-12　最优实验参数基本参数表

实验编号	隐藏层个数	最大迭代次数	均方差误差
3	$2(m-1)(n-1)$	100	0.02
5	$(m-1)(n-1)$	100	0.45

4　迁移学习实验结果

对设备 A 故障预测模型进行建模，在这里设备 A 故障预测模型的建模和调优过程就不再赘述，采用神经网络算法对设备 A 进行建模。

对于实验数据集 1，设备 A 故障预测模型的 AUC 为 0.94，设备 B 故障预测模型的 AUC 为 0.92，其设备的迁移率达 97%，说明映射网络能够在同一个时刻下、在同一个生产流程中的不同设备之间展现出非常突出的迁移能力。ROC 曲线如图 4-34、图 4-35 所示，可以看到 ROC 曲线靠近左上角，证明其预测能力十分突出。

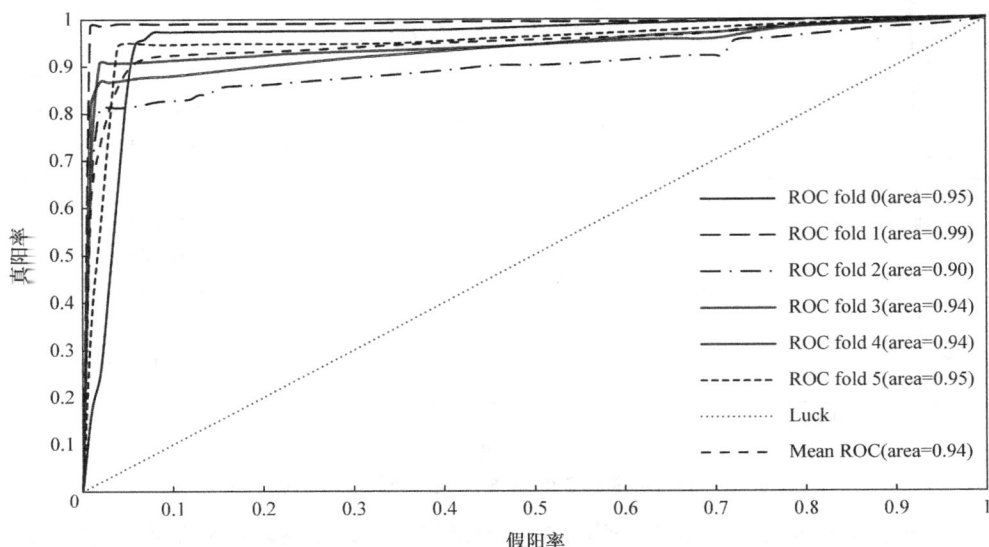

图 4-34　实验数据集 1 的设备 A 故障预测模型 ROC 曲线

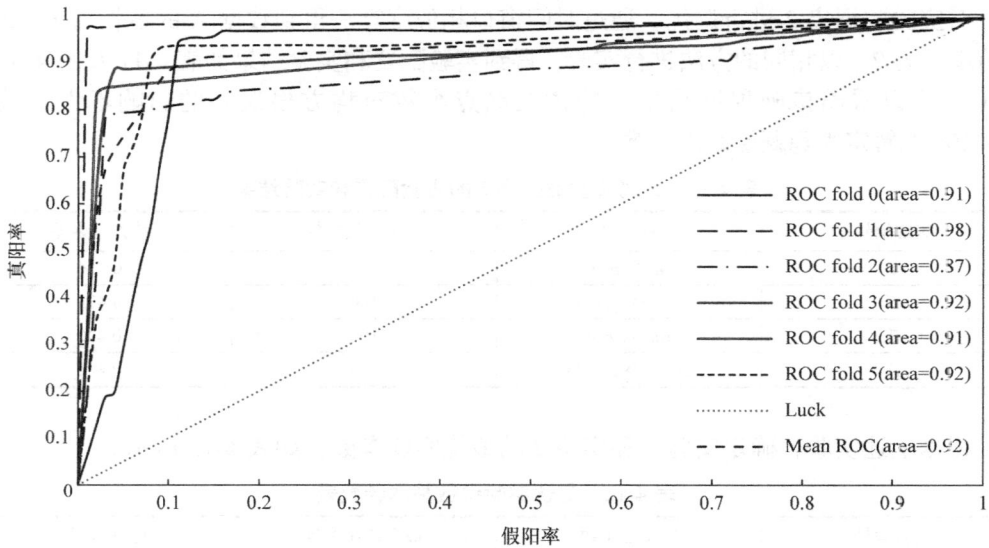

图 4-35　实验数据集 1 的设备 B 故障预测模型 ROC 曲线

对于实验数据集 2，设备 A 故障预测模型的 AUC 为 0.94，设备 B 故障预测模型的 AUC 为 0.42，其设备的迁移率低至 44%，该实验结果证明若同一工艺流程中的两个不同的设备针对不同时刻的数据进行迁移，其迁移能力会大打折扣，说明工业数据之间的迁移学习需要一定的条件才能完成。ROC 曲线如图 4-36、图 4-37 所示，可以看到设备 A 故障预测模型的 ROC 曲线靠近左上角，展现出了非常好的预测能力，而设备 B 故障预测模型的 ROC 曲线在对角线附近，其迁移能力因为时间序列关系而受到了制约。

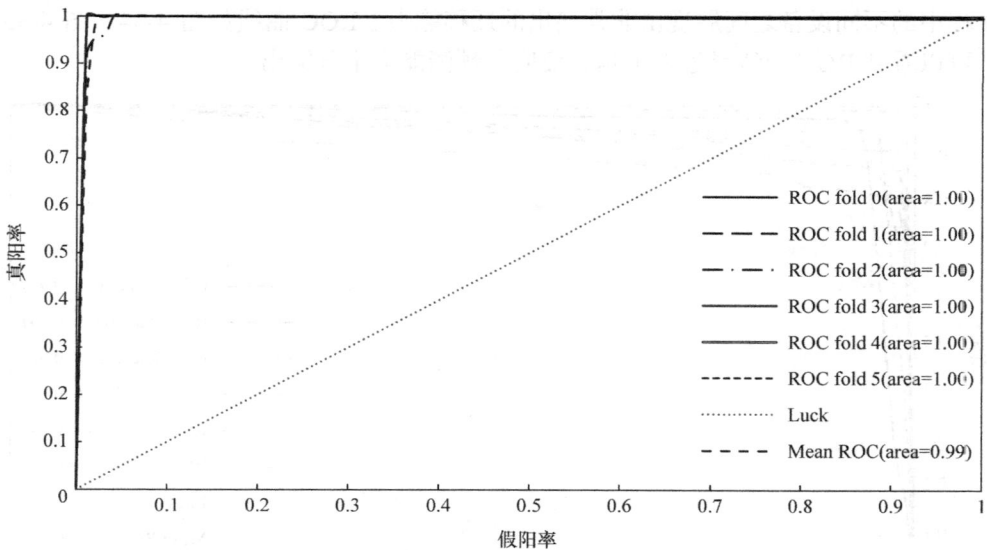

图 4-36　实验数据集 2 的设备 A 故障预测模型 ROC 曲线

对比实验数据集 1 与实验数据集 2 的实验结果，可以发现将迁移学习应用于时间序列数据中有一个非常重要的条件，即时间序列数据必须为同一生产流程中的不同设备在

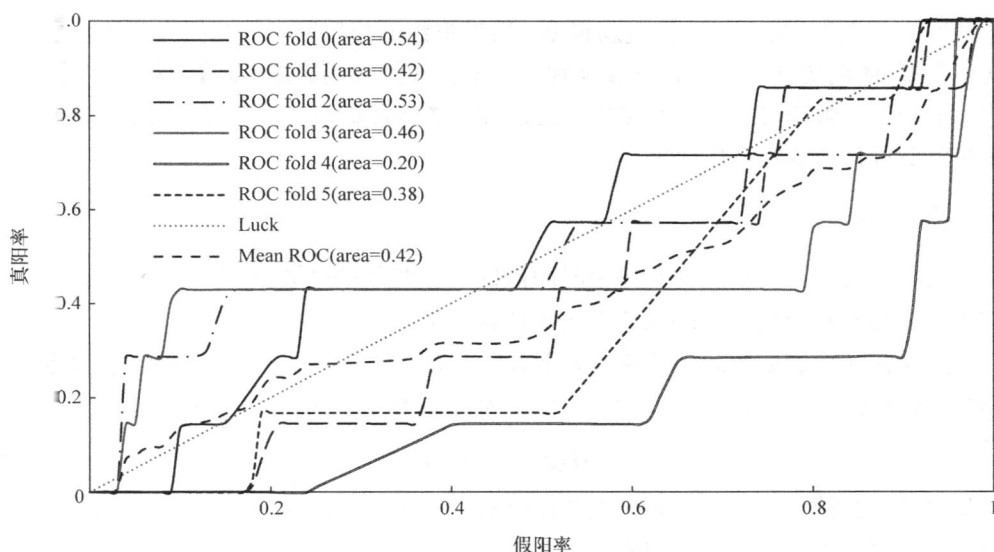

图 4-37 实验数据集 2 的设备 B 故障预测模型 ROC 曲线

同一个时段，这是工业大数据故障迁移预测的一个非常重要的前提。常见的迁移模型大多应用于图像处理和语音识别领域，这些领域的数据与工业数据的区别主要在于它没有时间相关性且泛化能力强，故将迁移模型应用于工业领域，上述的前提必不可少。

利用实验数据集 1 中实验 1~4 生成的不同映射网络进行测试，发现在映射网络的建模过程中对映射网络进行调参，其 RMSE 与模型迁移后的准确率并没有直接的关系。RMSE 效果越好，AUC 不一定越小，可见所构建的映射网络具有一定的稳定性和相当的容错空间，且对神经网络参数的依赖性不高，实验结果如表 4-13 所示。

表 4-13 实验结果

实验编号	1	2	3	4
AUC	0.92	0.92	0.92	0.92
RMSE	0.22	0.10	0.02	0.02

4.4.2 基于终身学习的预测

在工业领域中，由于设备的传感器数量众多且提取时间间隔短，设备会在一定时间内积累大量的数据，同时随着时间的变化，设备的状态发生改变，如设备老化，导致设备的数据产量大幅度下降。此时若采用先前生成的工业数据来训练现存模型，则会产生相当的误差，从而影响预测的效果。故需要采用算法对一定时期内的数据进行判断，从而判断它是否需要用于现存模型的更新，在一定程度上保障了现存模型的有效性。

本节从工业时间序列数据的角度出发，进行一定时间内的现存模型替代与更新。相比于大多数终身学习预测算法应用于人工智能领域，本节提出的算法主要应用于工业领域，而工业领域数据存在着时间周期性、数据依赖关系复杂等特点。为解决该问题，基于数据更新模型的终身学习预测算法，用于判定现存模型 M 是否需要数据来进行更新。

具体地说，该算法主要基于数据更新模型，通过将数据相似度函数与损失函数结合起来，对现存模型 M 的更新时刻进行有效预判，并根据该预判函数进行现存模型 M 的更新与迭代。下面主要解决时间序列数据中的连续和分类预测的准确度问题，根据数据的相关特性对模型进行持续的迭代与更新。

1. 问题描述

在实际问题中，其输入为某一个时间段的工业时间序列数据 $\boldsymbol{X}_{t+n} = [x_1 \quad x_2 \quad \cdots \quad x_m]$ $\in \mathbb{R}^{n \times m}$ 及已知预测模型 M，输出为更新后的预测模型 M'。

可把现存模型的更新问题抽象为如下数学问题。已知某一工业设备从时刻 0 到时刻 t 之间的数据 $\boldsymbol{X}_t = [x_{t1} \quad x_{t2} \quad \cdots \quad x_{tm}] \in \mathbb{R}^{t \times m}$，对于模型 M 存在函数 $f(\cdot)$ 使得

$$M(\boldsymbol{X}_t, f(\cdot)) = \boldsymbol{Y}_t \tag{4-52}$$

此时，该设备继续运行，已知该设备在时刻 $t \sim t+n (n>0)$ 的数据 $\boldsymbol{X}_{t+n} = [x_1 \quad x_2 \quad \cdots \quad x_m]$ $\in \mathbb{R}^{n \times m}$，若对于模型 M' 存在函数 $f'(\cdot)$ 使得

$$M'(\boldsymbol{X}_{t+m}, f'(\cdot)) = \boldsymbol{Y}_{t+m} \tag{4-53}$$

求 $f(\cdot)$ 和 $f'(\cdot)$ 是否相等。若 $f(\cdot) = f'(\cdot)$，模型不需要更新；若 $f(\cdot) \neq f'(\cdot)$，则需要判断模型是否更新，若需要更新，即 $M = M'$。

通常情况下，判断模型是否需要更新，多数采用损失函数的方法，即根据损失函数的数值来判断模型是否需要更新。在工业领域中，由于设备的传感器源源不断地传送工业数据，故需要根据数据建立数据更新模型，根据数据相似度函数与损失函数相结合生成数据更新模型的方法，自动判断数据的更新时间，从而实现面向终身学习的自学习预测模型。

2. 基于数据更新模型的终身学习预测算法

基于数据更新模型的终身学习预测算法是以基于时间序列数据的流量预测算法和基于迁移学习的故障检测算法为基础的，其架构如图 4-38 所示。从基于时间序列数据的流量预测算法和基于迁移学习的故障检测算法已经建立好的模型，从模型中提取学习到的规则，并对规则进行管理，这些规则构成了工业大数据的知识库。终身学习预测算法希望数据更新模型能够根据源源不断的时间序列数据对知识库中的知识进行自学习更新。

该终身学习预测算法的核心在于对模型何时更新进行预测，故其核心点在于建立一个数据更新模型，对模型何时需要进行迭代更新做出预测，下面重点对数据更新模型进行介绍。

数据更新模型主要分为两个模块：第一个模块是数据相似性模块，对数据的变化程度进行度量，也就是对数据的相似度进行度量；第二个模块是损失函数模块，对已有模型是否适用进行度量，也就是对模型的损失率函数进行度量，如图 4-39 所示。下面分别对数据相似性模块和损失函数模块进行详细的阐述。

1) 数据相似性模块

数据相似性模块主要从尚未进行建模的数据入手对数据的变化程度进行分析，想要

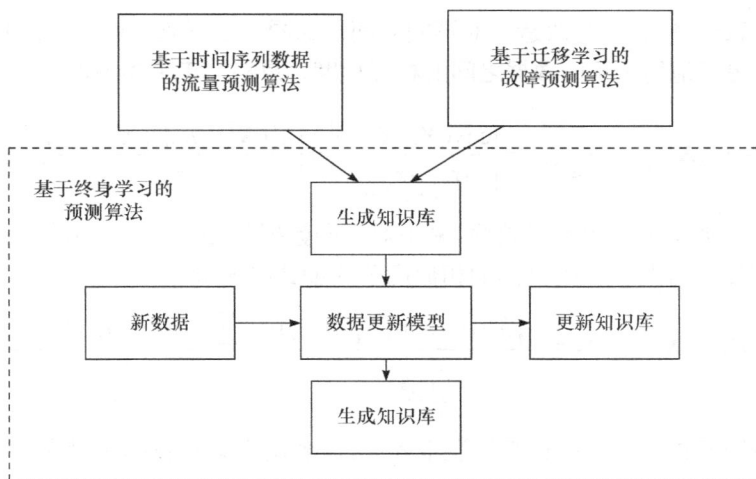

图 4-38 基于数据更新模型的终身学习预测算法架构

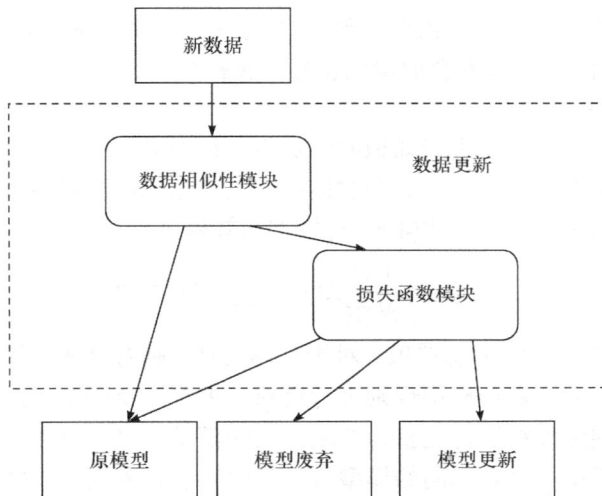

图 4-39 数据更新模型结构

对前一时刻数据和后一时刻数据的相似程度进行度量，则需对数据进行分类，主要分为二元属性数据和数值型数据。

对于二元属性数据，只有两个类别，则采用计数方法对其相似性进行度量，对于数据 $X_t = [x_{t1}\ \ x_{t2}\ \ \cdots\ \ x_{tm}] \in \mathbb{R}^{t\times m}$ 和 $X_{t+n} = [x_1\ \ x_2\ \ \cdots\ \ x_m] \in \mathbb{R}^{n\times m}$ 来说，假设 X_t^i 与 X_{t+n}^i 为二元属性数据，第一类属性的数据个数为 S_1，第二类属性的数据个数为 S_2，数据总量为 n，相似度为

$$\mathrm{sim}(X_t^i, X_{t+n}^i) = \frac{S_1 + S_2}{n} \tag{4-54}$$

对于数值型数据，其具有相似性系数、相似度两种相似性的度量方式，为了更好地对比数据之间的相似程度，采用相似性系数方式来对数值型数据的相似性进行度量，在此对

皮尔逊相关系数式(4-55)进行改造。对不同时间段的同一数据集来说，它们有一定程度的相似性，为了更好地衡量不同数据之间的相似程度，忽略其正负相关性，均取其绝对值。

$$\text{sim}(\boldsymbol{X}_t^i, \boldsymbol{X}_{t+n}^i) = \rho_{X_t^i, X_{t+n}^i} = \left| \frac{\text{cov}(\boldsymbol{X}_t^i, \boldsymbol{X}_{t+n}^i)}{\sigma_{X_{t+n}^i} \sigma_{X_t^i}} \right| = \left| \frac{E[(\boldsymbol{X}_t^i - \mu x_t^i)(\boldsymbol{X}_{t+n}^i - \mu x_{t+n}^i)]}{\sigma_{X_{t+n}^i} \sigma_{X_t^i}} \right| \tag{4-55}$$

对于同一个数据集中的不同数据，采用对不同数据的相似度求均值的形式，引入 δ 参数对整体相似度进行调整，则整体的相似度公式如式(4-56)所示。

$$\text{sim}(\boldsymbol{X}_t, \boldsymbol{X}_{t+n}) = 1 - \frac{\sum_{i=1}^m \delta_i \cdot (1 - \text{sim}(\boldsymbol{X}_t^i, \boldsymbol{X}_{t+n}^i))}{\sum_{i=1}^m \delta_i} = \frac{\sum_{i=1}^m \delta_i \cdot \text{sim}(\boldsymbol{X}_t^i, \boldsymbol{X}_{t+n}^i)}{\sum_{i=1}^m \delta_i} \tag{4-56}$$

其中，δ 参数用于权重调整，通常情况下 $\delta_i = 1$，若出现某一数据集没有属性 i 的情况，则 $\delta_i = 0$。

综合式(4-54)～式(4-56)，可以得出相似度函数的取值范围为(0,1)，且数值越高，两个数据集之间的相似度越高，当相似度函数值低于一定的数值时，需要对函数进行更新，经实验测试，该阈值设定为 0.5 会取得比较好的实验结果。

2) 损失函数模块

损失函数模块主要对是否进行知识库的更新，是否废弃旧知识来做出判断，对于知识的更新就是对已有的训练模型中的参数进行调整，这就需要对模型的效果进行有效的估计，通常情况下采用损失函数式(4-57)对模型的效果进行估计：

$$\theta^* = \text{argmin} \frac{1}{N} \sum_{i=1}^N L(y_i, f(x_i; \theta_i)) + \lambda \Phi(\theta) \tag{4-57}$$

其中，L 为损失函数；$\Phi(\theta)$ 为惩罚项。对于具体问题，则有具体的损失函数度量方法进行分析。其中，对工业大数据模型规则进行更新，主要涉及两个方面知识的更新：一方面是对连续型数据预测模型进行更新，如流量预测模型；另一方面是分类预测模型进行更新，如故障预测模型。针对不同的模型所学到的知识，采用不同的损失函数估量来进行模型效果估计。

对于连续型数据预测问题，通常利用平方损失函数来对其损失进行估计，在实际应用中，RMSE 是一个非常重要的衡量指标。采用 RMSE 方法对结果进行估计，并取得了非常好的估测效果，故对于连续型数据预测问题，损失函数采用 RMSE 来估计。

$$\text{RMSE}(X, f(\cdot)) = \sqrt{\frac{1}{m} \sum_{i=1}^m (f(x_i) - y_i)^2} \tag{4-58}$$

对于分类问题，通常利用 0-1 损失函数、log 损失函数、Hinge 和感知损失等方法来估计模型的优劣，在这里采用感知损失来对算法的效果进行衡量，其损失函数为

$$\min_{w,b} \left[-\sum_{i=1}^n y_i(w^T x_i + b) \right] \tag{4-59}$$

在损失函数模块中，有两个需要判断的指标，分别为是否更新知识库及是否废除旧有的知识库。已知模型的损失为 Lm，将采集到的新数据放入已有模型中训练，得到模

型的损失为 Ln，计算模型的损失变化百分率 LC：

$$LC = \left| \frac{Ln - Lm}{Lm} \right| \tag{4-60}$$

由式(4-60)可知，LC 大于 0，需要设定阈值来对模型是否进行更新及废弃进行判断。初步将其阈值设定为下述标准：若 LC>0.9，则废弃原模型，重新训练建立新模型；若 0.3<LC≤0.9，则对模型进行更新，即将新数据加入模型中进行训练，改变模型参数；若 LC≤0.3，则忽略模型的更新，维持原有模型状态。利用 LC 的值判断对模型采取的操作如图 4-40 所示。

图 4-40　利用 LC 的值判断对模型采取的操作

数据更新模型伪代码如算法 4-21 所示。第 1 行分析了 t_1、t_2 时间段数据的数据相似性，第 2～11 行根据数据相似性判断是否对模型进行更新，第 3～9 行对 t_1、t_2 时间段数据的损失函数进行计算后按照规则输出标志位。

算法 4-21　update($data_{T1}$, $data_{T2}$)模块

输入　t_1 时间段数据集 $data_{T1}$, t_2 时间段数据集 $data_{T2}$
输出　模型更新标志位 flag

```
1    p ← sim(dataT1, dataT2)
2    if  p<0.5 then
3        l ← loss(dataT1, dataT2)
4        if l > 0.9 then
5            return 2;    //废弃模型
6        else if l > 0.3 and l ≤ 0.9 then
7            return 1;    //更新模型
8        else
9            return 0;    //保留模型
10   else
11   return 0;           //保留模型
```

---

3. 算法描述与分析

以数据更新模型中的数据相似性模块和损失函数模块为基础，对新数据的大小进行限制，即在一定数据量的情况下才能进行模型的更新，当累积一定的数据量后，对数据

的相似度进行计算，若不符合阈值要求，则对数据的损失函数进行计算，并进行模型的相应处理，若符合阈值要求，则保留原有模型。

根据算法 4-21 及算法流程得到该数据更新模型的伪代码，如算法 4-22 所示。其中，第 1～2 行对是否更新模型进行判断，若无需更新则跳转执行第 10～11 行，否则执行第 3～9 行根据数据更新模型的判断对现存模型进行相应的更新与调整。

算法 4-22　lifelong($data_{T1}$, $data_{T2}$)模块

输入: t_1 时段数据集 $data_{T1}$，t_2 时段目标数据集 $data_{T2}$，临界数据量 L，模型 M

输出: 模型 M_f

```
1    n ← shape(dataT2)
2    if n<L then
3        return M
4    else
5    flag ← update(dataT1, dataT2)
6    if flag = 1 then
7        Mf ← train(dataT1, dataT2)
8    if flag = 2 then
9        Mf ← train(dataT2)
10   if flag = 0 then
11       Mf ←M
12   return Mf
```

基于数据更新模型的终身学习预测算法流程图如图 4-41 所示。根据数据量阈值、相似度阈值和损失率阈值继续判断，并进行相应的保留模型、更新模型和废弃模型的操作。

对该算法进行复杂度分析，主要对数据更新模型的复杂度进行分析。

对数据更新模型的时间复杂度分析。设 t_1 时段的数据量为 N，t_2 时段的数据量为 M，数据相似度的计算需要 t_1 时段与 t_2 时段中的数据一一配对进行计算，其时间复杂度为 $O(NM)$。数据的损失函数的计算，则需要先把 t_2 时段的数据代入现存模型中训练以计算损失，再与现存模型的原损失对比，得到现存模型的损失变化百分比，因此只需要一轮计算，其时间复杂度为 $O(M)$。总体的时间复杂度 $O(NM+M)=O(NM)$。

对数据更新模型的空间复杂度分析。设 t_1 时段数据的空间代价为 N，t_2 时段数据的空间代价为 M，对其进行相似度计算，形成相似度矩阵，空间复杂度为 $O(NM)$，对其损失函数进行计算，则只需要存储 t_2 时段数据计算的中间结果，复杂度为 $O(M)$。总体的空间复杂度为 $O(N+2M+NM)$。

4. 实验结果

1) 实验搭建

实验环境及实验所采用的数据集和算法如表 4-14 所示。其中数据集的与 4.4.1 节的实验所用的数据一致。

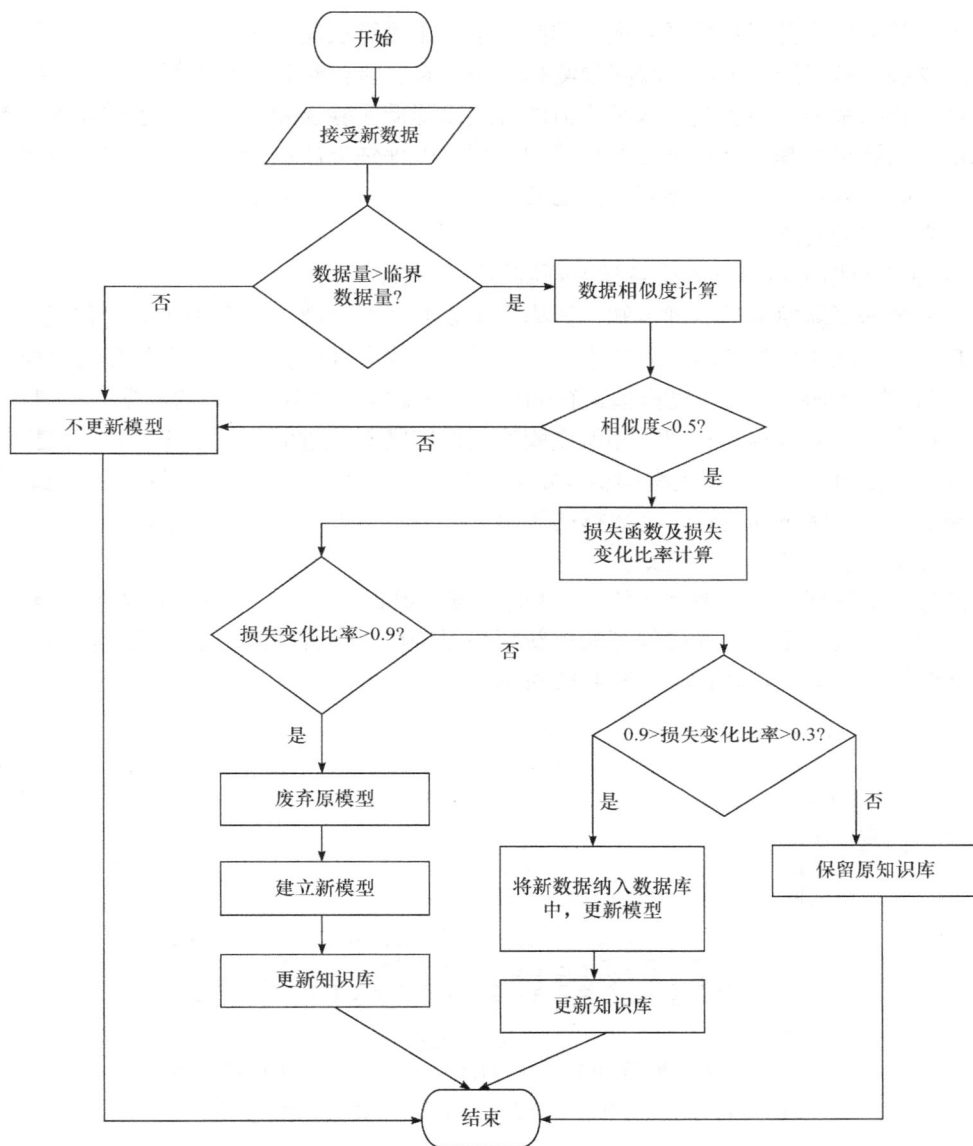

图 4-41　基于数据更新模型的终身学习预测算法流程图

表 4-14　实验环境及数据集

实验机器配置	2.7GHz Intel Core i5、8GB 1867 MHz DDR3
实验环境	Python 3.6.0、TensorFlow
实验数据集	工业大数据锅炉数据集 工业大数据发电机数据集 模拟工业大数据发电机数据集
实验算法	基于时间序列数据的流量预测算法 基于迁移学习的故障预测算法

本实验主要将基于数据更新模型的终身学习预测算法应用于基于时间序列数据的流量预测算法和基于迁移学习的故障预测算法中，看它能否起到模型更新与优化作用。

对实验结果采用多次测量求平均值的方式以降低实验误差，采用基于时间序列数据的流量预测算法和基于迁移学习的故障预测算法的评估方法进行验证。为方便叙述，针对基于时间序列数据的流量预测算法的实验记为实验 1，针对基于迁移学习的故障预测算法的实验记为实验 2。

2) 基于数据更新模型的终身学习预测算法的调优

根据数据更新模型的原理可知，该模型主要有两个参数，分别为相似度和损失变化率，其不同的阈值会对实验结果产生一定的影响，故在进行实验 1 和实验 2 之前需要对算法 4-21 进行调优。对相似度阈值进行调优。相似度是估量不同时刻的数据的相似程度，其数值越高，证明数据越相似，相似度阈值的设定既不能过低，也不能过高，故将其设置为 0.3、0.5 和 0.7，将损失率阈值设定为 1/0.4，进行实验测试。为了更加直观地看出不同阈值下更新状态的变化，将数据的初始量设为 10000，每次增加 10000 条数据时，根据标志位判断其是否进行更新。

经过实验发现，当相似度阈值在 0.3 时，算法更新频率弱，当相似度阈值在 0.7 时，算法更新频率过于频繁，为确保算法更新频率保持在一个合适的水平，故选择相似度阈值为 0.5 进行实验，实验结果如图 4-42 所示。

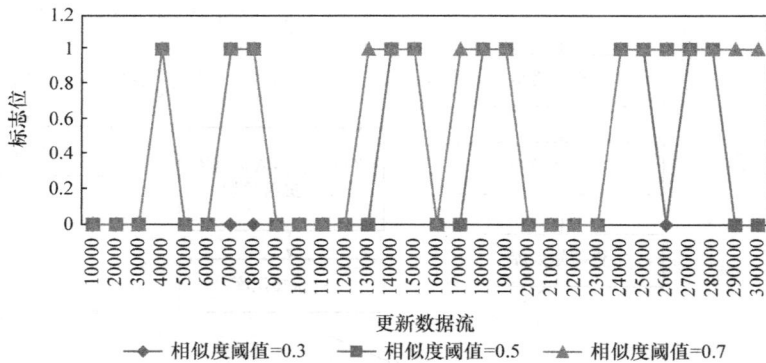

图 4-42　在进行实验 1 之前对算法 4-21 相似度调优结果

在得到最优的相似度后，再对损失变化率的阈值进行调优。设损失变化率的阈值分别为 1/0.4、0.9/0.4、0.8/0.4、1/0.3、0.9/0.3、0.8/0.3 进行实验，实验结果如图 4-43 所示，标志位为 2 时，废弃模型；标志位为 1 时，更新模型；标志位为 0 时，保留模型。当阈值为 0.9/0.3 时，其模型的废弃和更新会呈现出较为均衡的频率，从而得到较好的实验结果。

在进行实验 2 之前对算法 4-21 进行调优。采用相似的过程对相似度和损失率进行调优，实验结果如图 4-44、图 4-45 所示，发现相似度为 0.5，损失率为 0.9/0.3 的情况下，算法的更新频率和效果最优，故采用相似度为 0.5，损失率为 0.9/0.3 对实验 2 进行调优。

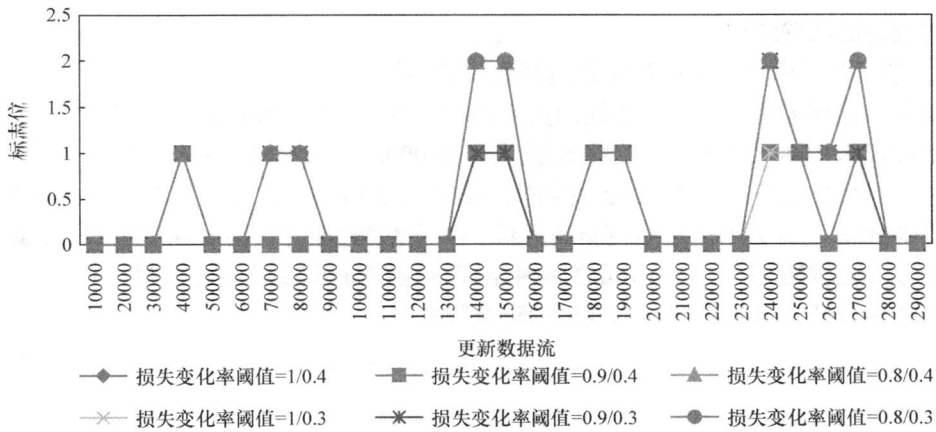

图 4-43　在进行实验 1 之前对算法 4-21 损失率调优结果

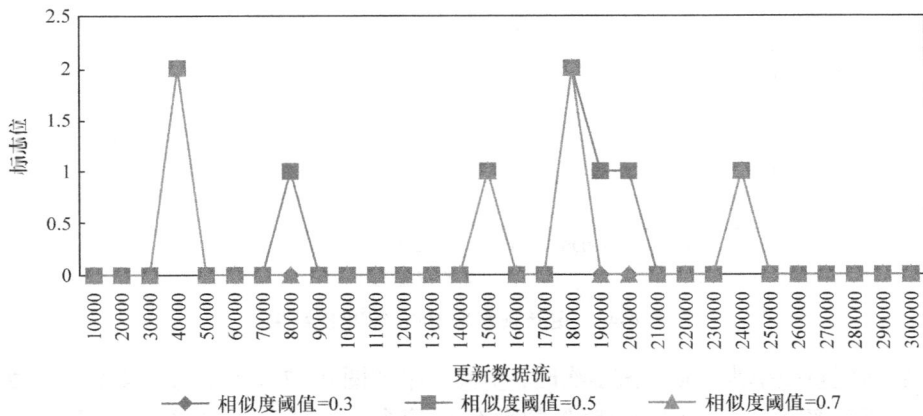

图 4-44　在进行实验 2 之前对算法 4-21 相似度调优结果

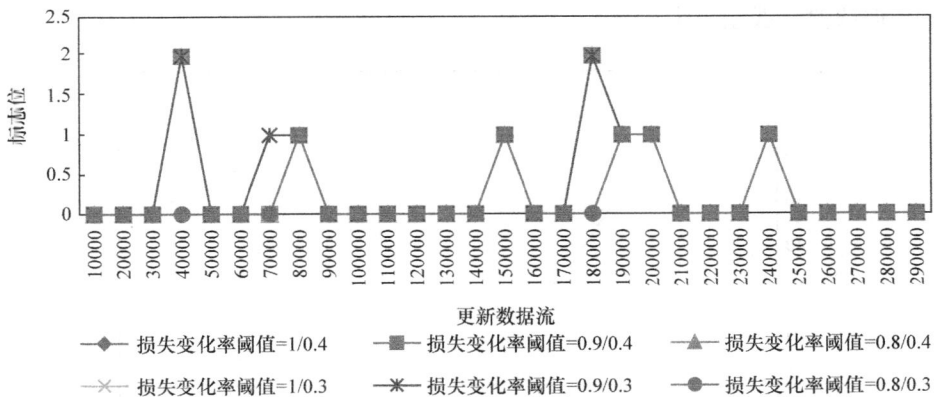

图 4-45　在进行实验 2 之前对算法 4-21 损失率调优结果

综合上述实验结果，对基于数据更新模型的终身学习预测算法进行调优后，阈值固定在相似度 0.5，损失率 0.9/0.3，该调优过程说明该算法并不需要多次调优，固定参数就能取得较好的实验结果。

3) 基于时间序列数据的流量预测算法实验结果

确定最优阈值之后,利用不同的更新频率对模型的更新情况进行验证,将更新的频率分别设置为 1000 条/批次、5000 条/批次和 100000 条/批次进行实验验证。

首先对数据更新频率为 1000 条/批次的数据流进行实验,实验结果如图 4-46 所示,发现其 RMSE 随着数据流不断更新而更新,在更新的过程中,会出现模型的 RMSE 不变(标志位为 0)或降低(标志位为 1 或 2)两种情况,但随着时间变化,数据累积,模型的 RMSE 也在不断地降低,且其呈现出不规则的降低频率。

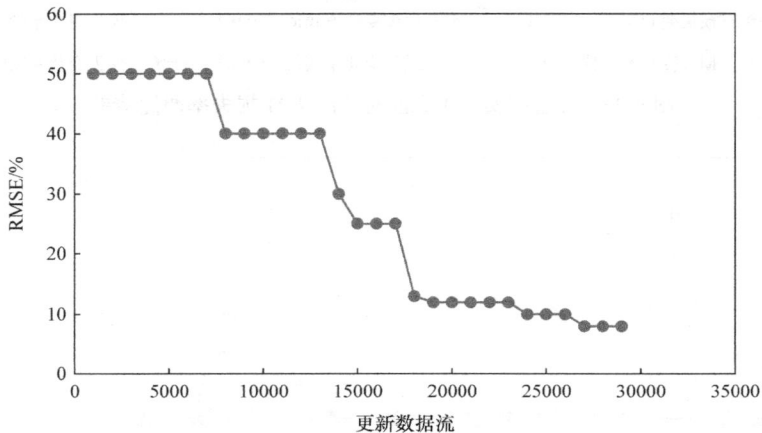

图 4-46　更新频率为 1000 条/批次结果

当数据更新频率为 5000 条/批次时,实验结果如图 4-47 所示,与图 4-46 对比发现当数据的更新频率降低,其 RMSE 降低的频率也不同,这说明不同的数据更新频率对数据预测精准度的更新频率有影响,但总体而言,当数据量趋于一致时,RMSE 均能降低到某一个相似数值,误差较小。

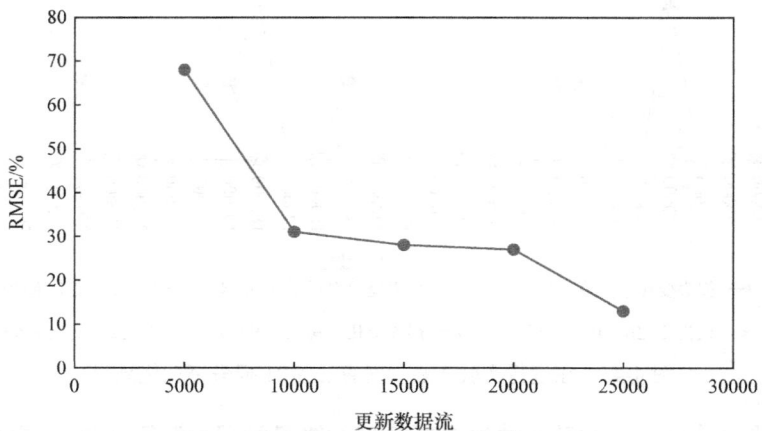

图 4-47　更新频率为 5000 条/批次结果

将数据更新速度设置为每 100000 条/批次。设原始数据为 100000 条时间序列数据，并采用 RMSE 的降低程度作为其准确率，更新过程如表 4-15 所示，这说明对于不同频率的数据更新，该算法都可以进行有效的模型更新操作，且更新准确率在 63.94%。

表 4-15　流量预测算法实验更新过程

实验编号	更新量	相似度/%	损失率/%	RMSE/%	准确率/%
1	100000	34	59.30	30.17	—
2	100000	44	7957	10.88	63.94
3	100000	89	12.24	10.88	—

4) 基于迁移学习的故障预测算法实验结果

基于迁移学习的故障预测算法的更新主要由两部分组成：对于设备 A 来说，其对模型的更新是更新 A 的故障预测模型；对于设备 B 来说，若其数据发生变化，更新的是映射网络，从而实现对模型 B 的更新。

对于设备 A 的预测来说，采用 AUC 评估设备 A 建立的原始模型，当数据的更新频率为每次 10000 和 50000 条时，其预测准确率 AUC 为 97%左右；当数据的更新频率为每次 100000 条时，其预测准确率 AUC 为 95.8%左右，其损失接近 1%，故该模型在首次建模后不再进行更新。

对于设备 B 来说，其更新过程比较复杂。对于设备 B 新产生的数据，更新过程为在其相似度及损失率达到要求的情况下，先更新映射网络，再通过映射网络训练设备 A 的预测模型后，对所得到的设备 B 的预测模型进行分析。将更新的频率分别设置为 1000、条/批次、5000 条/批次和 10000 条/批次进行实验验证。

首先对数据更新频率为 1000 条/批次的数据流进行实验，实验结果如图 4-48 所示，发现 AUC 随着数据流不断更新而更新，在更新的过程中，会出现模型的 AUC 不变(标志位为 0)或升高(标志位为 1 或 2)两种情况，但随着时间变化，数据累积，模型的 AUC 不断升高，证明模型的效果越来越好。

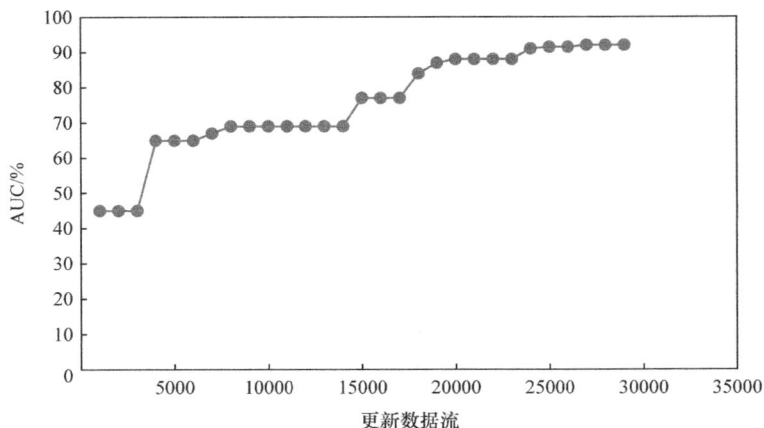

图 4-48　更新频率为 1000 条/批次结果

当数据更新频率为 5000 条/批次时，实验结果如图 4-49 所示，与图 4-48 对比发现模型效果的更新频率不同，更新的程度也不同，随着数据流的更新，AUC 逐渐增加，总体而言，当数据量趋于一致时，AUC 的数值也趋于一致。

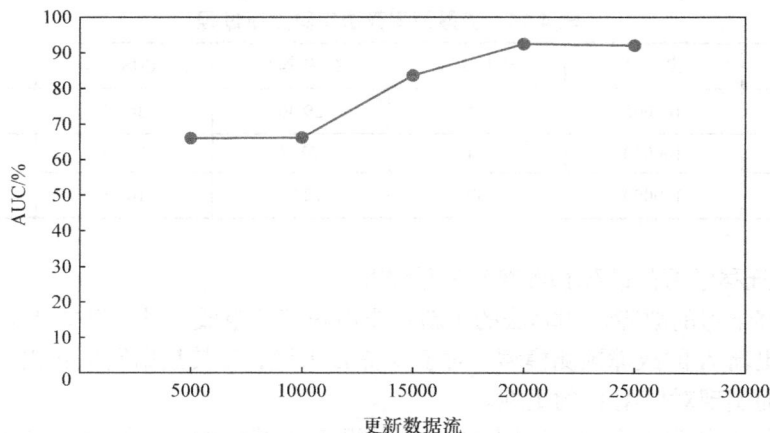

图 4-49　更新频率为 5000 条/批次结果

将数据更新频率为 100000 条/批次并将 AUC 的变化率作为其准确率，可以发现，当数据相似度很低时，其模型会出现较大程度的更新，更新过程如表 4-16 所示，这说明对于不同频率的数据流，该数据更新算法都可以对已有模型进行有效更新。

表 4-16　设备 B 故障检测更新信息

实验编号	更新量	相似度/%	损失率/%	AUC/%	准确率/%
4	100000	33	87.43	68	—
5	100000	64	57.12	68	—
6	100000	23	42.80	91	33.82

第 5 章　制造业大数据分析支撑技术

对制造业大数据进行快速有效的分析需要基础数据分析技术的有力支撑，针对制造业大数据分析的实际需求，本章深入研究特征选择技术、数据源选择技术和计算平台优化技术。具体来说，本章提出了面向制造业大数据的特征选择方法、基于数据源质量的高效数据源选择方法和面向制造业大数据的并行系统优化方法。

5.1　特征选择技术

5.1.1　基于 softmax 的集成特征选择算法

随着人工智能时代的来临，存储成本越来越低，企业以及科研机构存储的数据量飞速增长，人们面对的数据维度也越来越高，特征选择算法被大量应用于机器学习和数据挖掘问题中。利用特征选择算法挑选出合适的特征子集，以达到提高分类器分类性能的目的。Guyon 等阐述了利用不同的方法进行特征选择，包括特征构造、特征重要性排序、多元特征选择等，同时，他们还总结了特征子集搜索方法，以及对特征的有效性进行评估的方法。

近年来，在 Kaggle 比赛中，参赛者发现将多个模型结合之后的效果往往要比一个模型的效果要好，这种多个模型结合的方法也称作集成学习，这种方法很快就被广泛应用于模式识别和机器学习的相关社区。

集成学习中，最常用的集成方法主要是 Bagging 和 Boosting 方法，Bagging 方法利用 bootstrap 抽样产出的样本训练多个基分类器，每个 bootstrap 产生的训练样本大概包含63.2% 的整体样本，通过简单的投票法将多个分类器的结果集成，产生最终的结果。Boosting 方法是一种增强学习器，前一个分类器分类错误的样本将会被用来训练下一个分类器，其对噪声数据和异常数据敏感，但只要弱分类器的效果比随机分类器的效果好，例如　二分类问题的分类错误率略小于 0.5，通过 Boosting 方法得到的最终模型就能被改善。

为了得到更好的特征子集，除了进一步改进已有的特征选择算法，使得算法的有效性进一步提升之外，将多个特征选择算法集成在一起也是一个很好的选择，然而根据已有的集成特征选择算法，研究内容多集中于对特征选择结果使用简单的投票法以得到最终结果，或利用加权平均的方法对特征重要度进行评估排名后对特征进行筛选，大多数集成特征选择算法均未考虑到根据各个基学习器对数据集的不同适应度而给予它们不同的投票权重。因此，本节从如何获得基学习器对不同数据集的适应度出发，提出了一种基于 softmax 函数调节基学习器权重的集成特征选择算法。该算法属于异质集成方法，针对不同的数据集，将会给予各个基学习器不同的投票权重，对数据集适应度高的基学习器的集成权重将远高于适应度低的基学习器。在多次迭代过程中，这些权重将会根据当前集成的效果进行进一步调整。

本节首先介绍集成特征选择方法的问题背景，然后对算法所选择的基学习器的相似性进行分析，接下来介绍利用 softmax 函数的权重调节的方法及基于 softmax 的集成特征选择方法，对算法的具体过程进行阐述，最后通过实验对比展示基于 softmax 的集成特征选择的优越性。

1. 算法框架

集成特征选择算法主要分为以下 4 个步骤，具体算法示意图如图 5-1 所示。

(1) 将数据集分为三个部分：训练集、验证集及测试集。从训练集中抽取 N 个样本组成训练子集，用于训练 N 个基学习器，设定训练轮数为 k。

(2) 对 N 个基学习器选择的特征子集在验证集上进行验证，按照验证效果获取各个基学习器的初始投票权重。

(3) 根据初始投票权重，将基学习器的特征选择结果进行集成，将特征按照票数进行降序排列后，在验证集上验证本轮集成效果，根据集成效果调节基学习器的投票权重。

(4) 重复步骤(2)和(3)，重复 k 轮后结束，获得最终集成结果。

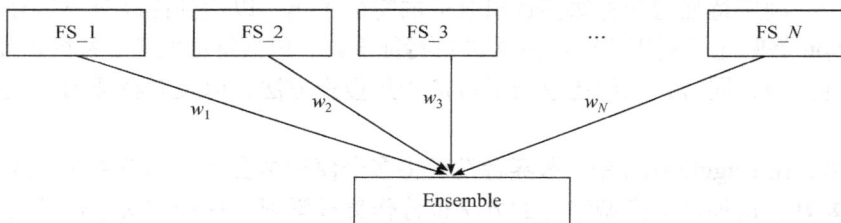

图 5-1　集成特征选择算法

本节采用的权重初始化方法为利用归一化函数——softmax 函数对第一轮训练中基学习器的特征子集的分类性能进行归一化处理。该函数的优势在于对向量进行归一化的同时能凸显其最大值并抑制其他远低于最大值的分量，这使得适应度好的基学习器投票权重更大比单纯地利用归一化函数对权重进行归一化更具有偏向性。该函数的形式为

$$\sigma(z)j = \frac{e^{z_j}}{\sum_{k=1}^{K} e^{z_k}} \tag{5-1}$$

令预训练时第 i 个基学习器的性能为 γ_i，即分类器在基于这些特征子集的情况下对数据集的分类准确率，则第 i 个基学习器的初始权重 w_i 为

$$w_i = \frac{e^{\gamma_i}}{\sum_{k=1}^{N} e^{\gamma_k}} \tag{5-2}$$

基于上述说明，下面将对基于 softmax 函数的集成特征选择方法进行详细的介绍和分析。

2. 利用 softmax 函数的集成特征选择

1) 基学习器差异性度量

利用特征选择来处理数据时，需要为该数据选择合适的特征选择方法。每种特征选择方法都有其优缺点，其性能不仅取决于数据的类型，还取决于与应用场景相关的限制条件，如准确性、计算时间、计算成本等。尽管有很多方法可以利用，但是研究人员通常认为没有十分理想的特征选择方法。因此，将多个特征选择方法集成在一起，放大各自的优势，弥补各自的缺陷，能得到相对较好的特征选择结果。此处选取以下 4 个特征选择算法作为基学习器。

(1) Correlation-Based Feature Selection(CFS)：一种多变量 Filter 算法，根据特征之间的相关性对特征子集进行启发式搜索。通过该算法得到的特征子集中，特征与类别相关度高，而特征之间的冗余度低。

(2) Fast Correlation-Based Feature Selection(FCBF)：一种基于 Symmetrical Uncertainty(SU)的特征选择方法，对于冗余特征，该方法将保留与类别相关性更大的特征，同时利用该特征去筛选其他特征。

(3) Information Gain(IG)：通过信息增益评估特征，利用每个特征的信息增益对特征进行排序，最后取前 k 个特征返回作为特征选择的结果。

(4) Relief-F：对 Relief 特征选择算法的拓展，在原有算法的基础上增加了对噪声的处理，同时能处理多类别数据集，利用对样本的区分能力作为排序指标来对特征进行排序，返回前 k 个特征作为特征选择的结果。

此处利用两个数据集对基学习器特征子集选择相似度指标进行了初步评估，评估数据集为 UCI 标准测试集中的 Spambase 数据集和 Zoo 数据集。使用 Jaccard(简记为 J)系数作为两个基学习器相似度的评估方法，其计算方法为

$$J = \frac{f_{11}}{f_{01} + f_{10} + f_{11}} \tag{5-3}$$

其中，f_{11} 表示两个基学习器均进行选择的特征数；f_{01} 和 f_{10} 表示只有一个基学习器进行选择的特征数。对于基学习器相似度评估的计算，下面给出一个简单的计算示例：

基学习器 1 返回的特征选择结果为{1,0,0,0,0,1,0,1}，基学习器 2 返回的特征选择结果为{0,0,0,1,0,1,0,0}，其中 1 表示该特征被选择，0 表示该特征未被选择，则

$$f_{11} = 1, \quad f_{01} = 1, \quad f_{10} = 2$$

$$J = \frac{1}{2+1+1} = \frac{1}{4} = 0.25$$

对基学习器的相似度评估结果如表 5-1 所示。从表 5-1 可知，各个基学习器之间的相似度基本上小于 0.5，因此各基学习器之间的差异较大，有利于集成后进一步提升模型的泛化性能。

表 5-1　基学习器相似度评估

数据集	算法	CFS	FCBF	IG	Relief-F
Spambase	CFS	1.00	0.04	0.5	0.05
	FCBF	0.04	1.00	0.15	0.04
	IG	0.5	0.15	1.00	0.00
	Relief-F	0.05	0.15	0.00	1.00
Zoo	CFS	1.00	0.20	0.33	0.33
	FCBF	0.20	1.00	0.33	0.33
	IG	0.33	0.33	1.00	0.70
	Relief-F	0.33	0.33	0.70	1.00

2) 算法介绍

基于 softmax 的集成特征选择中，首先根据分类器在各个基学习器的特征子集上的分类性能——分类准确率来对基学习器的投票权重进行初始化，第 i 个基学习器所选择的特征子集在验证集上的分类准确率为 acc_i，分类准确率的计算公式为

$$\mathrm{acc}_i = \frac{k}{n} \tag{5-4}$$

其中，n 为样本总数；k 为被分类器正确分类的样本数量。

利用 softmax 函数进行投票权重赋值后，其初始权重 w_i 的计算为

$$w_i = \frac{\mathrm{e}^{\mathrm{acc}_i}}{\sum \mathrm{e}^{\mathrm{acc}_k}} \tag{5-5}$$

对 4 个基学习器的投票权重进行初始化后，对 4 个基学习器进行初次集成，集成方法采取投票方式，每个基学习器输出的均为 n 维 01 向量，其中 n 表示原始数据集的特征数量，0 表示某特征未被基学习器选中，1 表示某特征被基学习器选中，每个基学习器的每一票所占权重即为利用 softmax 函数对其赋予的初始权重。假设第 i 个基学习器输出的向量为 vec_i，初始权重为 w_i，则一轮集成之后，第 j 个特征所得票数计算公式为

$$\mathrm{vote}_j = \sum w_i \mathrm{vec}_i^{(j)} \tag{5-6}$$

其中，$\mathrm{vec}_i^{(j)}$ 为向量 vec_i 的第 j 个分量。

然后根据 n 个特征的票数，从大到小对 n 个特征进行排序，选取票数排名前 k 的特征作为集成后的最终结果。

在迭代过程中，算法将会根据当前权重下集成特征选择的结果进一步调节各个基学习器的权重，权重调节公式为

$$w_i' = w_i + (\mathrm{acc}_{\mathrm{present}} - \mathrm{acc}_{\mathrm{last}})\gamma_i \tag{5-7}$$

其中，$\mathrm{acc}_{\mathrm{present}}$ 为对本轮集成学习最终结果的分类准确率；$\mathrm{acc}_{\mathrm{last}}$ 为对上一轮集成学习最终结果的分类准确率，若为初次学习，$\mathrm{acc}_{\mathrm{last}}$ 设置为 50%；γ_i 为每轮学习投票权重调整的步长。

基于 softmax 的集成特征选择算法如算法 5-1 所示。第 1~4 行预训练阶段，利用验证集对基学习器进行预训练后，根据特征子集在分类器上的分类准确率初始化基学习器

的投票权重，第 6～9 行从训练集中用 bootstrap 抽样抽取训练子集，训练基学习器后，利用式 5-4)对特征进行投票，选取票数最高的前 k 个特征，第 10～13 行将集成后的最终结果在验证集上进行验证，获得本次集成学习后的特征子集的分类性能，根据本轮的分类性能利用式(5-7)调整权重，第 14～16 行记录本轮的训练结果。

算法 5-1：基于 softmax 的集成特征选择算法

输入：training set S, validation set S_v, FS_Learners, number of iterations iter, the number of selected feature k

输出：a subset of features F

1　　S_{re}= boostrap sample from S
2　　training FS_Learners in S_{pre} and get their feature subset
3　　initial the weight vector of FS_Learners w
4　　the feature subset $F \leftarrow \varnothing$, $F_{last} \leftarrow \varnothing$
5　　**for** t = 1 **to** iter
6　　　　S_t = boostrap sample from S_v
7　　　　training FS_Learners in S_t
8　　　　ensemble those FS_Learners by formula 2-4
9　　　　F top k features
10　　　　get the classification accuracy acc_t in S_t
11　　　　modify the weight vector w according to acc_t
12　　　　$F_{last} \leftarrow F$, $acc_{last} \leftarrow acc_t$
13　　**return** F

---

3) 算法分析

对基于 softmax 的集成特征选择方法和不调权的集成特征选择方法在训练误差上进行理论分析，证明基于 softmax 的集成特征选择方法的训练误差要低于不调权的集成特征选择方法。

假设数据集有 n 个特征，集成方法中包含了 K 个基学习器。存在最优特征子集，表示为 0 向量 F，第 1 个基学习器选择的特征子集表示为 01 向量，其中 0 表示该特征未被选择，1 表示该特征被选择。令最优特征子集中的特征数目等于基学习器特征子集中的特征数目，即利用斯皮尔曼等级相关系数来定义基学习器的特征选择结果与最优特征子集之间的误差，在实际中，由于变量间的连接是无关紧要的，可以通过简单的步骤来计算相关系数，即被观测的两个变量的等级差值为距离数值，由于比较的两个向量均为 01 向量，故每个维度的距离差值 $d_j (j=1,2,\cdots,n)$ 仅有三种取值：1、−1 和 0，可以给出特征子集之间相关度的定义，如定义 5-1 所示。

定义 5-1　定义最优特征子集 F 和基学习器选择的特征子集的相关系数，即

$$\rho_i = 1 - \frac{6\sum_{j=1}^{n} d_j^2}{n(n^2-1)} \tag{5-8}$$

经过 softmax 函数的归一化处理后，将各个基学习器按照从小到大的顺序排列，相应地，它们的权重也按照从小到大的顺序排列，权重越小表示第 1 个基学习器选择的特征子集对分类器的分类性能有正向影响。因此，可定义基于 softmax 的集成特征选择方法的训练误差。

定义 5-2 基于 softmax 的集成特征选择方法的训练误差 E 可表示为

$$E = \sum_{i=1}^{n} w_i \rho_i \tag{5-9}$$

由于不调权的集成特征选择方法对每个基学习器的权重赋值相等，均为 $1/K$，可定义不调权的集成特征选择方法的训练误差如定义 5-3 所示。

定义 5-3 不调权的集成特征选择方法的训练误差 E' 可表示为

$$E' = \frac{1}{K} \sum_{k=1}^{K} \rho_k \tag{5-10}$$

根据定义 5-2 和定义 5-3，若要证明基于 softmax 的集成特征选择方法的泛化性能要优于不调权的集成特征选择方法，则需要证明 $E \leqslant E'$，即 $\sum_{i=1}^{n} w_i \rho_i \leqslant \frac{1}{K} \sum_{k=1}^{K} \rho_k$，证明过程如下。

式(5-9)实际上为两组数的逆序和，有相关引理 5-1 所示。

引理 5-1 有两组数，即 $\{a_1, a_2, \cdots, a_n\}$ 和 $\{b_1, b_2, \cdots, b_n\}$，令 $a_1 \leqslant a_2 \leqslant \cdots \leqslant a_n$，$b_1 \leqslant b_2 \leqslant \cdots \leqslant b_n$ 则有

$$a_1 b_1 + a_2 b_2 + \cdots + a_n b_n \geqslant a_1 b_{i_1} + a_2 b_{i_2} + \cdots + a_n b_{i_n} \geqslant a_1 b_n + a_2 b_{n-1} + \cdots + a_n b_1$$

即顺序和≥乱序和≥逆序和。

对式(5-10)进行转化，不调权的集成特征选择方法的训练误差可表示为

$$E' = \frac{1}{K} \sum_{k=1}^{K} \rho_k = \frac{1}{K} (\rho_1 + \rho_2 + \cdots + \rho_K)$$

$$= \frac{w_1 + w_2 + \cdots + w_K}{K} (\rho_1 + \rho_2 + \cdots + \rho_K) = \frac{1}{K} \sum_{i=1}^{K} \sum_{j=1}^{K} w_i \rho_j \tag{5-11}$$

$$= \frac{1}{K} (w_1 \rho_1 + w_2 \rho_2 + \cdots + w_K \rho_K + w_1 \rho_2 + w_2 \rho_1 + \cdots + w_K \rho_K + \cdots)$$

根据式(5-11)可知，此处共有 n 个序列，每个序列的下标均为 $\{1, 2, \cdots, n\}$ 的一个重排，一共有个数，其中包含 1 个顺序和、1 个逆序和及 $n-2$ 个乱序和。

通过对不调权的集成特征选择方法的训练误差的组成进行分析，可得推论 5-1。

推论 5-1 不调权的集成特征选择方法的训练误差由基学习器的训练误差和基学习器的权重的顺序和、逆序和及乱序和组成，其包含 1 个顺序和、1 个逆序和及 $n-2$ 个乱序和。

同理，通过对基于 softmax 的集成特征选择方法的训练误差的组成进行分析，可得推论 5-2。

推论 5-2　基于 softmax 的集成特征选择方法的训练误差由基学习器的训练误差和基学习器的权重的逆序和组成。

由定义 5-1、推论 5-1 及推论 5-2，可得

$$\frac{1}{K}\sum_{k=1}^{K}\rho_k \geq \frac{1}{K}K\sum_{i=1}^{n}w_i\rho_i \geq \sum_{i=1}^{n}w_i\rho_i$$

证明完毕。

通过上述证明，可以从理论上得知基于 softmax 的集成特征选择方法的泛化性能要优于不周权的集成特征选择方法。

3. 实验结果与分析

本实验采用的是一台系统环境为 Windows 7、64 位的计算机，其内存为 8GB，实验编程语言为 Python。实验数据集采用的 UCI 的通用数据集，数据集选择情况如表 5-2 所示。其中，Yeast 属于生物数据集，可用于预测蛋白质的细胞定位点，一共包含 10 个类别，类别标签为非数值型数据，为方便实验，将类别标签用 0～9 十个数字表示；Spambase 数据集用于对垃圾邮件的预测，类别标签为 1 表示该邮件为垃圾邮件，类别标签为 0 表示该邮件为正常邮件；Breast-Canser 数据集为乳腺癌数据集，用于预测肿瘤的良性和恶性，类别标签为 M 表示恶性肿瘤，B 表示良性肿瘤，在实验过程中，将 M 用 1 表示，B 用 0 表示；Zoo 数据集为动物数据集，该数据集将不同的动物划分为 7 个类别，用 1～7 七个数字表示。

表 5-2　UCI 实验数据集

Dataset	Samples	Features	Classes
Yeast	1484	8	10
Spambase	4601	57	2
Breast-Canser	569	32	2
Zoo	101	17	7

实验过程中，利用朴素贝叶斯、SVM、C4.5 决策树、KNN 四种分类器来检验集成特征选择的效果。预训练时，对基学习器的投票权重进行评估，取四个分类器的分类准确率的平均值。最终的集成特征选择算法的分类性能由四种分类器的分类的准确率平均值来评估。

本实验采用的基线特征选择算法有六种，分别是 CFS、FCBF、IG、Relief-F 四种基学习器的单独训练算法与单一最优分类器 optimal，以及将四种基学习器利用 Bagging 集成方法集成后的集成算法。将这些算法分类的准确率与 optimal 进行对比。由于 IG 和 Relief-F 算法均为排序算法，故 IG 和 Relief-F 算法返回的特征数量将与 CFS 算法返回的特征数量相同。本实验设置集成特征选择返回的特征数量为总特征数量的 25%，实验对比效果如图 5-2 所示。

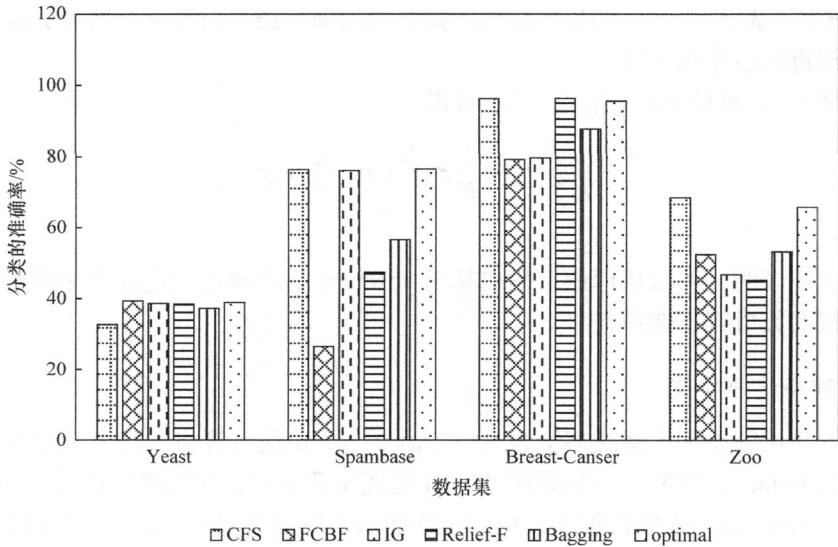

图 5-2　集成特征选择实验对比效果图

　　如图 5-2 所示，点状填充的条形所代表基于 softmax 的集成特征选择算法，竖线填充的条形所代表 Bagging 集成特征选择方法，从图中可看出，基于 softmax 的集成特征选择算法在对分类器分类性能的影响上要优于 Bagging 集成特征选择方法，且基于 softmax 的集成特征选择算法在多个数据集中均优于单个最优基学习器。实验效果与理论分析结论相同。

5.1.2　基于遗传算法的集成特征选择方法

　　在 5.1.1 节中主要介绍了利用 softmax 调权的集成特征选择方法，由于采用的基学习器不同而训练基学习器的数据集相同，因此它是一种异质集成方法。本节主要讨论同质集成方法，利用 boostrap 方法对原始数据集进行多次抽样，产生多个子训练集来训练同一个基学习器。由于训练数据的不同，各个基学习器的训练效果也不同，通过给予基学习器不同的权重，组成一个基学习器的权重向量，该权重向量的搜索空间的维度为基学习器的个数。同时，从基于 softmax 的集成特征选择方法的算法分析可知，存在一组最优的权重向量，可使得经过调权集成的模型的泛化误差要小于不调权的集成模型。换个角度来说，对于最优权重向量的搜索，可认为是一种最优化问题，而在优化算法领域，遗传算法相比于传统的搜索算法，具有一些不可替代的优势，如自适应性、自组织性及智能性等。从该角度出发，利用遗传算法对基学习器的权重进行调节的集成特征选择算法。遗传算法是一种模仿生物界进化机制的随机全局搜索和优化方法，能在搜索过程中自动获取和积累有关搜索空间的知识，并自适应地控制搜索过程，从而求得最佳解。遗传算法能通过选择、杂交和变异等过程对各个基学习器的特征空间进行启发式搜索，从而获取调权问题的较优解，这种对基学习器的调权方法相比于基于 softmax 的集成特征选择方法，要更客观，也更具可解释性。

基于遗传算法的集成特征选择方法有两种：第一种是基于最优权重的集成特征选择方法，该方法能针对数据集的不同，对各个基学习器产生具体的实数权重，构成了连续型权重向量；第二种是选择性集成特征选择方法，该方法不会对所有的基学习器进行集成，最后产生的权重向量为 01 向量，即离散型权重向量，只有权重为 1 的基学习器的特征选择结果才会被集成。

本节主要介绍遗传算法的相关工作，基于遗传算法的集成特征选择方法，从理论上分析该算法进行，以及通过实验验证基于遗传算法的集成特征选择算法的有效性。

1. 相关工作

在集成学习早期的研究中，主要的工作集中在如何应用集成方法上。随着研究的深入，机器学习界认识到并非通过简单调整应用模型就可以构建一个好的集成学习系统，因此很多学者开始探索集成学习的理论和算法设计。一般认为，能否有效地产生泛化能力强、差异大的基学习器是集成学习算法的关键。针对集成学习算法的特点，下面给出一个简单的举例说明，如图 5-3 所示。

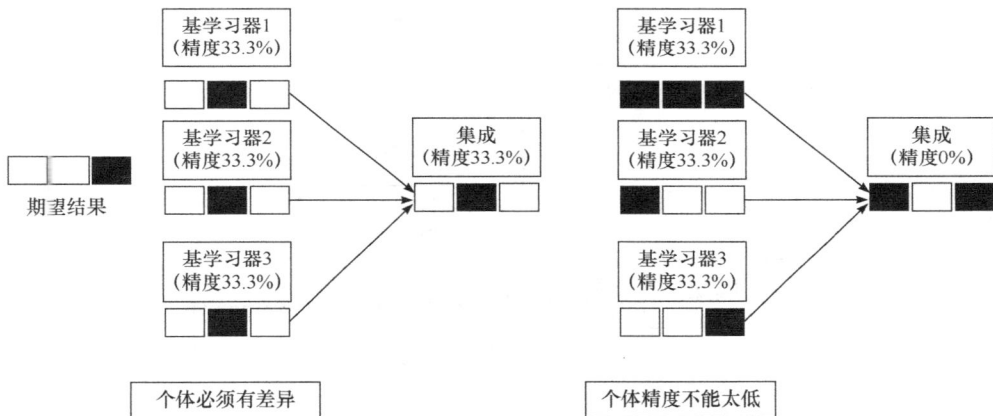

图 5-3　集成算法示例

如何将基学习器彼此之间的差异和基学习器的精度同时加入到集成规则中是目前需要解决的问题。

本节采用遗传算法对集成学习中的基学习器的投票权重进行调节，采用遗传算法进行调权的优点在于算法的适应度函数可以同时表达基学习器之间的差异和基学习器的精度。此外，采用的基学习器为 LASSO 算法，LASSO 算法是一种基于 L_1 范数正则化的特征选择算法，将学习器的训练和数据集的特征选择在同一优化过程中完成，即在学习器训练的同时进行特征选择。LASSO 算法面对一组相关的特征时，会挑选其中一个特征分量，并将余下特征权重得分置为 0，利用 boostrap 抽样，将 LASSO 算法运行在不同子集上，产生多个结果，最终集成多个基模型得到特征选择的结果。在理想的集成情况下，重要的特征得分将会接近 1，稍弱特征的得分会是非 0 的数，而无用的特征得分将会接近 0。针对 LASSO 算法的缺陷，Jeremy Sabourin 等提出了随机稀疏模型，又称为 Group-LASSO，但是在一组相关特征中，依然存在不同特征的重要程度的差异问题，随机稀疏模型给予这些特征同样的权重，导致这些特征的重要性的区分度不大。因此，将LASSO算法作为基学习器，组成一个异质集成模型，尽可能筛选出差异大、精度高的基学习器并调高其投票权重，能有效地解决单独训练一个 LASSO 模型会随机选择相关特征组合的问题。2002 年，周志华等提出了选择性集成学习，通过构建多个神经网络，选择性地在集成之前去除部分不符合要求的神经网络，从而获得比常规集成方法(如 Bagging、Boosting)更好的集成效果，并通过回归和分类两种实验验证了该方法的可行性。在此基础上，将文献(ZHOU et al., 2002) 的思想拓展到集成特征选择上，提出了基于遗传算法的选择性集成特征选择方法，通过选择部分基学习器来进行集成，获得最终的特征选择结果。

2. 问题定义

1) 遗传算法的构成要素

遗传算法也称为进化算法，是一种通过借鉴生物进化过程而提出的启发式算法。遗传算法的构成要素主要包括以下 5 个方面，算法流程图如图 5-4 所示。

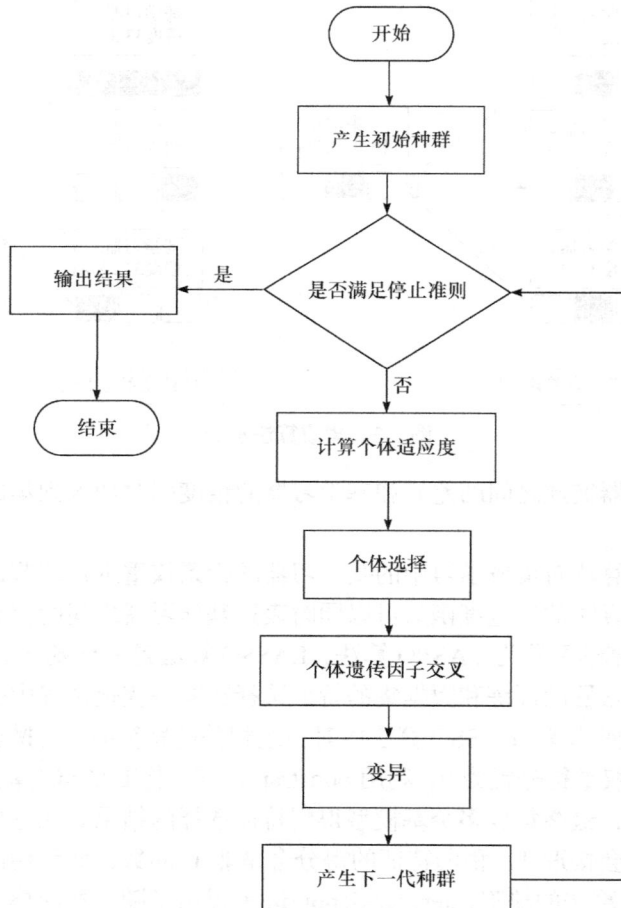

图 5-4　遗传算法流程图

(1) 种群：生物的进化以种群为形式，种群内的个体通过繁殖、变异产生下一代。

(2) 个体：组成种群的单个生物。

(3) 基因：个体的遗传因子，遗传因子即为权重向量。

(4) 适应度：对环境适应度高的个体参与繁殖的机会更多，其基因对后代的影响更大，适应度低的个体参与繁殖的机会更少，后代相对较少。

(5) 遗传与变异：新的个体除了含有父母双方的部分基因，还有一定概率发生变异。

遗传算法有 3 个主要操作，即选择、交叉和变异。其中，选择操作即选择一部分个体来产生后代，本节选取的选择策略为比例选择，个体被选择的概率与其适应度成正比，假设种群大小为 M，则某个权重向量个体被选择进入下一轮迭代的概率为

$$P_i = \frac{f_i(x)}{f_1(x) + f_2(x) + \cdots + f_M(x)} \tag{5-12}$$

其中，$f_i(x)$ 为个体 i 的适应度，个体的适应度越高，被选中进入繁殖迭代的概率就越大。

交叉操作即在两个个体繁殖时，个体之间交换部分基因，构造下一代的两条新的染色体，染色体的交叉以一定概率发生，该交叉概率将会在遗传算法的实现过程中以参数的形式传入。

变异操作即在繁殖过程中，基因会以一定的概率出错，该变异概率将会在遗传算法的实现过程中以参数的形式传入，例如，某个体的基因经过编码后为 00000011100001111，变异后为 00000011100001101。

2) 适应度函数

本节提出通过遗传算法来计算 N 个基学习器最优投票权重的方法，其中，权重可视为基学习器在集成方法中的重要性，权重越大的基学习器在集成方法中的重要性越高，对最终结果的影响越大。基学习器的权重同时满足式(5-13)和式(5-14)：

$$0 \leqslant w_i \leqslant 1 \tag{5-13}$$

$$\sum_{i=1}^{N} w_i = 1 \tag{5-14}$$

本节采用的基学习器利用 LASSO 做特征选择，LASSO 算法实际是一种回归方法，能在训练 LASSO 模型得到拟合函数的同时做出特征选择。从回归的角度，定义基学习器的泛化误差，即

$$\hat{E} = [f(x) - d(x)]^2 \tag{5-15}$$

其中，$f(x)$ 为 LASSO 模型通过回归训练后拟合得到的函数；$d(x)$ 为最优的函数拟合。

那么，第 i 个基学习器与第 j 个基学习器的相关度为

$$C_{ij} = [f_i(x) - d(x)][f_j(x) - d(x)] \tag{5-16}$$

其中，$f_i(x)$ 和 $f_j(x)$ 分别为第 i 个基学习器和第 j 个基学习器通过回归训练后得到的拟合函数。显然，C_{ij} 满足式(5-17)：

$$C_{ij} = C_{ji} \tag{5-17}$$

在加入基学习器的投票权重后，根据式(5-14)、式(5-15)可得集成学习的泛化误差 $\hat{E}$ 为

$$\hat{E} = \left[\sum_{i=1}^{N} w_i f_i(x) - d(x) \right] \left[\sum_{j=1}^{N} w_j f_j(x) - d(x) \right] \tag{5-18}$$

根据式(5-16)和式(5-18)，可得

$$\hat{E} = \sum_{i=1}^{N} \sum_{j=1}^{N} w_i w_j C_{ij} \tag{5-19}$$

式(5-19)将第 i 个基学习器和第 j 个基学习器之间的相关度 C_{ij} 以及基学习器的精度 $\hat{E}$ 融合在一起，将其作为遗传算法的适应度函数，尽可能地选择具有一组最优权重的基学习器组合。

3) 评价指标

基于遗传算法的集成特征选择主要包括两部分评价：一是在遗传算法筛选个体时对 LASSO 模型的评价；二是对集成后的最终特征选择结果的评价。

遗传算法筛选个体时对 LASSO 模型的评价也就是对回归分析的评价，近年来，用于回归分析的评价指标主要包括均方误差(MSE)、均方根误差(RMSE)、平均绝对误差(MAE)、拟合优度等。本节采用均方误差来评估集成学习中的每一个 LASSO 模型，作为遗传算法对基学习器适应度的计算依据。

均方误差在回归评估中是一种常见的评估方式，该参数是预测数据和原始数据对应点误差的平方和的均值，可以反映估计量与被估计量之间的差异程度，其计算公式为

$$\text{MSE} = \frac{1}{n} \sum_{i=1}^{n} (y_i - \hat{y}_i)^2 \tag{5-20}$$

其中，n 为样本个数；y_i 为真实数据；$\hat{y}_i$ 为拟合数据。均方误差的值越小，在描述实验数据时预测模型具有越高的精确度。

对于最终特征选择结果的评价，本节采用 KNN 分类器对降维后的数据集进行分类，得到分类的准确率作为集成特征选择结果的评价指标。

3. 利用遗传算法进行集成特征选择

1) 基于最优权重的集成特征选择方法

基于最优权重的集成特征选择方法的基本思想是进行启发式的搜索，即假设每个基学习器都可以被分配一个权重来表示其在集成模型中的适应度。在基于最优权重的集成特征选择方法中，假设第 i 个基学习器的投票权重为 w_i，w_i 满足式(5-13)和式(5-14)，令权重向量为 w。遗传算法的优化目标即为最小化式(5-19)，则最优权重向量可表示为

$$w_{\text{opt}} = \arg\min_{w} \left(\sum_{i=1}^{N} \sum_{j=1}^{N} w_i w_j C_{ij} \right) \tag{5-21}$$

因比，式(5-20)实际上是一个优化问题，由于遗传算法在优化领域取得的巨大成功，把权重向量作为遗传种群中的个体，利用遗传算法来产生最优权重向量 w_{opt}，从而实现对最优权重向量的查找。在进化过程中，由于权重向量需要满足式(5-14)的约束，因此需要将权重向量进行归一化，使其满足式(5-14)，归一化计算公式为

$$w_i' = \frac{w_i}{\sum\limits_{i=1}^{N} w_i} \tag{5-22}$$

基于最优权重的集成特征选择方法使用一个验证集 V 来估计式(5-18)中表示的泛化误差，同时，利用 bootstrap 抽样，从训练集中抽取一部分数据组成验证集，该集合用于验证权重向量的适应度。令表示权重向量在验证集 V 上的泛化误差，误差越小，当前的权重向量越好，反之则需要继续寻找更优解。本节采用如下公式：

$$f(w) = \frac{1}{\hat{E}_w^V} \tag{5-23}$$

作为遗传算法的适应度函数，$f(w)$ 越大，当前权重向量 w 的适应度越好，被加入到下一次计算的可能性就越大。

基于最优权重的集成特征选择如算法 5-2 所示。第 1～4 行利用 bootstrap 抽样从原始训练集中抽取 T 次，分别用于训练 T 个 LASSO 模型，第 5～7 行利用遗传算法获得最优权重向量，在训练过程中，利用验证集验证权重向量的效果，适应度函数如式(5-23)所示，第 8～10 行利用最优权重向量，对基学习器的特征选择结果进行投票，选择前 k 个票数较高的特征子集作为最终结果返回。

算法 5-2　基于最优权重的集成特征选择

输入：training set S, validation set S_v, the number of base learner T, the number of selected feature k

输出：a subset of features F

1　　**for** $t = 1$ **to** T:
2　　　　S_t=bootstrap sample from S
3　　　　$F_i \leftarrow$ the feature subset selected by LASSO
4　　　　fun $c_i \leftarrow$ the function learned by LASSO
5　　　　wgenerate a weight vector randomly
6　　　　evolve the weight vector
7　　　　$w_{\text{best}} \leftarrow$ the evolved best weight vector
8　　　　$F_{\text{vote}} \leftarrow \sum\limits_{i=1}^{T} w_{\text{best}} F_i$
9　　　　$F \leftarrow$ the top k features with the most votes in F_{vote}
10　　**return** F

---

2) 选择性集成特征选择方法

基于遗传算法的选择性集成特征选择方法与以往不同的是，该方法不再通过投票权

重的高低来评估基学习器的重要性，而是采用离散权重向量来评价。如果基学习器对应的位为 1，那么它将被选择并纳入集成方法，否则，在集成时被排除。令权重向量，此时的最优权重可表示为

$$w_{\text{opt}} = \underset{w}{\arg\min} \left(\sum_{i=1,w_i=1}^{N} \sum_{j=1,w_j=1}^{N} C_{ij} \right) \tag{5-24}$$

在选择性集成特征选择方法中，遗传算法的最终目标为最小化式(5-24)。因此，选择性集成特征选择方法的泛化误差 $\hat{E}$ 可表示为

$$\hat{E} = \sum_{i=1,w_i=1}^{N} \sum_{j=1,w_j=1}^{N} C_{ij} \tag{5-25}$$

同样地，选择性集成特征选择方法使用验证集 V 来估计式(5-25)中表示的泛化误差，验证集 V 是利用 bootstrap 抽样从训练集中抽样获得，该集合将用于验证权重向量 w 的适应度。对于表示权重向量 w 在验证集 V 上的泛化误差 $\hat{E}$，$\hat{E}_w^V$ 越小则当前的权重向量 w 越好，反之则需要继续寻找更优解。采用式(5-26)所示的函数作为遗传算法的适应度函数：

$$\begin{cases} f(w) = \dfrac{1}{\hat{E}} \\ f(w) = \dfrac{1}{\hat{E}_w^V} \end{cases} \tag{5-26}$$

选择性集成特征选择如算法 5-3 所示。第 1～4 行利用 bootstrap 抽样从原始训练集中抽取 T 次，分别用于训练 T 个 LASSO 模型，第 5～7 行随机生成一个 01 向量，利用遗传算法获得最优权重向量，在训练过程中，利用验证集验证权重向量的效果，适应度函数如式(5-26)所示，其中的泛化误差由式(5-25)表示，第 8～10 行利用被选择的基学习器，对特征选择结果进行投票，每个基学习器的投票权重均为 1，选择前 k 个票数最高的特征子集作为最终结果返回。

算法 5-3 选择性集成特征选择

输入： training set S, validation set S_v, the number of base learner T, the number of selected feature k

输出： a subset of features F

1   **for** $t = 1$ **to** T:

2   S_t = bootstrap sample from S

3   F_i the feature subset selected by LASSO

4   fun $c_i \leftarrow$ the function learned by LASSO

5   generate a weight vector w of bit strings

6   evolve the weight vector in validation set S_v

7   the evolved best weight vector

8        $F_{\text{vote}} \leftarrow \displaystyle\sum_{i=1,w_{\text{best}}^{(i)}=1}^{T} F_i$

9 *F* the top *k* features with the most votes in F_{vote}
10 **return** *F*

3) 算法分析

由于推论 5-2 已经分析过,基于 softmax 的集成特征选择算法由基学习器的训练误差和基学习器的权重的逆序和组成。本章对遗传算法所采取的适应度函数,反映了当精度越高的基学习器投票权重越高时,该权重向量将获得更高的适应度,参与下一轮进化的概率更高,因此,通过遗传算法的搜寻,最终返回的最优结果将与基于 softmax 的集成特征选择算法的权重调节结果类似,即效果好的基学习器的投票权重更高,效果较差的基学习器的投票权重适当降低,故返回的最终特征选择结果将要优于对特征进行简单投票的结果。

在 5.1.1 节已有证明的基础上,下面重点分析选择性集成特征选择的有效性。

根据式(5-18)可知,当所有基学习器权重相同时,可以略去 w_iw_j 项带来的影响,将需要优化的集成后的泛化误差为

$$\hat{E} = \sum_{i=1}^{N}\sum_{j=1}^{N} C_{ij} \tag{5-27}$$

假设第 *k* 个基学习器被遗传算法进化后,其对应的权重向量位为 0,即该基学习器被排除在集成学习之外,选择性集成特征选择方法在排除一个基学习器后,其泛化误差可表示为

$$\hat{E}' = \sum_{i=1,i\neq k}^{N} \sum_{j=1,j\neq k}^{N} C_{ij} \tag{5-28}$$

又由于

$$\hat{E} = \sum_{i=1}^{N}\sum_{j=1}^{N} C_{ij} = \sum_{i=1}^{N} C_{ik} + \sum_{i=1,i\neq k}^{N} \sum_{j=1,j\neq k}^{N} C_{ij} \tag{5-29}$$

若要使得去除部分基学习器后泛化误差有所降低,则经过选择后,集成方法的泛化误差需满足式(5-30)。

$$\hat{E}' \leqslant \hat{E} \tag{5-30}$$

即需满足

$$\sum_{i=1,i\neq k}^{N} \sum_{j=1,j\neq k}^{N} C_{ij} \leqslant \sum_{i=1}^{N} C_{ik} + \sum_{i=1,i\neq k}^{N} \sum_{j=1,j\neq k}^{N} C_{ij} \tag{5-31}$$

而式(5-31)显然成立。以此类推,当若干基学习器被去除后,选择性集成特征选择方法可以大幅度地缩小集成的规模,其泛化能力将得到更大幅度的提升。

从上述证明可知,在去除部分基学习器后,选择性集成特征选择方法的泛化误差有所降低,其泛化能力得到了提高。该证明也说明了在生成若干个 LASSO 特征选择模型后,去除部分 LASSO 特征选择模型,用剩下的模型组成集成模型,其最终选择的特征子集将具有比采用所有模型组成的集成模型选择的特征子集更好的泛化能力。

4. 实验结果与分析

本实验采用一台系统环境为 Windows7、64 位的计算机，其内存为 8GB，实验编程语言为 Python。实验采用的数据集是 UCI 标准测试集中的 Gas Sensor Array Drift 数据集、UJIIndoorLoc 数据集和 Online News Popularity 数据集。其中，Gas Sensor Array Drift 数据集和 UJIIndoorLoc 数据集同时含有分类预测的特征和回归预测的特征，回归预测的特征可用于评估 LASSO 基学习器的训练效果，分类预测的特征可用于评估集成学习后的效果。Online News Popularity 数据集用于预测新闻的受欢迎程度，最后一个特征为某新闻被分享的次数，为连续型属性，用于回归预测，在文献(FERNANDES et al., 2015)中将该数据集用于分类预测，将分享次数作为分类预测的特征，分享次数以 1400 为界，分享次数大于等于 1400 的新闻被归类为受欢迎的新闻，分享次数小于 1400 的新闻被归类为不受欢迎的新闻。这些数据的具体情况如表 5-3 所示。

表 5-3　基于遗传算法的集成特征选择实验数据

Dataset	Samples	Features	Classes
Gas Sensor Array Drift	13910	129	6
UJIIndoorLoc	21048	529	5
Online News Popularity	39797	61	2

在实验过程中，将原始数据集分为训练集和测试集，其中训练集占原始数据集的 70%，测试集占原始数据集的 30%。采用文献(ZHOU et al., 2002)的方法对数据集进行 bootstrap 抽样，已知通过 bootstrap 抽样，某样本未被选择的概率 P 为

$$P = \left(1 - \frac{1}{n}\right)^{N}$$

其中，N 为进行了 N 次抽样。为了说明某样本未被选择的概率 P 的具体值，下面给出定义 5-4。

定义 5-4
$$\lim_{n\to\infty}\left(1 + \frac{1}{n}\right)^{n} = e$$

根据定义 5-4，有

$$\lim_{n\to\infty}\left(1 - \frac{1}{n}\right)^{n} = \lim_{n\to\infty}\left[\left(1 + \frac{1}{-n}\right)^{-n}\right]^{(-1)}$$

$$= \left[\lim_{n\to\infty}\left(1 + \frac{1}{-n}\right)^{-n}\right]^{(-1)} = e^{-1}$$

根据上述转换，可得推论 5-3。

推论 5-3
$$\lim_{n\to\infty}\left(1 - \frac{1}{n}\right)^{n} = e^{-1}$$

　　根据推论 5-3，当 N 充分大时，某样本未被选择的概率可近似为 e^{-1}，即 0.368。也就是说，对原始数据集分出的训练集 S 进行有放回抽样，抽样大小与训练集 S 大小相同，那么训练集 S 的数据大约有 30% 不在抽样数据集中，由于各个抽样数据集均未使用训练集 S 的全部数据，故可以将训练集作为验证集使用，从而省去了从训练集中分出验证集的过程。

　　本实验的基学习器个数为 30，采用 Python 的 DEAP 工具箱对遗传算法进行实现，遗传算法的参数设置主要包括：初始种群数为 50，遗传迭代次数为 150，交叉概率为 0.6，变异概率为 0.1。初始化个体时，在基于最优权重的集成特征选择方法中，个体的取值范围为 [0,1]，同时应保证该初始化满足式 (5-13) 和式 (5-14)，在选择性集成特征选择方法中，个体的取值为 0 或 1。在遗传算法迭代过程中，利用式 (5-16)，从回归的角度对权重向量进行评估，在迭代完毕后，对于最终特征选择的结果，从分类的角度进行评估。

　　对比实验共有两组，对比实验 1 为基于最优权重的集成特征选择方法 (算法 3-1) 与 LASSO 特征选择方法、简单投票集成方法的比较，对比实验 2 为选择性集成特征选择方法 (算法 3-2) 与 LASSO 特征选择方法、简单投票集成方法的比较。实验 1 和实验 2 的对比效果如图 5-5 所示。

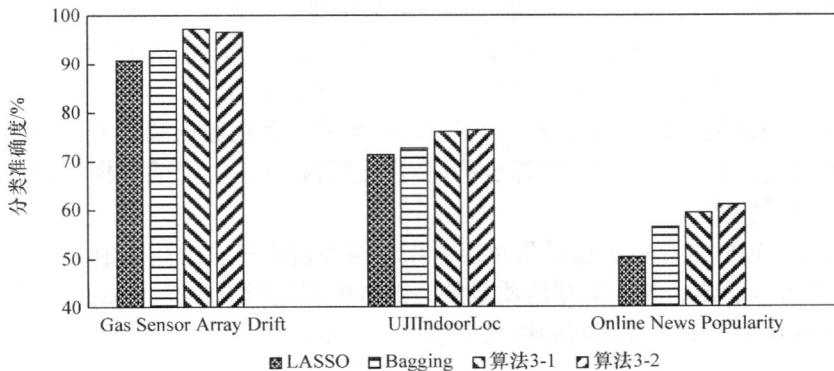

图 5-5　集成特征选择方法实验效果

　　从图 5-5 可以看出，基于最优权重的集成特征选择方法和选择性集成特征选择方法所选择的特征对分类性能的影响均优于单个的 LASSO 特征选择方法和简单投票集成方法 (即 Bagging)，与理论分析的结果相符。此外，两个基于遗传算法的集成特征选择方法所选择的特征对分类性能的影响几乎相同，选择性集成特征选择方法在 UJIIndoorLoc 数据集和 Online News Popularity 数据集上对分类性能的提升要略优于基于最优权重的集成特征选择方法。

5.2　数据源选择技术

　　制造业企业中的大量信息系统构成了大量数据源。由于这些数据源是自治的，这就造成了数据源质量的参差不齐，这对数据源的有效选择提出了挑战。低质量的数据源将会使得数据分析结果难以预测。如何在大量数据源中有效地选择高质量的数据源成为一个挑战性问题。针对这个问题，本节提出了基于数据源质量的高效数据源选择方法。该方法评估了数据源的质量，并且平衡了数据源访问代价和数据源完整性。对于一个特定查询的数据源选择问题，基于数据源质量的高效数据源选择方法能够选择包含的关键字数量不少于给定阈值的数据源，并且被选择出来的数据源是按照数据源的信息价值进行排序的。实验结果表明，基于数据源质量的高效数据源选择方法能够选择高质量的数据源，并且能够有效地扩展到百万级别的数据源量级上。

数据源选择问题建模为多目标优化问题。与以前的工作不同，本节不仅考虑查询和数据源之间的相关性，还考虑数据源的质量。在模型中，包含了数据源质量的多个方面。

本节证明了基于模型的源选择问题是 NP -困难问题。为了解决这一问题，本节提出了一种近似算法。首先，根据综合收益与成本的比率按降序对数据源进行分类。然后，依次选择数据源，直到选定源的总成本 Cost 超过成本预算为止。令 S 为一个数据源，当将其添加到候选集合时，Cost 大于预算，否则 Cost 小于或等于预算。在基线贪婪算法中探测 S 时，源选择过程停止。本节改进算法的区别在于探测 S 时不会停止算法。取而代之的是，从 Cost 中减去 S 的成本，并继续探测源，直到探测到所有数据源为止。

在上述算法之后，可以获得收益成本的局部最大值。然后通过最大值除以存储桶的宽度来计算存储桶的最大 ID。排序算法是首先选择增益值最高的存储桶，然后分别对每个存储桶进行排序，并将结果添加到最终的源集中，直到所选存储桶中的源总数达到 m。最终可以获得至少包含前 m 个数据源的排序后的数据源集合。

该算法的约束条件是比率边界，为了实现高效，利用数据源和关键字构建索引加速数据访问速度，并根据数据源的综合价值对其进行排序。为了验证模型和方法的有效性，进行了大量的实验。

从图 5-6～图 5-10 中的实验结果可以看出，两种贪心算法的性能中 IPGS 较为优秀，从图 5-11 中可以看出，基于数据源质量的高效数据源选择方法在 topk 数据集上有不错的表现，能够在给定数据源限制的情况下选择高精度的数据源。

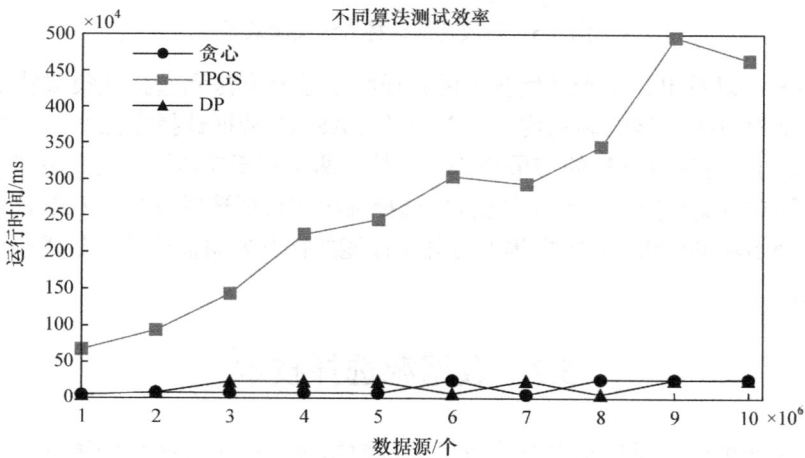

图 5-6　效率比较

不同算法测试效率

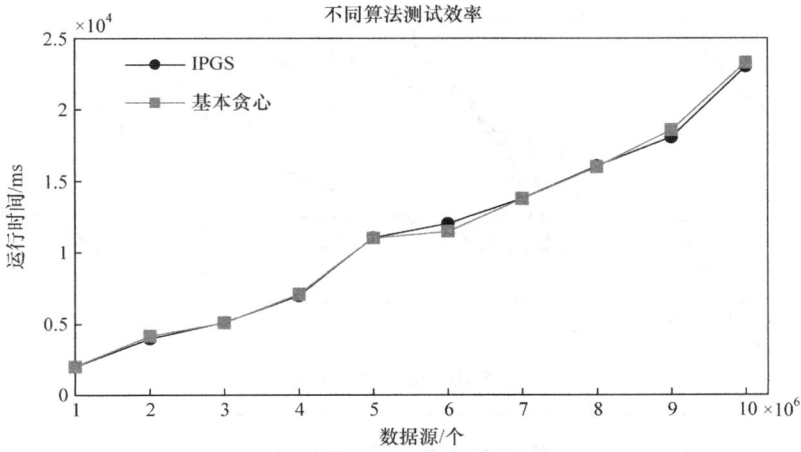

图 5-7　基本贪心与 IPGS 效率比较

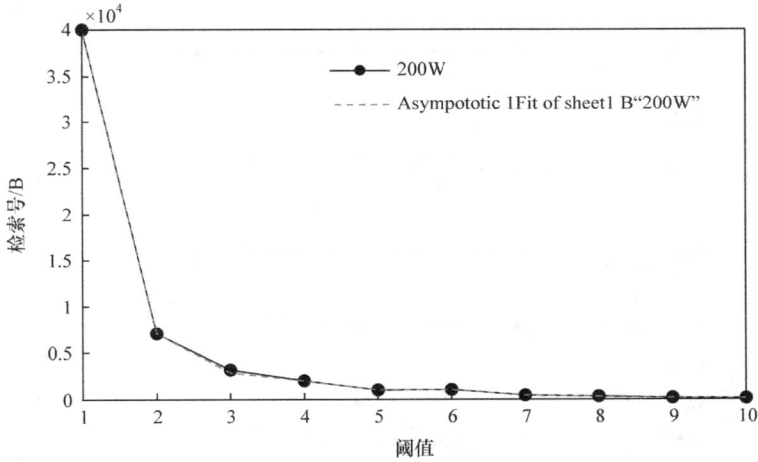

图 5-8　两种贪心算法比率的比较

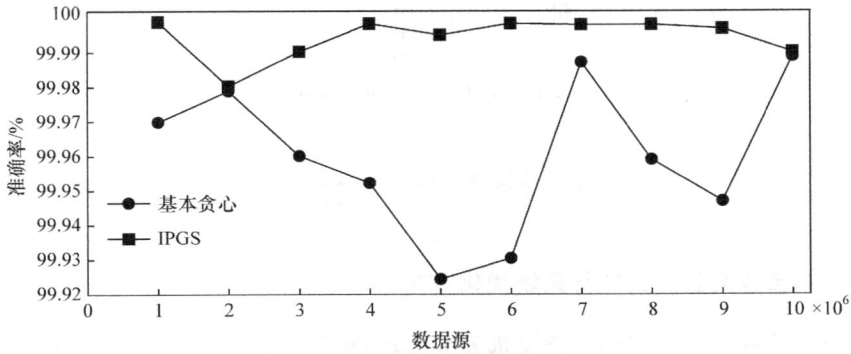

图 5-9　比较结果数目与阈值比较

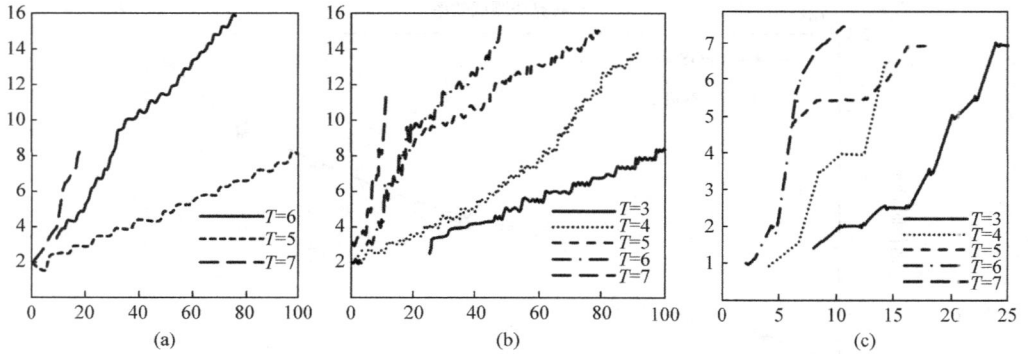

图 5-10　topk 效果性能

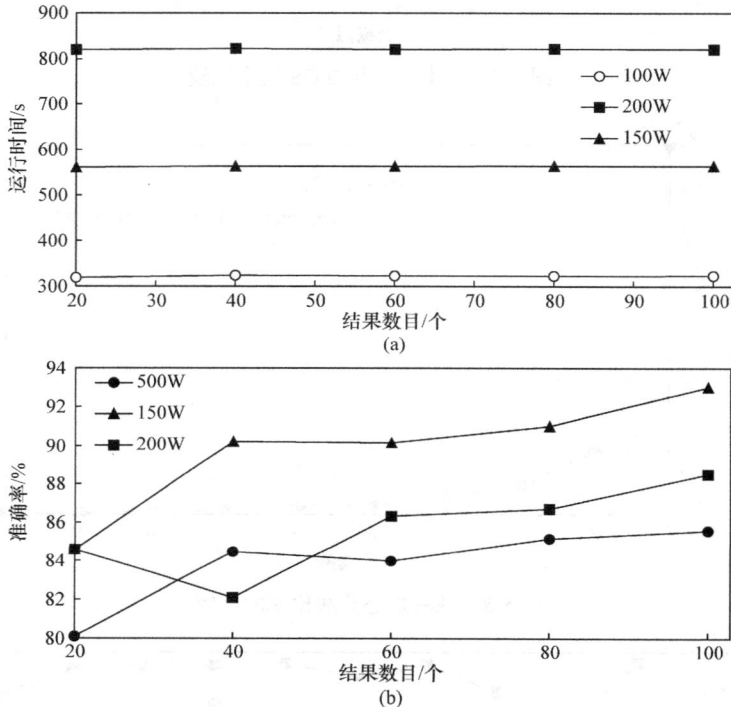

图 5-11　比较不同数据集的性能

5.3　计算平台优化技术

5.3.1　面向制造业大数据的并行系统优化方法

制造业大数据分析过程中，经常涉及复杂机理模型在大规模数据上计算的问题。为了解决现有技术都是针对并行系统中的某一特定的算法，没有针对复杂计算表达式，且计算耗时长的问题，本节提出了一种面向大数据的并行系统优化方法。该方法具体过程为：①将数据密集型算式进行抽象化处理；②将抽象化处理后的数据密集型算式生成算式语义树；③将生成的语义树进行简化并生成算式依赖图；④将生成的算式依赖图进行分层并生成任务序列；⑤根据生成的任务序列在并行系统中生成任务依赖图，执行后得到数据密集型算式的计算结果。

例如，对于如下所示的表达式，其中 n 为 x_i 的数目：

$$\frac{\sum_{i=1}^{n} x_i^2 - n\overline{x^2}}{\sum_{i=1}^{n} x_i y_i - n\overline{x}\ \overline{y}}$$

首先将其分解并构建语义树。为了分析大数据上的复杂表达式，给出如下定义：

定义 5-5 给定算术表达式 M，其抽象语义树包含所有的运算符和变量，且表达式中的括号隐含在树结构中。每一组操作符和变量称为一个 FAM。

定义 5-6 FAM 的操作符可以是简单操作符或者聚合操作符。简单操作符能够进行单一的运算，如+、−、×、÷等。而聚合运算符可以进行一系列的运算，如取最大值、最小值、平均值等。比如 count 算子就能对算式中 x_i 进行计数得到 n。两种类型的运算符的输出结果都是单个数值。运算符如表 5-4 所示。

表 5-4　运算符

类别	操作
简单操作	+、−、×、÷、pow()、log()
聚集操作	sum()、avg()、count()、max()、min()

有了以上定义，就可以通过词法分析技术将一个复杂算式分解为多个 FAM。以给定的算式为例，由其构建的语义树如图 5-12 所示。接着，对构建的语义树进行简化，形成算数依赖图。算术依赖图的定义如下。

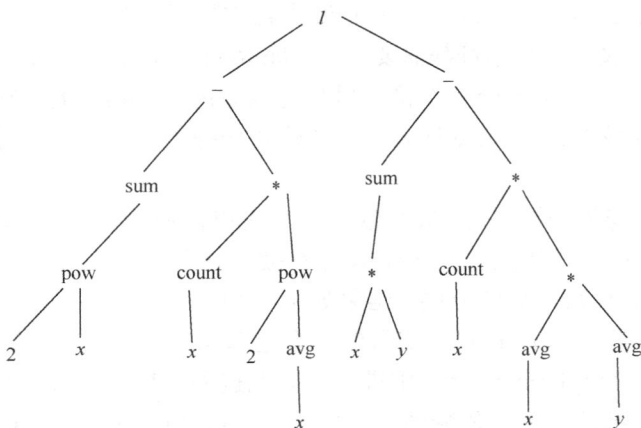

图 5-12　语义树

定义 5-7　算数依赖图是一个有向无环图 G(V,E)，其中顶点集 V 是 FAM 的集合，边集合 E 中的每条边表示从结点间的运算过程。

简化的目的是合并同类项以最小化重复计算次数。尽管已经存在许多语义树简化的方法，如 LR(1)分析、递归下降分析等，但伴随着问题复杂度的增加，这些方法不适合于分析依赖和减少不必要的计算。因此，根据以下原则合并 FAM，以简化语义树。

全部归一原则：所有表示相同变量的结点均合并为一个结点。

相同归一原则：拥有相同变量分支的相同操作符合并为一个分支。

例如，将以上原则应用到图 5-12 的语义树，得到的算数依赖图如图 5-13 所示。

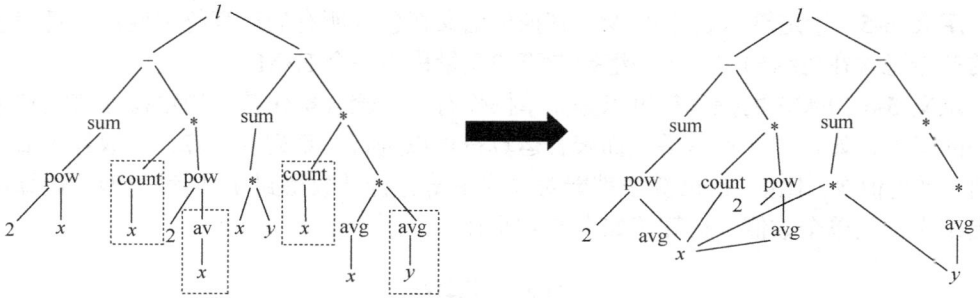

图 5-13　算数依赖图

算数依赖图具有以下特征。

引理 5-2　算数依赖图的每个路径上最多存在一个聚集操作符。

定理 5-1　简化得到的算数依赖图是最优的。

依据上述简化原则设计了语义树约简算法，对语义树进行优化。进而就可以根据算数依赖图安排合理的计算调度，以并行化表达式的计算。下面以 MapReduce 框架为例设计了计算任务调度方案。该方案只需经过简单的修改，就能适配到其他并行计算架构中。

任务调度的主要目的是生成一个具有最小轮数数据重分配的操作序列。注意到算数依赖图中的每一次聚合操作符都需要一轮 MapReduce 计算。以图 5-13 生成的算数依赖图为例，图中共有 7 个聚合操作符，尽管可以通过合并相同的运算符，将其数目减少到 5 个，仍需 5 轮 MapReduce 计算。为了优化任务调度，本节设计了自动最小化迭代轮数的策略。

根据操作符和变量间的距离，算数依赖图 G 可以被划分为多个层。所有的变量在同一层(0 层)，与变量具有相同距离的聚合操作符被划分到同一层。

将图 5-13 中的算数依赖图分层，结果如图 5-14(a)所示。每一层包含简单运算符和聚合运算符。每一层中，所有同一变量的聚合运算均有相同的输入数据，因此，这些运算可以在同一轮 MapReduce 计算中进行。采取这种策略，MapReduce 计算减少了 4 次。因此得出如下结论：算数依赖图每一层中，可以在同一轮 MapReduce 中计算与同一变量相关的聚合操作。在计算任务调度中，可以依据分层将运算符分组，以减少迭代轮数。

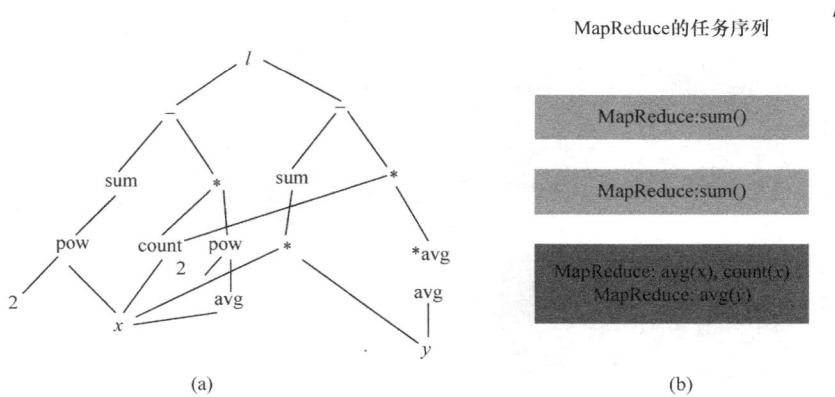

图 5-14　对分层的算数依赖图进行任务分配

对图 5-14(a)中分层的算数依赖图进行任务调度，结果如图 5-14(b)所示。

依据上述任务调度原则，本节设计了用 Hadoop 和 Spark 进行计算的实现策略，通过配置机制来提高操作符计算任务分配的通用性。将聚合运算符分为两种类型，即简单聚合运算符和复杂聚合运算符。所有的聚合运算符使用同一个 Reducer，而两种类型的聚合运算符分别分配不同的 Mapper。对于简单聚合运算符，Reducer 能够直接获得每一个表达式结果，如图 5-15 所示。对于复杂聚合运算符，表达式由 Mapper 通过建立树来计算，如图 5-15(b)所示。

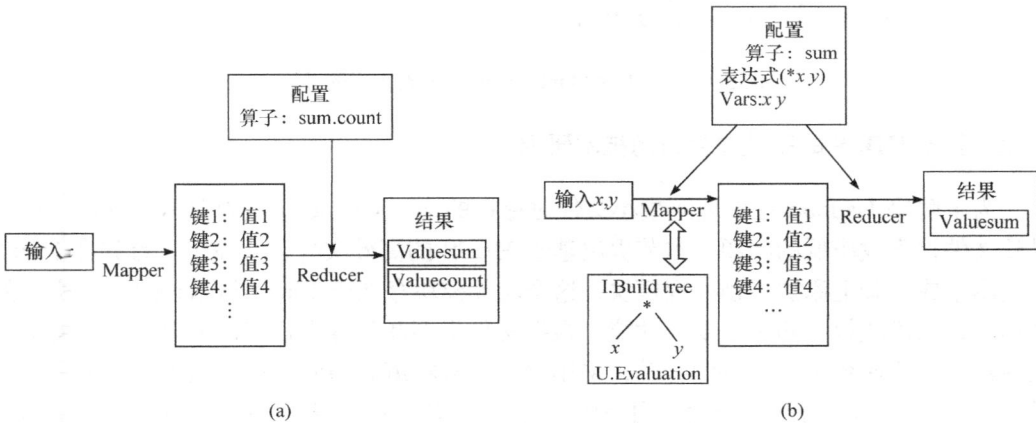

图 5-15　通过建立树来计算参数中的表达式

采取如下策略来保证任务序列的依赖性：如果一轮的计算中包含多个操作符，且这些操作符运算存在先后顺序，称这一轮为复杂数据依赖。这样的计算需要在程序实现中考虑计算顺序。幸运的是，Hadoop 和 Spark 均提供了针对这种情况的控制机制。

仍以表达式 1 为例，依据上述原则，表达式的计算最终由 3 轮 MapReduce 实现，如图 5-16 所示。

实验结果表明，并行系统优化方法能够提高复杂表达式的运算效率，在大数据上的效果尤其明显，具有良好的可扩展性，且计算的效率与算术表达式的复杂度无关。

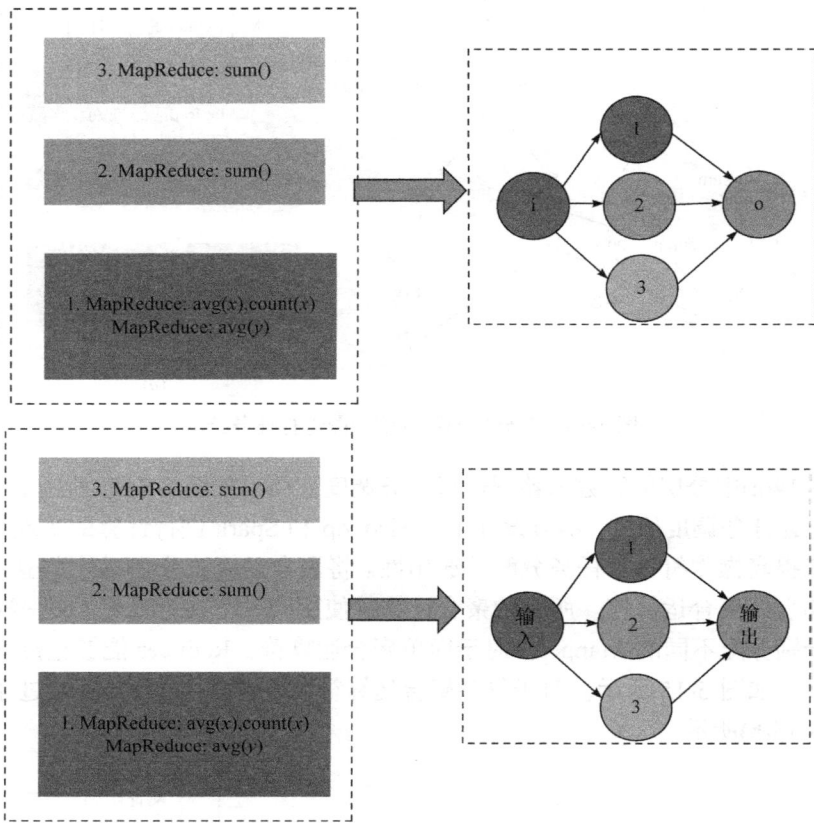

图 5-16　由 3 轮 MapReduce 实现表达式的计算

5.3.2　基于 HDFS 的高效文件访问技术研究

为了解决 Hadoop 在处理海量小文件时存在的 NameNode 结点内存占用率高，进而导致文件检索效率低的问题，本节提出基于 HDFS 的高效文件访问技术。首先在 HDFS 的基本组成基础上添加了预处理模块，这个功能模块存在于 Client 与 NameNode 交互的过程中，该模块执行两个主要的功能：根据文件类型和长度进行编码来分析文件特征；然后建立哈希函数进行文件的合并，采用哈希函数将编码与队列进行映射的原因是这项操作可以在 $O(1)$ 的时间复杂度之内完成。合并过程中设定阈值为一个 block 数据块的大小来保证所有合并后的大文件都可以在一个数据块之内存储，进而使得 NameNode 只保留一个文件的信息。

为每种文件类型创建一个队列，以确保只能合并相同类型的文件。为了根据给定类型快速找到自己的队列，使用哈希函数将代码映射到时间复杂度为 $O(1)$ 的相应队列。当文件匹配并进入队列时，系统将检查此队列中的当前数据大小。一旦数据大小达到一个块的阈值，该队列中的所有小文件将合并为一个大文件，然后清除该队列，否则，文件将被放在队列的末尾并等待下一个文件。时间复杂度为 $O(n)$，因为它会线性扫描所有文件。

为了方便文件的访问、修改、删除等操作，利用 Trie 数据结构对文件名建立索引。

Trie 是一种有序树数据结构，用于存储关联数组，其中键通常是字符串。在二叉树中，密钥直接存储在结点中，但是 Trie 中的键由树中结点的位置确定。结点的所有子结点都具有相同的前缀，即与该结点相对应的字符串。通常，并非所有结点都有对应的值，只有叶结点和部分内部结点才具有对应的值。使用 Trie 建立索引的原因如下。

(1) 快速高效。如果路径是从根到结点的，则可以通过连接路径上的所有字符来获得与该结点相对应的字符串。因此，具有 n 个字符的字符串的时间复杂度最大为 $O(n)$。

(2) 更少的存储空间。具有公共前缀的字符串共享祖先结点。

(3) 键存储在结点中时不必是可见的，因此可以有效地处理字符串搜索问题。

总结以上特点，可以得出结论：选择 Trie 数据结构的原因在于它在空间和时间性能方面表现出色。实验的结果如图 5-17～图 5-19 所示。

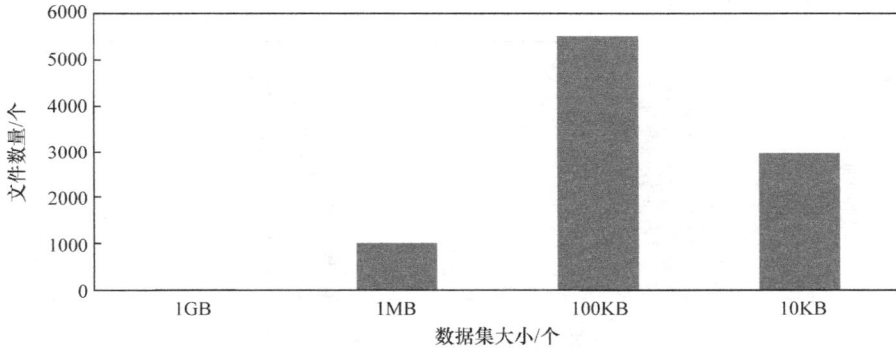

图 5-17　分布式数据

所需的上传时间：

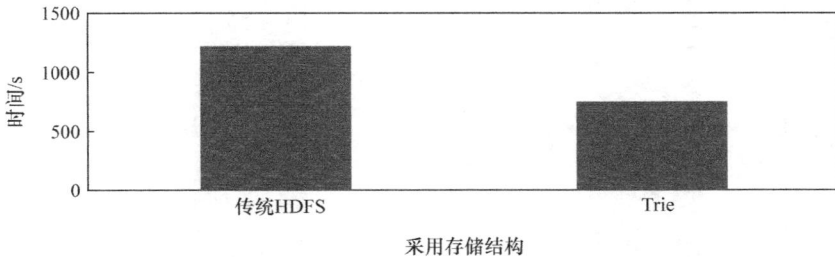

图 5-18　上传时间比较

数据结点中块的数目如图 5-19 所示。

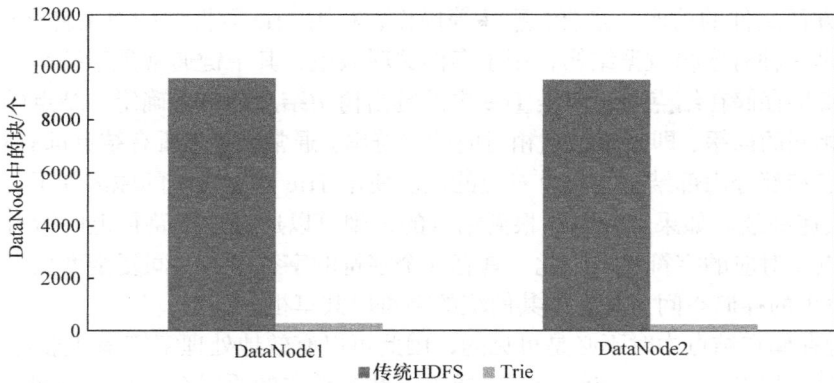

图 5-19　块数目比较

文件获取时间如图 5-20 所示。

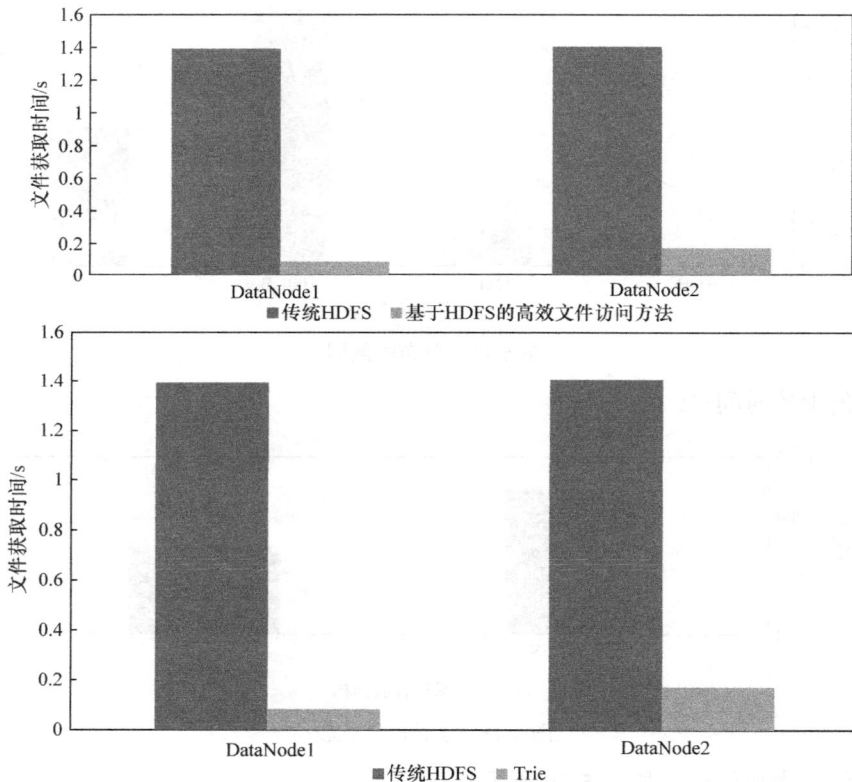

图 5-20　文件获取时间比较

5.3.3　分布式分析中迭代优化策略

迭代计算包括深度学习、SVM 等数据分析的基本操作，面向制造业大数据进行分析时，不可避免地需要利用并行计算平台进行迭代计算，然而当前主流并行计算平台的迭代计算采取同步的模式，在这种情况下，部分失效结点会降低整个迭代的工作效率，因而提出迭代优化策略，以高效处理迭代计算中结点失效时影响同步的情况。

该方法的思想是，设计同步和异步相结合的计算模式，当同步结点的个数满足一定约束即可继续迭代计算。

理论分析和实验结果表明分布式分析中迭代优化策略可以保证收敛性，具有很快的收敛速度，在有较多机器失效的情况下仍然可以保持较高的精度，如图 5-21 所示，少部分机器未同步对分析精度的影响较小。

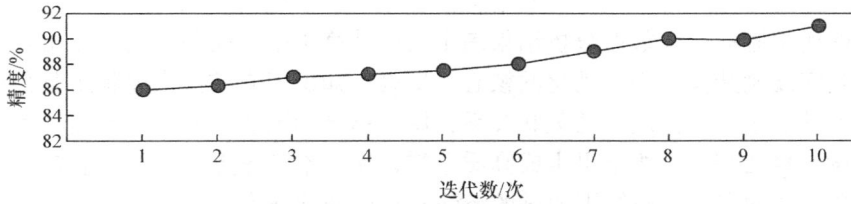

图 5-21　同步机器与精度关系

第 6 章　面向制造业的知识图谱

知识图谱将制造业大数据分析结果表示为在计算机中存储和使用的互相联系的知识片集合，是实现制造业知识自动化的核心。拟设计知识库来结构描述制造业企业生产要素、生产参数、生产工艺之间的关联关系，用于指导制造业企业生产流程和生产工艺的优化，并设计算法基于分析结果生成高质量知识库。本章重点介绍制造业知识图谱的构建技术，并概述面向制造业知识图谱的清洗和查询处理技术。

6.1　制造业知识图谱构建

6.1.1　研究背景与意义

随着工业互联网+的发展，制造业的数字化转型正在如火如荼地进行着。而知识在其中发挥着至关重要的作用，它是许多智能决策、资源优化的基石。但是现在制造业知识分布独立，且许多依靠人的经验。知识图谱近年来大展拳脚，它可以整合不同来源的数据，且拥有很好的推理能力。因此，构建制造业的知识图谱会对制造业的智能化产生推动作用。

如今，知识图谱应运而生。知识图谱通过整合不同来源的信息，包括结构化的表格信息、半结构化的信息(如百科信息)，以及非结构化的文本信息等，形成一个大的网络。知识图谱注重如何从这些数据信息提取所需要的知识，如何对不同信息获取的知识进行融合，以及怎样进行知识表示可以更有效地为其他任务奠定基础。知识图谱的构建可以通过机器学习等方式，减少了人工构建的成本，知识图谱有着强大的推理能力。因此，面向制造业的知识表示可以选用知识图谱。

目前知识图谱在互联网、医疗、电商等垂直行业中得到广泛应用。例如，搜索引擎通过在知识图谱中搜索类别、关系、相关性等方面匹配度较高的实体来提高搜索结果的质量。

制造业知识图谱构建主要面临以下问题。

(1) 知识图谱中仅存在定性知识，缺少定量知识。

目前知识图谱中存在的知识均为定性知识。例如，<北京，首都，中国>代表北京是中国的首都。然而制造业中存在着大量的定量知识，"如透光率 $P_m \leqslant 30\%$ 的是年轻褐煤"等。目前的知识图谱无法同时表达定性知识与定量知识。

(2) 知识图谱中仅存在关联知识，缺少事理知识。

现有的知识图谱都是以概念、实体为中心，表达概念与概念之间、实体与实体之间的关系。它缺乏对事件的描述以及事理之间的关系。以买房子为例，买房子→装修→买家具就是一个事理逻辑。在制造业中，存在着大量的时序关系与事理逻辑。以水处理为例，目前的知识图谱所存的知识可能为原水→软化水→除盐水，而这个流程的事理逻辑则为过石英砂过滤器→过反渗透装置→过除碳器→打入除氧器。这一过程是存在时序关系的，目前的知识图谱都未体现出知识的时序关系。

(3）知识图谱的推理仅关注实体及实体之间的关系，忽略实体的属性等定量知识。

知识图谱的推理大多依托于知识表示。现有的知识表示方式大多基于实体与实体之间的关系。实体有许多自己的属性，但是知识推理的任务中都忽略了这些属性。制造业中存在着许多定量知识作为制造业中实体的属性，这些知识可以辅助推理，以便进行决策。现有的知识图谱推理方式无法解决此类问题。

对于以上问题，本节对面向制造业的知识图谱的构建与表示模型进行研究。通过将数据知识与文本知识相融合来进行推理，以实现关联知识与事理逻辑的有机结合，并运用这种综合的知识进行推理，而不将它们视为孤立的个体。这有助于在知识图谱的基础上推理出更多的知识，并在制造业流程中进行故障检测和原因分析时减少人工干预。

6.1.2　定量知识抽取

目前，知识图谱的抽取工作主要依赖于一些公开的数据集，并在抽取关系和属性之前进行预定义。但在制造业中，这些定量知识的属性种类繁多，如工艺生产过程中的各种温度、湿度、压强等，仅一个"温度"包括水温、油温、烟温、进口温度、出口温度、设备温度、平均温度等，这些属性虽都叫"温度"，但它们代表不同的含义，不能一概而论，且这些定量知识属性均存在于非结构文本中，因此难以对所有的属性进行提前预设；同时制造业的文本数据集不同于公开数据集，没有训练样本，需要大量的人工标注。

从制造业的定量数据特点出发，在使用现有的方法识别出实体后，采用无监督学习与序列标注相结合的方式，从文本中抽取定量知识的属性，无需对属性提前进行预设，且与无监督方式结合，可以减少人工标注的代价。定量知识抽取的问题描述：输入为非结构文本的集合 $x = \{x_1, x_2, \cdots, x_n\}$，输出为定量知识的集合 G_Q。其中，$G_Q = \{<e, \text{attr}, [n_1, n_2]> | <e, \text{attr}, [n_1, n_2]> \in G\}$。

1．背景技术

Bi-LSTM-CRF 模型被广泛认可为自然语言处理中用于序列标注的有效模型。由于中文是没有明显词语边界标记的语言，因此选用基于字的 Bi-LSTM-CRF 进行介绍，算法原理如下。

序列标注模型以句子为单位进行标注。设所需标注的句子有 n 个字，将此句子用字的序列表示如下：

$$x = \{x_1, x_2, \cdots, x_n\}$$

其中，$x_i \in \mathbb{R}^d$ 为句子中第 i 个字的字向量(Vector)；d 为嵌入的维度。字向量可由预训练(如 Word2Vec 的 CBOW、Skip-gram 等方式)或随机初始化嵌入矩阵再经过 Lookup 获得。

Bi-LSTM-CRF 主要分为两层：Bi-LSTM 层(由正向传播 LSTM 层和反向传播 LSTM 层共同组成)与 CRF 层。

(1) Bi-LSTM 层：双向 LSTM 层。对于序列标注任务，Bi-LSTM 不仅可以以获取到过去的特征，也可以获取到未来的特征。

这里介绍基于字的 Bi-LSTM-CRF，它的输入为一个句子按字切分后，句中各字的 Embedding 序列 $x = \{x_1, x_2, \cdots, x_n\}$。将输入送入 Bi-LSTM 中，通过正向 LSTM 可以得到隐状态序列 $(\vec{h}_1, \vec{h}_1, \cdots, \vec{h}_n)$；通过反向 LSTM 得到隐状态序列 $(\overleftarrow{h}_1, \overleftarrow{h}_1, \cdots, \overleftarrow{h}_n)$。最后将正、反向 LSTM 分别得到的隐状态序列进行拼接，$h_t = [\vec{h}_t; \overleftarrow{h}_t] \in \mathbb{R}^m$ 得到完整的隐状态序列 $(h_1, h_2, \cdots, h_n) \in \mathbb{R}^{n \times m}$。

得到的隐状态序列很好地概括了句子的特征，为后序的标注任务奠定了基础。

Bi-LSTM 可以直接进行序列标注，若将从 Bi-LSTM 得到的结果经过一个线性层，对隐状态向量进行映射，便可以根据映射结果进行分类。映射维度从 m 维到 k 维，其中 k 代表标注集中标签的个数。得到矩阵 P 为

$$P = (p_1, p_2, \cdots, p_n) \in \mathbb{R}^{n \times k}$$

其中，$p_i \in \mathbb{R}^k$，p_i 为第 i 个字的分数值，通过这个分数值可以独立地将每个位置分为 k 类。

如果按照上述操作，标签之间强烈的相关性没有考虑，且对每个位置进行标注时，忽略了已经标注过的信息。CRF 可以解决这个问题，因此接入 CRF 层，下面对 CRF 进行介绍。

(2) CRF 层：输入为 Bi-LSTM 层得到的每个词映射到标签的分数值组成的矩阵 P，输出为每个字的标签。

设对于输入的句子 X，输出的句子标签序列为 $y = (y_1, y_2, \cdots, y_n)$，定义其分数为

$$\text{score}(X, y) = \sum_{i=1}^{n} P_{i, y_i} + \sum_{i=1}^{n+1} A_{y_{i-1}, y_i} \tag{6-1}$$

其中，P_{i, y_i} 为从 Bi-LSTM 得到的非归一化矩阵，为 CRF 层的转移概率矩阵，表示从第 i 个标签到第 j 个标签的转移得分。A_{y_{i-1}, y_i} 为 $k+2$ 维的方阵，其中 2 代表句子首端增加的起始状态与最后的终止状态。

序列每个位置的得分由 LSTM 输出的和 CRF 层的转移概率矩阵 P 决定，因此标注时不仅利用了前后的句子信息，也利用了已经标注的标签信息。整个序列的分数为每个位置的分数之和。利用 softmax 对概率进行归一化：

$$P(y \mid X) = \frac{\exp[\text{score}(X, y)]}{\sum_{y'} \exp[\text{score}(X, y')]} \tag{6-2}$$

对于模型，在训练时通过最大化对数似然函数得到正确的标签序列，以训练样本 (x, y^x) 为例，其对数似然公式为

$$\log\left(P(y^x \mid X)\right) = \text{score}(X, y^x) - \log\left(\sum_{y'} \exp(\text{score}(X, y'))\right) \tag{6-3}$$

模型在预测过程(解码)时，为求得正确的标签，可使用 Viterbi 算法的动态规划的思想，对最优路径进行求解：

$$y^* = \text{argmax score}(x, y') \tag{6-4}$$

Bi-LSTM-CRF 模型的结构如图 6-1 所示。

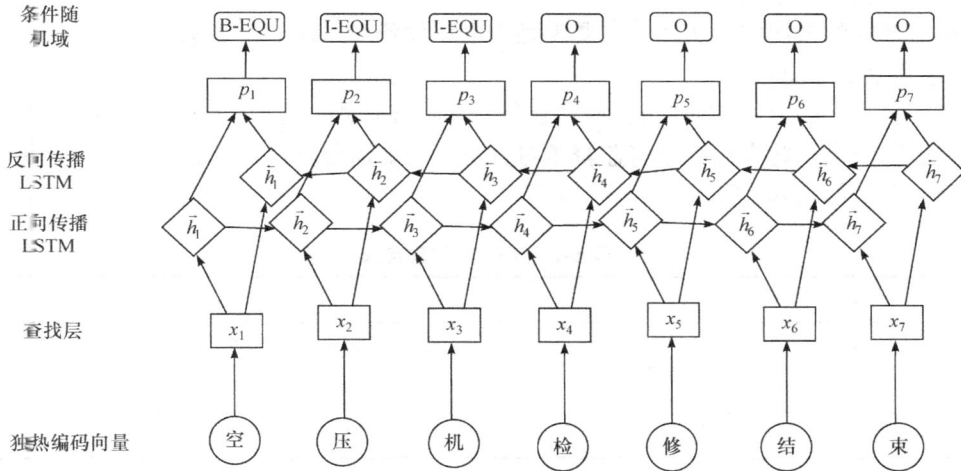

图 6-1　Bi-LSTM-CRF 模型示例

2 制造业定量知识抽取

本任务是从非结构的文本中抽取实体及与实体相关的定量属性和定量的数值，并设计一种结构表示此定量知识。因此，将任务分为两个模块：命名实体识别和属性识别。定量知识抽取结构如图 6-2 所示。

1) 定量知识模型设计

对于定量知识模型，采取<实体，参数，参数区间>的形式。例如，<等离子装置，电流，[200A,375A]>。对于定量知识模型，定义如下规则。

定义 6-1 若从知识中提取出的是单一的数字，而不是区间内容，规定区间的上限与下限是相同的数。例如，对于启动给煤机 B，煤量 28t/h，就可表示为<给煤机 B，煤量，[28t/h,28t/h]>。

定义 6-2 若只出现"小于 xxx"和"大于 xxx"等符号或字样，是区间数值但未明确上下限，则下限用 L 代替，上限用 U 代替。例如：<磨煤机，出力，[L,50t/h]>,<负荷控制器，转速，[0.5%,U]>。

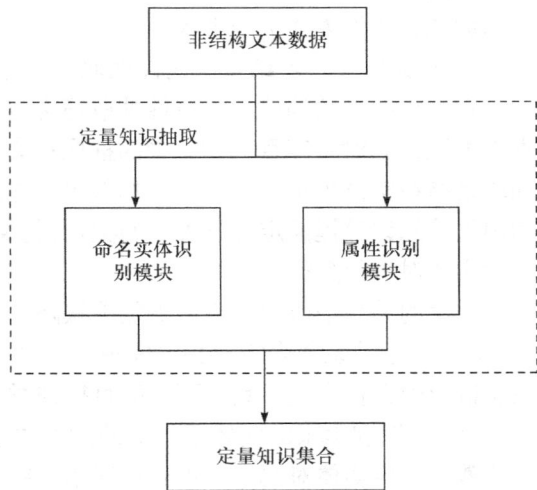

图 6-2　定量知识抽取结构

2) 基于 Bi-LSTM-CRF 的命名实体识别

目前已存在的命名实体识别工具只能对通用领域的典型实体，如人名、地名、机构名等进行识别。特定领域的实体根据识别任务的不同而不同，如在医学领域中，疾病、药物名称等可能为所需实体。如今不存在对于领域文本的实体识别工具，将电厂的各种设备系统等设计为所需实体，利用 Bi-LSTM-CRF 算法进行命名实体识别。

(1) 实体类型定义。

在所选取的数据中，实体的主要类型为电厂设备或系统，用 EQU 表示。

(2) 训练数据标注。

使用基于字的 Bi-LSTM-CRF 算法进行命名实体识别，将 NER 问题转换成序列标注问题并进行分类。此方法属于有监督学习方法，因此需要标注训练数据。此处使用 BIO 标注集，含义如表 6-1 所示。

表 6-1　BIO 标注集含义

标注	含义
B-EQU	电厂设备或系统名称首字
I-EQU	电厂设备或系统非首字
O	非电厂设备或系统的一部分

对于非结构文本的输入句子，首先将每个字的字向量传递给一个双向长短时记忆网络与条件随机场结合的模型(Bi-LSTM-CRF)，用来对每个字进行分类，划分为三个类别：B(开头)、I(中间)、O(其他)。最后根据得到的结果，抽取电厂设备实体。由于没有训练样本，因此采取人工标注训练样本进行训练，将得到的结果进行筛选，再加入训练集，使用如此迭代的方式进行训练。

3) 与无监督学习结合的属性抽取

在知识图谱的构建中，属性抽取通常有两种做法：①从大量的结构化、半结构化文本中抽取，如对百度百科词条中的抽取；②将属性抽取问题转化为关系抽取问题。关系抽取是指在实体识别的基础上，抽取出实体之间的关系。关系抽取通常的做法是：专家利用先验知识等提前定义好关系的类别，将文本中抽取的实体进行组合形成候选实本对，对此实体对进行分类。

通用的关系抽取方法有如下几项缺陷。

(1) 由于关系集合需要预设完成，因此无法灵活地从文本中发现新的关系。此外，在制造业中存在大量参数，不可能直接列举出所有可能的情况。

(2) 将识别出来的实体进行两两配对再进行分类，其中存在大量没有关系的实体，由此就会产生实体对冗余，提升错误率。针对这种缺陷 ZHENG 等提出了一种利用序列标注进行关系抽取的方法。当句中一个实体对应多个关系时，无法识别。

(3) 需要大量的训练数据来进行分类，如果没有相应的训练数据，就无法抽取新的关系，这会导致可移植性较差。

通过对实验数据的观察，发现大部分实体与属性值之间有一个触发词来描述二者之间强烈的关系，在定量知识中尤其明显。例如：除氧器给水温度 105～120℃,经过计算，97.92%的定量知识具有此特征。因此，作者提出一种新的方法，即利用无监督学习的方法从部分文本中直接抽取属性，并将过滤后的属性作为训练集对有监督学习的方法进行训练。后续有监督方法的训练集由无监督方法得来，不需要人工进行大量标注，具有可扩展性与可移植性。

使用拓展的个性化 Page Rank 抽取定量知识的属性。与基于图的槽值填充方法类似，对句子进行依存句法分析，将有向边的方向去掉，得到分析后的图结构，每个词为图中的一个结点。其中，进行依存句法分析时，需要在词典中加入命名实体识别的自定义词典，且词性为名词。设实体结点为 A，数字结点为 B。属性抽取问题转化为找到与结点 A 和 B 连接的最重要的一个结点 Q(或多个结点)。

给定一个图 $G(V,E)$，"偏好结点"(结点 A 或 B)集合 R，$R \subseteq V$，计算除结点 A、B 以外的点 $v \subseteq V$。偏好结点的相对重要性 $I(v|R)$ 的计算公式为

$$I(v \mid R) = (1-\beta)A\pi + \beta p_R \tag{6-5}$$

其中，$\beta \in [0,1]$ 为随机游走到偏好结点的频率；$p_R = (p_1, \cdots, p_{|V|})$ 为偏好向量；p_k 为与 v_k 相关的重要性。若 $v_k \in \mathbb{R}$，则 $p_k = \dfrac{1}{|R|}$，否则 p_k 为 0。对于一个结点 v_k，A 为图 G 邻接矩阵向量，令 $N(k)$ 为 v_k 的相邻点集合，对于 v_k 相邻点 v_j，$A_{jk} = \dfrac{1}{|N(k)|}$，其余 A_{jk} 为 0。由马尔可夫性质可知，$\sum\limits_{k=1}^{V} \pi(k) = 1$ 始终成立。最终，图上的结点与实体和定量知识的相关性得分为 $I(v \mid R) = (1-\beta)A\pi + \beta p_R = \pi(v)$。

因为中文的属性词可能由两个词语组成，且这两个词语通常连接在一起。例如，烟气温度、蒸汽温度等。取最后相关性得分最高的两个点，若这两个点相邻，则这两个点的组合为属性词；若它们不相邻，则将选择得分最高的点作为属性词。在制造业的定量知识中，属性词多为名词。因此，当前两名的词存在动词等其他词性时，顺位选取下一个词。

举个例子，如图 6-3 所示，排名最高的两个词分别"排汽"：0.188，"检查"：0.186。由于"检查"为动词 VV，因此向后顺延，选择"温度"：0.133。"排汽"和"温度"在句中相邻，所以二者组合为"排汽温度"，作为<超高压，?，450℃>的属性。

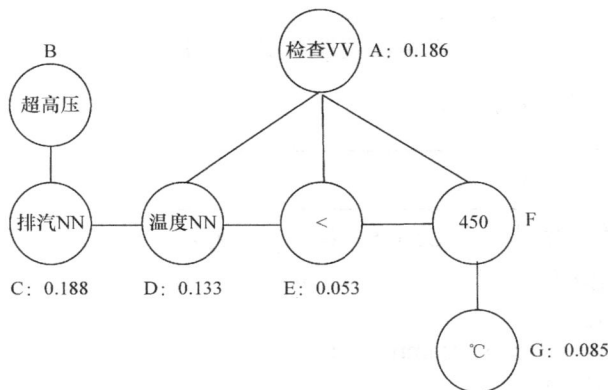

图 6-3　PPR 进行属性抽取

由于个性化的 Page Rank 算法计算复杂度高，且使用依存句法分析的方式严重地依赖工具的准确率，工具的准确率限制了此无监督学习方法的效果。因此仅使用此方法对文本句子中的部分进行标注，并对得到的结果进行人工筛选。将筛选后的结果作为训练数据的种子，使用序列标注的方式继续从文本中获取属性。

与前面命名实体识别类似，采用 Bi-LSTM-CRF 进行属性名的序列标注。定义 ATT 表示属性类型。同样地，选用经典的 BIO 标记法。标注集含义如表 6-2 所示。

表 6-2　BIO 标注集含义

标注	含义
B-ATT	属性名首字
I-ATT	属性名非首字
O	非属性名部分

与 Bi-LSTM-CRF 命名实体识别类似，此处对于属性词的抽取将使用迭代的方式进行训练。综上所述，属性值的抽取流程如图 6-4 所示。

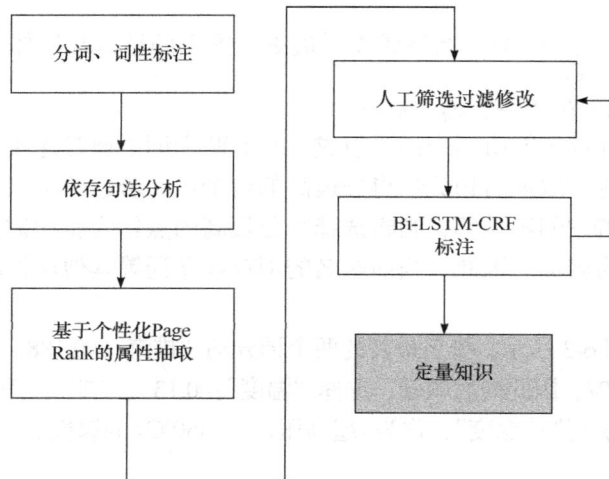

图 6-4　属性值的抽取流程

属性抽取算法的伪代码如下：

算法 6-1　AttrExtraction (*X*)模块

输入：非结构化文本，实体词典 Dict_E $= \{e_1, e_2, \cdots, e_m\}$

输出：定量知识三元组集合

```
1   X' ← searchAll(X,re)
2   Part_X' ← random.sample(X'sample_num)
3   for sentence in Part_X':
4       attr ← PPR(sentence)
5       Attr_train.append(attr)
```

```
6    for i in range(iteration_num):
7        Y ← Bi-LSTM-CRF(X′)
8        Attr_train ← update(Attr_train, Y)
9    for sentence in X′:
10       e ← findNearest(attr, Dict_E)
11       G_Q.append(e, attr, [n_1, n_2])
12   return G_Q
```

算法 6-1 中第 1 行利用正则表达式抽取出文本中包含定量信息的句子。第 2～5 行随机抽取 sample_num 条样本，对这些样本进行个性化 Page Rank 算法操作，得到抽取的属性值。第 6～8 行将得到的样本通过筛选后变成训练集，对 Bi-LSTM-CRF 模型进行训练。将得到的训练结果再经过人工筛选，得到正确的结果加入训练集，迭代次数为 iteration_num。第 9～12 行描述了如何将抽取的属性与定量数字组合成一对，然后找到与之最接近的实体，从而形成了定量知识集合 Q。

3．实验结果

1）实验数据准备

本实验所选取的数据为制造业中电厂集控运行规程文件以及电厂事故案例分析报告。抽取数据主要为电厂运行的设备名称、设备运行的流程与规范、设备运行时的参数以及电厂事故内容和数据等。数据涵盖了结构化数据、半结构化数据及非结构化数据。

结构化数据为电厂设备参数及规程内容，如图 6-5 所示。电厂集控运行规程文件具有标题层次关系，呈现半结构化，其中的句子及事故案例文本均为非结构化数据。本实验需要对上述不同结构的文本进行数据抽取。

序号	项目	单位	BMCR	BRL	THA
1	过热蒸汽流量	t/h	2710	2630	2533
2	过热蒸汽出口压力(表压)	MPa	33.03	32.19	31.14
3	过热蒸汽出口温度	℃	605	605	605
4	一次再热蒸汽流量	t/h	2517	2426	2318
5	一次再热蒸汽进口压力(表压)	MPa	11.39	11.00	10.53
6	一次再热蒸汽进口温度	℃	429	428	427
7	一次再热蒸汽出口压力(表压)	MPa	11.17	10.78	10.32
8	二次再热蒸汽出口温度	℃	613	613	613
9	二次再热蒸汽流量	t/h	2161	2088	2002
10	二次再热蒸汽进口压力	MPa	3.56	3.44	3.29

图 6-5　结构化数据

2) 实验指标评价

本实验采取三种指标，分别是准确率(Precision)、召回率(Recall)、F_b-score 值。

准确率代表抽取的结果中，有多少是正确的；召回率代表抽取的结果中，正确的信息个数占实际正确信息个数的比例。这两个指标通常为信息检索中最基本的指标。

准确率和召回率相互制约，不能同时变高。因此，若对两个指标没有侧重时，需要某一个指标对二者进行综合衡量。F_b-score 是准确率和召回率的调和平均。当 $b=1$ 时，则为

$$F_1\text{-score} = \frac{2PR}{P+R} \tag{6-6}$$

3) 实验结果分析

(1) 命名实体识别。

实验采用 TensorFlow 框架，参数设置如表 6-3 所示。

表 6-3　超参数设置

超参数名称	超参数值	超参数名称	超参数值
Batch Size	20	Optimizer	Adam
Gradient Clip	5	Dropout Rate	0.5
Embedding Size	100	Learning Rate	0.001

本实验采取递进的方式标注训练数据。首先随机从文本中抽取 1000 条数据，进行人工标注用于训练。将训练好的模型用于实体识别任务，将识别出的实体进行筛选，重新进行训练并迭代。共进行了 5 次迭代。训练集、验证集、测试集的数据量比为 7∶1.5∶1.5。

5 次迭代得到的实验结果如图 6-6 所示。最后一次迭代对于测试集的实验结果如表 6-4 所示。由图可知，5 次迭代过后，命名实体识别的效果变好，且效果提升速率逐渐递减，趋于平缓。因此选择了 5 次迭代。对于此识别任务，无论是第几次迭代，召回率的值均高于准确率。本模型识别得到的结果数通常较真实值要多，因此召回率较高而准确率相对较低。

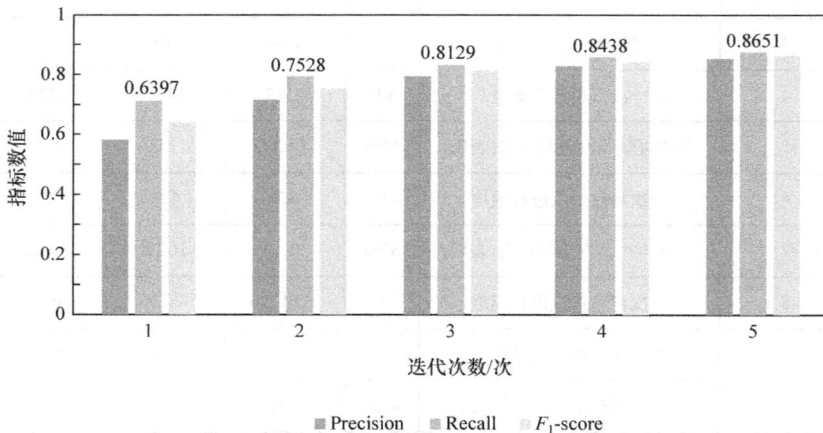

图 6-6　不同迭代的结果

表 6-4　NER 实验结果

实体类型	Precision/%	Recall/%	F_1-score/%
EQU	85.41	87.63	86.51

对于 Bi-LSTM-CRF 模型实体识别的具体结果如图 6-7 所示。

密封油箱真空泵	顶轴油泵	高加汽侧进汽电动阀
密封油排烟风机	直流事故润滑油泵	厂用中压封闭母线
闭式水热交换器	主机交流润滑油泵	吹灰器系统
回油母管燃油关断阀	仪用压缩空气系统	区域隔离阀
厂用电系统	封闭母线微正压装置	摆动系统
辅机	联络调节阀	疏水阀
高压旁路油系统	辅汽母管压力调节阀	分配集箱放气电动隔离阀
中压旁路油系统	进油母管燃油关断阀	吹灰汽源
低压旁路油系统	锅炉启动循环泵	前置泵
稀释风机出口挡板	火检冷却风机	闭式泵及系统
集水箱	定子冷却水系统	轴封母管
燃油进油母管放油阀	定子冷却水冷却器	主机缸
燃油回油母管放油阀	主密封油泵	定子水冷却器
进油母管吹扫阀	密封油真空油箱	汽动给水泵组密封水系统

图 6-7　实体识别效果示例

(2) 属性抽取。

在属性识别中抽取 500 条定量数据,将其作为种子,利用 LTP 进行分词、词性标注,得到依存句法分析结果。再将得到的结果通过人工筛选放入训练集,使用 Bi-LSTM-CRF 方法进行识别。由于从文本中抽取属性仍然采用 Bi-LSTM-CRF 算法,因此实验环境及参数设置应与上述命名实体识别的设置一致。

最后迭代的结果如表 6-5 所示,对于直接从文本中识别出来属性词,准确率为 87.59%,召回率为 91.35%,值为 89.43%。由于属性词相比于命名实体来说,构成方式及句式等都较为简单,因此属性抽取效果相比于命名实体识别较好。

表 6-5　实验结果

属性类型	Precision/%	Recall/%	F_1-score /%
ATT	87.59	91.35	89.43

对于 PPR 方法,在最终选择属性词时,会选取与实体和定量值相关性得分排名前两位的词汇,如果它们相邻,则将它们一并输出。图 6-8 表示分别取 1、2、3 个词进行判断比较得到的结果。由图可知,当取两个词时效果最好。因为在制造业的数据中,属性词有很多均由两个词组成,且它们经常位于相邻位置同时出现,如烟气温度等,若属性词为一个词,得到的结果为温度,则不够准确,因为烟气、蒸汽均有温度,它们表达的

含义不同,且可能在同一实体下出现。有少数属性词由三个词组成,如进出口空气压差。但由于定量描述句子与数字相关的短句长度较短,选取三个词会引入误差。因此在 PPR 算法中选择两个词作为属性描述。

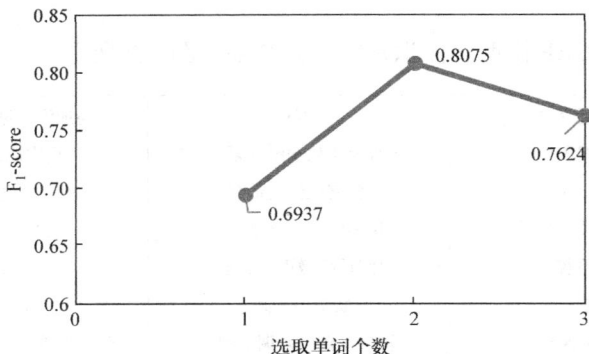

图 6-8　单词个数对 PPR 影响

选取一部分数据集,使用训练后的 Bi-LSTM-CRF 和无监督的个性化 Page Rank (PPR) 得到的结果进行比较,如图 6-9 所示。可以看到,使用 Bi-LSTM-CRF 方法识别属性词得到的结果相对于 PPR 方式好很多。这是因为 PPR 算法的准确性受到了工具限制,并且在数据中可能存在连续三个词被组合为一个属性词的情况,这种情况下使用 PPR 方法无法识别。而 Bi-LSTM-CRF 方法是基于字符级别分割的,没有这种边界限制。因此,采用了 PPR 方法进行部分种子标注,然后将获得的种子用于训练迭代,这相对于直接使用无监督学习方法提高了抽取的准确性,同时也减少了人力成本,增加了训练数据的样本量。

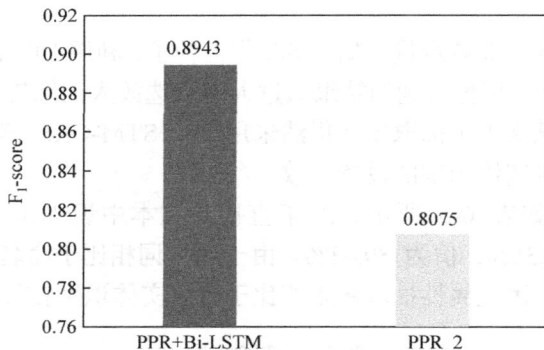

图 6-9　PPR+Bi-LSTM 和 PPR_2 的比较

6.1.3　事理知识抽取

制造业当中,存在着复杂的工序流程与工艺制造知识,它们具有事理逻辑。现有的知识图谱仅将所有的工艺流程句子看作一个"实体"结点进行存储,忽略了其内部的时序关系,因此需要引入事理图谱。但事理图谱的构建目前仅存在于金融、出行领域,且大多使用基于模板的方式对事件进行抽取,并且在识别事件之间的逻辑关系时,通常只关注同一句子中出现的事件关系。

制造业的事理知识通常存在着明确的事件触发词及核心词,如事件"停运油箱排烟风机"，"停运"为事件的触发词，"油箱排烟风机"为事件的核心词；在制造业中，工艺流程等内容通常分为多个句子，不同句子存在的事件之间也存在着大量的事理逻辑关系，如"润滑油系统停运"的各步骤；且制造业中定量知识与事理知识之间存在关系，例如对于句子"当水泵泵壳温度<80℃，可停运气泵密封水"，可以得到定量知识 A: <水泵，泵壳温度,[L,80℃]>，事件 B: "停运气泵密封水"。定量知识 A 与事件 B 存在条件关系。但现有的无论是知识图谱或是事理图谱的结构，都无法对制造业中定量和事理融合的知识(如上面定量知识 A 和事件 B 之间的知识)进行表达。

本节首先从制造业事理数据的特点入手，对制造业事理知识的触发词和核心词进行抽取。随后，在同一句子中提取事件关系的基础上，还进行了跨句子的事件关系抽取。输入的数据为非结构文本，输出包含事理知识的集合。此外，还设计了一个知识融合的表达模型，将定量知识与事理知识相互连接。

1. 背景技术

卷积神经网络 (Convolutional Neural Network，CNN)在文本分类及特征提取中起着很大的作用。卷积神经网络通常包含以下几层。

(1) 卷积层(Convolutional Layer)：用来进行卷积运算，卷积层通常有许多卷积核，通过不同核的运算操作，可以对特征进行提取及映射。卷积是一种局部操作，卷积核作用于局部区域，获得输入数据的局部特征信息。将所关注的局部区域称为局部感受野，卷积操作通过逐层抽象，从局部感受野中获取原始数据的全部语义信息内容。多层网络可以从低级的特征中进行不停的迭代以获取更复杂的特征。在进行卷积层操作后，通常会接一个激活层，一般使用 ReLU 函数，通过此函数对卷积层的输出进行非线性映射：ReLU 函数的公式为

$$f(x) = \max(x, 0) \tag{6-7}$$

为了表示方便，在后文中提到的卷积层默认后续都会跟一个激活层。

(2) 池化层(Pooling Layer)：接在卷积层之后。池化层的作用是将卷积层输出的结果进行采样，简化卷积层得到的特征，得到维度较小的新特征。通过池化层，神经网络中复杂的参数减少，计算量也因此减小。池化操作是通过池化野，对得到的特征矩阵进行扫描，并对池化野内的矩阵进行计算，得到的结果是池化后的维度相对较低的特征矩阵。通过池化操作，可以得到在不同任务中相对重要的特征。

通常使用的池化方法有两种：Max-Pooling 及 Average-Pooling。Max-Pooling 计算滑动窗口(池化野)的最大值，Average-Pooling 计算其平均值。

(3) 全连接层(Full Connected Layer)：将先前获得的各个局部特征组合起来，生成全局特征。通过重新拟合的方式，全连接层计算输出向量，最终得到结果。

CNN 的训练与大多数神经网络相同，使用反向传播方式进行训练。CNN 与其他神经网络相比，有两大特点：局部感知、参数共享。

① 局部感知：CNN 是一个非全连接的网络，即每个神经元与上一层不是全部连接，而是局部连接。神经元通过在局部感知信息，然后在更高层次形成全局网络，最终将各个局部信息整合在一起，形成全局信息。以局部看全局的操作大大减少了参数

的数量。如图 6-10 所示，$m-1$ 层有 5 个神经元，而 m 层中的每个神经元只连接了 $m-1$ 层中的 3 个神经元。$m+1$ 层通过接收 m 层的 3 个神经元的信息可以获得全部 $m-1$ 层的信息。

　　② 参数共享：在同一层中，不同的神经元的参数相同。因此，通过了解一个神经元的内容，就可以对整层神经元进行覆盖。参数共享可以大量减少参数，滤波器操作(卷积)作为一种特征提取方式，与位置无关。参数共享通过减少参数的个数使特征学习变得更加有效。如图 6-11 所示，对于 m 层的三个神经单元，它们为同一特征映射。相同颜色的边代表参数相同。

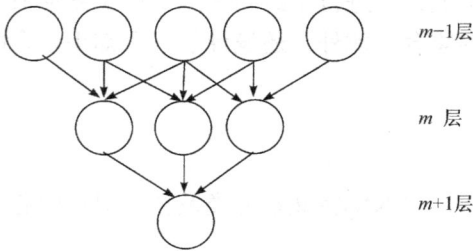

图 6-10　局部感知　　　　　　　　　　　图 6-11　参数共享

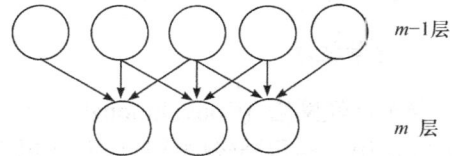

2. 制造业事理知识抽取

　　本章的任务是从非结构的文本中，抽取出事理知识，以及不同事件之间存在的逻辑关系。设计一种结构表示此事理知识。并将前面抽取的定量知识与这里抽取的事理知识进行融合，形成知识图谱。因此，将任务分为两个模块：事件抽取模块和事件关系分类模块。其中，事件抽取包括对事件触发词的识别及对事件元素的补全两部分。事理知识抽取的步骤如图 6-12 所示。

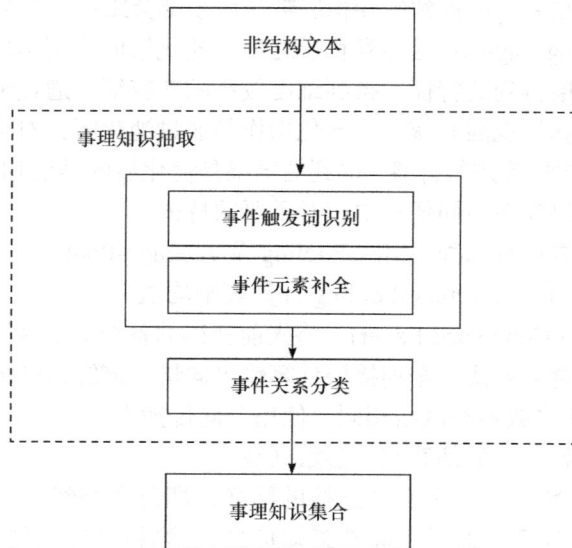

图 6-12　事理知识抽取结构

1) 事理知识模型设计

对于事理知识，采取<事件，事理逻辑，事件>的形式。

(1) 事理逻辑选取。通过对数据源的观察发现，制造业中的事理逻辑主要为以下五种：因果事理、顺承事理、组成事理、条件事理、并发事理，如表 6-6 所示。

表 6-6　事理逻辑介绍

事件	含义	形式化	举例
因果事理	某一事件导致另一事件发生	A 导致 B	<防堵装置堵塞,炉膛压力保护误动>
顺承事理	某事件发生完，另一事件发生	A 发生完 B 发生	<炉膛吹扫,锅炉点火>
组成事理	某事件是另一事件的组成部分	A 组成 B	<锅炉启动,机组启动>
条件事理	某事件发生的条件下，另一事件发生	如果 A 那么 B	<磨煤机,磨煤量,[60t/h,60t/h]),制粉系统启动>
并发事理	某事件与另一事件无先后顺序,同时发生	A 发生的同时 B 发生	<一次风机启动,密封风机启动>

从表 6-6 中可以看出，因果事理、顺承事理均显示出事件的时序关系。

(2) 事件表示选取。在实验题中，选取"名词+动词"短语作为事理的表示。

选取此种表达示式的原因有三点：①对于制造业数据，其事理逻辑主要存在于设备与系统的工艺及动作中；②在尝试三元组或者名词短语的形式表示事件后，发现这样会丢失事件中非常重要的主干信息；③如果使用三元组或者名词短语表示事件，那么一个事件表示中常常能抽取到多个三元组或者名词短语，判断使用哪一个来表示事件也是一个难题。这样抽取到的事件既可以包含所有三元组(主语，谓语，宾语)的信息，也包含了名词短语的信息，还包含了动词短语的信息，甚至包含了其他一些重要的名词和动词所蕴含的事件信息。

2) 基于 DMCNN 的触发词识别

目前研究者对构建知识图谱有大量的研究，然而很少有人关注事件之间的关系产生的巨大作用。刘挺提出事理图谱的概念填补这一空缺，但是目前对于事理图谱构建的研究较少，基本使用是规则的方式构建事理图谱、提取事理知识。虽然这种方式准确率较高，且是人工参与度过高，灵活性不强。因此，研究者提出一种机器学习与规则相结合的方式，利用 DMCNN 识别事件的核心词，并利用规则的方式将事件表示补全。在保证准确率的情况下，减少人力成本。

在事理知识模型设计中，定义了使用动名短语来表示事件。某个动作触发了这个事件。若要抽取事件知识，则需要从非结构的文本中识别出事件的触发词。利用 CNN 的 Max Pooling 可以获取句子层面所体现的特征，但传统的 CNN 模型只会捕捉到句子中最重要的信息。在事理知识中，一个句子内可能有多个事件和多个触发词，用简单的 CNN 会丢失事件的信息，所以选用 DMCNN 方法进行触发词识别。

首先对句子进行分词、词性标注预处理，并将词语转化成 Word2Vec 词向量。因为认定动词为事件的触发，所以将句子中的动词作为候选触发词，并对每一个候选触发词进行分类，看它是否为触发词。

触发词识别算法输入为两方面的特征：词法层面、句法层面。词法级特征为候选词的词向量及其左右两个词的词向量拼接。句法级特征则采用 DMCNN 来提取。

DMCNN 的输入为两方面：上下文特征即词语通过 embedding 转化得到的向量，位置特征即当前词与候选词的相对距离，位置特征同样用 embedding 向量表示。

卷积层旨在通过卷积操作提取句子的语义信息特征，从而生成特征图。需要一个滑动窗口来捕获特征，窗口大小为 h，特征计算的公式为

$$c_i = f(w \cdot x_{i-h+1:i} + b) \tag{6-8}$$

其中，$x_{i-h+1:i}$ 为词向量 $x_{i-h+1}, \cdots, x_i$，卷积的局部野 $w \in \mathbb{R}^{h \times d}$。$b \in \mathbb{R}$ 为偏差项，f 为非线性函数。超出的部分一头一尾用 0 来填充。使用 m 个滤波器，因此卷积结果可表示为

$$c_{ji} = f(w_j \cdot x_{i-h+1:i} + b_j) \tag{6-9}$$

其中，$c_{ji} \in \mathbb{R}^{m \times (n+h-1)}$。

由于一个句子可能有多个触发词，如果仅使用 Max-Pooling 则会损失信息，因此 DMCNN 提出动态多池化。动态多池化层利用候选触发词将 c_j 分为两部分 c_{j1}、c_{j2}。动态多池化操作为

$$p_{ji} = \max(c_{ji}), \quad 1 \leqslant j \leqslant m, i = 1, 2 \tag{6-10}$$

将计算出的 p_{ji} 进行拼接，得到句法级特征向量 $P \in \mathbb{R}^{2m}$。

最后将词法级特征与句法级特征直接拼接得到特征向量 $F \in \mathbb{R}^{2m+d_l}$。其中 d_l 为词法级特征的维度，将拼接得到的特征向量送入分类器进行分类。

利用最大似然损失函数训练参数 θ：

$$J(\theta) = \sum_{i=1}^{T} \log p(y^{(i)} | x^{(i)}, \theta) \tag{6-11}$$

举一个例子，如图 6-13 所示。句中有三个关键动词，分别为"注意""控制""冲转"，这三个词作为候选触发词，依次进行分类操作。以"控制"为例。词向量 CWF 的维度为 4，位置 PF 向量维度为 2。用维度为 3 的窗口在输入的词向量上进行滑动，有 3 个滤波器分别得到不同的卷积值。以"控制"这个词为分割线将得到的特征分成两部分，分别取最大值进行拼接，得到了一个维度为 6 的句法级特征。同时，以"注意"，"控制""冲转"的词向量拼接得到词法级特征矩阵。句法级特征和词法级特征拼接进行最后的分类。

在制造业的知识中，存在一些否定的事件，如"发电机定子绝缘不合格"。由于分词操作会将"不"和"合格"分开，因此 DMCNN 在识别时，仅会识别出"合格"为触发词。这样，识别就会发生错误。通过对句子依存句法分析的观察发现，通常这种否定词跟在触发词之前，并存在 ADV(状中结构)修饰关系。因此，定义如下规则：若存在与触发词成 ADV 关系的词，且与触发词相连，则将其加入到触发词中。

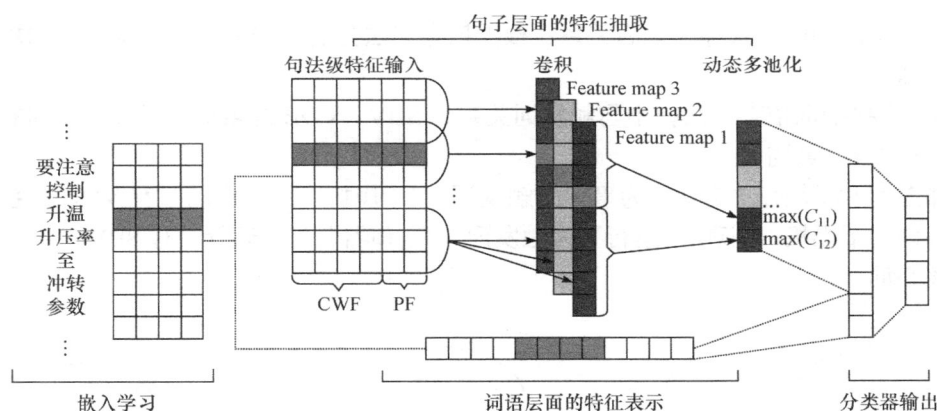

图 6-13　DMCNN 触发词识别

3) 基于句法分析的事件核心词识别

由于已经识别出了事件的触发词，下面利用句法分析识别出事件的核心名词，并补全事件描述，使其合理完整。

通过对数据的观察可知，句子的结构仍多为主谓形式或动宾形式。依存句法分析需要对句子进行分解并标注词性，如表 6-7 所示，然后在此基础上进行依存分析，以揭示句子中各个词语之间的关系，如主谓关系、动宾关系、并列关系等，如表 6-8 所示。依存句法分析是自然语言处理中的经典问题之一。目前，依存句法分析通常依赖于一些现有的工具，这些工具帮助我们拆解句子的结构，从而更好地理解自然语言中的句法结构和词语之间的依赖关系。

表 6-7　依存句法分析关系

标签	关系类型	示例
SBV	主谓关系	10s 后引风机开启(引风机→开启)
VOB	动宾关系	缓慢开启引风机(开启→引风机)
COO	并列关系	汽机和锅炉(汽机→锅炉)
HED	核心关系	启动干燥机(启动)
ADV	状中结构	非常美丽(非常←美丽)
WP	标点符号	，显示器(，←显示器)

表 6-8　短语句法分析关系

标签	关系类型	示例
NN	常用名词	引风机
VV	动词	开启
NP	名词短语	锅炉燃烧率
VP	动词短语	开启引风机

因此，选用依存句法分析来抽取事件的核心词，但有一些句子不符合结构，额外定义了附加的规则，以增加事件抽取的召回率。此外，因为依存句法分析给出的结果准确

率较高，所以抽取方式存在先后关系：根据依存句法分析的抽取为主，根据附加规则的抽取为辅。

(1) 直接抽取依存句法树中与触发词关系为 SBV、VOB 的名词，以及与得到的名词有 COO 关系的名词。

如图 6-14 所示，"启动"为事件的触发词，"干燥机"与"启动"有 VOB 关系，事件核心词为干燥机。同理，"运行"为触发词，"空预器"与"运行"有 SBV 关系，空预器为核心词。

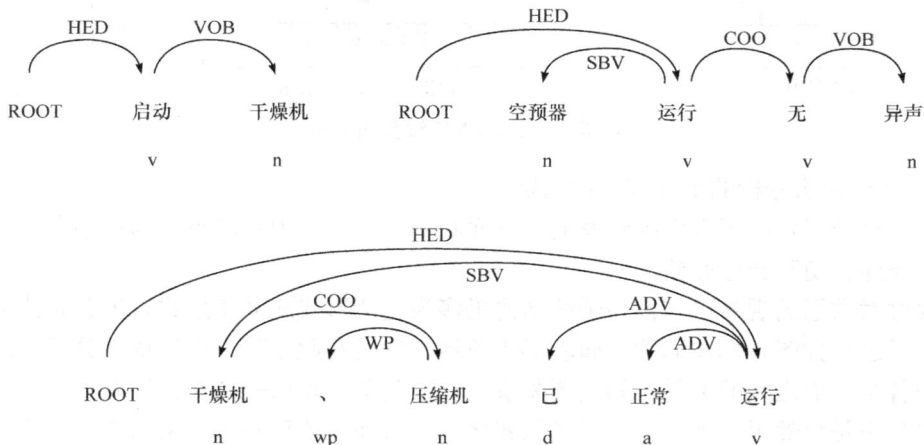

图 6-14 基于依存句法分析的核心词抽取
wp-标点；n-名词；d-副词；a-形容词；v-动词

(2) 前置分句的核心词或前置分句的主语作为本句的核心。

若一个句子中，识别出事件的触发词，但没有识别出事件的核心词。但它前面的短句中拥有事件的核心词，将这个词作为本事件的核心词。例如，对于句子"启动一台油泵，检查运行正常。"后半句没有事件的核心词，前半句的油泵是核心词，则令其也为后半句的核心词。

(3) 若触发词不在句首，则抽取触发词左侧的名词。

具体来说，将句子中在触发词左侧并距其最近的名词短语作为核心词。例如，对于句子"启动循环泵的停运"，"启动循环泵"是离触发词"停运"最近的名词短语，则令其为事件的核心词。

通常情况下，制造业事件的抽取只需要使用事件触发词和事件核心词来充分表示该事件。但是对于一些情况，仅靠这种模式对事件的表示可能会不完善。如图 6-15 所示，触发词为"提高"。核心词为"燃烧率"。若仅用触发词+核心词表示事件，则事件为"提高燃烧率"，但是这个事件没有表达出提高的是什么的燃烧率，缺失了重要的信息。因此需要将"锅炉"也加入事件的表达中。

在事件描述补全的任务中，采用了两种方式：依存句法分析、短语句法分析。

对于依存句法分析，选取与事件核心词为 ATT 关系(定中关系)的词语，并进行迭代。若仍有词语与抽取的此词语为 ATT 关系，也将其抽取出来并直接与核心词连接。

图 6-15 中,"锅炉"与"燃烧率"为 ATT 关系。"燃烧率"为事件的核心词,因此将锅炉抽取出来,并与"燃烧率"进行连接,最后得到事件"提高锅炉燃烧率"。

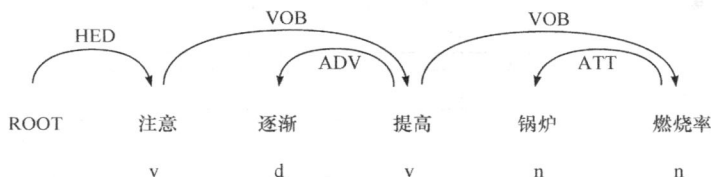

图 6-15　依存句法分析实例

对于短语句法分析,廖阔等将其应用到金融领域事件的抽取中。通过短语句法分析,找到核心词为句法分析树的叶子结点,通过反向查找,找到其祖先,直到找到为 NP 的最高祖先。以该结点为根结点,遍历其下的叶子结点,将生成的短语作为补全的短语。如图 6-16 所示,"燃烧率"为 NN,它的祖先为 NP,而 NP 的上一级为 VP,因此这个 NP 就是找到的最高祖先,依次遍历它的叶子结点,得到名词短语"锅炉燃烧率"。

4) 基于 Bi-LSTM 的关系分类

目前存在的事理关系抽取的研究较少,且仅针对因果关系和时序关系。对因果关系和时序关系的分类方法以基于规则为主,识别出触发词如"导致""引起""所以"等,少数使用机器学习的方法都是利用传统的机器学习方式,需要人工提取大量的特征。且已有的方法都存在一个假设:它们只对单个句子内的事件形成事件对进行分类,而没有考虑到跨句子的文本之间也存在大量的事件对关系。例如,文本中存在流程工艺的步骤,用序号标注不同的句子。这种句子和句子之间存在顺承关系。若使用现有的方法,得到三元组的召回率会较低。

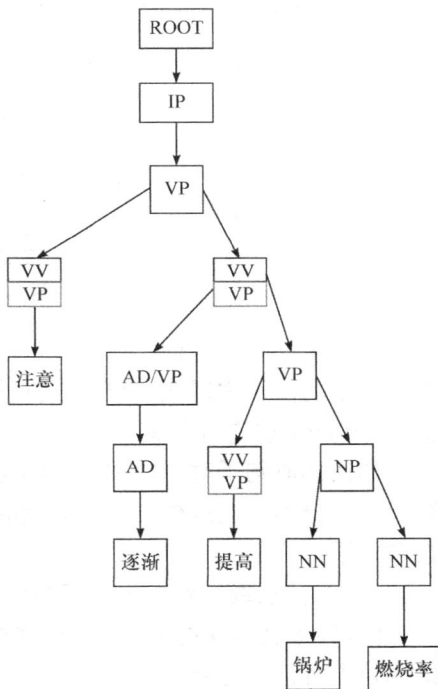

图 6-16　短语句法分析实例

由于神经网络模型可以替换高强度的手工特征向量构建,LSTM 可以很好地捕获长距离依赖,Bi-LSTM 可以更好地对双向语义依赖进行捕捉。因此,选用 Bi-LSTM 进行事理关系的分类。

定义如下几个类别:{SEQ1,SEQ2(顺序关系),CAU1、CAU2(因果关系),COO(并发关系),CON1、CON2(组成关系)}。

其中,SEQ1 表示 A、B 两个事件,A 先发生;SEQ2 表示 A、B 两个事件,B 先发生。同理,CAU1 代表 A、B 两个事件 A 为原因,B 为结果,CAU2 代表 B 为原因,A 为结果。CON1 代表 A、B 两个事件,A 组成 B,同理 CON2 代表 B 组成 A。

如图 6-17 所示,将句子进行分词操作,并将之前训练好的词嵌入作为事件分类的输入。经过 Bi-LSTM 结构,将正向隐状态和反向隐状态得到的结果进行拼接,最后一个时刻的隐状态作为 Bi-LSTM 的输出。

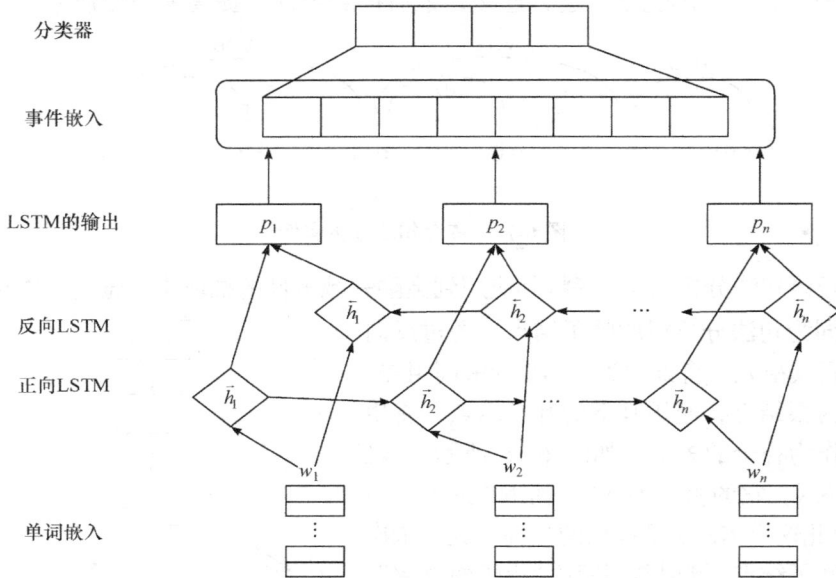

图 6-17　Bi-LSTM 模型结构

由于事件是由动词+名词组成，所以是短语。在这里，简单地计算事件短语中各词语表示的平均值，用以代表整个事件的事件嵌入。最后将两个事件得到的结果进行拼接，输入 softmax 层进行分类。

如何选取句子对，以抽取不同句子中的事件关系。当然可以对文中任意两个句子进行组对并分类，但这样会产生大量的冗余。文本中存在层次标题。因此，定义如下规则选取句子对。

(1) 当前层级标题与下一级标题进行组合。

例如，标题 2.4 的内容"锅炉燃烧监视与调整"与标题 2.4.1 的内容"燃烧火焰监视"组成句子对，进行判断。

(2) 同一层级的文本相邻句进行组合。

同一层级可能会有多句话。例如，"燃烧火焰监视"与"炉膛压力控制"，可以组成句子对，进行判断。

将组合好的句子按照它在文本中的先后顺序相连，再按照关系分类算法进行操作。

3. 知识融合模型

虽然单纯的定量知识与事理知识均可用简单的三元组表示。但定量知识与事理知识之间存在大量联系，此类知识十分重要，三元组无法很好地表达。主要有以下两个例子。

1) 条件事理的表达

存在这样的知识：当空预器出口一次热风温度达到 180℃，磨煤机磨煤量达到 60t/h后，可以启动第二台制粉系统。对于此条知识，由设计的知识表示模型可得 2 条三元组知识，如表 6-9 所示。但这句话仍存在一条最重要的知识：[A1&A2→第二台制粉系统启动]，即三元组序列与事件之间存在条件逻辑，组成条件事理，而现有的简单三元组无法对此类知识进行表示。

表 6-9　三元组条件表示

序号	三元组表示
A1	<空预器,出口一次热风温度,[180℃,U]>
A2	<B,磨煤量,[60t/h,80t/h]>

2　事件发生后实体达到某状态

存在这样的知识：制粉系统启动，调整风门开度使磨煤机磨煤量大于 112t/h；制粉系统手动停运，维持磨煤机 60~80t/h 风量。由定量知识模型可得 2 条三元组知识，如表 6-10 所示。可以看到，"制粉系统启动"事件发生后，"磨煤机"实体达到的状态为"风量大于 112t/h"。此时，事件需要与实体达到的此状态进行连接。

表 6-10　不同事件关系相同属性

序号	三元组表示
A1	<磨煤机,风量,[112t/h,U]>
A2	<磨煤机,风量,[60t/h,80t/h]>

定义 6-3　对于单个条件的条件事理，定义知识图谱模型<Seq,事理逻辑,事件>，其中 Seq=$<h,r,t>$_ID。

定义 6-4　对于多个条件的条件事理，定义知识图谱模型<(Seq$_1$,Seq$_2$,…),事理逻辑,事件>，其中 Seq$_1$=$<h_1,r_1,t_1>$_ID,Seq$_2$=$<h_2,r_2,t_2>$_ID，且 Seq$_1$、Seq$_2$ 有序。

定义 6-5　对于某个事件下实体达到某种状态,定义知识图谱模型<事件,事理逻辑,Seq>，其中 Seq=$<h,r,t>$_ID。

定义 6-6　对于某个事件下多个实体均达到某种状态，或某个实体的不同属性达到某种状态，定义知识图谱模型<事件，事理逻辑，(Seq$_1$,Seq$_2$,…)>，其中 Seq$_1$=$<h_1,r_1,t_1>$_ID,Seq$_2$=$<h_2,r_2,t_2>$_ID，且 Seq$_1$、Seq$_2$ 有序。

图 6-18、图 6-19 分别展示了上述两个例子按定义修改模型后的图谱表示。由上述定义可知，需赋予作为条件的三元组唯一的 ID 标识。相比于直接存储三元组，使用标识的方式修改知识图谱时，灵活度更高。

由上述内容可以知道，对于非结构文本，已经可以得到定量知识三元组，以及事理描述及事理之间的关系。现在需要将定量知识与事理知识按照上面定义的模型结合起来。因此，需要判定定量知识与事件之间的关系。

将定量知识也视为一种"事件"，利用 Bi-LSTM 系统进行分类。不同的是，对于 Bi-LSTM 得到的结果进行分类时，规定定量知识<entity,attr,[L,R]>的向量为 entity,attr,L,R

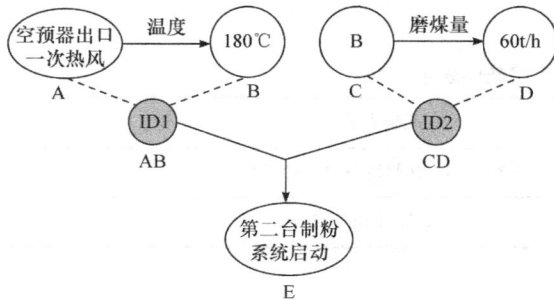

图 6-18 条件事理

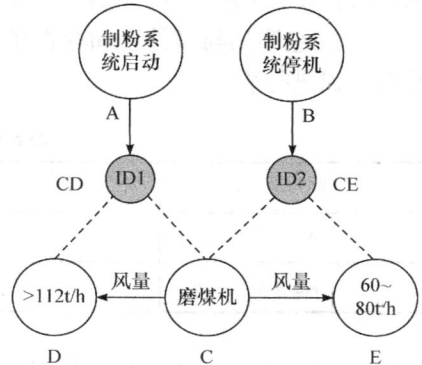

图 6-19 事件发生后实体达到某状态

从 Bi-LSTM 里得到的结果求平均值,且在定量知识与事件拼接进行分类时,规定定量知识在前,事件表示在后,进行拼接。将定量知识与事件之间的关系分为三类:CON1(表示定量知识 A 是事件 B 发生的条件)、CON2(表示事件 B 的发生导致了 A 情况)及 NA(表示定量知识 A 与事件 B 之间没有任何关联)。

4. 实验结果与分析

1) 事件触发词识别

对于事件的触发词识别,采用 DMCNN 方法。由于事件是动词短语形式,因此识别事件的触发词为动词。

实验采用 TensorFlow 框架,超参数设置如表 6-11 所示。

表 6-11 超参数设置

超参数名称	超参数值
Batch size	170
Window size	3
Word Embedding size	100
PF Embedding size	5
Optimizer	Adadelta

如图 6-20 所示,在 DMCNN 识别触发词的基础上,加入 ADV 规则对触发词的修饰,触发词识别的准确率与召回率均有提升。

得到事件的触发词后进行事件元素的补全,使用两种方法:依存句法分析、短语句法分析。由图 6-21 可以看到,通过依存句法分析得到结果的准确率没有短语句法分析的高。经过分析,发现依存句法分析受到分词等因素的直接影响较大。依存句法分析是对句子中的词语进行依存分析,各个词语之间具有紧密的连接。一旦出现词语的分词或依存关系识别错误,就可能会影响整个句子的分析,导致其他词语之间的依存关系分析也出现错误。因此,依存句法分析对工具的准确性要求较高。

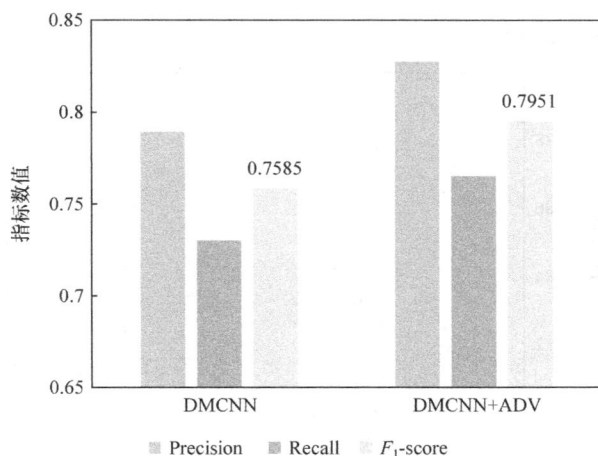

图 6-20　DMCNN 与 DMCNN+ADV

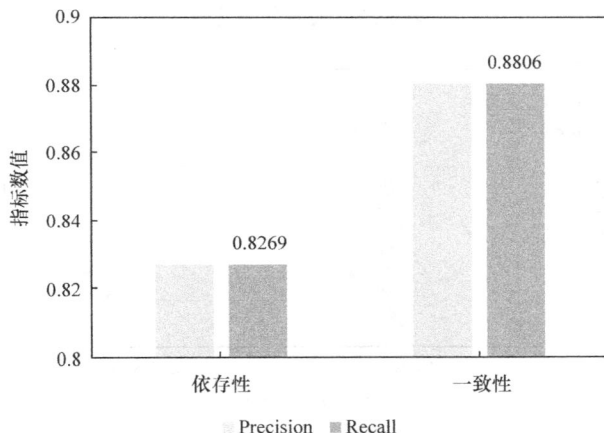

图 6-21　句法分析比较

短语句法分析在向上查找短语句法时，即使当前分词可能存在错误，它对上层找到 NP 祖先的影响较小，对句子中的其他成分影响较小。因此，短语句法分析对于工具的准确率相比依存句法分析而言没有那么高。因此，选取短语句法分析的方式对事件描述进行补全。

2) 事件关系分类

本实验选用 Bi-LSTM 对事件关系进行分类，选取传统机器学习方法中经常用于文本分类的 Naive Bayes(朴素贝叶斯)及神经网络中的 CNN 与 Bi-LSTM 进行对比。

如图 6-22 所示，基于神经网络的 CNN 和 Bi-LSTM 均比 Naïve Bayes 的结果要好。相比于神经网络自动构建特征向量，人工构建特征向量难度较高，且不同的特征对结果的影响浮动较大。

对于同样的文本，若只基于单一句子进行三元组关系的抽取，会忽略很多事件之间存在的关系。如图 6-23 所示，纵轴代表得到正确的三元组个数占总三元组个数的比例。无论 CNN 还是 Bi-LSTM，使用跨句子关系抽取方式均会比对单一句子的关系抽取得到更多的结果。且 Bi-LSTM 识别的效果好于 CNN，因为 Bi-LSTM 相比于 CNN，更能很好地捕捉长距离之间的依赖关系。

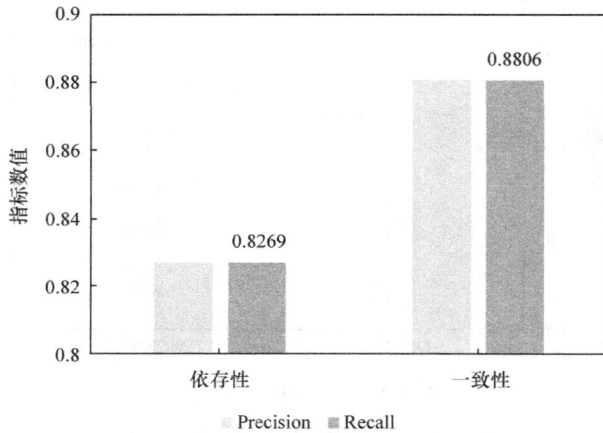

图 6-22　关系分类比较

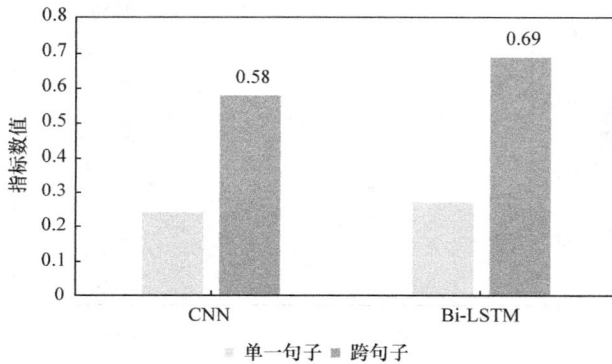

图 6-23　跨句与单句得到的三元组比较

6.2　制造业知识图谱清洗技术

目前工业知识图谱面临的一个重要挑战是，知识图谱构建过程高度自动化，往往存在许多错误，从而妨碍了它的有效使用，如何发现并纠正这些错误就成为一个重要的课题。现有的方法只是基于知识图谱的结构信息来进行错误的检测和纠正，而没有充分利用知识库的语义信息，有时会导致错误检测的准确率不尽如人意。

为了进一步提高错误检测的准确率，本节提出概念集合的方法进行错误检测，以最大程度地利用知识库的语义信息。概念集合是指由 Is A 关系指向相同宾语的主语所构成的集合。这个宾语称为一个概念，如图 6-24 所示。

考虑两个概念集合，如果它们在语义上不兼容，那么将它们称为冲突概念集合(图 6-25)。理论上来说，两个相互冲突概念集合应当是没有交集的，如果出现了交集就说明知识库中很有可能存在错误。研究者基于这一点提出了基于概念集合的自动知识库错误检测和修复方法。

要判断两个概念集合是否相互冲突。为了做出这个判断，使用 Hamming 距离和

Jaccard 距离作为标准。对于 Hamming 距离和 Jaccard 距离大的两个概念集合，它们之间相同的部分相对较小，因此它们很可能是相互冲突的；反之，若两个集合的 Hamming 距离和 Jaccard 距离小，说明它们有很多相同之处，因此它们很可能不是相互冲突的。

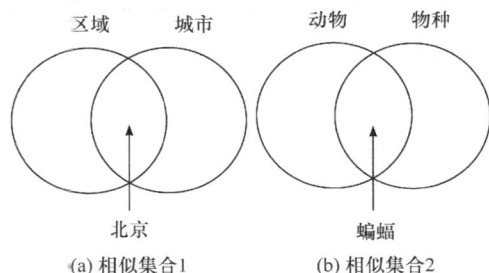

图 6-24　相似概念集合　　　　　　图 6-25　冲突概念集合

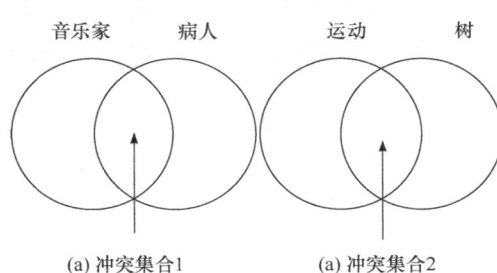

为了找出错误的三元组，接下来分析三种可能存在的关系并提出如何修改错误和提高知识图谱的准确性，根据三元组出现的频率来进行判定：对于两个冲突概念集合的交集中的元素所对应的两个三元组，出现频率较大的那个判定为正确，而出现频率较小的判定为错误；若两个三元组出现的频率都很大，则都判定为正确，这说明"两个集合是冲突的"这一判断有误；如果两个三元组出现的频率都很小，则无法判定，需要人工介入。

在本实验使用哈希方法来高效计算集合距离。将错误检测方法应用到从数十亿个网页中挖掘出来的 Is A 数据的核心版本上，因为不知道 Probase 中包含的错误数量，所以使用准确率来评估模型，并使用最新的错误检测方法的最高精度率作为比较。准确率是指在检测到的所有关系中，Is A 关系真正错误的比例，最终结果如表 6-12 所示。

表 6-12　实验结果

模型	错误	概念集合准确率/%	错误准确率/%
基线模型	74.2K	—	91.3
Hamming 距离	100K	83.3	89.2
Jaccard 距离	90K	86.0	91.4
Hamming+Jaccard 距离	120K	92.7	92.3

实验结果表明，错误清洗算法可以达到 92.3%的准确率，可以有效地做到对大规模工业知识图谱的错误检测和纠正。

从上面的结果中，可以了解到 Jaccard 距离在清洗知识库方面表现出色。使用 Minhash LSH 方法涉及两个关键参数：一个是桶数，另一个是用于确定两个集合是否相互冲突的阈值，使用 100 个概念集合来分析这些参数的影响。

图 6-26 显示了在将桶号设置为 64、128 和 256 时可以找到的错误数量。当桶数为 64

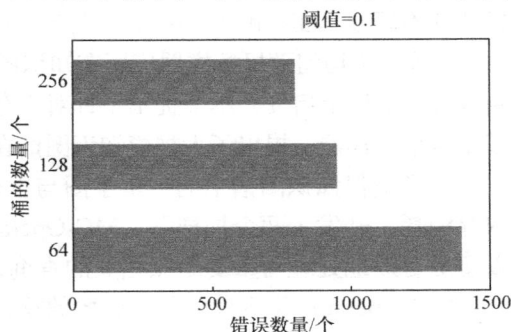

图 6-26　桶参数影响

时，这 100 个概念集合的错误最多，而桶数为 256 时的错误最少。这与 Minhash LSH 算法的原理一致。因为桶的数量决定了将这对操作映射到相同桶的可能性。较小的桶数意味着更宽松的标准来确定两个概念集合是否相互冲突。

Minhash LSH 是局部敏感哈希，通常使用 LSH 比线性搜索要快。Hamming 距离和 Jaccard 距离都对位置敏感。当更改 Minhash LSH 的阈值时，结果如图 6-27 所示。

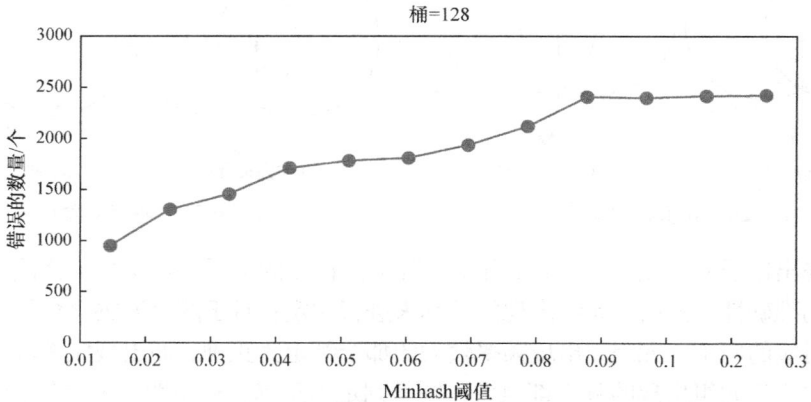

图 6-27　阈值参数影响

当阈值大于 0.1 时，从 100 个概念集合中发现的错误数量变化不大，这意味着从 100 个概念集合中选择的冲突概念集合几乎是相同的。

6.3　制造业知识图谱查询技术

目前的知识图谱查询工具已经不能在合适的内存空间处理工业知识图谱这种大规模知识图谱的实时查询工作。随着近似查询处理技术在近些年的广泛研究和应用，它重新赋予了人类在大规模数据集上高效探索的能力。因此，将应用于大规模知识图谱的查询工作中。

和关系数据不同的是，基于 RDF 的知识图谱属于无标度(Scale-Free)网络。不同于传统的随机网络，无标度网络中少部分结点的度会远超过结点度的均值。并且度数明显高的结点通常称为 "hubs"，这样的结点对描述无标度网络十分重要。由于传统的均匀随机抽样器并不区分 hubs 和网络中其他结点，在传统均匀随机抽样中这样的结点很难被着重保护，导致传统均匀随机抽样器应用在知识图谱上时得到的结果和实际知识图谱之间结构差距很大。受以上启发，本节提出了针对内存受限情况的知识图谱抽样器，如图 6-28 所示。基于这个抽样器，提出了大规模知识图谱在内存受限情况下的近似查询算法(LKAQ)。

为了确保知识图谱中的一个子图与重要结点之间的相关性，以及在查询处理中限制内存消耗，开发了两个抽样器：MC-Operator 和 Semi-RSF。其作用是降低子图的体积，以便更有效地处理与重要结点相关的查询，并在内存可控范围内运行。

MC-Operator 并不直接调用原始数据，而是构建在一个索引(I-Index)上。I-Index 中的每一个索引条目都和原始 RDF 数据集的一个元组相关联，并且指向一个大小未知的子

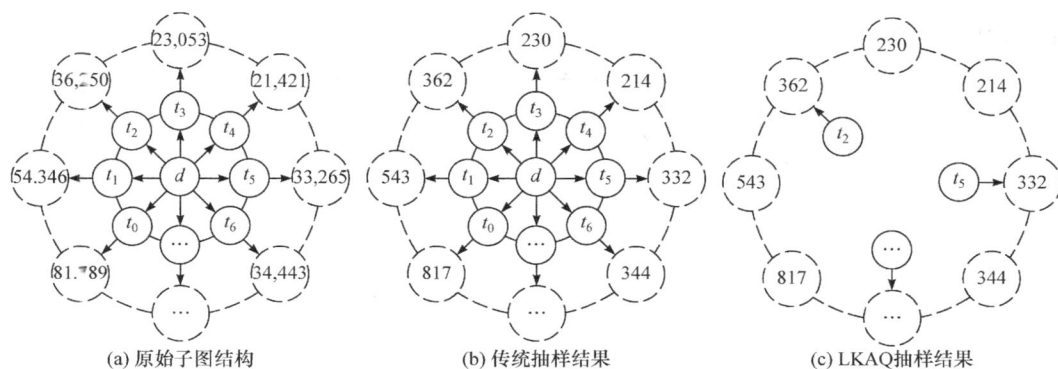

(a) 原始子图结构　　　　　　　(b) 传统抽样结果　　　　　　　(c) LKAQ抽样结果

图 6-28　抽样结果对比

图。使用 MC-Operator 可以得到和输入查询相关的所有索引条目。由于一个实体的索引条目大小是固定的，因此可以限制 MC-Operator 的内存消耗。当内存不能足够让其导入所有查询相关索引条目时，只处理一部分查询相关实体。由于一个实体的大小可能超过可用内存，在最终结果生成过程中，在 MC-Operator 的基础上设计了 Semi-RSF。基于第一个抽样器(MC-Operator)的中间结果，第二个查询抽样器(Semi-RSF)构建在 M-Index 上在限定范围内得到查询相关的一个子图。虽然原始结果子图可能会很大，但是 Semi-RSF 可以自动调整抽样精度来提高查询效率。

通过在大规模知识图谱中构建倒排文件哈希列表结构及利用知识图谱的图结构特点提取出知识图谱多级结构索引，设计基于图结构模型的大规模知识图谱在内存受限情况下的近似查询算法，并通过设计相关实验，验证算法中相关参数对算法的影响。同时，实验结果也证明本查询算法相比于其他 RDF 查询算法在小的内存空间中进行查询的效率更高。

主要贡献如下：

(1) 设计了一个在内存受限情况下的大规模知识图谱高效查询算法，可以平衡查询所需内存大小、查询效率及精度。

(2) 设计了轻量级索引，即 I-Index 和 M-Index，根据结果在原始图中的分布及结点之间的关联关系实现高效的查询。

(3) 设计了大量的实验验证所提出的近似查词算法的性能。实验结果表明，本查询算法相比于其他 RDF 查询算法在小的内存空间中进行查询的效率更高，可以在内存受限的情况下返回给用户高可用性、高精度的查询结果。

本节从内存使用量、效率和准确性方面对算法进行实验研究。研究者随机生成了合成基准 LUBM，将文件总大小从 1.5GB 更改为 15.3GB。为了比较各种查询的性能，设计了具有不同属性的 SPARQL 查询 Q1～Q5；为了研究算法的有效性，评估了不同设置下 LKAQ 的性能。本节使用一个查询处理的最高内存使用量来度量内存消耗，并使用运行时间来度量效率。准确性通过查询引擎返回的结果数量来衡量，比较结果如图 6-29 所示。

在 Q1 情况下，gStore 需要的内存空间大大超过了 LKAQ。虽然在 L-1 上 gStore 的效率大于 LKAQ，但随着所需内存的增加，gStore 运行时间的增长趋势显著(图 6-29(b))。相反，在只有几兆字节的空间内，LKAQ 可以处理不同规模的数据集中的 Q1。

与 Q1 相比，Q2 有选择性限制。结果如图 6-30 所示。结果表明，查询选择性对这三个方面的影响很小。

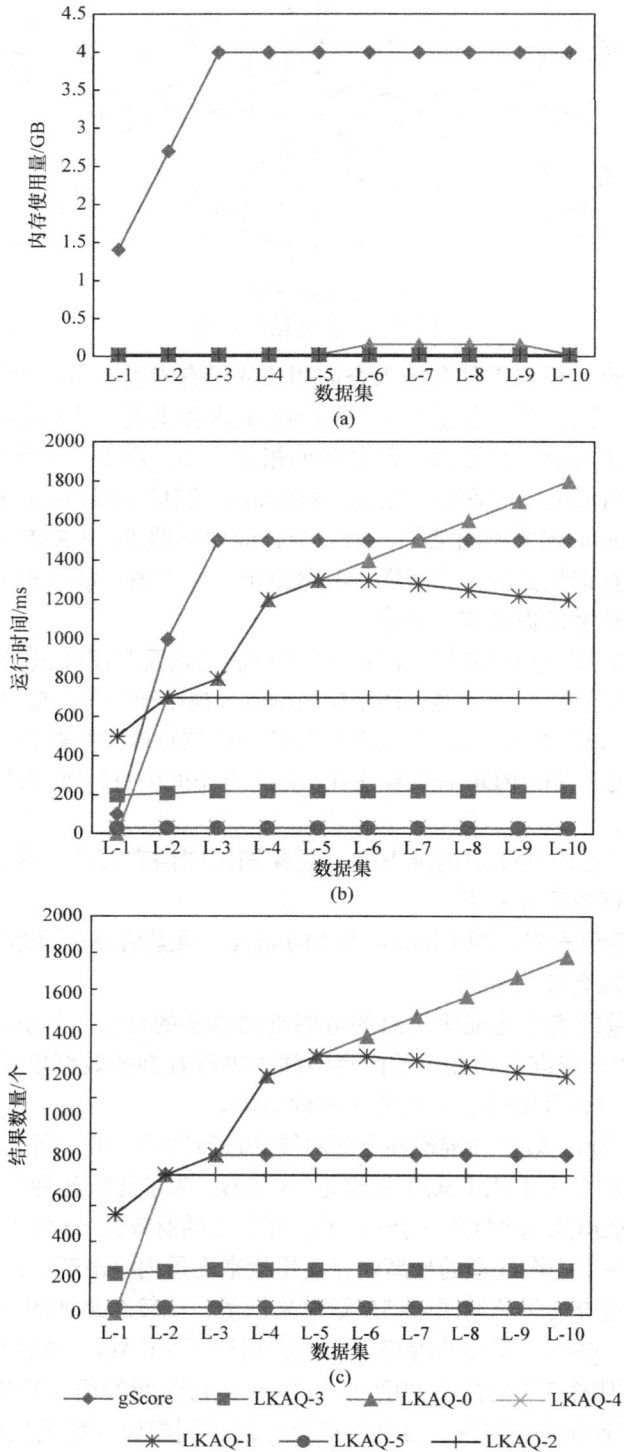

(a)

(b)

(c)

| gScore | LKAQ-3 | LKAQ-0 | LKAQ-4 |
| LKAQ-1 | LKAQ-5 | LKAQ-2 |

图 6-29　Q1 查询结果对比

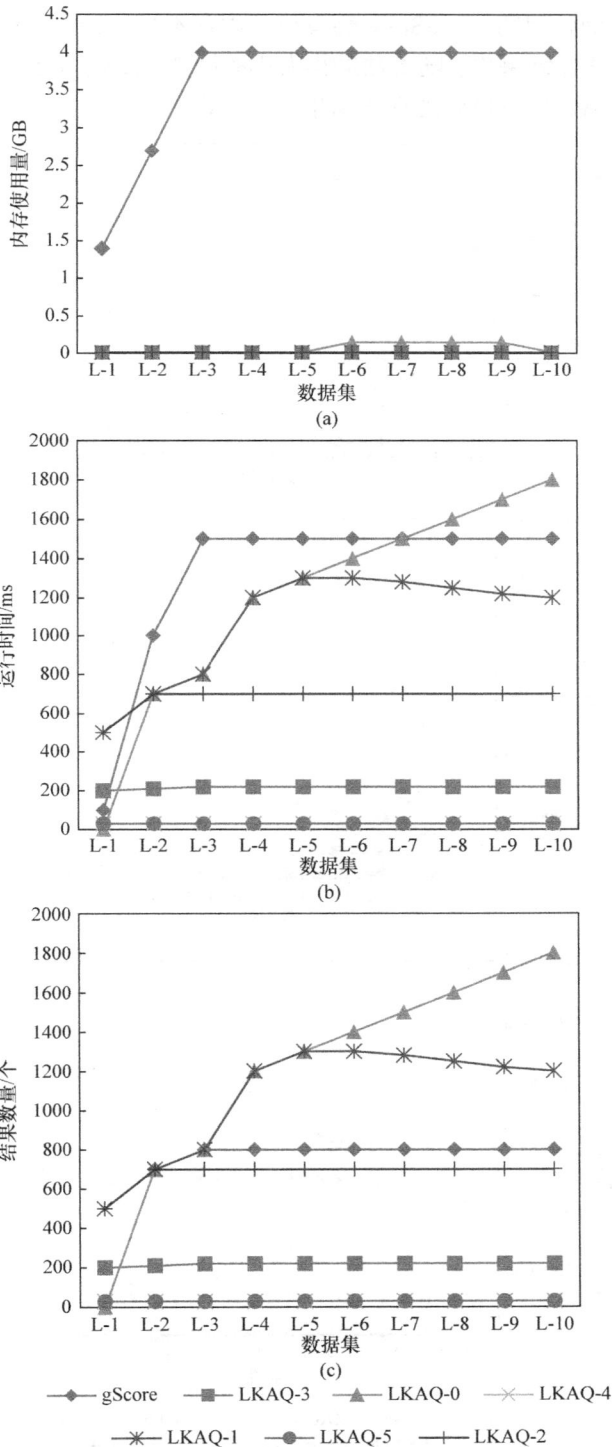

(a)

(b)

(c)

图 6-30　Q2 查询结果对比

如图 6-31 所示，Q3 的结果数量较大，这意味着它需要较大的内存空间。实际上，在数据集 L-3 的查询处理期间，gStore 会发出"内存不足"警告。LKAQ 需要巨大的内存空间来查找大的整体结果集。随着数据集大小的增加 LKAQ 运行时间会增大，即使不需要采样过程，LKAQ 仍然可以处理数据集中的查询。

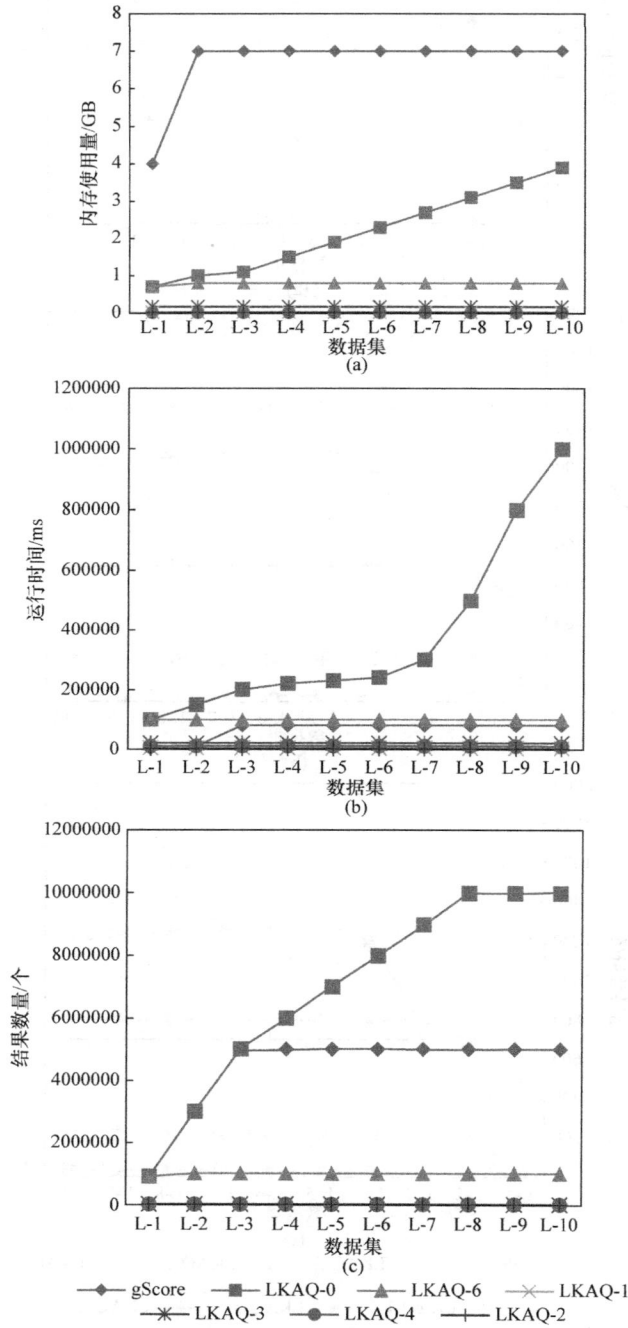

图 6-31　Q3 查询结果对比

因为仅使用一个抽样操作符很难限制内存使用量，所以使用 LKAQ-3 和 LKAQ-4

处理 Q4 的内存使用量稍微不稳定，如图 6-32 所示。此外，Q4 的 LKAQ-4 和 LKAQ-5

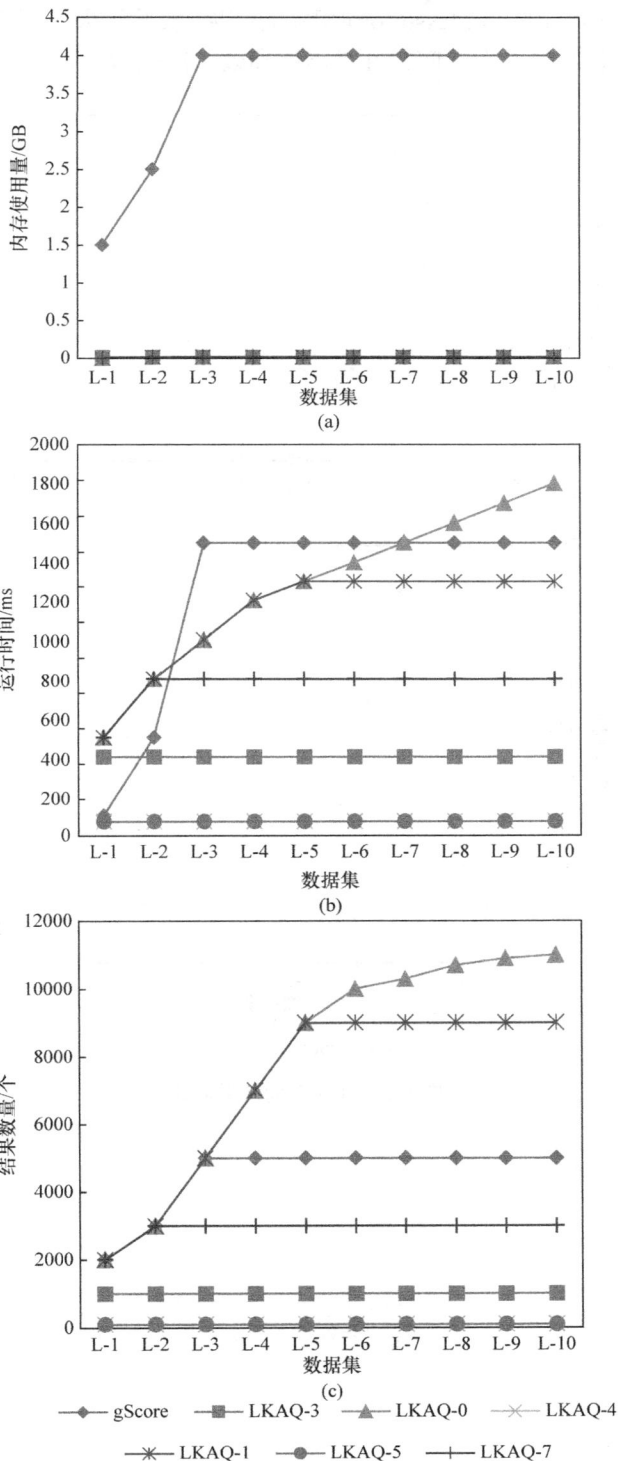

图 6-32　Q4 查询结果对比

的效率差异大于 Q1 和 Q2。如果没有 MC-operator，Lrd 的大小几乎无法限制。

Q5 查询只有一个与 fullprofessor or0 相关的结果。实验结果如图 6-33 所示。与 gStore 相比，LKAQ 占用很小的内存空间，并且能够高效、准确地处理查询。

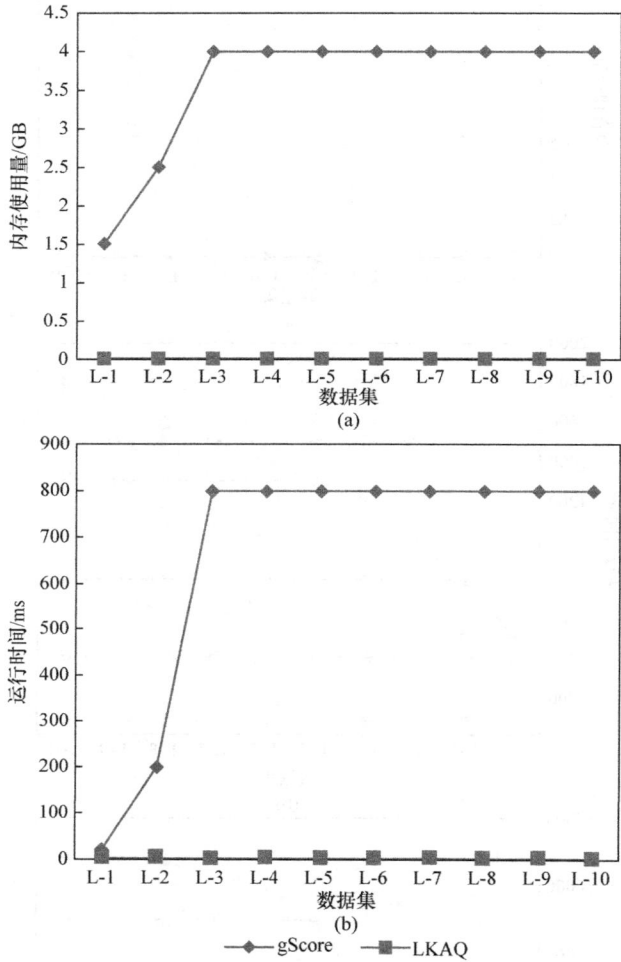

图 6-33　Q5 查询结果对比

参 考 文 献

陈思行, 陈保钢, 2008. 基于制造业的 CRM 的客户流失分析[J]. 建设机械技术与管理, 21(3): 106-109.

梁竹, 2011. 支持数据挖掘算法选择的数据集特征提取研究[J]. 数字技术与应用 (4): 117-120.

刘挺, 2017. 从知识图谱到事理图谱[C]// 中国计算机大会, 福州.

刘振扬, 金颖, 郎博, 2010. 远程在线监测及故障诊断中心的精细化监测体系在装备制造业企业的实现 [J]. 工业仪表与自动化装置 (5): 80-82, 86.

任磊, 杜一, 马帅, 等, 2014. 大数据可视分析综述[J]. 软件学报, 25(9): 1909-1936.

宋旭东, 刘晓冰, 程晓兰, 等, 2008. 钢铁企业生产成本关键工序数据挖掘应用研究[J]. 计算机工程与应 用, 44(28): 184-186, 195.

孙国民, 彭艳玲, 宁泽逵, 2014. 块状经济中小企业转型升级研究: 以浙江省为例[J]. 中国科技论坛 (1): 128- 33, 160.

王义康, 刘祥官, 2012. 基于 FCM 的多支持向量机模型在高炉炉温预测中的应用[J]. 冶金自动化, 36(3): 18-23.

张云鹏, 2006. Proficy Historian 在邯钢集团全厂实时生产信息系统中的应用[C]// 全国炼钢连铸过程自 动化技术交流会, 厦门.

AYE T T, YANG F, WANG L, et al., 2015. Data driven framework for degraded pogo pin detection in semiconductor manufacturing[C]// 2015 IEEE 10th conference on industrial electronics and applications (ICIEA), Auckland.

BERKHIN P, 2006. A survey of clustering data mining techniques[M]. Berlin: Springer.

BLACKETT G, 2013. Analytics Network-O. R. Analytics[EB/OL]. [2013-8-10]. http://www.theorsociety. com/Pages/SpecialInterest/AnalyticsNetwork_analytics. aspx.

CHE Z, PURUSHOTHAM S, CHO K, et al., 2018. Recurrent neural networks for multivariate time series with missing values[J]. Scientific Reports , 8(1): 6085.

CHU C T, KIM S K, LIN Y A, et al., 2006. Map-reduce for machine learning on multicore[M]. Cambridge : MIT Press.

CHU X, LLYAS I F, PAPOTTI P, 2013. Holistic data cleaning: putting violations into context[C]// 2013 IEEE 29th international conference on data engineering(ICDE), Brisbane.

ÇIFLIKLI C, KAHYA-ÖZYIRMIDOKUZ E, 2010. Implementing a data mining solution for enhancing carpet manufacturing productivity[J]. Knowledge-based systems, 23(8): 783-788.

COOLEY R, MOBASHER B, SRIVASTAVA J, 1997. Web mining: information and pattern discovery on the word wide web[C]// Proceedings ninth IEEE international conference on tools with artificial intelligence, Newport Beach.

EVANS J, JAMES J R, 2012. Business analytics: the next frontier for decision sciences[J]. Decision line, 43(2): 4-6.

FERNANDES K, VINAGRE P, CORTEZ P, 2015. A proactive intelligent decision support system for predicting the popularity of online news[C]// 17th Portuguese conference on artificial intelligence, Coimbra.

FUAD M M M, 2019. Applying nature-inspired optimization algorithms for selecting important timestamps to reduce time series dimensionality[J]. Evolving systems, 10(1): 13-28.

GIRSHICK R, DONAHUE J, DARRELL T, et al., 2014. Rich feature hierarchies for accurate object detection and semantic segmentation[C]// 2014 IEEE computer vision and pattern recognition, Columbus.

GOODFELLOW I J, POUGET-ABADIE J, MIRZA M, et al., 2014. Generative adversarial networks[EB/OL]. [2014-6-10] https://arxiv. org/abs/1406.2661.

GRAF H P, COSATTO E, BOTTOU L, et al., 2004. Parallel support vector machines: the cascade SVM[C]// Proceedings of the 17th international conference on neural information processing systems, Columbia.

GUYON I, ELISSEEFF A, 2003. An introduction to variable and feature selection[J]. Journal of machine learning research, 3: 1157-1182.

HE K M, ZHANG X Y, REN S Q, et al., 2016. Deep residual learning for image recognition[C]// 2016 IEEE conference on computer vision and pattern recognition (CVPR), Las Vegas.

HE K, GKIOXARI G, DOLLAR P, et al., 2017. Mask R-CNN[C] //2017 IEEE international conference on computer vision (ICCV), Venice.

HINTON G E, SALAKHUTDINOV R R, 2006. Reducing the dimensionality of data with neural networks[J]. Science, 313(5786): 504-507.

HIPP J, GÜNTZER U, NAKHAEIZADEH G, 2000. Algorithms for association rule mining—a general survey and comparison[J]. ACM SIGKDD explorations newsletter, 2(1): 58-64.

KOLAHI S, LAKSHMANAN L V S, 2009. On approximating optimum repairs for functional dependency violations[C]// Proceedings of the 12th international conference on database theory, St. Petersburg Russia.

KRUMEICH J, JACOBI S, WERTH D, et al., 2014. Big data analytics for predictive manufacturing control-a case study from process industry[C] //2014 IEEE international congress on big data, Anchorage.

LEDIG C, THEIS L, HUSZÁR F, et al., 2017. Photo-realistic single image super-resolution using a generative adversarial network[C]// 2017 IEEE conference on computer vision and pattern recognition (CVPR), Honolulu.

LI B, DIAO Y, SHENOY P, 2015. Supporting scalable analytics with latency constraints[J]. Proceedings of the VLDB endowment, 8(11): 1166-1177.

LI M, FENG S, SETHI I K, et al., 2003. Mining production data with neural network & CART[C] //Third IEEE international conference on data mining, Melbourne.

LIU C Y, SUN Y F, 2009. Application of data mining in production quality management[C]// 2009 third international symposium on intelligent information technology application, Nanchang.

MANYIKA J, CHUI M, BROWN B, et al., 2011. Big data: the next frontier for innovation, competition, and productivity[R]. New York : McKinsey Global Institute.

NASROLLAHI K, MOESLUND T B, 2014. Super-resolution: a comprehensive survey[J]. Machine vision and applications, 25(6): 1423-1468.

PENG L P, ZENG K, BALMIN A, et al., 2015. Groupwise analytics via adaptive MapReduce[C]// 2015 IEEE 31st international conference on data engineering, Seoul.

QIU H D, LIU Y, SUBRAHMANYA N A, et al., 2012. Granger causality for time-series anomaly detection[C]// 2012 IEEE 12th international conference on data mining, Brussels.

RADOSAVLJEVIC V, VUCETIC S, OBRADOVIC Z, et al., 2010. Continuous conditional random fields for regression in remote sensing[C]// Proceedings of the 2010 conference on ECAI 2010: 19th European conference on Artificial intelligence, Lisbon.

REN S Q, HE K M, GIRSHICK R B, et al., 2017. Faster R-CNN: towards real-time object detection with region proposal networks[J]. IEEE transactions on pattern analysis and machine intelligence, 39(6): 1137-1149.

RISTOVSKI K, RADOSAVLJEVIC V, VUCETIC S, et al., 2013. Continuous conditional random fields for efficient regression in large fully connected graphs[J]. Proceedings of the AAAI conference on artificial intelligence, 27(1): 840-846.

RUDERMAN A, RABINOWITZ N, MORCOS A S, et al., 2018. Learned deformation stability in convolutional neural networks[EB/OL][2018-5-25]. https://arxiv.org/abs/1804. 04438.

SHREYA P, FARD A, GUPTA V, MARTINEZ J, et al., 2015. Large-scale predictive analytics in vertica: fast data transfer, distributed model creation, and in-database prediction[J]. SIGMOD Conference: 1657-1668.

STEYERBERG E W, HARRELL JR F E, BORSBOOM G J J M, et al., 2001. Internal validation of predictive models: efficiency of some procedures for logistic regression analysis[J]. Journal of clinical epidemiology, 54 (8) 774-781.

TSAY R S, TIAO G C, 1984. Consistent estimates of autoregressive parameters and extended sample autocorrelation function for stationary and nonstationary ARMA models[J]. Journal of the American statistical association, 79(385): 84-96.

UIJLINGS J R R, VAN DE SANDE K E A, GEVERS T, et al., 2013. Selective search for object recognition[J]. International journal of computer vision, 104(2): 154-171.

VASWANI A, SHAZEER N, PARMAR N, et al., 2017. Attention is all you need[C]// Proceedings of the 31st International Conference on neural information processing systems, California.

VYAS R, LOKESH S L K, VYAS O P, et al., 2008. Associative classifiers for predictive analytics: comparative performance study[C]//2008 second UKSIM European symposium on computer modeling and simulation, Liverpool.

WEINBERGER K, DASGUPTA A, ATTENBERG J, et al., 2009. Feature hashing for large scale multitask learning[C]// Proceedings of the 26th annual international conference on machine learning, Montreal Quebec.

XIN X, KING I, DENG H B, et al., 2009. A social recommendation framework based on multi-scale continuous conditional random fields[C]// Proceedings of the 18th ACM conference on information and knowledge management, Hong Kong.

YAN Y, Chen L J, ZHANG Z, 2014. Error-bounded sampling for analytics on big sparse data[J]. Proceedings of the VLDB endowment, 7(13): 1508-1519.

YU D A, JI H, 2016. Unsupervised person slot filling based on graph mining[C]// Proceedings of the 54th Annual meeting of the association for computational linguistics, Berlin.

ZENG K, AGARWAL S, DAVE A, et al., 2015. G-OLA: generalized on-line aggregation for interactive analysis on big data[C]// Proceedings of the 2015 ACM SIGMOD international conference on management of data, Melbourne.

ZHANG Y Y, DAI H J, XU C, et al., 2014. Sequential click prediction for sponsored search with recurrent neural networks[J]. Proceedings of the AAAI conference on artificial intelligence, 28(1): 1369-1375.

ZHENG L, TANG L, LI T, et al., 2014. Applying data mining techniques to address critical process optimization needs in advanced manufacturing [C]// Proceedings of the 20th ACM SIGKDD international conference on knowledge discovery and data mining, New York.

ZHENG S, JAYASUMANA S, ROMERA-PAREDES B, et al., 2015. Conditional random fields as recurrent neural networks[C]// 2015 IEEE international conference on computer vision(ICCV), Santiago.

ZHENG S, WANG F, BAO H, et al., 2017. Joint extraction of entities and relations based on a novel tagging scheme[C]// Proceedings of the 55th Annual Meeting of the Association for computational linguistics, Vancouver.

ZHOU Z H, WU J, TANG W, 2002. Ensembling neural networks: many could be better than all[J]. Artificial intelligence, 137(1/2): 239-263.